手脑结合与人的学习

孙大君 ◎著

·南京·

图书在版编目(CIP)数据

手脑结合与人的学习 / 孙大君著. — 南京：东南大学出版社，2024.7. — ISBN 978-7-5766-1438-1

Ⅰ.G421

中国国家版本馆 CIP 数据核字第 2024P1X066 号

责任编辑：陈　淑　　责任校对：张万莹　　封面设计：顾晓阳　　责任印制：周荣虎

手脑结合与人的学习

Shounao Jiehe Yu Ren De Xuexi

著　　者	孙大君
出版发行	东南大学出版社
出 版 人	白云飞
社　　址	南京市四牌楼2号
经　　销	全国各地新华书店
印　　刷	广东虎彩云印刷有限公司
开　　本	700 mm×1000 mm　1/16
印　　张	19
字　　数	320千字
版　　次	2024年7月第1版
印　　次	2024年7月第1次印刷
书　　号	ISBN 978-7-5766-1438-1
定　　价	89.00元

本社图书若有印装质量问题，请直接与营销部联系，电话：025-83791830。

序

  手脑结合内蕴着人之本质的问题。在人的本质的问题上，一代先哲亚里士多德与他之前的古希腊唯物主义者阿那克萨戈拉曾各执其词。亚里士多德坚守"人是理性的动物"的命题。他认为理性和智慧是人之所以为人的重要标志。而阿那克萨戈拉则秉持"人类手的发达增进了人的智慧"的理念。他坚信人的智慧乃是人自己通过手的劳动所积淀所创生的。后来，富兰克林提出了"人是制造工具的动物"的界说。他认为人区别于其他低等动物的重要特征，就在于人会制造和使用工具。而人之所以能够做到这一点，则主要得益于人有着其他动物所不具备的智能器官——高度发达的大脑和极其灵巧的双手。其实，人类文明的链条就是在人类双手与大脑的互动中被驱动的。因而，人的本质也就在于人所具有的理性和实践能力，抑或说，是人类所独具的手脑结合能力。这也表明，亚里士多德以及阿那克萨戈拉的人的本质观都"没有充分重视和发挥手脑结合的劳动实践，而这恰恰是理性和社会性得以产生和统一的基础，是人的真正本质"[①]。

  事实上，人作为生物演化的最高成果，他的出现无疑使生命展现出最为壮丽的一幕。"从主体因素上看，人之所以能够获得一切必要的智能，是由于已经具备了必要的物质基础——即肉体器官。这主要是指无与伦比的人脑、神经系统以及灵巧的双手和言语器官。"[②] 恩格斯在谈到从猿转变到人的过程时曾经指出，"劳动创造了人本身"。而且，"首先是劳动，然后是语言和劳动一起，成了两个最主要的推动力，在它们的影响下，猿的脑髓就逐渐地变成人的脑髓"。这是因为，"单个人如果不在自己的头脑的支配下使自己的肌肉活动起来，就不能对自然发生作用。正如在自然机体中头和手组成一体一样，劳动过程把脑力劳动和体力劳动结合在一起了"。因而，"为了在对自身生活有用的形式上占有自然物质，人就使他身上的自然力——臂和腿、头和手运

---

  ① 王善超：《论亚里士多德关于人的本质的三个论断》，《北京大学学报》（哲学社会科学版），2000年，第1期。

  ② 方德珠：《创造智能学》，新疆大学出版社，1995年版，第3页。

动起来,当他通过这种运动作用于他身外的自然并改造自然时,也就同时改变他自身的自然,他使自身的自然中沉睡着的潜力发挥出来,并且使这种力的活动受到他自己的控制"。基于此,恩格斯曾对那种把"迅速前进的文明完全被归功于头脑,归功于脑的发展和活动"①,这种将人的头与手相分离而相当严重地限制科学历史发展进程的思潮深为忧虑。因而,"假如我们能听进去恩格斯的话,并且认识到我们将纯研究看得很优越的原因——是由于社会的偏见,我们就必须促进科学家将理论与实践结合起来,对于一个摇摇欲坠即将崩溃的世界来说,太需要这种结合了"②。

应当说,手之于人类的重要性是不言而喻的。正像查尔斯·贝尔在其所著的《手》一书中所强调的"忽视手的重要性就不能够对人类生活做出认真的描述","人的优越性归功于他们的手。我们几乎不可能对此感到惊讶"③。约翰·内皮尔教授在其《手》一书中认为,"一只生动的手是一个生动大脑的产物","人手,以及作为运动的主要媒介,是第五感官——触觉——的主要器官。和眼睛一起,手成为我们和自然环境接触的主要出发点"④。威尔逊在《手的奥秘》一书中感叹在我们的教育理论中没有重视在认识个体的大脑和行为变化的过程中的生物学原理。他呼吁教育系统确实应该考虑如何重视这样一个事实,即"手在人类生活当中的核心作用","手与人类的知识有着直接关系","手不仅仅是人类的象征和符号,而且实际上经常是成功的、真正充实的生活的活动中心——它起着杠杆或发射台的作用"⑤。他"坚持认为,关于人类智力的任何理论,只要是忽视手的功能和脑的功能的互相依赖关系,忽视这一关系的历史起源,或者忽视其发展过程对现代人类进化动力的影响,都是靠不住的,只能使人产生误解"⑥。

其实,亚里士多德早就指出,"在教育上,实践必须先于理论","学会一件事的唯一方法就是动手去做"。到了近代,杜威基于其"儿童中心主义"

---

① 黎先耀主编:《大自然的召唤》,科学普及出版社,1999年版,第146页。
② 斯蒂芬·杰·古尔德:《姿势造就了人类》,《大自然的召唤》,科学普及出版社,1999年版,第154页。
③ 弗兰克·威尔逊:《手的奥秘》,邢锡范等译,辽宁教育出版社,2008年版,第212页。
④ 约翰·内皮尔:《手》,陈淳译,上海科技出版社,2001年版,第8页。
⑤ 弗兰克·R.威尔逊:《手的奥秘》,邢锡范等译,辽宁教育出版社,2008年版,第8页。
⑥ 弗兰克·R.威尔逊:《手的奥秘》,邢锡范等译,辽宁教育出版社,2008年版,第4页。

观，要求教育上的一切措施都要围绕儿童转，强调这是一种变革，这是一场革命，一场和哥白尼把天体的中心转到太阳那样的革命。杜威系统地提出并实践了以"从做中学"为核心的实用主义教育思想。他坚信，"从做中学要比从听中学更是一种较好的方法"①。因此，他要求教育者应以儿童为中心组织教材和选择教法，让他们亲自"从做中学"，参与教学活动，"引导学生有一种生动的和个人亲身的体验"。杜威一方面强调，为了学习必须动手做些事情。同时他也强调指出，"仅仅去做，不管怎样生动，都是不够的"②。在他看来，"就学生的心智而论（某些特别的肌肉能力除外），学校所能做或需要做的一切，就是培养学生思维的能力"③。当然，要培养学生的思维，就不能单纯学习一些文字，不能采用死记硬背的教学方法，而是要为学生提供激发其思维的情境。因为"做事又是属于这样的性质，要求进行思维或有意识地注意事物的联系，结果他们自然地学到了东西"④。在现代教育史上，继杜威之后，包括皮亚杰、陶行知、苏霍姆林斯基、赞科夫等中外教育家就"手的功能和脑的功能的互相依赖关系"（即"手脑结合"）进行了积极而卓有成效的探索，他们的教育思想对我们培养和造就时代迫切需要的有创新精神和实践能力的人才无疑具有重要的借鉴和启迪意义。而今，伴随着时代的发展，尤其是世界范围内风起云涌的教育变革，手脑结合理论也被不断地注入新的时代元素，抑或说，手脑结合理论的精髓已广泛地渗透到当今世界的各种教育教学的理论之中。回眸近一个世纪以来的各种教育教学改革，无不被深深地打上了手脑结合的烙印。这也意味着，手脑结合理论有着无限的生命力……或许，这也正是笔者长期以来潜心于这方面研究的意义所在。

---

① 单中惠:《现代教育的探索》，人民出版社，2002年版，第327页。
② 单中惠:《现代教育的探索》，人民出版社，2002年版，第335页。
③ 单中惠:《现代教育的探索》，人民出版社，2002年版，第345页。
④ 约翰·杜威:《民主主义与教育》，王承绪译，人民教育出版社，1990年，第164页。

目 录

第一章 学习需要手脑结合

 第一节 学习必须动脑 …………………………………… (001)
  一、人类的大脑 …………………………………… (001)
  二、学习重在动脑 ………………………………… (005)
  三、学习要学会思维 ……………………………… (009)

 第二节 学习需要动手 …………………………………… (012)
  一、人类的双手 …………………………………… (013)
  二、学习从手开始 ………………………………… (017)
  三、学习需要学会动手 …………………………… (021)

 第三节 学习需要手脑结合 ……………………………… (026)
  一、学习重在内化 ………………………………… (026)
  二、手脑相辅相成 ………………………………… (031)
  三、学习需要手脑联盟 …………………………… (035)

第二章 手脑结合的理论基础

 第一节 教育学理论 ……………………………………… (041)
  一、活动教育理论 ………………………………… (041)
  二、智慧教育理论 ………………………………… (045)
  三、和谐教育理论 ………………………………… (052)

 第二节 认识论基础 ……………………………………… (057)
  一、认知建构理论 ………………………………… (057)
  二、多元智能理论 ………………………………… (061)
  三、具身认知理论 ………………………………… (066)

 第三节 思维学基础 ……………………………………… (071)
  一、直觉思维理论 ………………………………… (071)
  二、相似思维理论 ………………………………… (077)

　　　　三、互补思维理论 ………………………………………… (083)

第三章　杜威的经验主义学习观

　　第一节　着眼于"学" ……………………………………… (089)
　　　　一、以"儿童"为重心 ……………………………………… (089)
　　　　二、以"兴趣"为动力 ……………………………………… (092)
　　　　三、以"民主"为准则 ……………………………………… (097)
　　第二节　着力于"做" ……………………………………… (101)
　　　　一、以"生活"为中心 ……………………………………… (101)
　　　　二、以"活动"为中介 ……………………………………… (105)
　　　　三、以"经验"为支点 ……………………………………… (112)
　　第三节　着重于"思" ……………………………………… (117)
　　　　一、以"问题"为引领 ……………………………………… (117)
　　　　二、以"建构"为特征 ……………………………………… (121)
　　　　三、以"思维"为核心 ……………………………………… (124)

第四章　皮亚杰的建构学习观

　　第一节　强调建构学习 ……………………………………… (130)
　　　　一、重视情境作用 ………………………………………… (130)
　　　　二、注重互动合作 ………………………………………… (135)
　　　　三、强化主动建构 ………………………………………… (140)
　　第二节　重申活动价值 ……………………………………… (144)
　　　　一、基于外部活动 ………………………………………… (145)
　　　　二、关注内部活动 ………………………………………… (151)
　　　　三、聚焦相互作用 ………………………………………… (155)
　　第三节　突出智力发展 ……………………………………… (159)
　　　　一、揭示"阶段"性 ………………………………………… (160)
　　　　二、体现"基础"性 ………………………………………… (163)
　　　　三、彰显"平衡"性 ………………………………………… (166)

第五章　陶行知的手脑结合学习观

第一节　强调"手脑联盟" ……………………………… (172)
一、劳力与劳心结盟 ……………………………… (172)
二、教育与劳动联络 ……………………………… (176)
三、学习与创造贯通 ……………………………… (180)

第二节　凸显"解放儿童" ……………………………… (184)
一、重视"民主教育" ……………………………… (184)
二、突出学生"自动" ……………………………… (188)
三、强调"六大解放" ……………………………… (194)

第三节　注重培养"真人" ……………………………… (197)
一、学习"真知识" ……………………………… (198)
二、掌握"真本领" ……………………………… (204)
三、养成"真道德" ……………………………… (208)

第六章　苏霍姆林斯基的和谐学习观

第一节　学做"聪明人" ……………………………… (213)
一、在阅读和观察中"变得聪明" ……………………………… (213)
二、在获得知识过程中"发展智力" ……………………………… (218)
三、让双手成为"智慧的老师" ……………………………… (222)

第二节　培养"思想家" ……………………………… (227)
一、让直观为思考"提供养料" ……………………………… (227)
二、让问题"撞击着我的胸膛" ……………………………… (230)
三、让学生生活在"思考的世界里" ……………………………… (233)

第三节　当好"劳动者" ……………………………… (237)
一、倚重"体力劳动" ……………………………… (238)
二、属意"脑力劳动" ……………………………… (240)
三、崇尚"创造性劳动" ……………………………… (246)

第七章　赞科夫的发展性学习观

第一节　强调以教学促发展 ……………………………… (252)

　　　　一、注重整体发展 ……………………………………（252）
　　　　二、凸显非智力发展 ……………………………………（257）
　　　　三、通过教学促进发展 …………………………………（262）
　　第二节　坚持理论与实践并重 ………………………………（266）
　　　　一、主张以理论为主导 …………………………………（266）
　　　　二、重视实践能力的培养 ………………………………（271）
　　　　三、强调学生的手脑并用 ………………………………（274）
　　第三节　突出三个方面的发展 ………………………………（279）
　　　　一、观察能力的发展 ……………………………………（280）
　　　　二、思维能力的发展 ……………………………………（283）
　　　　三、实际操作能力的发展 ………………………………（287）

后　记

第一章

学习需要手脑结合

人之所以具有其他任何动物所无法比拟的高超智能,是因为人具有产生心理活动的物质基础,即人所特有的智能器官。人的智能器官,主要是指脑及与脑密切关联的感觉与动作器官,抑或说,最主要的就是人的大脑和双手。毕竟,文明是人类用双手和头脑创造的。人类作为自然界最需要,同时也是最善于学习的生物,其学习的过程同样也有赖于动手、动脑以及手与脑的结合。

第一节 学习必须动脑

法国思想家帕斯卡尔曾经说过,"人不过是一株芦苇,自然界中最脆弱的东西;可是,他是会思维的"。学习的主要器官是大脑,大脑一方面是人的智力体现,在获取知识、掌握技能的过程中发挥智力的作用;另一方面,大脑也是人的情感控制中枢,调动大脑的相关皮层参与学习过程,促进或阻碍学习活动的进行。为了使学习活动能够达到理想的效果,学习必须建立在主体积极主动地动脑的基础上。

一、人类的大脑

人类之所以成为万物之灵长,是因为他有一个聪慧的大脑。正像美国著名科普作家阿西莫夫所指出的,"人类之所以成为地球上的统治者,仅仅因为受惠于一种重要的器官——人的大脑"[1]。现代科学已证明人脑是人的心理活动的特化器官或物质本体。同样地,人具有动物所不具备的学习能力,首先是得益于人类的大脑。因为大脑"有着与学习相关的非常广泛的功能。就是

---

[1] 朱长超:《挖掘大脑中的财富》,上海科学普及出版社,2000年版,第119页。

在身体的这些部位，个体的学习得以发生，无论它们是有意识或是无意识的"①。

人脑是人体的中枢神经系统，它通过脊髓与遍布全身的神经（周围神经系统）相连。如果把中枢神经系统比作整个身体的指挥系统，那么人的大脑就恰似统帅一切的司令部。根据脑的结构及功能特点，科学家提出了人脑的三位一体学说，认为我们的脑乃是由古脑、旧脑及新脑三个部分组成的整体。其中，古脑是位于三位一体模型最底部的一个与冷血爬行动物大脑相似的结构，故称之为爬行脑。其主要部分是脑干，它控制大脑的呼吸等诸多本能功能；旧脑是爬行脑的上面趴伏着的一群与其他温血动物的大脑相似的脑组织，由于该部分为哺乳动物所共有，故称之为哺乳脑。其功能比较复杂，它是繁殖的控制器，同时掌管吃喝的节律，并且控制情感，在记忆中亦起关键作用。新脑即我们常说的智能的核心——大脑新皮层，它是在哺乳脑上面所发展出的有别于嗅觉性古皮层的脑组织。它是人类进行思维的部分，负责人类的各种高级认知机能，言语、记忆、判断、推理、计划、组织以及各种有意行为都是主要由这个新皮层来掌管的。从进化的阶梯上看，脑这三个部分是一个比一个晚地分化出来的；在形态上，后者都把前者覆盖起来，并且更为重要的是，后来的管着它前面的。因而，新皮层的一个非常重要的特点是对于其下面的两个脑组织具有控制机能。

需要指出的是，我们平常所说的大脑是人脑中的一个主要的（约占80%）和高度发达的部分，它由大脑皮层（主要是新皮层，约占96%）及其覆盖着的边缘系统和基底神经节组成。大脑皮层是覆盖于半球表面的布满皱褶的薄层。成人的大脑皮层表面积约为1/4平方米，由大约140亿个组成大脑基本功能的神经细胞（神经元）集聚而成。大脑皮层有两个重要的结构特征：一是每一半球主要是和机体对侧的感觉、运动有关，亦即从机体一侧进入脊髓的感觉信息是经由另一侧神经系统传入大脑皮层的；另一是大脑左右半球看起来很相似，但在结构上并不完全对称，在功能上也不尽相同。由于大脑皮层中的神经元之间存在着一小段极狭窄的间隙，这种间隙中弥漫着大量的利用化学物质联络神经元的细胞结构，即突触，它是信息传递和整合的关键部

---

① 克努兹·伊列雷斯：《我们如何学习：全视角学习理论》，孙玫璐译，教育科学出版社，2010年版，第13页。

位。人从外界获得的信息就是靠这些数目庞大的突触沟通神经元之间的联系来进行处理加工的。人类的大脑皮层通过对其他较低级神经结构的调整与控制作用,成为机体一切活动的最高管理者与支配者。机体的各种机能在大脑皮层中都有最高调节中枢,亦即身体各部位在大脑皮层中都有相应的投射区。但身体各部位在投射区所占的面积并非与它本身的大小有关,而取决于具体区域的身体敏感性以及身体的接收器的密度情况。像接收器密度比较高的手及手指,还有面部尤其是嘴唇就有更多的大脑皮层区域与其相应。当然,这些在大脑皮层中投射区相对比较大的身体部位往往也就是在机能方面比较重要,使用得多,感觉较为灵敏,负责精细工作的部位。

  大脑的左、右两个部分,"每一部分控制不同的功能,并以不同的方式处理信息。这两个部分通过一个奇妙的电子化学胼胝体连接,其本身有 3 亿个活跃的神经细胞,它像一个国际电话自动交换局那样瞬时将信息传递开去"[1]。大脑扫描清楚地显示,我们从事不同活动时使用大脑的不同部位。对于大部分人来说,左半脑用来进行分析性活动、语言、符号和逻辑处理;右半脑则用于想象、综合和创造活动。某些人的能力表明他们更常使用某一个半脑。当然,大脑的两个部分并不是孤立的,由于由一族脑细胞构成的胼胝体能把信息从一边传向另一边,完成整个大脑和身体的联络。其实,学习的关键是要促进左右脑间的联络,"不要去管您的孩子是擅用左半脑还是右半脑;更重要的是你的孩子能否很好地同时使用左右半脑。如果两个半脑之间的联系紧密,您的孩子就能够思考起来更有逻辑性和更有创造力"[2]。或许,"天才之所以脑力过人,是由于他们的左右脑,经常维持在一个同步协调的状态。当思考一个问题时,不是单纯地只用左脑,而是左右脑一齐合作"。需要指出的是,大脑两半球虽然有许多的不同功能,但并没有高低、主次之分。它们都牵涉到高级的认知机能,都是高度复杂的,只不过用它们自己不同的方式来起作用,影响人们不同的心理活动,它们之间是相互补充的。正规教育体制传统上重视左半脑能力的发展,但现在我们认识到两个半脑对于知识能力的培养都十分重要。而且,大脑左右半球的分工并不是那么泾渭分明,功能的

---

  [1] 珍妮特·沃斯等:《学习的革命》,顾瑞荣等译,上海三联书店,1998年版,第87页。
  [2] 克里斯蒂·沃德等:《友善用脑加速学习新方法》,王斌等译,天津社会科学院出版社,2003年版,第261页。

手脑结合与人的学习

单侧化只具有相对的意义,左右半球既有相对的分工,又有密切的协作,人的许多重要的心理功能都需要左右半球的密切协作才能完成。而"左脑与右脑之间的这种协同相关,乃是创造力的真正基础"①。

大脑是人的心理和创造才能的物质基础。"学习主要是通过脑与中枢神经系统这些身体的特定部分发生的。"② 现代脑科学研究表明,人脑具有巨大的潜力。正像英国教育家托尼·布赞指出的:"你的大脑就像一个沉睡的巨人。"或许,"世界上最不同寻常的未开垦疆域是我们两耳之间的空间"③。这首先得益于人脑具有"超剩余性"。脑科学家研究了猴类、猿类、人类的超剩余神经元,发现物种在进化中位置越高,其超剩余神经元就越多,智力的潜力就越大,在大自然的生存斗争中发展的余地就越大。由于人的大脑有着超量的神经元,它对于人的生存功能来说,是大大过量的。但对于智能来说,它们完全不是多余的。神经组织的超剩余性,保证了大脑具有巨大的学习潜力。大脑有着坚实的后备力量,它们平时并不负有具体的使命,但是,当学习的时候,它们就可能派上了用场;当需要解决难题的时候,它们就有了用武之地。这些超剩余的神经元,正是智力开发的生理基础;不仅如此,我们的脑还具有可塑性的特点。这是因为组成人脑的主要功能细胞是神经细胞(神经元),由于人脑中有着巨量的神经细胞,每个细胞都可以和其他细胞建立很多的联结,这些联结是神经网络的基础。正是神经网络才使我们得以应付各种变化的环境,人脑的可塑性正是由神经网络决定的。大脑之所以可塑,说到底就是因为神经网络是可以改变的,而且它的变数极多,亦即可塑性极强。因此,人的大脑是一片广阔的天地,它无限广阔,就像宇宙一样浩瀚无际。现实中我们所开发的只是它的一小部分而已。正像《学习的革命》一书所指出的,"我们知道每个人的潜力,远远超过已经实现的一切"。由于大脑神经细胞也和其他许多器官一样,遵循"用进非退"的原则。经验塑造着脑,人的大脑只有通过不断地使用,人才会变得聪明。当然,由于每个脑都是独一无二的,每个脑所蕴藏的潜能情况(包括潜能的方向、潜能显露的条件、时机等)也是各不相同的。现实生活中人们常把像牛顿、爱因斯坦、特斯拉等那样出类

---

① 托马斯·R.布莱克斯利:《右脑与创造》,傅世侠等译,北京大学出版社,1992年版,第42页。
② 唐娜·泰勒斯通:《学习是怎样发生的》,朱湘茹译,教育科学出版社,2013年版,第9页。
③ 珍妮特·沃斯等:《学习的革命》,顾瑞荣等译,上海三联书店,1998年版,第112页。

拔萃的、拥有超常智慧和才能的人称作是天才。当然，这些天才人物的大脑也是非同寻常的。美国作家赫尔曼·麦尔维尔曾经指出，"凡是伟大的人物，都是由一种病态所形成的。人类的伟大性，其实不过是疾病"①。天才或许是人类的一种"变态"，就像珍珠是河蚌的变态一样。这就是说，这种特殊的大脑并非教育的结果，其实，我们不能教育出天才，我们所能做的只是提供天才成长的环境。毕竟拥有那种"病态"或"变态"大脑的天才者是极少数，而且是可遇而不可求的。我们绝大多数人都只是芸芸众生而已。既然我们几乎不能从父母那里得到或者也很难给予下一代比常人更加机灵的脑袋，那么，我们能够做的只能是遵循科学的规律去培养、教育孩子，有效地开发孩子大脑的潜能，从而使自己的孩子更加聪明。

二、学习重在动脑

脑是人类认识外部世界的物质基础，人之所以比其他动物更能适应环境并能主动改造环境，首先就在于有高度发达的脑。人类的脑是自然界中最为复杂的物质结构。它是我们身体里掌管一切学习、记忆、情感、运动和操作的最高司令部，是人类最为重要的学习器官。大脑作为所有神经系统的中枢，具有协调人的各种感觉与运动功能的能力。除了主控肢体和各器官的活动外，人的心理和思维功能主要是靠大脑来实现的。学习是基于大脑的，现代神经科学和认知科学的研究已表明，"学习改变大脑的生理结构。结构的变化改变大脑的组织功能，换句话说，学习组织和重组大脑"②。而从生理机制方面看，学习就是大脑中神经细胞的突触联系对信息进行吸纳及加工的过程。我们知道，人通常是通过其感觉器官去感知外界的信息，然后再通过人脑的反复加工，以逐步获得知识和技能。由感官接收到的所有信息都要经过大脑的处理。当这些信息自身很特别或让接收者感到很重要时，大脑就会整理并储存这些信息，并形成我们所讲的记忆。"另外一种信息进入大脑的方法是直接来自想像。奇妙的大脑自己创造形象，并把它们像真实经历一样进行传送和储存。"③也就是说，大脑的处理也包括来自"第六感官"的信息，即想象的信息。想

---

① 金马：《创新智慧论》，北京师范大学出版社，1993年版，第51页。
② 约翰·布兰思福特等：《人是如何学习的》，程可拉等译，华东师范大学出版社，2002年版，第5页。
③ 克里斯蒂·沃德等：《友善用脑加速学习新方法》，王斌等译，天津社会科学院出版社，2003年版，第73页。

手脑结合与人的学习

象是一种强大的学习工具。当主体"在脑海中'看见'或'感到'事情的发生或头脑中有新主意时,大脑的大部分区域就处于活动状态。因此,不论是真正经历过的事情(身体上),还是想像中的事情(精神上),都是以同样的方式被储存下来的"①。总之,人所具有的高级学习能力,也主要是因为有了脑。脑最根本的任务之一,就是从外部世界获得的变化多端的信息中把物体的特征抽象出来,以看到事物的本质。如果只接触不思考,充其量只能了解事物的表面;接触了又思考,就能把学习变成主动的过程,孩子不仅知其然,而且试图知其所以然。长此以往,就会触类旁通,善于揭示事物所蕴藏着的奥秘,这就是人们常说的"聪明"。其实,正是基于我们大脑,我们才得以读书、计算、绘画、实验,还有欣赏音乐、识别几何图形,以及相互理解和彼此交流。大脑还具有制订计划和进行想象的能力。所以,我们的大脑是我们学习的最主要的器官。

人类的思维是建立在动脑的基础上的。"学习就代表着大脑的内部变化和人的外在行为的变化。"② 学习最根本的问题就是大脑参与程度的问题,亦即"动脑"的程度问题。当然"动脑"只是一个很模糊的说法。因为人作为一个生命的存在,并不存在着大脑处于"停机"状态的那种脑完全不工作的情况,即使是在睡眠时的无意识状态下,脑内也有一部分是处于活跃状态的。我们常说的"动脑"实际上指的是积极进行(或保持)认知活动,即主动接受外来信息、主动进行思考的活动。尽管在学习过程中,学生完全"不用脑"的情况是不存在的,但学习者懒于动脑、思想开小差,以致大脑处于消极的"怠速"状态的情况则又是客观存在的。而学习的好坏,归根结底是思考不思考,以及在多大程度上进行思考的问题。因此,"如果一个人的大脑状态不佳,或处于消极的情绪状态,是不能进行有效学习的"③。而且,"在一个正常和健康的脑中,我们通常称之为'理智'的过程,不能离开我们称之为'情绪'的东西独立发挥功能——由此,西方经典的'纯理性'科学理想实际上

---

① 克里斯蒂·沃德等:《友善用脑加速学习新方法》,王斌等译,天津社会科学院出版社,2003年版,第176页。
② 陈立翰:《学习力与脑科学》,中国人民大学出版社,2023年版,第16页。
③ 陈立翰:《学习力与脑科学》,中国人民大学出版社,2023年版,第17页。

是一种幻想"①。从脑科学的角度看,"学习必须在一个放松的脑正常状态的情况下才能使学习产生最优化"②。当然,给学习者的压力过犹不及都不是"放松的脑正常状态"。因为过分的压力也可能使学生的大脑产生"换低档"的思维状态。

我们知道,学习是以感觉为基础的,但学习不能也不该仅停留于感觉的层次。而是要将感官感觉的过程和大脑思考的过程有机地结合起来。"学习最好靠卷入矛盾冲突之中,然后考虑如何摆脱冲突的方法而进行。"③ 而且,学习最好手脑并用,因为"大脑多个功能区域互为作用联系动作,学习效果特别好"。我们常讲,学习要做到"五到",即眼到、耳到、口到、手到、心到。亦即在接受新知识时,要用眼睛看,要用耳朵听,要用口读,要用手写,而最重要的是要用心(动脑)。具体地说,就是在利用主体的各种感觉与运动器官作用于外部世界的同时,充分调动大脑的积极性,将各种感觉与运动器官的运作与大脑的思考密切配合。亦即无论是在看、听、读、写,还是在做的过程中都要有大脑的"思"的密切参与。现实中,人们通常把观察理解为"看",其实观察不仅仅局限于"看",它是包括各种感知活动在内的知觉过程。因为客观事物的属性是多方面的,如色彩、音响、气味、冷热、软硬、光滑粗糙等,这就需要综合运用各种感官去鉴别,才能获得完整、鲜明、精确和生动的事物形象,尤其是边观察边思考,使思维活动积极参与,才能达到对事物的深刻理解。也就是说,观察总是与思维紧密地联系在一起的。而在传统教育中,"观察没有产生理智的效果,是因为在观察过程中,没有带着需要加以确定和解决有意义的问题",亦即没有渗透着思维。其实,在观察中,"看"与"思"是统一的。而且,你能够看到什么,不仅取决于你的眼睛,同时也取决于你的大脑。

学习作为学习者通过获得直接或间接经验,在大脑中形成特定的表征或者联结,从而形成行为上的长期变化的过程,绝不是一般人所理解的学生坐在教室里经历了那些过程后自然而然发生的,而是在这个过程中,引起了学

---

① 克努兹·伊列雷斯:《我们如何学习:全视角学习理论》,孙玫璐译,教育科学出版社,2010年版,第14页。

② 肖建文等:《基于脑科学的新课程课堂教学模式探究》,山东教育出版社,2007年版,第31页。

③ E.詹森:《基于脑的学习——教学与训练的新科学》,梁平译,华东师范大学出版社,2008年版,第257页。

生大脑中的一些复杂的变化。具体地说，就是学习者通过学习过程在大脑中建立了神经元之间特定的联结，这种联结长期固定下来会直接影响人的思考方式和行为方式。而这种影响的形成过程就是学习，这种影响结果的产生就是学习的结果。那为何同样是坐在一个教室里，同样是经历了我们一般人所理解的那样一个学习过程，学习者的成绩却会大相径庭呢？当然其中可能有诸多方面的原因，但从大脑发生变化的角度来看，也就是由于学习者动脑的程度不同，导致了虽然学习者似乎经历的学习过程差不多，但在学习者的大脑中建立的联结程度和方式却不可相提并论，亦即在大脑中所引起的变化是不可同日而语的。而深层次的动脑，会在大脑的特定部位造成神经细胞兴奋的固定联系，留下深刻的印痕。其实，就像我们常说的学生"动手能力"欠缺的问题，也不仅仅是学生"动手"不够的问题，而在很大程度上也是"动脑"不足的问题。有报道称，我国学生参加国际中学生奥林匹克知识竞赛往往成绩斐然，但动手实验方面却始终是一个薄弱环节。为此，有关方面曾经在培训中着重加强对学生实验技能的训练，但却收效甚微。后来，专家们经过详细调查研究才发现，导致实验部分成绩不尽如人意的原因，并不是我国学生动手的实验技能或操作技能差，而是他们对变化了的环境和所需要解决的实际问题不知道"如何下手"和"怎样动手"[①]。其实，我们常说的"动手能力"并不是简单的动手操作方面的技能，并非仅仅凭借单纯的"动手"就能够实现的，它是建立在动脑支配动手的基础上的。按照现代脑科学理论，人的所有行为活动其本质无不是脑统辖下活动的结果。动脑思考是动手实践的主导，动手过程要在大脑皮层神经网络控制下的眼、耳、手等脑的外在器官协调地配合工作，才能形成双手的精确操作，进而才能将脑内的"观念地存在"的东西外化为具体存在的东西。其实，在双手操作的过程中，要经过手与脑之间的多次反复，即"信号多次地由手传导到脑，又由脑传导到手"。在这一过程中，双手的操作可以修正脑的思维，脑的思维更要纠正手的操作，最后还要由脑的思维来判断手的操作结果。进而形成由脑思维主导的、由双手灵活和准确操作而表现的、显示出一定成果的"动手能力"。因此，"动手

---

① 教育部科学技术司等编：《青少年创造力国际比较》，科学出版社，2003年版，第93页。

能力"的本质是"大脑调控下手脑协调动作的创造性实践能力"①。

伟大的教育家孔子曾经说过,"学而不思则罔,思而不学则殆"。亦即只知道学习而不进行思考,就得不到真知;只凭空思考而不学习,那是很危险的。有人曾经问牛顿成功的诀窍,牛顿说:"我没有什么诀窍,只不过是对于一件事情做长时间的思索罢了。"同样的,爱因斯坦也深有体会地指出:"学习知识要善于思考、思考、再思考。"他特别强调,教育必须重视培养学生具备会思考、探索问题的本领。人们解决世上的所有问题都是用大脑的思维能力和智慧。可以说,开动脑筋,善于思考是一切学问家必须具备的心理品质,同样也是学习的不二法门。

三、学习要学会思维

法国科学家帕斯卡曾经把人看作是会思考的芦苇。在他看来,自然界要想压倒人,一缕气,一滴水,都能置人于死地。但是,即便世界万物将人压倒了,人还是比世界万物要高出一筹,因为人是会思维的。确实,如果仅从身体条件看,人类只是很普通的物种。比如,论力气人比不过大象、老虎,甚至比不过和人类同样大小的其他动物;人虽能直立行走,但行动远不如猫敏捷;人也跑不过狗,更跑不过马;人的视觉不如鹰,嗅觉不如狗,听觉不如羚羊。但是,主宰世界的仍旧是人类,因为人类是会思维的,因为人类有其他动物无可比拟、望尘莫及的大脑。"总之,思维在人的全部智能中处于中心地位,起着关键作用。正是因为有了思维,人的智能才得以远远超出动物而产生质的飞跃,出现了思维、意识,从而使人成为万物之灵。"② 因此,学会思维之于人的重要性也是不言而喻的。

现实中,人们往往都存有聪明情节。其实,一个人聪明与否,关键就在于思维。因而,发展思维能力是使学生更聪明的关键。这是因为,在各种基本的智力活动中,智力的各方面因素彼此关联,其中尤以思维活动与其他各基本活动的关系最为密切、最为广泛。也正缘于此,思维能力才成为智力因素的核心。事实上,智力的"狭义的用法仅指思维能力"③。智力因素中的其

---

① 于慧颖:《劳技教育教学应引导学生从"动手做"到"动脑做"——兼论"动手能力"是大脑调控下手脑协调动作的创造性实践能力》,《中国教育学刊》,2004年第12期。
② 方德珠:《创造智能学》,新疆大学出版社,1995年版,第2页。
③ 王极盛:《智力ABC》,北京出版社,1981年版,第2页。

他方面要么是主要依赖于脑的思维,譬如说像记忆能力、想象能力等;要么是有赖于有关器官与脑的密切配合。像人的观察能力主要是依靠眼与脑的配合,人的实践活动能力主要是靠手、眼与脑的配合等。有鉴于此,诺贝尔物理学奖获得者劳厄认为:"重要的不是获得知识,而是发展思维能力。"[1] 怀特海亦反对那种"受考试制度的影响,往往只向学生灌输特定学科的狭隘的成果"的做法,认为应注重传授思维的艺术,为思维而教,且教会学生思维[2]。杜威则把训练思考看作教育的根本任务,反省思维是教育的目的。他指出,"就学生的心智而论(某些特别的肌肉能力除外),学校为学生所能做或需要做的一切,就是培养他们思维的能力"。因此,"教育当然不仅仅是吸收新的信息,它同时还包括思考和把它储存到深层记忆中"[3]。因而,学会思维至关重要。唯有如此,在学生走出校门后,尽管可能忘掉了许多学习来的事实性知识,但只要其所学习的思维方法仍在,并能不断发挥作用,就能帮助其分析和解决现实中所遇到的各种问题。这也就是人们常说的"授之以鱼,莫若授之以渔"的道理。

我们都知道培根的"知识就是力量"的名言,由此表明知识之于人类的重要意义。应当说,作为人类理智活动的产物,知识是人类最宝贵的财富,人类乐此不疲地追求知识客观上有其合理性。而且,知识也是思维的基础,杜威认为:"我们可以有事实而没有思维,但我们不可能有思维而没有事实。"[4] 但是,需要明确的是:"知识仅仅是已经获得并储存起来的学问,而智慧则是运用学问去指导改善生活的各种能力。只有在思维过程中获得的知识,而不是偶然得到的知识,才能具有逻辑的使用价值。"[5] 但相比于知识,思维能力是更本原的东西。对于个人而言,发展思维能力是具有战略意义的事情,亦可以说是终极性的。因此,以强调"从做中学"而著称的杜威也特别重视学习过程中思维能力的培养。在他看来:"思维就是有意识地努力去发现我们所做的事和所造成的结果之间的特定的联结,使两者联系起来。"[6] 他认为,传

---

[1] 周昌忠:《科学研究的方法》,福建人民出版社,1983年版,第103页。
[2] 李润洲:《智慧教育的建构》,北京师范大学出版社,2022年版,第81页。
[3] 珍妮特·沃斯等:《学习的革命》,顾瑞荣等译,上海三联书店,1998年版,第309页。
[4] 郅庭瑾:《教会学生思维》,教育科学出版社,2001年版,第63页。
[5] 约翰·杜威:《我们怎样思维·经验与教育》,姜文闵译,人民教育出版社,2005年版,第61页。
[6] 丁永为:《世界著名教育思想家——杜威》,北京师范大学出版社,2012年版,第122页。

统的教学方法不能培养学生有效的思维。在传统的教学中,"知识常常被视为目的本身,于是,学生的目标就是堆积知识,需要时炫耀一番。这种静止的、冷藏库式的知识理想有碍教育的发展。这种理想不仅放过思维的机会不加利用,而且扼杀思维的能力"①。因此,杜威批评那些片面强调具体感觉经验的做法,认为在处理所有的事物时都渗透着推理,只教授事物而没有思维,只有感官知觉而没有与之相关的判断,这是最不符合自然本性的。他强调:"持久地改进教学方法和学习方法的唯一直接途径,在于把注意力集中在严格要求思维、促进思维和检验思维的种种条件上。"② 杜威重视通过问题激发学生的思维,因为"问题的产生是一个思维的展开过程"。他还明确提出了基于问题的"思维五步"策略,亦即设置疑难情境、确定问题、提出假设,进行推断以及验证或修改假设。

  思维能力作为一种认知能力,与问题解决有着内在的联系。我们都知道亚里士多德"思维是从疑问和惊奇开始的"的名言。所谓问题,也就是主体不能即时到达的目标,抑或说,是人所面临的一种疑难情境。应当说,我们大部分有意识的思维都和问题有关。鲁利亚认为:"在人有适当的动机而使课题变得迫切了,并且它的解决成为必要的了。当人要从他所处的情境中走出来,而又没有现成的(先天的或习惯的)解决办法时,只有在这种场合思维才出现。"③ 同时,问题也联系着创造。创造的过程其实也就是一个从提出问题到解决问题的过程。因此,陶行知明确指出:"创造始于问题,有了问题才会思考,有了思考才有解决问题的方法,才有找到独立思路的可能。有问题虽然不一定有创造,但没有问题一定没有创造。"④ 鉴于问题与思维之间所存在的内在联系,就学习而言,学会思维在很大程度上也就和问题解决过程相联系。具体地说,学会思维的过程主要是通过发现和提出问题,以及解决问题等过程实现的。这首先要求我们在学习中,要有强烈的问题意识。倘若有了问题意识,学生就会开动脑筋、启动思维,在他们的大脑里再现各种与提出的问题相关的知识经验,并使之与问题建立联系,试图理解和解释所提出的

---

① 单中惠:《现代教育的探索——杜威实用主义教育思想》,人民出版社,2002年版,第190页。
② 丁永为:《世界著名教育思想家——杜威》,北京师范大学出版社,2012年版,第124页。
③ 郑青岳:《用问题唤起学生的思维》,《课程·教材·教法》,1997年第10期。
④ 程胜:《学习中的创造》,教育科学出版社,2008年版,第38页。

问题。问题意识能有效激发学习者强烈的学习愿望,从而注意力高度集中,积极主动地投入学习活动;问题意识还可以激发学生勇于探索、创造和追求真理的科学精神。离开了强烈的问题意识,就不可能激发学生认识的冲动性和思维的活跃性,更不可能激发学生的求异思维和创造思维。因此,问题意识的培养,应当成为学会思维的一个重要方面。

应当说,包括杜威、陶行知、苏霍姆林斯基等在内的中外教育家都十分重视学习过程中思维能力的发展。陶行知认为,真正的教育必须造就能思索、能建设的人。"我们不论研究什么学科,总要看一个明白,想一个透彻,多发些疑问,切不可武断盲从。"亦即"要有独立的思想——要能虚心,要思想透彻,有判断是非的能力"[1]。他认为,"活的人才教育,不是灌输知识,而是将开发文化宝库的锁钥,尽我们知道的交给学生"[2]在陶行知看来:"我们求学必须要学会寻找知识的途径和方法,这就是要拿到开发文化宝库的金钥匙(也就是这只点石成金的指头)。这样,你们自己就可以一辈子毫无止境地去探求知识。"苏霍姆林斯基亦认为,智育是从有理论思维的地方开始的,"学校的重要任务是培养具有好钻研的、创造性的、探索性的思维的人"[3]。他认为:"由于自己的思考,大自然才向他揭示出自己的奥秘。"[4] 因而,思维之于学习的重要性是不言而喻的。

第二节 学习需要动手

人人都有一双手。人手作为人类最重要的智能器官之一,在认识和改造世界的过程中发挥着巨大的作用。按照现代学习理论,"学习不是大脑自动完成的事情,它还需要全部身心的参与"[5]。学习是手(身体)、脑(智力)、心(情感)协调互动、共同作用的认知过程。因此,学习并不简单是"颈部以上"的事,它离不开我们的整个身体,尤其需要手的参与。当然,这里的"手"是指以手为代表的,包括我们的眼、耳、口、鼻等感觉与运动器官在内的广

---

[1] 何国华:《陶行知教育学》,广东高等教育出版社,1997年版,第266页。
[2] 江苏省陶行知思想研究会等:《陶行知文集》,江苏教育出版社,1991年版,第711页。
[3] B. A. 苏霍姆林斯基:《给教师的建议》,杜殿坤编译,教育科学出版社,1984年版,第209页。
[4] B. A. 苏霍姆林斯基:《给教师的建议》,杜殿坤编译,教育科学出版社,1984年版,第249页。
[5] 唐娜·泰勒斯通:《学习是怎样发生的》,朱湘茹译,教育科学出版社,2013年版,引言第1页。

义之"手"。学习需要动手,既包括在动手中学习,亦蕴含着在学习中学会动手,掌握动手能力。

一、人类的双手

可以说,在人类整个进化历史中的第一恩赐,乃是前肢之爪演化成为神乎其神之手。手是万物之灵的人类所特有的一部分肢体。手的进化,是人类脱离于猿猴的一个显著标志,也是人类进化过程中具有里程碑式意义的重要事件,这一事件的产生是建立在直立行走的基础上的。人类祖先为了弥补体质上的不足,需要使用工具,而使用工具必须解放双手。在恩格斯看来,起初的猿类大概首先由于它们的生活方式的影响,使手在攀援时从事和脚不同的活动,因而在平地上行走时就开始摆脱用手帮助的习惯,渐渐直立行走,从而完成了从猿转变到人的"具有决定意义的一步"。正是由于直立行走所带来的手脚分工,上肢逐渐从支撑与行走功能中解放出来。由于对直立姿势及劳动活动的适应,人类的四肢产生了一系列变化。猿猴的前肢和后肢虽然有一些分工,但都兼有支撑、行动和抓握的功能。人类的四肢经过明显的分化,前肢不再用于支撑和行动,而专门用于劳动和抓握,前肢发展变成了臂,前肢末端(原本是足)便形成了手,从而成为最重要的劳动器官。而当上肢实现了向手的进化时,同时也就带来了手的结构与特征方面的一系列变化。人类的这一革命性的进化对于手和脑的功能发展和完善是决定性的,它使人类能够从事使用和制造工具的劳动。正如恩格斯所指出的,"而人之所以做到这一点,首先和主要地是由于手。甚至直到现在都是人改造自然界的最强有力的工具的蒸汽机,正因为是工具,归根到底还是要依靠手"[1]。事实上,唯有人手才能达到这样的程度,而"没有一只猿手曾经制造过一把哪怕是最粗笨的石刀"。

人手作为可以劳动及运动的"特殊的工具",乃是整个人类进化史上最具革命性的一章。贝尔爵士曾经指出,"人的优越性归功于他们的手"[2]。内皮尔博士在《手》一书中亦感叹,"在大自然以外,没有一种东西可以与人手相媲美"[3]。其实,正如恩格斯所说的那样:"手不仅是劳动的器官,它还是劳动的

---

[1] 冯庆余等:《关于人类起源的两个问题》,《松辽学刊(社会科学版)》,1993年第4期。
[2] 弗兰克·R.威尔逊:《手的奥秘》,邢锡范等译,辽宁教育出版社,2008年版,第212页。
[3] 约翰·内皮尔:《手》,陈淳译,上海科技出版社,2001年版,第7页。

产物。只是由于劳动，由于和日新月异的动作相适应，由于这样所引起的肌肉、韧带以及在更长时间内引起的骨骼的特别发展遗传下来，而且由于这些遗传下来的灵巧性以愈来愈新的方式运用于新的愈来愈复杂的动作，人的手才达到这样高度的完善。"[①] 而且，"生物体所需要的全部功能可塑性几乎都汇集在一个单一的器官上，这就是人手"[②]。人类的双手之于学习的重要性，主要体现在如下几个方面：

手是极为灵巧的运动器官。内皮尔博士把人手看作是运动的主要媒介，它和眼睛一起，成为我们和自然环境接触的主要出发点。应当说，尽管人的手和猿的"手"，在结构外表上几乎并没有多大的差别，但仔细比较他们的机能就会发现："人手的灵巧是任何动物都无法比拟的。这其中一个重要标志就在于人手具有一种为任何动物所不具备的特殊动作能力——对指。"[③] 所谓对指（亦称对握）系指将拇指尖对向食指（或其他手指）指尖，做环状对握的动作。"人手的'灵巧'概念，人手精细、准确而稳定的操纵能力，几乎都涉及对握运动。"[④] 人手的这种特殊功能既是人类劳动的结果，同时也是人类进行劳动，特别是使用工具的必要条件。就手的功能而言，这种拇指和其他手指以指端肉垫相对且紧密接触的对指运动极其重要。可以说，人手的"灵巧"，亦即其精细、准确而稳定的操纵能力，几乎都涉及对指运动。凭借对指，各种精细运动才成为可能。生活中我们可能看见过猴子吃苹果的情景，你会发现它是用双手捧着吃而不是用一只手拿着吃的，其中主要原因就在于猴子的五个手指是相互平行的，它没有对指功能，因而一只手拿不住东西。因此，内皮尔在其《手》一书中曾从促进人类发展的意义上，特别强调了对指（对握）运动的重要性，他指出："也许人手最重要的运动是对握。……我们无法充分强调人类从一种尚不确定的灵长类祖先演化而来时，拇指和其他手指对握的重要性。通过自然选择，它促进了采用直立姿势和双脚行走，工具制造和工具使用，而这些通过一种正反馈机制反过来促使了脑的增大。从

---

① 吕品田：《动手有功——文化哲学视野中的手工劳动》，重庆大学出版社，2014年版，第37页。
② 哈伊姆·奥菲克：《第二天性——人类进化的经济起源》，中国社会科学出版社，2004年版，第51页。
③ 方德珠：《创造智能学》，新疆大学出版社，1995年版，第15页。
④ 吕品田：《动手有功——文化哲学视野中的手工劳动》，重庆大学出版社，2014年版，第37页。

这个意义上说,这很可能是我们进化史上唯一最为关键的适应。"①

手是特别灵敏的感觉器官。内皮尔在《手》一书中也明确指出,手是"第五感觉——触觉——的主要器官。和眼睛一起,手成为我们和自然环境接触的主要出发点。手的优点还胜过眼睛,因为它可以通过触觉来观察,并且在观察之后马上能够从事活动来做些事情。手还有其他优于眼睛的地方。它能'看到'角落里和黑暗中的东西"②。手的感觉主要来自触觉。手是人类神经感觉最为丰富最为敏感的部位。比较学的研究表明,大鼠和人在基因结构上的差别并不明显,但在"手"拥有神经纤维的数量上却差异极大。大鼠前爪上有 3 万根神经纤维,而人手上有 100 万根。如此众多的神经末梢是手的最细小、最前沿的"哨所",甚至连手上的茸毛也像是手派出的"哨兵",当物体尚未与手接触之前,它就向大脑传递即将发生的信息,因而手是极为敏感的,当一根头发接触到指腹时便会有明显的触觉感。生理学的研究还表明,每个手指的指尖上约有 2 000 个触觉感受体,它能感知冷暖及其他各种不同的感觉,并向大脑进行报告。手可以感觉到不同物体的温度。生活中,家长为了判断孩子是否发烧了,常常把手放在孩子的额头上试一下。而且,手指上所分布的各种各样接触感受器各司其职,有的专管皮肤伸张,有的专管震动,有的专管"造型"。因此,正像查尔斯·贝尔所指出的,每个肢体或者器官的感觉,都经过独立的神经渠道通向大脑,所以人们能够区分各种不同的感觉。贝尔认为手在创造的过程中是很重要的,他做了许多实验,借以证明与眼睛看到的图像比起来,手摸到的触感输送给大脑的信息更为可靠——前者往往产生一些虚假的、错误的表象③。

手亦是特殊的认知器官。在人类的发展过程中,手的触摸能力不断得到发展和完善。猿猴的手只是一种抓握器官,而人手在劳动影响下从抓握器官变成了一种机能复杂的复合分析器官。手的认知功能主要是基于触摸觉来实现的。触摸觉是人所特有的认知能力,来自双手和其他感官的大量信息可以促进脑的分析综合机能的发展。在人类长期的发展过程中,在人的手上,皮肤感觉和运动感觉结合起来了。触摸觉主要指手的运动觉与皮肤觉(皮下感

---

① 约翰·内皮尔:《手》,陈淳译,上海科技出版社,2001 年版,54 页。
② 约翰·内皮尔:《手》,陈淳译,上海科技出版社,2001 年版,第 8 页。
③ 理查德·桑内特:《匠人》,李继宏译,上海译文出版社,2015 年版,第 182 页。

受器）结合的感觉。当手沿物体运动，跟物体接触，肌肉紧张的感觉结合着皮肤感觉，就会发出关于物体的一些属性，如弹性、软硬度、光滑情况等信号。手臂运动和手指的分开程度发出关于物体大小的信号。而提起物体所需肌肉的屈伸力量则发出关于物体重量的信号。手可以感觉到 75 纳米高度表面粗糙的织物，也可以发现 3 微米高度的凸起。手的触觉在学习中发挥着重要的作用。如少儿学习"烫"字，可能开始时难以理解也不好记忆。倘若让孩子触摸一下热烟筒，哪怕只是手触的一刹那，也会给孩子以深刻的体验进而加深对这个字的理解与记忆。而且，手的触摸觉不仅表现在可在一定程度上替代视觉，同时也表现在一些视觉难以发挥作用的场合。人手由触摸而形成的认识能力是极其惊人的，它使人可在排除视觉的条件下，依靠触摸物体上的线条或边缘轮廓，就可以形成对文字、图案及物体形状的知觉。这是因为双手可以制定坐标点，一只手的各手指可衡量物体的尺度大小、曲度变化、部位情况等，向大脑提供有关物体的确切的全面信息。大脑接收信息后，在头脑中构成物体的形象，使触摸信息转化为视觉信息，使视觉形象强烈起来，就像用眼睛看一样。像现实生活中的盲人识字就是借助于手指的触摸觉进行的。同样的，经常打麻将的人，仅凭手摸而不用眼看便可对所摸到的牌了如指掌。在失去视觉的条件下，手运动时所产生的运动感觉，对确定物体形状是十分必要的。各种形状的木块如果放在前臂，或平放在手掌上不动，受试者不能判定这些木块的形状。只有用手触摸才能保证对形状有正确的知觉。

手还是独特的交流器官。内皮尔认为："手还有一个更重要的功能：它是我们交流系统的一部分，在它们被用来进行交流的范围里，不仅有言语还有感情和思想，我们的手在动物王国里是独一无二的。"① 手是人类语言产生和发展的重要工具，没有手的出现就没有人类的语言，也就没有当今人类的脑髓。在人类的发展史中，古人类在产生语言前，有一个靠手势交流思想的阶段。手的交流功能主要是通过手势实现的，它是社会交往中除了语言之外的另一种无声的交流方式。手势"是我们所采用的整体交流系统的一部分。在它们被用来进行交流的范围里，不仅有言语还有情感和思想，我们的手在动物王国里是独一无二的"②。有时它们被用来取代言谈，有时用来对语言作加

---

① 约翰·内皮尔:《手》,陈淳译,上海科技出版社,2001 年版,9 页。
② 约翰·内皮尔:《手》,陈淳译,上海科技出版社,2001 年版,9 页。

强和发挥。尤其是"当人们进行活生生的感情交流时,手势的重要性甚至会超过语言本身。语言固然可以用来说明事实和表达思想,但若没有手势,人们的社会生活会变得像机械一样冷漠而死板"[1]。当然,那些存在听力或言语障碍的人进行交流时所用的"哑语"也是一种手势语。或许对正常人来说,手势只是"有声语言的重要辅助工具",而对于听力及言语障碍的人来说,它则是主要的交流工具了。这表明,手与人类语言的形成和发展密不可分。

二、学习从手开始

达尔文曾经指出,"人手提供一切工具,手与智慧相一致便使人类成为全世界的主宰","没有手的使用,人类是不能在这个世界上达到现今这样的支配地位的"[2]。正是由于手从四肢中分化出来,获得解放,并且日趋完善,促进了由猿脑向人脑的进化,培植了地球上最美丽的花朵——思维着的精神。因此,人类的双手,既是意识的伟大培育者,又是智慧大脑的缔造者。就学习而言,尽管学习的主要器官是大脑,但是,它同样是离不开双手的,而且它必须是基于双手的。正是由于人类的双手所具有的强大的感觉与运动功能,因而它在人类学习中发挥着极其重要的作用,手客观上也是人类学习的重要前提。

内皮尔在《手》一书中曾经指出:"手本身位于仆从的地位,但是将它置于高贵者位置的原因是它和大脑高级枢纽的关系。"[3] 手与大脑的这种密切关系同样也体现在学习的过程中。关于此,生物进化论的有关研究也在一定程度上给予了佐证。科学家曾在海豚与人类的比较研究中发现,海豚是最聪明的海洋哺乳动物,其体重与人类差不多,并能用身体来表达意思。海豚经历了同人相似的进化发展阶段,脑髓也相当发达,生性十分机灵。但由于它生活在水中其上肢没有演化成手,以致脑髓就不能进一步发展,最终在智力方面也就大大落后于人类。由此,手之于人类的重要性亦可见一斑。或许正像蒙台梭利所认为的那样:"我们可以这样说,如果没有手的帮助,儿童的智力仍然可以发展到一定的水平。但是,如果能得到手的帮助,则智力的发展可

---

[1] 德斯蒙德·莫里斯等:《手势语言》,刘文荣等译,百花文艺出版社,2003年版,序言第2页。
[2] 达尔文:《人手是怎样形成的》,引自黎先耀《大自然的召唤》,科学普及出版社,1999年版,第155页。
[3] 约翰·内皮尔:《手》,陈淳译,上海科技出版社,2001年版,第11页。

以达到更高的水准,并且儿童能获得更加健全的品格。"①

如前所述,学习最重要的是要学会思维,而人类的思维是从"手的思维"开始的,手是劳动的产物,是猿进化到人的重要特征。在漫长的岁月里,劳动发展了手,手的发展又促进了大脑的发育。其实人类的大脑之所以发达,甚至于我们还可以说,人之所以能为人,手的促进作用功不可没。人类的诞生、发展及一切成果无一不是手,以及脑,进一步地说是手脑结合的产物。此即是说,"手在人类生活当中的核心作用与大脑本身是一样的……手对人类来说不仅仅是一个象征或者符号,而是现实中的成功的、真正充实的生活的活动中心——是杠杆或者发射台"②。这实际上也表明,人类的发展不仅要归功于我们的大脑,同样也离不开人的双手。为了人类的发展,其中也包括人类智力的发展,我们切不可忽视我们的双手,因为大脑的思考,尤其是创造性的思考是建立在双手的支持和配合的基础上的。

我们知道,学习旨在实现人的发展,而人的发展的重要标志就是"心灵手巧"。马克思曾经指出,当人"使他身上的自然力——臂和腿,头和手运动起来。当他通过这种运动作用他身外的自然并改变自然时,他就同时改变他自身的自然。他使自身的自然沉睡着的潜力发挥出来"③。正如周昌忠在《创造心理学》一书中所指出的那样:"人们常说'智慧的手'。这种智慧可以称作实际的智慧。应该指出,从人类智慧的进化和发展来说,各种智慧都是从它分化和发展而来的。"④ 因为,一个人要想变得聪明,其中非常重要的生理条件是神经系统的灵敏性与选择性,而这种神经系统的建构则必须在动手操作过程中,通过手和脑的巧妙配合才能完成。所以,人的判断能力和思考能力,也是随着双手活动经验的积累而发展起来的。大量的试验已经证明,人类大脑皮层发展到一定程度,就能够摆脱与感觉器官的直接联系,进行综合的抽象思维。因此,从表面上看,人类的综合抽象思维能力与动手并没有什么直接的关系,但这种能力的形成,同样离不开长期动手经验的积累。大量的研究也表明,动手能促进动脑,动手能力强的人,通常比较聪明。儿童能

---

① 蒙台梭利:《蒙台梭利幼儿科学教育方法》,任代文译,人民教育出版社,2001年版,第478页。
② 弗兰克·威尔逊:《手的奥秘》,邢锡范等译,辽宁教育出版社,2008年版,第8页。
③ 潘洪建等主编:《活动教学与方法》,甘肃教育出版社,2008年版,第58页。
④ 周昌忠编译:《创造心理学》,中国青年出版社,1983年版,第163页。

养成动手的习惯，学会动手，这对大脑的发育及智力的进步尤为明显。

手之于学习的重要性，同样也与感觉之于学习的重要性相联系。应当说，人对客观世界的认识最终都有赖于人对客观世界的感知。感觉作为人类获取信息的基本渠道，对人类至关重要。这是因为人类生活在信息的海洋里，客观世界充满着各种各样的信息。人类在各种实践活动中，主动探索信息，获得信息，以组成思维的基本材料和一切智力活动的基础。就感觉或知觉赖以产生的最终来源而言，它们只能是作用于各种感受器的客观刺激物。没有信息输入，大脑这个思维工厂就失去原料，就无法工作，因此也就谈不上有任何认识了。就人体而言，我们身体上所拥有的眼、耳、鼻、口及手等是大自然赋予生命体的感觉器官，它们是大脑获取各种信息的有效途径。有关研究表明，"我们所接受的信息中有99％都是来自感觉器官，即视觉、听觉、嗅觉、味觉和触觉器官"[①]。我们的大脑是通过我们身体的各种感觉通道获取信息的。比如一个苹果，我们通过眼、耳、鼻、口及手等感官感觉到了苹果的颜色、味道、硬度等属性，我们把这些属性综合起来，便构成了我们对苹果的整体印象，从而形成对苹果知觉。感知就是感觉和知觉这两种心理现象的合称。通过感知，我们才能对事物有感性的认知，这种感性认识是一切认识的基础。也就是说，我们获取所有的知识，都是开始于感知。在这方面，或许我们需要向婴儿学习。不知道大家有没有注意过婴儿是怎样学习的。他们获得一个新玩具的时候，他们会如何探索呢？睁大眼睛盯着玩具看一看，小手拿起玩具摸一摸，拿到耳朵边摇一摇，拿到鼻子前闻一闻，再放入嘴巴里舔一舔……，也就是说，婴儿充分地调动自己的五个感觉通道：视觉、听觉、触觉、味觉和嗅觉，在亲身实践中探索未知的事物。美国心理学家托尼·布赞称赞婴儿自出生的那一刻起，就才华横溢了。仅仅2年时间，他们便学会了语言，到了3～4岁，他们在语言方面就是一位能手了。沃斯等在《学习的革命》一书中指出："最好的学习方法和我们在婴儿时使用的方法是相似的。"[②] "无论如何强调调动所有感官的必要性都不为过"，"尽量运用不止一个

[①] 唐娜·沃克·泰勒斯通：《初任教师·教学ABC:学习是怎么发生的》，朱湘茹译，教育科学出版社，2013年版，第2页。

[②] 珍妮特·沃斯等：《学习的革命》，顾瑞荣等译，上海三联书店，1998年版，第73页。

感官进行学习"①。可惜的是，在我们进入小学、中学、高中直到大学，我们被迫地接受那种往自己的脑子里拼命地填充各种知识的教育，而渐渐忘却了知识进入大脑的视觉、听觉、触觉、味觉、嗅觉及动觉等通道。

我们的各种感官作为天赋的身心器官，能够帮助我们全面而有效地把握学习对象，进而使人的天然禀赋、潜在能力得到开发和运用。现代认知科学的研究也表明，"脑是一个并行处理器，它可以同时处理思维、情感、想象、猜测、判断，并与其获得的信息进行加工和相互作用"②。由于"脑是在多通道、多模式经验中茁壮成长的"③，因而，"调动越多的感觉，就可以利用越多的大脑通路，从而建立起更多的神经连接"④。多感觉通道的认知效果，要远远大于单通道。在学习和记忆的时候，最好要调动起全身多个感觉器官的作用，在多渠道地获取信息的基础上，让大脑对各种感觉刺激信息（视、听、触觉等）形成有效的组合，进而实现一加一大于二的效果。譬如说，要想认识一个人，我们通过获取这个人的姓名、外貌、声音及体味等叠加起来的多维印象，当然也就比仅凭某一单项特征的认识深刻、全面得多。美国著名的学习专家爱德加·戴尔通过研究认为，只调动某一种或某两种感觉通道的学习方式，学习效果都在30%以下。特别是"听讲"，这种我们传统课堂中惯用的方式，两周后学生通常只能记得所学内容的5%。而"做中学"的实践式学习方式的学习效果则达到了75%。《学习的革命》一书也认为，"我们会掌握阅读内容的10%，听到内容的15%，但亲身经历内容的80%"，"如果孩子们跳舞、品尝、触摸、听闻、观看和感觉信息，他们几乎能学一切东西"。而"对某些人来说，激发思维的最基本要素就是运动。动觉记忆和触觉记忆型的人发现，只有通过运动或触觉器官对新的信息有了实际接触或一定的感性认识后，他们才能有效地处理信息"⑤。这同时亦表明，调动多种感官，尤其是

---

① 珍妮特·沃斯等：《学习的革命》，顾瑞荣等译，上海三联书店，1998年版，第139页。
② 肖建文等：《基于脑科学的新课程课堂教学模式探究》，山东教育出版社，2007年版，第34页。
③ E.詹森：《基于脑的学习——教学与训练的新科学》，梁平译，华东师范大学出版社，2008年版，第12页。
④ 克里斯蒂·沃德等：《友善用脑加速学习新方法》，王斌等译，天津社会科学院出版社，2003年版，第71页。
⑤ 克里斯蒂·沃德等：《友善用脑加速学习新方法》，王斌等译，天津社会科学院出版社，2003年版，第45页。

让"手"参与其中，这对学习是至关重要的。

值得一提的是，我们在强调调动多种感官学习的同时，也要注意发挥不同个体的感官偏好。"无数研究已经证实了学习者对于不同类型的输入、加工方式和后续行动的偏好。……我们似乎都有最喜爱的学习方式。"[1] 尽管每个健康的个体通常都能够通过各种感觉通道来接受信息，但在其成长过程中，往往会有某个感官发展得特别好，成为其获得信息的主要通道（偏好方式）。虽然我们每个人都有视觉、听觉、味觉、嗅觉、触觉、动觉等感觉通道，但其中的味觉与嗅觉在通常的学习者中并不占主要地位，而触觉与动觉往往又是联系在一起的。因此，依据每个人学习方式或学习类型的不同，通常将学习者分为视觉学习者、听觉学习者及动觉—触觉学习者。让学习者清楚自己的学习类型对于我们的学习是至关重要的，它有助于学习者尽可能地利用自己所偏好的学习方式进行学习，进而取得较好的学习效果。比如说，对在学习群体中所占比例最大视觉学习者，他们在理解学习内容的意义之前，需要通过照片、图表等"看到"学习内容。而对听觉学者，需要通过讲座、讨论或媒体听到学习内容。而对那些往往不受待见的动觉—触觉学习者，则需要通过参与体验，直接运用他们的生活经历来学习。他们总是想不停地运动，通过身体来做能使他们学习得比较好。这样，由于"因为新信息总是能被你倾向的一种感官吸收。许多人没有占主导地位的感官，因此调动多种感官也使他们受益。当更多的感官（包括嗅觉和味觉）投入使用，大脑就被更大程度地激活"[2]。当然，"教学的关键是提供多种教学技术，要考虑到学生既需要听觉和视觉，也需要动作"[3]。这就是说，要在重视多感官学习的前提下，尊重学习者在学习方式上的个性需求，促进学习者获取信息主要通道与其他通道的协同来学习，进而让学习者的学习潜能得以充分发挥。

三、学习需要学会动手

联合国教科文组织《学习——财富蕴藏其中》的报告提出了当代教育的

---

[1] E.詹森：《基于脑的学习——教学与训练的新科学》，梁平译，华东师范大学出版社，2008年版，第115页。

[2] 克里斯蒂·沃德等：《友善用脑加速学习新方法》，王斌等译，天津社会科学院出版社，2003年版，第204页。

[3] 唐娜·泰勒斯通：《初任教师·教学ABC：学习是怎样发生的》，朱湘茹译，教育科学出版社，2013年版，第32页。

四大支柱,即学会认知、学会做事、学会共同生活和学会发展。该报告强调,"学会做事,以便不仅获得专业资格,而且从更广泛的意义上说,获得能够应付许多情况和集体工作的能力"。学会做事与学会认知在很大程度上密不可分。"学会做事"注重的是学生的实践能力,即能够对自己所处的环境产生影响。通过学会做事,不仅获得专业资格,而且从更广泛的意义上说,获得能够应付许多情况和集体工作的能力,以及学会有效地应付变化不定的情况和参与对未来的创造的能力。应当说,学会做事,是建立在掌握实践能力的基础上的,只有具有一定的实践能力,学生才能够做事。实践能力是在一切实践活动中形成并表现出来的从事实践活动的能力,也就是主体"做事"的能力。诸如动手能力、观察能力、搜集信息的能力等。由于人类的双手在"做事"过程中所发挥的极其重要的作用,所以人们常常把"做事"所需要的能力说成是"动手能力",当然,这是广义的"动手能力",它等同于社会实践能力。像"学会做事"所对应的"做事"的能力就属于广义的动手能力。其实,也就像英文语境中的"动手做"(hands-on)也并非狭隘的"动手"一样,其实际含义要比动手操作要宽泛得多,事实上它还含有亲身体验、亲自实践等意思。

我们常说,学习的目的全在于运用,学以致用,永远是教育的直接目的。因而,学习不仅是为了认识世界,更重要的是为了改造世界。人之作为人的一个重要标志就在于能制造和使用工具进而改造世界。而这无疑是建立在"动手"的基础上的。因此,"动手"既是学习的有效方法,也是学习的重要目的。改造世界离不开对客体的操作,只有掌握一定的实际操作能力才可以有效地改造世界。"实际操作能力也可以称为动手能力,即用双手和体力作用于客观物体,进行劳作、实验、加工和制作物品等的能力"[1]。当然,这里的"'动手'只是一种形象的、以手为代表的说法,操作概指了外部动作。可是,'动手'与'动脑'是密切联系的,将'动手'与'动脑'适当加以区分有利于在'动脑'的配合下突出'动手的地位与作用'"[2]。而这方面能力的掌握就像杜威所指出的"不折不扣地在岸上通过做动作教儿童游泳"那样是不行

---

[1] 杜殿坤:《要重视实际操作能力的培养》,引自《教育学论文集》,浙江教育出版社,1985年版,第131页。

[2] 张楚廷:《教学论纲》,高等教育出版社,1999年版,第102页。

的。皮亚杰也认为,"学生仅仅观察教师做实验,或者完成事先安排好的练习是学不会做实验的。他们应该从尝试和错误中学习"①。关于此,陶行知亦曾指出,"从学习的原则来看,事怎样做,就须怎样学。譬如游泳要在水里游,学游泳,就须在水里学。若不下水,只管在岸上读游泳的书籍,做游泳的动作,纵然学了一世,到了下水的时候,还是要沉下去的"②。或许"通过阅读有关骑马的书籍,我可以获得一些有价值的信息。但直到我实际骑上一匹马,我的学习才开始深入"③。其实,从表面上看,人们学习进行各种科学试验,学习弹钢琴、拉小提琴、打乒乓球等本领与学骑马、学游泳等或许有着明显的不同,但"万变不离其宗"的是,要学会一项本领,不但要掌握其中的道理,而且要进行大量的、相似的动手练习,才能真正领会操作的要领,才能真正把知识转化为能力,才能真正做到心灵手巧,才能真正培养出高素质的人才。因此,"你应该通过弹钢琴来学习弹钢琴,你应当通过打字来学习打字,通过骑自行车来学习骑自行车,通过在公众场合演讲来学习公开演讲"④。

  人类的动手实践能力联系着现代智力观。传统智力观所强调的实际上就是学业智力(书本智慧)。具有这类智力的个体,其标志是很擅长记忆和分析他人的理论,他们往往掌握了较丰富的书本知识,说起来头头是道,讲起来振振有词。而一旦让他们去做就没门了。早在20世纪20年代,桑代克就意识到智力不仅仅局限于"书本智慧",而应包括实践能力在内。美国心理学家斯滕伯格在深入研究的基础上,提出了一种与学业智力或"书本智慧"相对的"实践智力"的概念。斯滕伯格认为,实践智力是人们将其所学在实际中加以应用时所体现的智力,它从日常经验中获得并用于解决现实问题。在他看来,那些专门人才"懂得多少以及他在哪里学的专业往往并不是关键,重要的是他是否已经成功地将其所学运用于专业的实践当中"。这个结论不仅仅对专业人才适用而且也适用于学生,学到的知识却不会运用,这样的学习意义何在?而实践智力所强调的正是知识的运用能力。无论在学校环境里,还是在现实生活中,一个人都需要实践智力,这样才能适应环境。斯滕伯格将

---

① 皮亚杰:《皮亚杰教育论著选》,卢濬选译,人民教育出版社,1990年版,第95页。
② 江苏省陶行知思想研究会等:《陶行知文集》,江苏教育出版社,1991年版,第19页。
③ E.詹森:《基于脑的学习——教学与训练的新科学》,梁平译,华东师范大学出版社,2008年版,第32页。
④ 珍妮特·沃斯等:《学习的革命》,顾瑞荣等译,上海三联书店,1998年版,第313页。

实践纳入了智力的范畴,扩充了智力的内涵,使传统的狭隘的智力观得到丰富和完善。其实,"智力不仅是指认识事物的能力,也指'解决实际问题'的能力,即实践能力"[①]。人们常常把智力称之为智能,而"智能是人的认识器官与行为器官的特殊功能"[②]"智力主要是指认识和行动所达到的水平,它主要包括观察能力、记忆能力、思维能力、想象能力和实践活动能力"[③]。其中,"实践能力是智力结构转化为物质力量的转移器"[④]。

从人类发展的历史看,实践能力在人类生存和发展过程中发挥着极为重要的作用。应当说,人与动物的需要及其满足需要的方式是不同的。动物的需要结构是由生理遗传规定的,他们所需要的对象是由大自然现成提供的。而由于自然界对人的苛刻,人的需要的满足绝大部分不是现成地存在着的。人以外的动物都有特殊化了的器官去适应一定的自然条件,比如凶禽猛兽都拥有尖牙或利爪,只有人不能靠消极地适应自然界而生存。因此,人类的进化似乎并不完美,作为纯粹的生物体,人类很难与地球上占据特定生活环境的其他动物竞争。这就使他们不可避免地面临着生存的巨大压力。而人类之所以能活下来,而且活得让所有动物望尘莫及,并成了整个自然界的主宰,最根本的原因就在于人类能够从事制造和使用工具的劳动。尽管人类没有凶禽猛兽所具有的尖牙利爪,但可以挥舞着自己制造的大刀长矛;尽管人类没有飞鸟猛兽超强的觅食本领,但人类可以使用自己制造的工具进行养殖种植。"而人之所以做到这一点,首先和主要的是由于手。"

实践能力之于人的生存和发展的重要性是不言而喻的。就学习而言,应该培养现实社会生活所需要的各方面的实践能力,亦即广义上的"动手能力",这是毋庸置疑的。但与此同时,亦应把狭义上的"动手能力"置于突出的地位。所谓狭义的"动手能力""即用双手和体力作用于客观物体,进行劳作、实验、加工和制作物品等的能力"[⑤]。也就是说,它主要是一种"通过主

[①] 叶上雄:《关于智力和能力》,引自黄锦汉《智力研究文摘》,湖北人民出版社,1983年版,第39页。

[②] 吴宗煌:《智能学论纲》,生活·读书·新知三联书店,1988年版,第1页。

[③] 王极盛:《智力ABC》,北京出版社,1981年版,第2页。

[④] 王极盛:《从智力结构谈智力解放》,引自黄锦汉《智力研究文摘》,湖北人民出版社,1983年版,第46页。

[⑤] 杜殿坤:《要重视实际操作能力的培养》,引自《教育学论文集》,浙江教育出版社,1985年版,第131页。

体的身体、机体特别是手（手是行为的重要外在表现形式）来与客观的对象（包含主体之外的一切环境）进行相互作用的实践活动。它的目的旨在通过动手操作和实践问题的联系促使个体积极介入和变革现实的世界"[①]。因为这种能力主要表现在动手上，故称为动手能力。由于这种能力通常凭借实际操作进行，故又称为实际操作能力。在智力的结构中，观察力、记忆力、思维力及想象力属于认识方面的因素，而动手操作能力是属于活动方面的因素。智力结构的这两方面的因素对于学习及创造活动都是必需的，缺乏任何一个方面，都不能保证相应活动的成功。而且，"现代科技的迅速发展，更需要手、脑并用的创造主体。这种创造主体既要有较高发展水平的认识能力，也要有较高发展水平的动手能力，二者不可偏废"[②]。一个人只有注重运用知识的实际能力，掌握实际的动手操作本领，才能有效地认识世界和改造世界，实现人生的价值。因此，学习需要动手，学习既要基于动手，亦需要在学习中学会动手，掌握动手能力。动手操作能力在人类学习及创造活动中所发挥的重要作用，主要表现在以下一些方面：

一是转化作用。操作能力是创造主体的智力转化为物质力量的桥梁。创造主体的创造性思维与创造性想象是观念的东西，要把这些观念的东西转化为实际的物质成果，必须凭借操作能力的力量来实现。虽然操作能力与实验技能不等同，但二者关系密切。操作能力对实验技能有重要影响。现代科学技术的发展，对实验技能提出更高的要求，操作能力也日益显得重要。杰出的科学家都很重视操作能力的培养。几乎所有的发明家，从小都爱自己动手动脑制作各种模型。牛顿小时候喜欢工艺，他精心制作了风筝、风车等。法拉第、爱迪生小时候就很喜欢做实验。

二是检验作用。创造性思维正确与否，要通过实验来验证。操作能力对于检验创造性思维的正确性有着重要作用。创造主体的操作能力越强，对其创造性思维的检验作用就越大。操作能力强的创造主体能在创造活动过程中，及时发现创造性思维不符合实际的问题，及时修正创造性设想，保证创造活动的成功。

[①] 陈理宣等:《论基于动手操作和问题解决的知识教学》,《国家教育行政学院学报》,2014 年第 12 期。

[②] 方德珠:《创造智能学》,新疆大学出版社,1995 年版,第 98 页。

三是发现机遇。创造主体有时抓住研究过程中出现的意外事件或偶然发生的现象,从而导致科学上的发明创造,这就是机遇的作用。发现机遇的心理条件有很多,其中操作能力是一个重要心理条件。创造主体常常凭借操作能力进行创造活动,在对研究对象发生作用的时候发现机遇。丹麦物理学家奥斯特一次把一根导线的两端与一个伏打电池连接,放在磁针上方,与磁针平行。开始他使导线与磁针垂直,没有发生什么情况。他把导线平放并与磁针平行,就发现磁针的位置发生了改变,他于是反转了电流,发现磁针向相反方向偏转。奥斯特凭借操作能力进行创造活动发现了机遇,并导致发现了电和磁之间的关系,为法拉第发明电磁发电机开辟了道路。创造主体操作能力强,操作活动自如,就会为发现机遇提供条件。

第三节　学习需要手脑结合

恩格斯曾在《劳动在从猿到人转变过程中的作用》一文中对将"迅速前进的文明完全被归功于头脑,归功于脑的发展和活动"深表忧虑。在他看来,这种头(脑)与手的分离相当严重地限制了科学的历史发展进程,而"人的智力是按照人如何学会改造自然而发展的"。尽管大脑之于学习的重要性是不言而喻的,但"学习不是大脑自动完成的事,它还需要全部身心的参与"[①],尤其是手的参与。而正像蒙台梭利所指出的那样,如果没有手的帮助,儿童的智力仍然可以发展到一定的水平。但是,如果能得到手的帮助,则智力的发展可以达到更高的水准,并且儿童能获得更加健全的品格。这就是说,学习理应是一个手脑结合的过程。

一、学习重在内化

联合国教科文组织在其提交的《学会生存——教育世界的今天和明天》的报告中曾经指出:"未来的学校必须把教育的对象变成教育自己的主体。受教育的人必须成为他自己教育他自己的人;别人的教育必须成为这个人自己

---

① 唐娜·泰勒斯通:《初任教师·教学 ABC:学习是怎样发生的》,朱湘茹译,教育科学出版社,2013 年版,引言第 3 页。

的教育。"① 人作为万物之灵,凭借一双灵巧的双手和一个聪慧的大脑,不断地创造着一个又一个彪炳史册的文明成果。但应当说,当一个婴儿降生的时候,他还是一个羸弱的未完成的生命体,造物主只赋予了其形成道德、获得知识、发展智力的自然前提或可能性。其实,人除了与生俱来的自然素质外,其余一切后天形成的素质都是从外部获得的。现代心理学和脑科学研究的研究表明,儿童心理不是自发地发展的,儿童智力的发展是外部环境与儿童心理相互作用的过程,如果没有外部情境的刺激,儿童心理发展就会成为无源之水,无本之木。但与此同时,"外因需要通过内因而起作用",外部环境只是构成儿童心理发展的条件,这个外部条件只有以儿童自身的活动为纽带,才能把外部活动与儿童内部心理联结起来,而这正是"内化"的过程。

皮亚杰认为,儿童的思维、智慧都是操作活动内化的结果。维果茨基也认为一切高级而复杂的智力活动,都是从外部的物质活动转化而来的,这种由外部的物质活动向内部的智力活动的转化就叫内化。所谓内化,就是外部活动转化为内部活动,实际操作转化智力操作,物质的东西转化为意识的东西。只有当一切外在的事实转化为内在的事实之后,这外在为东西才会为主体真正所占有。如客观存在的知识结构必须转化为个体头脑里的认知结构,社会的道德规范必须转化为人们的道德品质之后,才能说人们掌握了知识,形成了品德。我们平常所说,在学习过程中,学生必须把教师所传授的科学知识消化吸收、融会贯通,使其成为自己的血和肉,其实,这里讲的就是内化。

内化是人类生存和发展的必由之路。无论是个体的生理发展还是心理的发展,无不是通过内化而获得的。我们知道,在正常情况下,人是靠吃饭来吸收营养物质的。我们每天都要吃进食物,喝进水和吸收氧气,并在体内把它们加以消化、吸收,提取其中的营养物质,再输送到体内各组织、器官,通过新陈代谢,变成这些组织、器官的不可分割的有机组成部分。在这一过程中,原来外在于个体的这些食物、水和氧气,其中的一部分变成了个体内在的有机成分,或者说融入了我们的生理结构(骨肉、器官等组成部分)之中,这一过程就是内化,当然,这是生理上的内化。生理内化是所有的生物

---

① 联合国教科文组织国际教育发展委员会编:《学会生存——教育世界的今天和明天》,教育科学出版社,1996年版,第200页。

（动物、植物、微生物）个体都不可或缺的、基本的生理功能，这是一种本能，即可以依靠遗传机制由上代传递给下一代。其实，作为一个生命的个体，从生物学的角度来说，我们能长成现在这般模样，也正是得益于父母所赋予的先天遗传素质与后天（甚至也包括在娘胎中）不断地从环境中吸收我们成长所需要的各种营养物质。或者说，是先天的遗传素质与后天持续不断地生理内化的结果。

一个人除了需要生理方面的内化外，同样需要心理方面的内化。主体认识客观事物是从感知开始的。比如说，当你在水果店买了一个未曾品尝过的外来水果时，你会通过用眼看，用鼻子闻以及用口尝等途径去认识该水果。当然，这一过程是生理过程。当你通过看、闻以及品尝，再依据以往的经验爱好，就会对该水果作出一个"好不好""值不值"的判断，这一判断的过程则是一个心理过程。而这种"由生理过程向心理过程的转化"就是"内化"。我们经常要借助各种感官及动作来获得外界的信息。这些外界信息有语言的、符号的以及形象的。我们通过看、听、触摸、嗅闻、舔尝等动作，外界信息被转化为头脑里的表象或知识等观念或经验。其实，就如同人在生理上是通过从食物中吸收所需要的营养物质进而内化为自身的生理结构一样，人的道德、知识、智力等，归根结底也是从外部的东西（活动）转化或移植而来的，亦即是在与外界的相互作用中建构了我们的心理结构。

杜威曾经指出："教育科学的资源进入教育者的心、脑和手的任何部分，就会内化为教育者的教育智慧，更好地指导教育实践，使教育实践进行得比过去开明，更合人道，更具有真实的教育意义。"[1] 就像身体的生长是由于食物的消化一样，儿童的心智是一个生动的有机体，它寻求自己的食品，依照当前的条件和需要去选择，"它所保留下来的，只是它吸收并转化为自己生命能量的那一部分"[2]。皮亚杰也认为，人是在不断的内化中成长和发展起来的，"就实验的原始资料看，智力的活动过程如消化系统吸收食物的消化活动的方法一样"[3]。其实，就像在饮食方面我们不能只沉迷于那些穿肠而过的东西一样，在学习中我们同样不能以那些学了即忘，抑或学了易忘的东西为目的。

---

[1] 刘黎明：《西方自然主义教育思想的特征探析》，《荆楚理工学院学报》，2015年第6期。
[2] 邱磊编：《杜威教育箴言》，华东师范大学出版社，2015年版，第182页。
[3] 陈孝禅等译：《皮亚杰学说及其发展》，湖南教育出版社，1983年版，第87页。

第一章　学习需要手脑结合

因为，正如英国哲学家怀特海所指出的那样："不管你给学生灌输怎样的细节，他在以后的生活中遇到那个细节的机会几乎是无限小的；如果他的确遇到那个细节，他可能已经忘却你教给他的东西。"① 而"教育就是把你在课堂上学的东西全部忘记了，把你为考试背的东西全部忘记了，那剩下的东西就是教育"。

　　内化是建立在主体身心功能全面发挥的基础上的。就像生理的内化是建立在主体主动地摄取、咀嚼、消化等过程的基础上一样，学习的过程需要学习者积极主动地动手、动口、动脑。只有学习者在学习中充分发挥自主作用，才能实现有效的内化。因此，杜威抨击"传统教育把教育资源大量地加以缩减，使之变为预先消化好的食物"的做法，认为这种把"教科书和讲课传授别人所发现的成果，因而似乎可以提供一条获得知识的捷径"，把学生"看作是求取知识的理论的旁观者"，让"心智或意识和活动的身体器官隔离开来"。殊不知，"你把他思考的一切东西都替他做完了，你还要他去想什么呢"②。陶行知也认为在传统教育中，"教育就跟喂鸡一样，先生强调学生去学习，把知识硬灌给他，也是不情愿的，即使学，也是食而不化"。因此，他强调"教育方法要采用自动的方法，启发的方法，手脑并用的方法，教学做合一的方法"③。其实，这亦类似于生理方面的情况，一个孩子不肯吃饭，或许家长在一定程度上可以填鸭般地强制他囫囵吞枣地吃下去，但是，家长是无法帮助他消化吸收的，因此这样的结果往往会导致孩子本能地将那些被填鸭下去的食物呕吐出来。这也就是人们常说的"强按牛头不喝水"的道理。当然，在这种情况下，是谈不上吸收营养物质形成其生理结构的。同样，凭借被动的、灌输的教育也是不可能有效形成学生的认知结构的。

　　内化的过程是人的双手与大脑相互作用、相互激励的过程。抑或说，大脑与双手间的相互促进、相互激励，也正是借助于内化的过程而实现的。人类的智慧与手的动作有着密切的联系。皮亚杰认为，儿童思维的发展是内外因的相互作用，在相互作用的过程中儿童思维不断产生量变与质变，向前发展。儿童思维既不是起源于先天成熟，也不是起源于后天经验，而是起源于

---

① 王承绪等：《西方现代教育论著选》，人民教育出版社，2001年版，第138页。
② 邱磊编：《杜威教育箴言》，华东师范大学出版社，2015年版，第14页。
③ 江苏省陶行知思想研究会等：《陶行知文集》，江苏教育出版社，1991年版，第819页。

主体的动作。动作是联系主、客体的桥梁，主体为认识客体就必须对客体施加动作，在动作过程中主体与客体发生相互改变，相互适应，从而使个体的心理结构不断改组与重建。动作的本质是主体对客体的适应，是儿童智慧发展的真正原因。因此，儿童及青少年智慧发展的过程是一个与动作密切联系的过程，或者说是一个由动作内化为智慧的过程。譬如说，当孩子在家玩皮球的时候，球滚不见了，他找来找去终于找到了；孩子玩别的玩具，同样又是丢了找，结果又找到了。渐渐地，他的游戏在大脑中就留下了一个这样的结论，即某个物体不见，并不是真正的消失，它们还存在着，只是暂时还没被发现而已。这个"智慧"就是儿童动作内化的结果。

英国哲学家怀特海认为，智力活动和人体之间是紧密联系的，"感官和思想相互协调，大脑活动和身体的创造性活动之间也有一种相互影响。在这种相互感应的过程中，手的作用尤其重要"。现代脑科学的研究已经逐步揭开人手、脑与智力的关系这个有趣的秘密。人手、脑与智力之间有着密切的联系，人手不仅是劳动操作的器官，而且具有认识功能。手在接触物体时，不但发生了劳动操作的过程，同时也发生了认识物体属性的过程。人手在劳动操作的影响下，通过抓举触摸的感觉，形成了一种机能复杂的运动分析能力。人手的这一认识功能与脑和智力活动相关。人体内部的心理活动，原本是在外部动手活动中学会的，动手活动是人类实现智力活动内化的重要手段。儿童智力的发展是以儿童自身的活动为源泉实现的。通过活动，主体的认知结构不断地通过同化、顺应的机制取得与客体之间的适应和平衡。因而，包括皮亚杰在内的许多心理学家都认为，人的智慧就是其动作内化的结果，儿童的智慧就在他的手指尖上。从儿童发展的历程看，虽然初生婴儿的大脑具有遗传而来的感觉功能和加工感觉得来的外界信息的潜能，但这种潜能在未被开发之前，还不会对外来信息进行自觉加工，只会感觉，并作出本能反应，但不会思维，因而分不清自我和周围客体，脑内一片知识空白，一片混沌世界。后来婴儿通过各种形式的动作，比如口的动作、全身动作、手的动作、行走动作等逐渐地获得外界事物的种种知识，并且通过这些引发了脑内对应的对于信息的加工变换的"动作"。这样，脑外人体主动对于客体施加作用的动作或者客体作用于人引起的人体反应动作就逐渐地投射于脑内，相应地也就发生了脑内已有知识对于输入的信息加工变换的动作即思维。所以说，思维起源于人的动作。儿童认知发展的阶段也说明，最初儿童的思维是与动作密切结合的（感觉运动期），通过外部活动表现出来，然后才逐渐内化，外部活动也被内部活动所取代。

反观在传统的言传口授的教授方式以及相应的静听、静观、静思的学习方式中，学生主要运用脑力进行活动。在这种活动中人的外部身体器官处于相对"闲置"的状态，学生往往是处于被动和消极的地位，而缺乏积极的体验和主动的参与。当然，也就谈不上发生真正的内化，也就不可能实现学生智慧的发展。内化需要通过亲身的实践，通过动手动脑的亲身体验去获得，人们通过内化而获得的是素质，是能力，是发展。我们知道，与那种往往是漫不经心地静听、静看相比，动手与动脑相结合的内化过程无论是在精力的投入上，还是在刺激的程度上，以及在体验的深度上，抑或在大脑中所留下的印迹上，都是不可同日而语的。此即是说，内化是一个主体动手动脑，用力用心，时间、精力投入大，艰难程度高，具有高度复杂性的活动。其实，造物主是公平的，一分耕耘，一分收获。无论是物质的东西，还是精神的东西，倘若得之容易，往往也就意味着失之也容易。就像我们吃东西，如果囫囵吞枣，也就容易穿肠而过，当然对身体也就贡献甚微，甚至还可能导致消化不良。我们都知道"纸上得来终觉浅"的道理，或许刻之于骨方能铭记于心。大家所熟知的"眼过千遭，不如手摸一遍"，以及而今国际教育界所流行"听会忘记，看能记住，做才学会"的新理念说得也正是这个道理。应当说，就像生理内化是一个要比穿肠而过的非内化过程艰难而复杂得多的过程一样，在学习过程中，只有那些经过复杂而艰难的心理内化过程而获得的知识，才可能内化我们心理结构的一部分，进而也就像我们的骨肉、器官的组成部分似的被理所当然地、长久地保存下来了。

二、手脑相辅相成

人的手与脑休戚相关。关于彼此间的关系，有一则"手和脑吵架"的故事说得挺好：

> 原来，手和脑在一起合作了很多年后，彼此间却都逐渐妄自尊大起来。终于有一天它们为"谁的本事大"的问题而争论不休，进而分道扬镳。尔后，大脑想出来的计划，无法实施；而手想做点东西，又不知如何下手。眼睛面对这种两败俱伤的窘境心急如焚。于是，语重心长地对它们说："你们各有所长。大脑能思考，手能验证

手脑结合与人的学习

或实现大脑的想法。手的劳动依靠大脑的帮助，才能进步；大脑的思想，得到手所提供的经验，也就更灵活，更精明了。这样，大家才能够收到相辅相成的效果，人类的社会才能够不断地进步。"听了眼睛的话，手、脑都幡然醒悟。从此，手脑和好如初，相得益彰。

应当说，脑之于人无疑是极为重要的。但是，正像上面故事所寓意的那样，大脑与双手之间乃是一种相互合作、相辅相成、谁也离不开谁的关系，否则，将孤掌难鸣，两败俱伤。

尽管大脑之于思维的重要性是毋庸置疑的，但人类的思维又并不仅仅是人的头颅里的那一部分所谓"大脑"的功能，而是包括脊髓以及手等感觉、运动器官在内的一个完整系统的功劳。其实，正如威尔逊在《手的奥秘》一书中指出的："如果手的挥动不仅仅来自手腕的底端，那么大脑也不是一个孤立的指挥中心，自由自在地飘浮在自己舒适的颅舱里。身体运动和脑活动从功能上讲是互相依赖，互相依存的，而且其协同作用具有很强的系统性……手的动作是如此广泛地体现在脑的活动上……"[①] 按照恩格斯的观点，在某种意义上，手也是思维的器官。同样的，我们把脑看作智慧的发源地，也不意味着只有脑才具有智慧，其实，手也像大脑一样充满智慧，而且，它还会使大脑更加智慧。现代脑科学研究也表明："在人类的肢体里面，手是最灵活的，能够随意做出各种各样的动作。科学研究表明，这些动作，加上手抓东西的方式，以及手的触觉，影响了我们的思维。"[②] 因而，我们不应孤立地看待大脑，而应当用整体的、系统的、联系的观点来看待大脑，要认识到"大脑并不是'住'在脑袋里，尽管那里是它的正式'栖息地'。它向外延伸到身体，并和身体一起向外延伸到外部世界。……大脑是手，手又是大脑，它们的互相依赖包括所有其他的东西"[③]。

人类进化的历程表明，人类与其他动物的根本区别是会劳动，人类最初的劳动就是手的使用。人徒手来到世间，最初可供其直接支配和操纵的东西无疑就是自己的肢体，尤其是作为远端肢体的手了。由于有了手，人类"通过自然选择，它促进了采用直立姿势和双脚行走，工具制造和工具使用，而

[①] 弗兰克·R.威尔逊:《手的奥秘》，邢锡范等译，辽宁教育出版社，2008年版，序言第5页。
[②] 理查德·桑内特:《匠人》，李继宏译，上海译文出版社，2015年版，第181页。
[③] 弗兰克·R.威尔逊:《手的奥秘》，邢锡范等译，辽宁教育出版社，2008年版，第223页。

这些通过一种正反馈机制反过来促进了脑的增大"①。也就是说，用手劳动和直立行走，引起和促进了头脑的变化。这种变化当然指的是大脑的发达和思维的发展。达尔文也认为，"没有手的使用，人类是不能在这个世界上达到现今这样的支配地位的"②。因而，尽管我们常说脑是思维的器官，但这并不意味着只有脑才是思维的器官。人的思维与智慧不仅来自我们的大脑，同样也来自我们的双手。按照贝尔爵士的观点，"人手提供一切工具，手与智慧相一致便使人类成为全世界的主宰"③。现代脑科学的研究也表明，人的远端肢体（手、足）尤其是手指的运动有助于开发人脑的潜能。

人们常说"十指连心"，当然这里的"心"指的是脑。按照现代脑科学的研究，大脑作为人体的"司令部"，它统辖着全身的每一个部位。我们身体的每一部分在大脑皮层上都有一个相应的区域与之对应。但身体各部分在大脑皮层的代表区所占的面积大小，并不是与身体部位的大小成正比的，而是和肢体运动的熟练程度、精细程度和该身体器官的重要性相关联的。由于手的运动特别精细、灵敏，因此手在大脑皮层中有着较大的代表区。研究表明，手在大脑皮质上所占有的运动和感觉代表区域是最大的，这也是人类所特有的高度进化的结果。具体地说，在大脑皮层中，与手相联系的区域范围约占1/3，与头部及五官相联系的约占1/3，与其余人体脏器部位相联系的也约占1/3。五官主要是认识世界，感受外界信息，其他部位主要是提供人体内部的信息，手是在统一外部、内部信息的基础上再创造信息。所以，可以说手与人脑皮层的形成和创新思维的活动紧密相关。大脑指挥和控制身体的行为靠的是一整套神经回路系统来实现的。由于手上有无数细丝一样的神经纤维，它们分布在肌肉里，组成一条条的神经，经过脊椎骨里的脊髓，通到大脑。通过神经，大脑控制着手的活动。当然，手并不是被动地接受着来自大脑的指挥和调配，而是对大脑有反作用。通过神经，手的各种活动又会刺激脑，影响脑的活动和发育。由于人的大脑皮层中分布着一些特别的、积极的、富有创造力的神经细胞，人的双手从事精细灵巧的动作时，就能把这些细胞的

---

① 约翰·内皮尔：《手》，陈淳译，上海科技出版社，2001年版，第54页。
② 达尔文：《人手是怎样形成的》，引自黎先耀《大自然的召唤》，科学普及出版社，1999年版，第155页。
③ 达尔文：《人手是怎样形成的》，黎先耀《大自然的召唤》，科学普及出版社，1999年版，第155页。

手脑结合与人的学习

活力激发起来。当手运动的时候，也就激起了大脑皮层中相应的运动中枢发生变化。手的动作愈精细，操作程度愈复杂，对大脑皮层所构成的刺激也就愈强烈，在大脑皮层中所引起的变化当然也就愈大。而且，手的运动越频繁，思维会变得越敏捷。瑞典研究人员研究了手指活动和脑血流量的关系，证明手指活动简单时，脑血流量约比手不动时增加10%。但在手指做复杂、精巧的动作时，脑血流量就会增加35%以上，比如演奏小提琴。脑血流量相对增加，便促进了思维的敏捷。而且，手的运动越频繁，思维会变得越敏捷。

应当说，在人类极其复杂的生理系统中，手和脑的关系尤其重要。只要涉及手的无穷的技能，涉及手在功能运动中所呈现的敏锐的触觉、操作的准确性、精确性以及丰富的表现力，排除大脑的作用是不可想象的。"手的技能取决于大脑，取决于它和大脑高级枢纽的关系。生动灵巧的手是聪明敏捷大脑的产物"[1]。生理学与神经科学的研究告诉我们，人在动手操作的过程中，肌肉和关节是以最直接的方式参与运动的，感觉器官和神经系统则担负着随时监视这一运动过程的职能。而大脑不但要参与行为发动时的决策，而且要综合由神经系统传入的、动态的反馈信息，并根据自己已有知识和经验对这些信息进行分析、判断、推理……再通过神经系统指挥肌肉和关节进行不断地校正，从而使人的行为方式越来越合乎规范，越来越准确、精细。其实，人的任何动作的熟练，需要多个层次的神经系统建立起新的神经回路，首先需要动作器官自身的熟练，其次是与这个动作器官直接连接的系统的熟练，接着再是脊髓内的低级中枢需要为此形成特定的神经回路，另外自然还涉及脑神经系统和大脑皮层高级中枢内特定回路的形成。这个过程既是学习技能和习惯形成过程，也是神经回路的塑造过程[2]。而且，在复杂的运动中，人的大脑是需要调动数不胜数的、不同的神经成分与肌肉成分以一种高度整合和协调的方式参与的。其实，从人类发生的意义上说，人的智慧是随着手的解放和脑的发展而发生发展的，从个体智力发生发展看，也是借助外部对象动作和内部智慧动作获得的。在学习过程中，学生的活动既包括对实物的操作活动（即外部活动），又包括对观念的操作活动（即内部活动），这二者之间通常表现出互动的关系，即"心灵"（内部智力动作）激励着"手巧"（外部

---

[1] 吕品田：《动手有功——文化哲学视野中的手工劳动》，重庆大学出版社，2014年版，第41页。
[2] 李应潭：《生命·智能》，沈阳出版社，1999年版，第313页。

对象动作)，"手巧"更促进着"心灵"。其实，双手和大脑，经常互为因果。心灵是手巧的原因，反过来同样成立，即手巧则心灵。

其实，"人类一开始，就是靠手脑相互作用，才成长起来的"①。手是劳动的器官，也是大脑的输入和输出的窗口。思维是大脑的功能，智慧是大脑的产品。智慧的大脑离不开灵巧的双手。人类种系发展的历史表明，人的感觉器官和运动器官的进化，尤其是手的专门化，是同制造和运用工具的劳动实践活动分不开的，正是这种人类社会赖以生存和发展的感性对象活动，奠定了人脑心理机能系统发展的巨大基础，并使人类从自然界的纯物种关系中分化出来，成为创造世界历史的主人。其实，人类包括手在内的那些物化了的组织器官，是同人类创造世界历史的工具相适应的，人的心理机能也是在运用工具的活动过程中得以发展的。因此，"我们应该把特化了的感觉器官和运动器官（手和舌头是这二者最卓越的结晶）的感性活动，同人脑的心理机能活动有机地联系起来，作为一个不可分割的整体来看待"②。就像恩格斯所指出的那样，"如果人的脑不随着手、不和手一起、不部分地借助于手相应地发展起来的话，那么单靠手是永远造不出蒸汽机来的"③。

三、学习需要手脑联盟

在自然界，人类是最需要学习的动物，同时亦是最善于学习的动物。人类的学习首先是建立在其强大的生理智能器官的基础上的。"人的智能的器官，主要是指脑和与脑有关联的感觉和运动器官。高度发展的脑、手、言语器官，是人特有的智能器官。"④威尔逊在《手的奥秘》一书也认为，人类是带着"这个星球上其他动物所不具备的手和大脑，以及依我们自己的本能、技能和判断建立信任的能力"而来到这个星球的。人的双手和大脑本来就是密不可分的，"如果手的挥动不仅仅来自手腕的底端，那么大脑也不是一个孤立的指挥中心，自由自在地飘浮在自己舒适的颅舱里。身体运动和脑活动从功能上讲是互相依赖，互相依存的，而且其协同作用具有很强的系统性……

---

① 黎先耀：《神奇的手》，引自黎先耀《大自然的召唤》，科学普及出版社，1999年版，第161页。
② 程利国：《皮亚杰心理学思想方法论研究》，福建教育出版社，1999年版，第186页。
③ 程利国：《皮亚杰心理学思想方法论研究》，福建教育出版社，1999年版，第185页。
④ 方德珠：《创造智能学》，新疆大学出版社，1995年版，第15页。

手的动作是如此广泛地体现在脑的活动上……"①。因而,学习不仅要动手,动脑,而且必须手脑并用,亦即手脑结合。

珍妮特·沃斯等在《学习的革命》一书中指出:"全世界的所有最重要的教育方案都由那些能兼顾孩子身体与精神两方面发展的要素组成,因为实际上,这两者是无法分开的。"② 在现代社会里,随着科学技术的迅猛发展,一方面,人们在体力劳动中越来越多地渗入脑力劳动的成分,即所谓"体力劳动智力化"。另一方面,人们在脑力劳动中也越来越多地需要亲自动手进行实际操作。例如,搞技术革新、发明创造,就不仅要在头脑里进行构思,还必须亲自动手,边做边改,使设计制造过程日臻完美,这样就出现了两个相向而行的趋势:体力劳动者要使用脑力,而脑力劳动者也要进行一些实际操作。这种体、脑劳动相互渗透,相互靠拢的趋向,已表现得非常明显。这一现象同样体现在学习过程中。在而今的国际学习科学研究领域就极为强调让学生在实践中学习,并流传着这样的名言:"听会忘记,看能记住,做才学会。"其实,我国古代也有"心中醒,口中说,纸上作,不从身上习过,皆无用也"的说法。毕竟,"纸上得来终觉浅,绝知此事要躬行"。学生在学校学到的东西,只有与社会实践相结合,才能变得鲜活起来;只有经过自己的亲身实践,知识才能变得丰满、深刻。因此,《美国国家科学教育标准》强调,"学习科学是学生们要亲自动手做而不是要别人做给他们看的事情","学习科学是种能动的过程","'能动的过程'一词指的是体与脑的共同活动。光是动手活动还不够——学生们还必须有动脑的活动"③。这就是说,学科学的过程应该是体与脑的共同活动的过程,不仅要有动手的活动,而且要有动脑的活动,更多的则需要既动手又动脑的活动。其实,学习科学的最好办法就是从事科学。科学不仅仅是一堆事实和理论,这更是一个过程,一种探索和思考我们所生存的这个世界的方式。按照当前对认知过程的研究,学生通过构建他们自己的知识的过程能够学得最好。正像美国国家科学课程标准所指出的,学生学习科学的最好的方法是通过做科学来学科学。因此,为了实现学生的最好发

---

① 弗兰克·R.威尔逊:《手的奥秘》,邢锡范等译,辽宁教育出版社,2008年版,序言第5页。
② 珍妮特·沃斯等:《学习的革命》,顾瑞荣等译,上海三联书店,1998年版,第205页。
③ 美国国家研究理事会:《美国国家科学教育标准》,戢守志等译,科学技术文献出版社,1999年版,第26页。

展，就应放手让学生动手动脑去活动、探索。努力让其通过亲身经历的动手操作的探究过程逐步形成、丰富和发展自己的认知结构。其实，学生只有亲身经历了做科学，发现科学的历程，靠去做，去悟，去经历，去体验，才能享受到科学的乐趣和魅力，探究能力和科学素养才能提高和发展，进而实现其智慧的发展。

手脑结合之于学习的重要性为许多中外教育家们所认识。怀特海认为手和大脑是紧密联系的，那些贵族大脑懒惰的原因就是他们缺少"来自手或口的富有创造性的活动所带来的对大脑的刺激"。意大利教育家蒙台梭利认为："手直接同人的心灵相联系。"在她看来，"人手的活动是人的智力、精神生活和情感的体现。……我们也可说，人类环境的一切变化都是由手带来的。……正是因为有了心灵的伙伴——双手，文明才得以产生。手一直是人类遗传过程中的伟大器官"[1]。皮亚杰曾经给出教育的两个重要目标，其一是"创造能够干新事，不是单纯重复上几代人已经做过的事情，有创造力、有发明和发现能力的人"；其二是"造就有批判的头脑、能验证的头脑而不是人云亦云的头脑"[2]。此即是说，教育的重要目标就在于造就既能动手，亦能动脑的人。而且，动手活动可以刺激头脑的活动，起到向休眠的大脑添加生机的效果。从生理学的角度看，人的肌肉中有一种叫做纺锤肌的感受器附着在周围的肌肉上，当肌肉呈紧张状态时，它就感受到刺激并通过神经将这一刺激传到延髓的网状结构处。网络结构是负责解除困意，使意识作用活跃起来，以帮助集中注意力的脑干的组成部分。来自纺锤肌的刺激一旦传到此处，立即作用于脑，从而大幅度地增加了头脑的生机和活力[3]。现代脑科学的研究已证明，与手的活动机能相联系的脑细胞群，它们同手的活动相互激发。当人的双手从事精巧的和富于创造性的活动时，指挥手活动的脑细胞群就特别活跃起来，驱使手的活动准确、迅速地实现既定的目的；而当手的动作越是达到复杂、精化，越是富于创造性时，也越能促进大脑相关细胞群的功能强化，促进智力的发展。也正是基于此，有些心理学家认为，一个人的智慧就在他的

---

[1] 蒙台梭利:《蒙台梭利幼儿科学教育方法》,任代文译,人民教育出版社,2001年版,第475页。

[2] 埃德·拉宾诺威克兹:《皮亚杰学说入门：思维、学习、教学》,杭生译,人民教育出版社,1985年版,第303页。

[3] 乔际平等:《物理创造性思维能力的培养》,首都师范大学出版社,1998年版,第192页。

手脑结合与人的学习

手指头上。

应当说,由于"人脑这种复杂的物质结构及其最基本的工作原理,说明人的动手操作与动脑思维密切相联、不可分离。人脑是人的思维和控制器官,双手、眼、耳、身体等是人的感觉或操作器官,也可以说是'脑的外在部分'"①。我们常说脑是思维的器官,这自然是对的,但却有片面性,因为按照恩格斯的意见,在某种意义上说,手也是思维的器官。这是因为,大脑是不能凭空思维的。正如杜威所指出的那样,"离开材料的整理,思维就无法存在,这就如同消化不能离开对食物的吸收一样"②。因而,思维必须借助于外界环境的某种刺激作用,大脑需要手,当然手也离不开大脑。其实,在手和脑之间,经常是互为因果的。就像人们常说的心灵手巧。不仅心灵决定手巧,而且手巧也能促进心灵。手巧,应归功于思维灵活精细和具有创造性;心灵,在很大程度上又是动手实践锻炼的结果。其实,一个人要变得聪明,一个非常重要的生理条件是神经系统的灵敏性与选择性,而这种神经系统的建构则必须在动手操作过程中,通过手和脑的巧妙配合才能完成。所以,人的判断能力和思考能力,也是随着双手活动经验的积累而发展起来的。大量的试验已经证明,人类大脑皮层发展到一定程度,就能够摆脱与感觉器官的直接联系,进行综合的抽象思维。因此,从表面上看,人们的综合的抽象思维能力与动手并没有什么直接的关系,但这种能力的形成,同样离不开长期动手经验的积累。也正是基于此,才有"手是外在的大脑","一个人的智慧就在他的手指头上"等说法。因此,我们既要充分认识到大脑对手所拥有的指挥与统辖作用,但同时也不能忽略或无视双手对大脑的反作用。在这方面,陶行知的认识则更为客观科学。他从几百年来盲人教育的成绩中认识到"我们的一双手可以变化我们的脑筋。手做了工,脑筋就变化了。一经变化之后,手与脑互相长进"。此即是说:"头脑帮手生长,手帮头脑生长。"③

我们常说的"从做中学"以及"在劳力上劳心"等其实就是一个手脑结

---

① 于慧颖:《劳技教育教学应引导学生从"动手做"到"动脑做"——兼论"动手能力"是大脑调控下手脑协调动作的创造性实践能力》,《中国教育学刊》,2004年第12期。
② 邱磊编:《杜威教育箴言》,华东师范大学出版社,2015年版,第189页。
③ 陶行知:《手脑相长》,徐明聪主编:《陶行知创造教育思想》,合肥工业大学出版社,2009年版,第42页。

合的过程,我们经常强调的动手能力其实质就是手脑结合的能力。应当说,"实际上动手的能力不是独立存在的,而是与他们的思维能力紧紧地连在一起的"①。同样的,杜威所大力倡导的"从做中学",其本身就是一种内部心理活动与外部操作活动相统一的活动,亦即是一种在心智指导下的实际活动。在杜威看来,如果一个行动没有心智在其中起作用,那么这种行动要么是一种习惯的动作,要么是一种盲目的活动。可以说,杜威之所以强调"做",除了因为"做"是获得经验的有效渠道之外,更在于他看到了"做"与儿童的思维之间有着密切的联系。在他看来,要"给学生一些事情去做,不是给他们一些东西去学;而做事又是属于这样的性质,要求思维或者有意识地注意事物的联系,结果他们自然学到了东西"②。这表明,杜威更加重视让儿童在"做"中思维,通过思维提出和解决问题,在"做"中验证所获经验的有效性。因此,"做"作为一种学习活动的过程,内在地蕴含着认知及思维的过程。并且,"动手"的对立面并不是"动脑",恰恰相反,而是强调要通过动手来促进更高效的动脑。

在正常情况下,人们所进行的动手操作,总是贯穿着动脑的思维。生理学与神经科学的研究告诉我们,人在动手操作的过程中,肌肉和关节是以最直接的方式参与运动的,感觉器官和神经系统则担负着随时监视这一运动过程的职能。而大脑不但要参与行为发动时的决策,而且要综合由神经系统传入的、动态的反馈信息,并根据自己已有知识和经验对这些信息进行分析、判断、推理……再通过神经系统指挥肌肉和关节进行不断地校正,从而使人的行为方式越来越合乎规范,越来越准确、精细。比如,小学生横穿马路,这是一件极普通的事情,但它却要求孩子对马路上车流的状况做出迅速、准确的分析、判断甚至推理,才能确保他们安全通过。有了这样的亲身体验,将来就会使他们的思维更加切合实际,从而培养他们相似于实际的本领。而且,在复杂的运动中,人的大脑是需要调动数不胜数的、不同的神经成分与肌肉成分以一种高度整合和协调的方式参与的。例如,动手修补一件东西,或用手去抛掷或抓住一个对象,其中便包括着眼与手之间极为复杂的交互作用。人的很多举动,尤其是在那种已经熟练了的、自动化的、无意识的活动

---

① 王雪青:《"手工"与"动手"的对话》,《装饰》,2013年第2期。
② 陈佑清:《教育活动论》,江苏教育出版社,2000年版,第87页。

中，整个运动序列在大脑中是以一种完整的单位而展开的。所以，只有在人的大脑中建构起这种高度程序化了的序列才能使快速反应成为一种可能。而这一运动序列程序的建立和固化则需要通过反复地实际操作才能实现。所以，从某种意义上说，手巧才能心灵。

第二章

手脑结合的理论基础

手脑结合作为人的本质力量的显现,是人之成为人的一个基本特征。手脑结合理论作为一种科学学习理论,与现代脑科学、心理学及创造学等无疑有着天然的、密切的联系,但鉴于这方面的论述颇多,这里拟另辟蹊径,从教育学理论、认识论以及思维论的视角,对手脑结合学习的理论基础作些阐释。

第一节 教育学理论

手脑结合理论的形成和发展得到了教育学理论的呼应与配合,因而具有深厚的教育学方面的理论底蕴。尤其是当今仍充满生命力的活动教育、智慧教育及和谐教育等思想理论,客观上都为手脑结合学习理论提供了教育学的理论支撑。

一、活动教育理论

活动是一切生命体的本质属性,也与教育密切相关。活动教育是一种具有源远思想基础和广泛实践影响的理论主张。早在古希腊时期,一代先哲亚里士多德就强调"在教育上,实践必须先于理论"的观点,并明确提出"学会一件事的唯一方法就是动手去做"的教育主张。我国的古代教育家荀子亦强调感性认识和"行"在认识过程中的地位和作用,并提出了其知行统一的学习观。但应当说,活动教育思想的真正形成毕竟还是近代的事,尤其是文艺复兴以来的几百年间,在人本主义思潮的影响下,西方教育逐渐形成了一条较为明显的活动教育思想发展脉络。卢梭作为西方教育史上第一个自觉地、较为全面地阐述了活动教育基本思想的思想家,以其自然主义教育思想为出发点,主张教育要适应儿童的自然发展,要保持儿童的自然本性。"教育都应该是行动多于口训",不要教他这样那样的学问,而要由他们自己去发现那些

学问。他认为"我们真正的老师是经验和感觉"。因此,凡是儿童能从经验中学习的事物,都不要使他们从书本中去学。而经验主要来源于行,来源于体验。在以卢梭为代表的近代浪漫自然主义教育思潮的催生和滋润下,活动教育理论取得了长足的发展。

但是,在理论上和实践上确立活动教育的地位,并系统构建了活动教育理论的当属美国实用主义教育家杜威。杜威为对抗传统教育的"主知主义"和"教师中心论",系统提出并实践了以"从做中学"为核心的活动教育思想。他强调:"教育者或教师企图不通过儿童自己的活动去掌握知识、培养品德,即将知识、品德、要求'加到'儿童身上,任何怎样的企图只会破坏儿童健康的智力发展和精神发展的基础,破坏培养他的个性品质的基础。"[1] 他认为教育应以儿童及其活动为起点、目的、中心,学校教育的作用就是传递、交流和发展经验,个体要获得真知,就必须在活动中主动去体验、尝试、改造,必须去"做",因为经验都是由"做"得来的。杜威大力倡导的新的儿童发展观、儿童活动观以及他积极实践的"从做中学"和"活动——经验课程",极大地丰富了活动教育思想的内涵,推动了活动教育思想在实践中的发展。可以说,正是由于杜威的特殊贡献,特别是他对于新的儿童发展观和活动观的系统化、实践化的发展,活动教育教育思想才逐步取代了传统的主知主义教育思想的主导地位,成为 20 世纪上半叶欧美教育思想的主流,对当时以至以后的欧美学校教育,乃至世界教育都产生了广泛而深远的影响。

瑞士心理学家皮亚杰所创立的发生认识论,在为活动教育提供了发生学依据的同时,亦为活动教育提供了可资借鉴的原则和方法。皮亚杰深刻揭示了活动在儿童认识发展中的根本作用。他认为人对客体的认识是从人对客体的活动开始的。活动既是认识的源泉,又是思维发展的基础,儿童思维的发展完全是儿童一系列不同水平活动内化的结果。皮亚杰学说从心理学角度对个体认识发展的规律做出了最有影响的科学说明,进而为活动教学奠定了认识论基础。苏联的维果茨基、列昂捷夫、苏霍姆林斯基、赞科夫等心理学家、教育学家也分别从理论和实践上对教育中的活动问题进行了探索。曾师从杜威的我国教育家陶行知在学习借鉴杜威"从做中学"理论的基础上,创造性地提出了"教学做合一"理论,为活动教育在我国的传播与发展作出了应有

---

[1] 张天宝:《主体性教育》,教育科学出版社,1999 年版,第 41 页。

第二章 手脑结合的理论基础

的贡献。

珍妮特·沃斯等在《学习的革命》一书中也指出,要"保证使孩子尽可能早地获得他所需要的活动,尽可能使孩子身体自由:手自由,脚自由,能够四处爬动、攀行。让他犯自己的错,然后从尝试中进行学习"①。"最重要的是,幼儿借助活动而学习。他借助爬行的活动学习爬行,借助走路的活动学习走路,借助说话而学会说话。"② 其实,孩子们不仅仅是在进行走、跑、跳这些一般的机械运动,而要进行"有刺激作用的活动,是针对那些能促进孩子的听觉、视觉和触觉的发展,也将提高他们吸收知识的能力的脑部区域的"③。这样的特定的运动方式有助于使整个脑部"串起来"。否则,"没有运动的学习,很简单,脑就不会发育"。对于婴幼儿来说,更要让其"通过玩耍与探索而学习","要把玩转化为学习经验——并且要使绝大多数的学习充满乐趣"。尤其要给婴幼儿们以机会,"让他们尽可能早地爬动"。而且,他们"爬行得越多,就越可以学会走路,并且每一个阶段都保证着下一个阶段在适当的时候来临——并且同时完成了伴随着这些阶段的神经发育"④。这是因为,"婴儿看待和爬动需要动用他所有的四肢,而这种活动又增强着由 3 亿神经细胞组成的两个脑半球相互联系的途径。没有爬行、爬动行为的孩子——一般是从出生起脑部严重损伤的幼儿——是不可能充分协调两个脑半球的"⑤。

从上面关于活动教育思想发展的梗概中不难看出,活动教育思想在其形成和发展的过程中,就是和手脑结合思想交织在一起的,抑或说,手脑结合既是活动教育的应有之义,也是活动教育的精髓所在。其实,历史上还有许多教育家在推动活动教育的过程中,都大力倡导手脑结合。例如,像捷克教育家夸美纽斯就强调,一切知识都需要从感觉入手,"任何知识都不应该根据书本去教,而应该实际指证给感官与心智"。瑞士教育家裴斯泰洛齐认为,人的认识是从感觉开始的,他强调儿童的眼要看,耳要听,手要动,脚要走,脑要想。他认为,"思想应该通过思维活动而产生,……实践能力必须来自实际操作,而不是来自不厌其烦的谈论操作","智慧和真理是从同事物的实际

---

① 珍妮特·沃斯等:《学习的革命》,顾瑞荣等译,上海三联书店,1998 年版,第 211 页。
② 珍妮特·沃斯等:《学习的革命》,顾瑞荣等译,上海三联书店,1998 年版,第 213 页。
③ 珍妮特·沃斯等:《学习的革命》,顾瑞荣等译,上海三联书店,1998 年版,第 219 页。
④ 珍妮特·沃斯等:《学习的革命》,顾瑞荣等译,上海三联书店,1998 年版,第 221 页。
⑤ 珍妮特·沃斯等:《学习的革命》,顾瑞荣等译,上海三联书店,1998 年版,第 215 页。

经验中发展起来的"①。他还十分强调教学与手工劳动相结合。意大利教育家蒙台梭利在强调"儿童对活动的需要几乎比对食物的需要更为强烈"的同时，也特别重视以感官训练和肌肉练习为主的活动，尤其重视手在教育中的重要作用。在她看来，手一直是人类遗传过程中的伟大器官。人类环境的一切变化都是由手带来的。正是因为有了心灵的伙伴——双手，文明才得以产生。而且，手直接同人的心灵相联系。人手的技能同其心理的发展息息相关。事实上，智力的整个职责就好像是指导双手的活动。她认为，如果没有手的帮助，儿童的智力仍然可以发展到一定的水平。但是，如果能得到手的帮助，则智力的发展可以达到更高的水准，并且儿童能获得更加健全的品格。其实，无论是作为当代活动教育的集大成者的杜威，还是发生认识论的创立者皮亚杰，以及苏联教育家苏霍姆林斯基、赞科夫，还有我国教育家陶行知等，他们在研究和实践活动教育思想的过程中，都对手脑结合问题给予了特别的重视。抑或说，他们的活动教育思想无不充溢着手脑结合的意蕴。

需要指出的是，活动教育所涵盖的"活动"是一个具有特定内涵的概念，它既不完全等同于一般意义上的人的活动——劳动，也不同于传统教学中使用的"活动"概念。传统教学意义上的活动的弊端在于：一是被动的活动，即学生在被告诉、被教导、被演示的情况下被迫参与活动，学生作为活动主体的主体地位没有得到落实，学生活动的自主性、能动性和创造精神得不到充分发挥；二是片面的活动，即只重视学生接受间接经验过程中的内在观念活动，忽视甚至排斥学生以获取直接经验和感性体验为目的的物质操作活动和社会实践活动。因此，传统教学意义上的活动是一种学生被动参与的、观念活动与实践活动相脱离的不完整的活动。而活动教育语境中的"活动"则是一种整体性的活动。所谓整体性，首先是指活动的结构具有整体性。完整的活动是由外部活动和内部活动两部分构成的。这里所说的外部活动，主要指实物性的操作活动、感性的实践活动，即学生主体操作客体或改变自身外部形体的"有形活动"，主要是指学生主体的感知、操作、言语等活动，其中常见的有听讲、观察、操作、练习、交往活动、社会实践等。学生主体外部活动是学生主体的特殊实践活动，它的主要目的不在于改造外部客观世界，而在于通过外部活动，掌握人类的历史经验，进而促进认知结构的形成，它

---

① 潘洪建等：《活动教学与方法》，甘肃教育出版社，2008年版，第27页。

的方向是向"内"的。学生主体外部活动是完整的学生主体活动的重要组成部分,在教学认识中起着重要作用。而所谓的内部活动是相对外部活动而言的,它主要指学生通过心理表象和符号操作等进行的认知、情感、意志的活动,是一种"无形活动",主要包括认知活动和情感活动。在传统教育中,人们往往只重视学生的内部活动,强调的是教师讲,学生听,学生动口动脑而不动手。当然,这样的活动是不完整的活动。其实,单纯的外部活动过程和独立的内部活动过程并不能构成完整的教育活动过程。在教育实际中,学生只动手做而不动脑想,或者只冥思苦想,这些都不是严格意义上的活动教育。活动教育是操作与思维的相互结合,二者缺一不可,从而构成了活动的外部操作过程和内部思维过程相得益彰的局面;活动的整体性同时也体现在活动过程的整体性方面。就学习活动的内在运行机制来看,学习过程正是学生主体外部活动与内部活动的双向转化过程,科学、完整的教学认识过程是一个由外而内、由内而外的物质活动与观念活动相互联系、相互作用、相互转化的过程,是学生主体活动内化和外化的统一。在学习活动中,学生学习活动的内化过程,就是学生的外部感知、操作活动经过不断地概括化、言语化、简缩化进而逐步形成概念的过程,是外部物质感性活动向内部心理活动(表象、思维)的转化过程。学习活动的外化则是将内部过程在操作和言语上展开、呈现出来,在教学认识过程中它可以起到检查内化、巩固内化、深化概念理解、调整充实学生主体的认识结构等作用。列昂捷夫指出,现代心理学最重要的发现之一即是内部活动与外部活动并不分离。孤立的、纯粹的外部活动和内部活动在教学过程中是不存在的,外部活动有内部活动的参与,内部活动也有其外部的表现形式。在学习活动中,正是由于通过外部活动及其内化,内部活动及其外化的转化过程,学习者才真正实现了对知识的掌握及主体力量的发展。而从上面的分析中也不难发现,一个完整的活动过程也就是既动手又动脑,通过动手激发动脑以及通过动脑指挥动手的过程。也就是说,完整的活动过程就是一个手脑结合的过程。

二、智慧教育理论

古希腊哲学家赫拉克利特说过,"博学并不能使人智慧"。由于人类的教育活动是基于知识进行的,但获得知识并不是我们的目的。为此,英国著名哲学家怀特海提出儿童智慧教育理论,认为教育的目的是开启学生的智慧。

在他看来，"从古人向往追求神圣的智慧，降低到现代人获得各个科学的书本知识，这标志着在漫长的时间里教育的失败"①。雅斯贝尔斯也认为，"教育是人的灵魂的教育，而非理性知识和认识的堆积……如果人要想从感性生活转入精神生活，那他就必须学习和获知，但就爱智慧和寻找精神之根而言，所有的学习和知识对他来说却是次要的"②。此即是说，真正的教育应该是智慧的教育。

应当说，智慧是教育的永恒追求。尽管人类对智慧的追求有着悠久的历史，但智慧教育理论体系的形成以及实践的日益广泛深入则是当代发生的事。其实，在教学研究领域，对于知识和智慧关系的研究古来有之。无论是传统的形式主义和实质主义之争，还是现代的学科本位和教育本位之争，其都在从不同的层面试图对这一问题作出回答。虽然这些极端、片面的教学目的观在理论上已为人们所抛弃，但在教育实践中，形式教育与实质教育并没有随着争论的平息而实现统一，尤其是知识本位还是凭借其强大的惯性顽固地向前运动着。而且，"由于中国久有知、智可分又可不分的传统用法，以致'智育'一词常常掩盖了陶冶智慧与传授知识的区别。从而造成一种错觉，以为只要有'智育'，就不乏智慧，只要有知识传授，就算有了'智育'"③。而今，随着人类知识的爆炸式增长，传统的智育观受到了严峻的挑战。智慧教育的发展已成为当代教育变革的一种基本价值取向。

智慧教育就是培育人的智慧的教育。具体地说，它是"以开发人的智慧潜能，培养人的智慧品质，引导人过智慧生活的教育"④。智慧教育是对应于知识教育的一个概念，它强调知识与智慧的统一，也即是转识成智的教育。在智慧教育看来，知识与智慧的关系是相辅相成、辩证统一的。知识是智慧的基础，智慧孕育于知识之中，但智慧又不等于知识，是知识的升华，知识需要由智慧提升。知识侧重于现实世界，是具体有形的，可通过言传口授而获得。智慧则不同，它不光包含现实世界，还包含人类自身，是无形的，它是通过对知识的反思，在知、情、意、行等多方面的综合而内化为一种力量、

---

① 怀特海：《教育的目的》，徐汝舟译，北京三联书店，2002年版，第52页。
② 雅斯贝尔斯：《什么是教育》，邹进译，生活·读书·新知三联书店，1991年版，第4页。
③ 陈桂生：《也谈有智慧的教育》，《教育参考》，2001年第5期。
④ 靖国平：《关于智慧教育的几点思考》，《江苏教育研究》，2010年第18期。

精神品质并对知识进行创新、应用。智慧亦表现为知识的实际应用，是知识应用的保证。人类掌握知识的主要目的，在于把知识应用于社会生产与生活中，而这又是建立在拥有智慧的前提下的。智慧之所以成为人们追求的目标，不仅仅是因为它是神奇、深邃并富于变化的"斯芬克斯之谜"，更是因为它具有极强的实践能力，使实践获得更多的效益。"智慧主要与主体相联系，而与主体能力得以发挥的物理工具无关。主体能力既有体力因素又有智力因素，智慧主要属于主体的智力因素，当然人是一个整体，智慧与体力因素也分不开。智力因素当然是主观的，由此把智慧主要理解为人的主观能力，亦可简称为能力。"[1] 智慧实质上是建立在知识基础上的一种综合能力，"是个体在一定的社会文化心理背景下，在知识、经验习得的基础上，在知性、理性、情感、实践等多个层面上生发，在教育过程和人生历练中形成的应对社会、自然和人生的一种综合能力系统"[2]。

智慧教育是建立在知识的基础上的。其实，在古希腊时期，人们就将知识等同于"智慧"，认为有知识的人就是聪明智慧的人，这在当时或许是有其道理的。因为在远古时期，人类积累的知识量非常小。而且，人类所积累的知识是人们在日常生活中亲身实践所得，"实践出真知"，亲身体验、领悟而得的知识与人的智慧发展是一致的、同步的。随着人类生活实践的发展和社会出现专门生产、加工和传播知识的阶层，人类积累的知识总量迅速增加。此时社会上一般人所掌握的知识是通过间接学习他人所发明发现的知识的方式获得的，这样所获得的知识是"闻知"，而非"亲知"。"闻知"若不是建立在"亲知"的基础之上并同"亲知"建立内在的联系，则这种知识的获得与智慧发展是不同步的，是两码事。因而，尽管智慧基于知识，但知识并不就是智慧。正如斯滕伯格所认为的那样，拥有知识不足以保证具备智慧。而"发展智慧是大有裨益的，因为它所带来的判断力能够提高生活和行为的质量。知识可以而且必须和智慧相结合，人们在做判断时需要利用知识——关于人性的知识，生活环境的知识，或成功和失败的策略。虽然知识是智慧的必要条件，但不是充分条件"[3]。怀特海亦认为，虽然一个人没有知识就不可

---

[1] 靖国平：《"转识成智"：当代教育的一种价值走向》，《教育研究与实验》，2002年第3期。
[2] 刁培萼等：《智慧型教师素质探新》，教育科学出版社，2005年版，序。
[3] 斯滕伯格：《智慧·智力·创造力》，王利群译，北京理工大学出版社，2007年版，第195页。

能有智慧,但一个人即使能很容易地获得知识,也仍然可能没有智慧。怀特海指出,"虽然智力教育的一个主要目的是传授知识,但智力教育还有一个要素,比较模糊却更加伟大,因而也具有更重要的意义,古人称之为'智慧'。你不掌握某些基本知识就不可能聪明;但你可以很容易地获得知识却仍然没有智慧"①。倘若一个人仅仅见多识广,那么他不过是普天之下的无用之人。现实中也不乏这样的有知识而无能力的书呆子。应当说,仅就智育而言,传授知识并不是教学的全部目标,更不是教学的最高目标。皮亚杰认为,人的智力发展的最后一个阶段为形式运演阶段,就是一般讲的抽象思维阶段。他把具有逻辑推理能力和掌握复杂抽象概念的能力看作是教育的最高目标。因而,教学不应该仅仅是知识的传授,更重要的是要刺激儿童心智的发展,儿童不应是消极接受知识灌输的"容器",而是要学会如何思维,通过死记硬背学得的知识不等于智慧。他强调智力训练的目的是形成智慧,而不是贮备记忆;是适应智力的探索者,而不仅仅是博学,死记硬背学得的知识并不等于智慧。毕竟,"一个人到学校里来上学,不仅是为了取得知识的行囊,而主要的还是为了变得更聪明,因此,他的主要的智慧努力就不应当用到记忆上,而应当用到思考上去。真正的学校应当是一个思考的王国"②。这样,当一个人离开校门的时候,他可能有些知识没有学到,但他或许是一个"聪明人"。死记硬背可以获得知识,但却不一定能产生智慧。智慧超越知识,是领悟和把握真理的能力。知识的本义就在于服务于智慧的人生,而不是作为人生无意义的材料或点缀品。人生绝不是为知识而知识,或为了获得知识所代表的符号。相反,获取知识是为了获得知识背后所隐藏的智慧,是为了实现人生的意义和价值。如果人成为知识所代表的符号的奴隶,而不是知识的主人,那么就失却了对知识追索的本意。因为一个教师既不能也无法把所有的社会知识全部灌输给自己的学生,所以,教师的教学除了传授知识外,更重要的是要"教"学生自己如何去"找出"发现这些无穷知识的方法和途径,"教"会学生学会用自己的眼光来审视问题、独立思考、探寻真理,能运用自己独特的、有效方式去解决问题。毫无疑问,这些教学方式、方法也都是培养学生创新能力的种种基本要求。

---

① 李长吉:《教学论思辨》,教育科学出版社,2009年版,第38页。
② 怀特海:《教育的目的》,徐汝舟译,北京三联书店,2002年版,第54页。

第二章 手脑结合的理论基础

智慧教育是转识成智的教育。其实，对每一个学习者而言，教学的真正目的应该是个人经由知识的掌握而达到自身智慧的养成，即"转识成智"，将知识转化为智慧。长期以来，由于在理解教学的知识使命问题上，人们较多地关注了教学的知识传承价值，忽视了通过知识促进学生智慧发展的价值，即忽视了"转识成智"。而强调转识成智，就是要让教育突破传统的知识本位的窠臼，代之以智慧本位的教育。而基于转识成智，"旨在领悟有限中的无限，相对中的绝对，这种领悟往往是在顿然之间实现的，它表现为哲学上的理性直觉"①。怀特海认为，"智慧是掌握知识的方式。它涉及知识的处理，确定有关问题时知识的选择，以及运用知识使我们的直觉经验更有价值。这种对知识的掌握便是智慧，是可以获得的最本质的自由"②。怀特海把教育看作教人们掌握如何运用知识的艺术，认为一切教育的核心问题乃是"使知识充满活力，不能使知识僵化"。智慧是明智地运用知识材料获取人生幸福的能力或本领。而欲使知识转化为智慧，则需保持知识的活力，即活化知识。而活化知识首先就在于知识的运用。怀特海认为，"知识的重要意义在于它的应用，在于人们对它的掌握，即存在于智慧之中"③，而"养成习惯去积极地利用透彻的原理才算最终拥有的智慧"④。储存在大脑里、不能被运用的知识是死知识。而一旦知识仅仅储存在头脑里难以运用，就会"像鱼一样腐烂"。他主张学生所学的知识必须对当下的生活有用，有助于理解、解决其面临的各种问题，让知识显示其应用的价值。他主张学生学习的知识宜少而精，以便于能在真实生活情境中予以运用；在他看来，活化知识还意味着知识的贯通，即将知识与关联着我们的感觉、知觉、希望和欲望的生活事件联系起来，而不是强迫学生一遍遍地死记硬背一些互不关联的知识。因为人的生活是一个独特的有机体，其构成要素是密切联系、彼此协同的，所以学生所学的各科目应保持相互贯通的状态，具体表现为互相关联的知识要在总体上加以应用，且各种命题可以按照不同的顺序反复使用；活化知识同时还蕴含着知识的创新。教育不仅传承知识，还创新知识。知识的创新既是人追求美好生活的需

---

① 李长吉：《教学论思辨》，教育科学出版社，2009年版，第41页。
② 怀特海：《教育的目的》，徐汝舟译，北京三联书店，2002年版，第54页。
③ 李润洲：《智慧教育的建构》，北京师范大学出版社，2022年版，第77页。
④ 怀特海：《教育的目的》，徐汝舟译，北京三联书店，2002年版，第66页。

要，也是人的创造本性使然。他认为教育失去魅力、丧失创新的原因就在于其深陷于惰性知识，即仅为大脑所接受却不能加以应用、检验或与其他新颖事物有机结合起来的知识；囿于这些惰性知识的教育是无用的，甚至还是有害的。知识离不开创新，犹如鱼儿离不开水一样。在他看来，即使学生所学习的是有久远历史的知识，也应在将其传授给学生时赋予其当下的新意，就像刚刚从大海里捕获的鱼一样鲜活。从一定意义上说，知识的创新既是知识运用与贯通的必然结果，也是活化知识追求的理想境界。

关于转识成智，杜威亦给我们提供了一个新颖的认识视角。杜威认为智慧与知识不同，智慧就是应用已知的去明确地指导人生事物的能力。他把知识看作是人与环境互动的产物，知识是行动的方法与手段。知识作为一种行动，就是通过人设想自己与生活世界的联系，调动心理倾向来清楚地发现并解决一个个困惑的问题，是人明智行动的方法与手段。而那些"脱离深思熟虑的行动的知识是死的知识，是毁坏心智的沉重的负担"。杜威认为，知识虽然表现为人思维认识的结晶，但知识的价值体现在问题解决中。因而，教育并非在于让学生记住、储存多少既有的知识，而在于使学生运用所学的知识解决各种问题，并在解决问题中彰显其价值，其实，这也是杜威倡导"从做中学"的根由。这表明，杜威把那种脱离人的行动、与人的生活无关的知识看作是冒牌知识，而若将知识与人的行动和问题解决勾连、融合起来，那么知识就具有了智慧的特征，这样，转识成智也就成为可能。

转识成智是以智慧的方法为中介的。智慧的多寡不在知识的多少，而关键在于是否有应用所学知识应对和解决各种矛盾问题的能力。这种应对，其中就关涉一个非常重要的因素，那就是方法及其意识。所谓方法意识，是指对方法有深入地理解，时刻将运用方法和创造方法当作自己工作的内在习惯和自觉行为。此外，方法中也要有深刻的思想，包含着丰富的精神，否则，干瘪的方法易失去价值。正如爱因斯坦所说，"在一切方法的背后，如果没有一种生气勃勃的精神，它们到头来不过是笨拙的工具"。人们常说，"科学方法是科学活动的灵魂"，足见方法之重要。实施转识成智，离不开智慧方法这一中介。因此，杜威干脆把科学方法看作是智慧的方法，而思维就是明智的学习方法。

转识成智是建立在实践的基础上的，抑或说是建立在"做"的基础上的。

第二章 手脑结合的理论基础

裴斯泰洛齐认为,"智慧和真理是从同事物的实际经验中发展起来的"①。怀特海认为"通过直接经验获得的知识是智慧生活的首要基础"②,而那些通过书本获得的间接经验永远不具有直接实践的意义。其实,无论是杜威的"从做中学"还是皮亚杰的"智慧自动作始",以及陶行知的"教学做合一",他们的共同点都在于"做"。以杜威的"从做中学"为例,杜威认为,儿童的学习应以"从做中学"为主要方法,"从做中学"不会产生死的知识,而只会带来经验的改造和经验意义的丰富与扩大。杜威所说的"做"主要是指儿童能够智慧地"使用中介工具以达到目的",其区别于一般"劳动"和"游戏"的特点就在于"做"得"理智"。而"一个人所以愚蠢、盲目或缺乏理智,就是因为他不知自己为什么行动,也认识不到自己行动的可能结果"③。并且,智慧是有层次的,智慧的境界是随着对行动的"知其然""知其所以然"及"知其必然"渐次提高的,而知其"行动的可能结果"则是智慧的最高境界。杜威认为,当儿童在"从做中学"的过程中,儿童"圆满地解决了那样一个问题时,他就增添了知识和力量。他试验了他所学到的知识,根据这些知识制造世界上有用的东西来了解它们意味着什么;他以一种发展他自己独立思考的方法做了一件有益的事情"④。也就是说,"从做中学"使儿童获得了知识并发展了智慧。而且,"人们最初的知识,最根深蒂固地保持的知识,是关于怎样做的知识"。其实,这种"怎样做"的知识正是波兰尼所说的那种"只可意会而不可言传"的"默会知识"。人类的智慧根源于默会的力量。波兰尼认为,人们在教育活动中只有以默会知识为基础,才能意识到自己的智慧力量。斯滕伯格也认为,"智慧需要知识,但是智慧的核心是默会知识,这类知识是人们在生活大学里所习得的,而不是学校所教的正规的明确阐述的知识。一个人可以是一部'行走的百科全书',但可能只有很少的智慧甚至完全没有智慧,因为使人智慧的知识并不存在于百科全书中,甚至,一般说来,也不存在于绝大多数学校的教学中(苏格拉底式的教学可能是例外)"⑤。因而,对智慧而言,默会知识就显得至关重要。一个人要想做出科学发现,就必须把那些一

---

① 潘洪建等:《活动教学与方法》,甘肃教育出版社,2008年版,第27页。
② 李润洲:《智慧教育的建构》,北京师范大学出版社,2022年版,第81页。
③ 约翰·杜威:《我的教育信条》,彭正梅译,上海人民出版社,2013年版,第98页。
④ 单中惠:《现代教育的探索》,人民出版社,2002年版,第338页。
⑤ 斯滕伯格:《智慧·智力·创造力》,王利群译,北京理工大学出版社,2007年版,第189页。

般意义上的科学技巧,如观察、记录、描述和资料分析等技巧个性化、实践化,就必须在科学研究过程中形成许多连自己也不清楚的实践知识和个体知识。没有对一般研究技巧的个性化理解、应用及对难以说清的个体规则的领悟,智慧的产生就会成为一种不切实际的奢望。斯滕伯格认为,尽管分析性思维及创造性顿悟思维之于智慧是不可或缺的,但实践性思维更接近于智慧的思维,实践性思维乃是智慧的必要条件。因此,仅凭从书本上得来的言传知识即使再多,也不足以使其智慧,智慧尤其需要建立在默会知识的基础上。应当说,这或许正是包括杜威、皮亚杰以及陶行知在内的中外教育家都充分强调动作以及"做"的意蕴所在。

三、和谐教育理论

和谐是古往今来许多哲人不断思考和追求的理想境界,也是无数人所向往和憧憬的一种美好生活状态。社会的和谐是建立在和谐的人的基础上的,而和谐的人的培养离不开和谐教育。因而,伴随着和谐思想的萌发,和谐教育也就接踵而至。和谐教育的思想体系,经历了长期的发展与完善,历史上中外许多思想家、教育家都为该体系的形成和发展作出过重要贡献。

在我国,和谐教育思想最早可追溯到我国春秋时代的思想家孔子所倡导的"过犹不及"以及"以和为贵",进而培养知、仁、勇等方面协调发展的圣人、君子或成人的思想。而知、仁、勇的统一,从教育上讲,实质上就是智育、德育与体育的统一;从心理学上看,则是认识、情感与意志的统一。继孔子之后,荀子也主张教育要通过全(指人的知识、才智、品质等发展完全、全面)、尽(指发展彻底、极度)以及粹(指发展精粹、完美)的实现培养"成人"之教育目的。明代的王守仁在前人有关思想的基础上,提出了颇为明确的和谐教育思想。他认为,教育就是要"开其知觉""调理其性情""发其志意",亦即要使知、情、意行动协调统一发展。到了近代,王国维主张通过实施体育与心育(智育、德育和美育),培养身心两方面都获得了和谐发展的"完全之人物",促进人的"调和""发达"。到了当代,陶行知的生活教育理论无疑对丰富和发展传统的和谐教育思想发挥了重要作用。

在西方,和谐教育的理论和实践发端于古希腊时期。亚里士多德最早提出了适应自然的和谐发展思想。他认为教育应遵循自然,遵循人的心理发展规律,把德育、体育、智育结合起来。这种顺应自然的教育思想成为此后的思想家、教育家们和谐教育思想的基础。文艺复兴时期的思想家卢梭主张一切顺应自然，反对无理的束缚，遵照儿童本性的发展而因势利导，进而培养有着丰富感情、身体强壮心智发达、道德纯正、意志坚强、自食其力，具有独立的人格的"自然人"。近代教育之父夸美纽斯曾断言，"人不过是身心两方面的一种和谐而已"，"我们可以毫不迟疑地说，人人都应该祈求自己具有一个健康的心灵，存在一个健康的身体里面"[1]。夸美纽斯提倡自然适性原则，他把人的身心发展与自然现象作类比，认为人是自然的一部分，并且作为自然的一部分而服从于自然的最主要和普遍的法则。裴斯泰洛齐坚信教育的目的就在于帮助和发掘儿童的能力，使儿童内在的各种潜力得到和谐的发展。福禄贝尔则提出了对立调和的发展法则，以及教育应遵循自然的法则。第斯多惠也认为，教育规律中最重要的就是强调自然观点、倡导自然教育。教育要紧密结合人的天性，遵循人的自然发展规律，这应当是一条最重要的原则。应当说，西方的和谐教育思想深源于"自然适应论"，可以说后者是前者的理论基础。自然原则是最重要的原则，人类社会作为"第二自然"，其发展无疑是一个自然历史过程。自然原则一方面将人的身心发展视为自然的发展的一部分，另一方面，主张遵照、服从儿童的天性，因势利导，顺理成章地施以自然教育。而自然地发展是有序的、协调的、和谐的，所以人的发展也应当是有序的、协调的、和谐的。

杜威作为推动和谐教育实用化变革的代表人物，他对和谐教育的思想的贡献在于注重教育的实际功能。针对教育实际中存在的问题，杜威提出从内部着手去解决社会的现状。他提倡教育主客体的和谐性，提出了以儿童为中心的教育主张，即要重视儿童本身的能力和主动精神在教育过程中的地位，把他们看成教育的素材的出发点。美国的人本主义教育家罗杰斯的"以人为中心"的教育理论，其实质也是"和谐发展"的教育思想。他明确指出，教育的目的在于培养"全面发展的人"。具体说来，就是在心理、生理、个性、自我实现方面都得以完全发展的人。这是"和谐发展"的教育思想在20世纪的具体体现。另外，大科学家爱因斯坦也强调："学校的目标始终应当是：青年人在离开学校时，是作为一个和谐的人，而不是作为一个专家。"[2] 他认为：

---

[1] 单中惠主编：《西方教育思想史》，山西人民出版社，1995年版，第22页。
[2] 冯建军：《生命化教育》，教育科学出版社，2007年版第5页。

"用专业知识教育人是不够的。通过专业教育,他可以成为一种有用的机器,但是不能成为一个和谐发展的人。要使学生对价值有所理解并且产生热诚的感情,那是最基本的。他必须获得对美和道德上的善有鲜明的辨别力。否则,他——连同他的专业知识——就更像一只受过很好训练的狗,而不像一个和谐发展的人"①。用专业知识教育人是不够的。通过专业教育,他可以成为一种有用的机器,但是不能成为一个和谐发展的人。

在当代,对和谐教育理论作出重要贡献的当数我国的陶行知与苏联的苏霍姆林斯基等教育家。陶行知作为我国近代最具有影响力的教育思想家,他的生活教育与民主教育理论更是包含着深刻的和谐教育理念,陶行知提出的"生活即教育""学校即社会",所倡导的教育应该促进人与人、人与社会、人与自然的和谐以及通过手脑结合实现人的身心和谐等思想,无不浸润着和谐教育的丰富内涵。苏霍姆林斯基在长期的教育实践中,创造性地将"全面发展""和谐发展""个性发展"融合在一起,提出个性全面和谐发展教育思想,并将其作为学校教育的理想和目标。他的个性全面和谐发展理论,丰富了和谐教育的理论宝库。

联合国教科文组织在《学会生存——教育世界的今天和明天》的报告中指出:"应该把培养人的自我生存能力,促进人的个性全面和谐发展,作为当代教育的基本宗旨。"②应当说,和谐教育思想的核心,是致力于全面和谐发展的人的培养。和谐教育旨在通过教育使受教育者在认知、情感、人格各方面和谐自由发展。具体地说,就是要致力实现学生以下诸方面的和谐:

一是身心和谐。人首先是一个自然存在物,是一个由生理(身体)系统和心理系统构成的整体。人的生理和心理是密切联系、互为影响的。离开了生理的发展,特别是大脑的发展,不可能有人的心理发展;同时,人的心理发展也能影响生理的健康和发展。人的身体和心灵既相对区分又能够相契相合,表明人的身心在根本上是统一的,两者在生命过程之中融会交合成一体。但身心之间也有着不同的特点和身份,起着不同的作用。彼此之间是相辅相成、相得益彰的关系。任何割裂身心统一而片面地推崇身体,抑或片面地推

---

① 周昌忠:《创造心理学》,中国青年出版社,1983年版,第137页。
② 联合国教科文组织国际教育发展委员会主编:《学会生存——教育世界的今天和明天》,教育科学出版社,1996年版,第72页。

崇心灵或精神，贬抑人的躯体对人的和谐发展都是有害的，当然也难以实现和谐发展的教育目的。

人的和谐发展意味着人的身体与心理的和谐发展。一个人只有当这两个系统处在和谐协调之中，才可能得到真正良好地发展。个人身心的和谐发展在人的各方面发展内容中居于基础和核心的地位，它在客观上也是社会和谐发展的基本条件。"人体和它的心理活动，和任何物体和它的运动或作用的机理一样，是完全地本质地统一在一起而不可分的。"① 人的身心和谐发展意味着要协调处理好人身心方面的一些带有对立统一特征的关系或矛盾。具体地说，不仅要实现灵魂与肉体、生理与心理、体力与智力、身体健康与心理健康的统一，更重要的还要达到物质与精神、主观与客观、感性和理性、自然属性、社会属性和精神属性的统一，以及真、善、美的统一，本性、感性、理性的统一，自我、本我、超我的统一。也即健康的身体在实践活动中和知、情、意、行等心理要素要协调进行，并随实践活动的发展而不断调整，从而达到最佳状态。当然，作为个体的人不仅要有健壮的身体、健全的人格、健康的感情，还要有正确的世界观、人生观和价值观，从而能正确处理个人与自然、个人与他人、个人与社会之间的关系，最终促进个人全面、和谐、自由的发展。

二是情知交融。美国心理学家戈尔曼在《情感智力》一书中指出，"自我情感的认知和妥善处理人际关系的能力，也是智能的一部分，而且是最终左右人生方向的重要智能"。因而，"在我们扩展的智力或智慧概念中，情感乃生存能力之关键"。当然，情感与认知并不是对立的两个过程，而应当理解为两个并行的过程，它们以特殊的方式联系在一起，对有机体有不同的意义或价值，都是脑神经整体功能的体现，反映出神经活动的效率。戈尔曼认为，传统意义上的智力在成功中只起 20% 的作用，更大的作用是由情感因素发挥的。因此，情感也是一种智力。人生的成功，不仅取决于智力，还有情感智力与之并驾齐驱地发展。正确地认识情感智力，科学地培养情感智力，是人的全面和谐的一个重要内容。

人的大脑是作为一个整体发挥功能的。正像戈尔曼所指出的那样，每个人不但有一个情感的大脑，还有一个理智的大脑，我们每一个观念，每一个

---

① 潘菽：《论所谓心身问题（摘要）》，《心理科学通讯》，1982 年第 1 期。

思维，每一个感受，都是两者共同运作的结果。大脑不能把情感和认知分开，因此，脑科学研究挑战这样一种观点：即教学能够被分为认知的、情感的和心理动机领域。这种人为的分类可能对研究有利，但实际上，它扭曲了我们对学习的真正理解。脑研究越来越多的证据表明，情感在人类学习中起着不可低估的作用，情感与认知并不是对立的两个过程，而应当理解为两个并行的过程，它们以特殊的方式联系在一起，对有机体有不同的意义或价值。情知交融对培养情知和谐发展的人才有积极的作用。正如大家所知道的，人既是理智的动物，也是情感的动物。然而没有情感的理智是苍白的，而没有理智的情感则会使人莽撞。只有二者的融合统一，人才会有正常的表现。因此，在教育中要正确处理好情知关系，用知启情，用情促知，达到两者彼此渗透，相互交融，使人获得和谐发展，成为情知交融型人才。

三是手脑结合。人之作为人，最根本的标志就在于人有一个聪慧的大脑和一双灵巧的手。因此，人的和谐发展理应是人的体力与脑力，即动手与动脑相协调的发展。由于人的手与脑二者之间存在着相辅相成、相得益彰的关系。从人类发生的意义上说，人的智慧是随着手的解放和脑的发展而发生发展的，从个体智力发生发展看，也是借助外部对象动作和内部智慧动作获得的。就学习过程而言，学生的活动既包括对实物的操作活动（即外部活动），又包括对观念的操作活动（即内部活动）。心理学的研究以及教育的事实也都表明，只有善于把实际操作转化为智力操作，又把智力操作转化为实际操作的人，才有可能成为全面而和谐的发展者。实施和谐教育，就必须认真地解决好手脑结合问题，进而才能实现人的全面和谐的发展。

按照现代脑科学研究，大脑作为人体的"司令部"，它统辖着全身的每一个部位。但是，手并不是被动地接受着来自大脑的指挥和调配，而是对大脑有反作用。通过神经，手的各种活动又会刺激脑，影响脑的活动和发育。由于人的大脑皮层中分布着一些特别的、积极的、富有创造力的神经细胞。人的双手从事精细灵巧的动作时，就能把这些细胞的活力激发起来。当手运动的时候，也就激起了大脑皮层中相应的运动中枢发生变化。手的动作愈精细，操作程度愈复杂，对大脑皮层所构成的刺激也就愈强烈，在大脑皮层中所引起的变化当然也就愈大。而且，手的运动越频繁，思维会变得越敏捷，其实，这也就是人们常说的"心灵手巧"的道理。而且，手脑结合能促进大脑两个半球的协调发展，开发大脑的整体潜力，包括想象力和创造力。应当说，学生养成手脑并用的习惯，就能获得一把启开智慧，启开想象力和创造力的金钥匙，并因此而获得取之不尽、用之不竭的智力资源。

四是德才兼备。所谓德才兼备系指一个人同时兼有优秀的品德和才能。培养德才兼备型人才是古今中外的教育对人才培养的共同要求。教育史上所强调的"圣人"、"完人"、"全人"以及"全面发展"等培养目标实际上也就是培养德才兼备的理想人才。文艺复兴时期的人文主义教育思想家洛克所期望的"有德行、有用、能干的人"亦渗透着德才兼备的意蕴。培养德才兼备的人才既是和谐教育的内在要求，也是一切教育所追求的目标（尽管"德"与"才"的内涵可能不尽相同）。这是因为，一个人的德与才是相互制约、相互促进的，只有二者兼备，才能使一个人得到真正的良好发展，才能真正成为全面、和谐发展的人。从我国的教育实践看，无论是曾经的所谓又红又专的人才标准，还是德智体等方面全面发展的教育方针无不体现着这一教育旨趣。为了培养德才兼备的人才，需要采取各种措施优化教育教学环节。一方面要坚持以人为本，贴近实际，贴近生活，贴近学生，不断加强和改进学生思想品德教育，努力提高学生的思想素质和道德素质；另一方面要重视改革课堂教学模式，注重理论联系实际，加强实践环节，努力优化教育质量，提高学生的科学文化素质，为社会输送德才兼备的有用人才。

第二节　认识论基础

手脑结合理论作为一种科学学习理论，与现代认知建构理论、多元智能理论及具身认知理论等有着很广泛的契合性。因而，这些理论自然也就为手脑结合理论提供了认识论方面的基础。

一、认知建构理论

回溯近一个多世纪以来学习理论的发展历程，大致经历了从行为主义到认知主义再到建构主义的发展阶段。尽管它们是两种风格迥异的学习方式，前者以个体外显行为的改变为取向，后者则以学习者头脑内部的心智加工为目标，但有一点却是共同的，即这两种学习观基本上都是以客观主义为基础的，即彼此都把事物的意义看成是存在于个体之外的东西，是完全由事物本身决定的。实际上，二者都隐含着这样的假设：知识是专门的知识生产者在专门的场所生产出来的，这些知识具有客观性，学习者的任务就是接受这些知识，而相应的教学就是将这些知识传输给学习者。在这个过程中，学习者就是知识的被动接受者。因而，其先天的缺陷也是不言而喻的。针对传统的行为主义与认识知主义在割裂主体与客体关系等方面的缺陷，一种与传统的客观主义相对立的学习理论——建构主义学习理论应运而生。

　　历史地看，知识由学习者建构的观念由来已久。最早可追溯到古希腊时期苏格拉底的"产婆术"。苏格拉底意识到，并非人们所知道的一切都来自感觉，人类的心灵在很大程度上形成了知识。他倡导以提问的方式促使学生自己思考，发现问题，这无疑是建构主义教学的成功范例。在近代，意大利哲学家维柯强调"认知"意味着知道如何建构，人作为认知者只能认识其所建构的东西。在他看来，认知主体除了他们自己建立起来的认识结构以外，其他的是不能认识的。继而，杜威在前人的基础上提出了经验性学习的理论，强调教育就是经验的生长和改造，教育必须建立在经验的基础上。他主张让学生从实际活动中学习，亦即"从做中学"。维果茨基亦强调人所特有的新的心理过程结构最初必须在人的外部活动中形成，随后才能转移至内部，成为人的内部心理过程的结构。当然，在当代，建构主义理论主要来源于皮亚杰的发生认识论。皮亚杰认为，知识既不是客观的东西（经验论），也不是主观的东西（活力论）。知识绝不是实在的简单摹写，而总是通过主体进行建构的结果，主体是在与环境的交互作用的过程中逐渐建构知识的。

　　建构主义是行为主义发展到认知主义以后的进一步发展。该理论作为一种与传统的客观主义相对立的学习理论一般都秉持这样的主张，即认为尽管世界是客观存在的，但对世界的理解和赋予意义却是由每个人自己决定的，人们以自己的经验为基础来建构现实或者解释现实，因此人们对外部世界理解便也迥异。所以，他们更为关注如何以原有的经验、心理结构和信念为基础来构建知识。该理论的核心就在于凸显以学生为中心，强调学生对知识的主动探索、主动发现和对所学知识意义的主动建构。建构主义作为一种新的认识论和学习理论，在知识观、学生观和学习观上提出了一系列新的解释，充分强调了学习的主动建构性、社会互动性以及情境性。

　　在对知识的看法上，建构主义认为，知识并不是对现实的准确表征，它只是对现实的一种解释或假设，并不是问题的最终答案，相反，它会随着人类的进步而不断地被"革新"掉，并随之出现新的解释或假设；而且，知识并不能精确地概括世界的法则，在具体问题中，并不是拿来便用，而是需要针对具体情境进行再创造。另外，建构主义认为，知识不可能以实体的形式存在于具体个体之外，尽管人们通过语言符号赋予了知识一定的外在形式，甚至这些命题还得到了较普遍的认可，但这并不意味着学习者会对这些命题有同样的理解，因为这些理解只能由个体学习者基于自己的经验背景而建构起来，这决定于特定情境下的学习历程。照此看来，科学知识客观上包含真理性，但并不是绝对正确的最终答案，它只是对现实的一种更可能的解释。这些知识在被个体接受之前，对个体来说是毫无意义的。因此，不能把知识作为预先决定了的东西教给学生，学生对知识的"接受"只能靠他自己的建构来完成，以他们自己的经验、信念为背景来分析知识的合理性。学生的学习不仅是对新知识的理解，而且是对新知识的分析、检验和批判。另外，知识在具体情境中总有自己的特异性，所以，学习知识不能满足于教条式的掌握，而是需要不断深化，把握知识在具体情境中的复杂变化。因此，当今的建构主义者更多地强调在具体情境中形成的非正式的经验背景的作用，即非结构性的经验背景，从这个意义上来讲，他们更为重视具体情境中的教学，强调"情境性教学"。

关于如何看待学习者的问题，建构主义者强调，学习者在"接受"新知识时，头脑中并不是一片空白，在以往的日常生活和学习中，他们已经形成了丰富的经验。而且，有些问题即使他们没有接触过，没有现成的经验，但是当遇到问题时，他们也往往可以根据以往的相关经验，形成对问题的某种解释或推断出合乎逻辑的假设。所以，教学不能无视学生的现有经验，而是要把儿童现有的知识经验作为新知识的生长点，引导儿童从原有的知识经验中"生长"出新的知识经验。教学不是知识的传递，而是知识的处理和转换。教学并不是简单地把知识经验装到学生的头脑中，而是要通过激发和挑战其原有的知识经验，提供有效的引导、支持的环境，帮助学生在原有知识经验的基础上生长（建构）起新知识经验。尽管使学生的经验结构（包括知识、技能、态度等）的生长是教学的目的，但这种"生长"只有通过学生自己的建构活动来实现。因此，在具体的学习模式上，建构主义提倡以学习者为中心的基于问题式学习、协作探究学习和情境性学习。

在对学生学习活动的看法上，建构主义者并不否定教师在促进学生学习方面所负的教学责任，但他们认为，学习不是知识由教师向学生的传递，而是学生建构自己的知识的过程，教师的作用实际上只是在促进学生自己建构知识而已。这意味着学习是主动的，学习者不是被动的刺激接受者，他要对外部信息做主动的选择和加工，因而不是行为主义所描述的刺激—反应过程。而且，知识或意义也不是简单由外部信息决定的，外部信息本身没有意义，意义是学习者通过新旧知识经验间反复的、双向的相互作用过程而建构其中，每个学习者都在以自己原有的经验系统为基础对新的信息进行编码，建构自己的理解，而且，原有知识又因为新经验的进入而发生调整和改变。由于经验背景的差异，学生对问题的理解也就会各有所异，他们可以在一个学习共同体中相互沟通，相互合作，对问题形成更为丰富的、多角度的理解。因此，教师不单是知识的呈现者和传递者，更应该重视学生自己对各种现象的理解，倾听他们现在的看法，洞察他们这些想法的由来，并以此为依据，引导学生丰富或调整自己的理解。这不是简单的"告诉"就能奏效的，而是需要与学生共同针对某些问题进行探索，并在此过程中相互交流和质疑，了解彼此的想法，彼此做出某些调整。由于经验背景的差异，学习者对问题的理解常常各异，在学习者的共同体之中，这些差异本身也是一种宝贵的学习资源。当然，在个体的自我发展和外部引导两者之间，尽管建构主义着力研究的是前者，但它并不否认后者，它并不是取消教师的影响，而是指不能径直地教，不能向学生进行强硬地灌输。

其实，正像皮亚杰所认为的那样，学习是经验结构（知识、技能、态度价值观等）的建构或"生长"的过程，这就如同人的有机体的生长一样。有机体的生长本质上是一个生理内化的过程。我们每天都要吃进食物，喝进水和吸进氧气，在体内把它们加以消化、吸收，摄取其中的营养物质，再输送到体内各组织、器官，通过新陈代谢，变成这些组织、器官中不可分割的有机组成部分。这样，原来个体外在的这些食物、水和氧气，其中有一部分变成了个体内在的有机成分，或者说融入了我们的生理结构之中，这就是生理的内化。同样地，就像在生理上人是通过从食物中吸收人所需要的营养物质进而内化为自身的生理结构一样，人在学习过程中，同样需要经过复杂而艰难的内化过程而获得知识，进而内化为我们的心理结构，从而也就像我们的骨肉、器官的组成部分一样被理所当然地、长久地保存下来了。我们经常要借助各种感官来获得外界语言的、符号的以及形象的信息，而形象的信息中又有视觉的、声音的、味觉的等形式。我们通过看、听、触摸、嗅闻、舔尝等活动,外界信息被转化为头脑里的表象或知识等观念或经验,这个转化过程就是"内化"。而这种内化正是建构个体心理结构的过程。

二、多元智能理论

在当代,有关儿童智力开发的问题备受人们推崇,尤其是一些家长、老师对之趋之若鹜。智力问题既是一个关乎人类聪明与否的问题,同时也是一个与学习密切相关的重要问题。美国心理学家加德纳在长期研究的基础上所创立的现代多元智能理论,突破了传统智力理论的窠臼,从学习方法与目标等方面为人类进行手脑结合的学习提供了理论支撑。

正如《学习的革命》一书所指出的那样,"我们传统的中学在发展7个'智力中心'的两个智力——语言智力(说、读、写的能力)和逻辑—数学智力(我们在逻辑、数学和科学中使用的那类)方面已经取得了很大的成绩。我们大多数考试制度都是建立在测试那些有限学术智力的基础上的"[1]。"全世界很多学校教育也集中在这两种能力上。但是,加德纳指出,这使我们对我们的学习潜力产生了一种不正常的、有限的看法"[2]。按照传统的智力观,智力是以语言和数理逻辑能力为核心的一种能力,以此为基础所进行的智力测试(智商)也主要是以语言能力和抽象逻辑思维能力为核心和衡量水平高低的标准,并据此认为智商越高的人就越聪明,反之则越笨。加德纳认为,传统的智力理论过于狭隘,覆盖面远不如实践世界中所真正表现的那些智能来得广泛,未能正确反映一个人的真实能力。如此过于倚重语言和数理逻辑判断一个人的智力水平,让"儿童们很早就被划进虚构的'天才'和'非天才'轨道"[3],进而势必会使得一些这两种能力不强的学生在其他方面的才能被埋没。而正是加德纳教授"已经在戳穿'固定的智商'谎言方面成了取得最早的突破性进展的人之一"[4]。

加德纳(也译作"加登纳")认为,传统的"这种固定的观念强调了脑力的存在与重要性——这是一种能力,这种能力有各种不同的称呼:理性、

---

[1] 珍妮特·沃斯等:《学习的革命》,顾瑞荣等译,上海三联书店,1998年版,第71页。
[2] 珍妮特·沃斯等:《学习的革命》,顾瑞荣等译,上海三联书店,1998年版,第95页。
[3] 珍妮特·沃斯等:《学习的革命》,顾瑞荣等译,上海三联书店,1998年版,第335页。
[4] 珍妮特·沃斯等:《学习的革命》,顾瑞荣等译,上海三联书店,1998年版,第333页。

智力或大脑的运用"①，但这并不能全面反映学生的能力。"那些智力，充其量只能叫做'狭义智力'。广义的智力和智能是多维、多层次和多种多样的，因此我们需要将每一个人——绝不是少数人的潜在智能挖掘和开发出来。"② 其实，智力并不是某种神奇的、可以通过测验来衡量的东西，也不是只有少数人才拥有的。相反，智力是每个人都不同程度地拥有并表现在生活各个方面的能力。"不论是爱斯基摩人识别路径的能力、运动员及舞蹈家的精湛技艺，还是巫师的骗术、音乐家的成就，这些都是发达智能的体现，只不过他们的智能发展所导向的方向不同罢了。"③ 智力可能意味着其他的一切能力。所以，能够在特定的情境中解决问题，并能有所创造，这就是智力。由此，加德纳将智力定义为："智力是在特定文化背景或社会中解决问题或制作新产品的非常重要的能力。"④ 这就是说，智力以能否解决现实生活中的实际问题或生产及创造出社会需要的产品的能力为核心和衡量水平高低的标准，即智力一方面是解决实际问题的能力，另一方面还是生产及创造出社会需要的产品的能力。

当然，人的智力与人的大脑的生理结构密切相关。加德纳在大量心理学实验数据和实例的观察分析的基础上，尤其是从当代脑科学的研究成果了解到，"每一'智力'或能力都在你脑中占有相应的位置。严重损伤某个部位，你就会有失去特定能力的危险"⑤。由此表明人的大脑中存在着若干不同的智力中心。这就意味着人类思维和认识方式是多元的，亦即人类的智能是多元的。按照加德纳的多元智能理论，我们每个人至少拥有七种不同的智力。其中除了包括传统教育中受到重视的语言智力，即我们读、写和用词语进行交流的能力，以及数理逻辑智力，即我们进行推理和计算的能力外，还有空间视觉智力、音乐智力、人际关系智力、自我认识智力以及身体运动智力等。值得一提的是，加德纳对在传统教育中往往被漠视的身体运动智力给予了充分的重视。在他看来，这种智力主要是指人调节身体运动及用巧妙的双手改变物体的技能，表现为善于运用整个身体来表达想法和感觉，以及运用双手

---

① H. 加登纳：《智能的结构》，兰金仁译，光明日报出版社，1990年版，第3页。
② 李应潭：《生命·智能》，沈阳出版社，1999年版，第346页。
③ H. 加登纳：《智能的结构》，兰金仁译，光明日报出版社，1990年版，序言第2页。
④ 吴志宏等：《多元智能：理论、方法与实践》，上海教育出版社，2003年版，第5页。
⑤ 珍妮特·沃斯等：《学习的革命》，顾瑞荣等译，上海三联书店，1998年版，第97页。

灵巧地生产或改造事物的能力。拥有这类智力的人喜欢动手建造东西，喜欢户外活动，与人谈话时常用手势或其他肢体语言。他们学习时擅长透过身体语言来表达自己的思想，而且很难长时间坐着不动。在加德纳看来，个体到底具有多少种智力是可以商榷和改变的。他认为所提出的这几种智力类型的观点，在某种程度上还只是一个理论框架或构想。而随着时间的推移及研究的深入有可能还会有新的智能类型被识别出来。至于某种能力是否可以成为多元智能的一种，需要看它是否得到足够证据的支持。

强调人的智能的多元性是加德纳多元智能理论的显著特征。加德纳认为，"智能是原始的生物潜能，从技能的角度看，这种潜能只有在那些奇特的个体上，才以单一的形式表现出来。除此而外，几乎在所有的人身上，都是数种智能组合在一起解决问题或生产各式各样的、专业的和业余的文化产品"①。个体身上存在的上述各种智力的不同组合使得每一个人的智力都有其独特的表现方式，亦即使得每一个人的智力各具特点。即便是同一种智力，其表现形式也是不一样的。每一种智力又都有多种表现方式，所以很难找到一个适用于任何人的统一的评价标准来评价一个人的智力高低，预测其未来成功与否。

突出各种智力的同等价值是加德纳多元智能理论的重要特点。加德纳"突破了传统的、一维的、标签式的和常常也是精英主义导向的思维，那种思维拘泥于智力概念以及对智商分数的计算"②。在他看来，智能不仅仅是一种"更聪明"的事情，传统的将智力囿于语言及数理逻辑智力的范畴，这是一种狭隘、片面的智力观，它忽略了对人的发展具有同等重要的其他方面。其实，各种智力之间并无贵贱优劣之分。我们不能说上述若干智力中哪种重要，哪种不重要，我们只能说这些智力在个体的智能结构中都占有重要的位置，处于同等重要的地位，它们在每个个体身上都有自己独特的表现形式。也就是说，智力是多方面的，智力的表现形式是各不相同的，我们判断一个人聪明与否的标准当然也应该是多种多样的。我们不能简单片面地将一两种"学术性"的智力领域看作是智力的全部，并以此作为判断一个人聪明与否的标准，

---

① 霍华德·加德纳：《多元智能》，沈致隆译，新华出版社，1999年版，第10页。
② 克努兹·伊列雷斯：《我们如何学习：全视角学习理论》，孙玫璐译，教育科学出版社，2010年版，第195页。

而"如果我们固执地透过唯一一片滤色镜去观察智慧的彩虹,那么,许多头脑将会被误认为缺乏光彩"①。

每个孩子都有自己的智力强项,这是加德纳多元智能理论的基本判断。按照现代多元智能理论,作为个体,我们每个人都同时拥有上述相对独立的若干种智力,我们每个人身上的这几种相对独立的智力在现实生活中错综复杂地、有机地以不同方式、不同程序组合在一起。如有的人言语智能较弱,运动智能却很强;有的人逻辑能力较差,但却很有音乐天赋……也就是说,每个人都具有在某一方面甚至更多方面的发展潜力,每个人身上都有只属于他自己的智力优势。当然,每个人也都有其智力弱项。"了解自己智力上的弱项并学会如何克服它,与开发智力上的强项一样重要。"② 而通过合适的学习和努力,也就有可能发展成为具有独立个性的优秀人才。多元智能理论摒弃了传统的过于倚重语言和数理逻辑判断一个人的智力水平的做法,从而使得一些这两种能力不强的学生在其他方面的才能不致被埋没。因此,学生的问题不再是聪明与否的问题,而是在哪些方面聪明和怎样聪明的问题。其实,"每个孩子都是天才的儿童——只是经常表现为不同的方式。每一个人都有他或她自己倾向的学习类型、工作方式和气质性格"③。加德纳强调,"学校教育的宗旨应该是开发多种智能并帮助学生发现适合其智能特点的职业和业余爱好"④。

加德纳特别强调在传统教育中受到严重忽视的身体运动智力。身体运动智力是指人能灵巧地操纵物体和调整身体的能力,它所强调的是人类智力的实践性。人的生活离不开实践,实践离不开运用整个身体来表达思想和情感,运用四肢和躯干完成相关动作或操作的能力。在其他的智力领域中也包含身体运动的成分,也就是说身体运动智力是人类生存于这个世界并认识这个世界的所有智力活动的核心。因为作为一种感觉动物,人正是通过观察和模仿环境中他人的动作、通过与环境中的人或物的相互作用、通过改变环境中的物体的位置或形状等身体动作方式来获取各种信息并适应和改造周围世界的。

---

① 珍妮特·沃斯等:《学习的革命》,顾瑞荣等译,上海三联书店,1998年版,第364页。
② 斯滕伯格:《智慧·智力·创造力》,王利群译,北京理工大学出版社,2007年版,原书导读。
③ 珍妮特·沃斯等:《学习的革命》,顾瑞荣等译,上海三联书店,1998年版,第334页。
④ 霍华德·加德纳:《多元智能》,沈致隆译,新华出版社,1999年版,第171页。

第二章 手脑结合的理论基础

需要指出的是,尽管身体运动智力乃是运用四肢和躯干的能力,但其中尤为重要的是动手能力。加德纳认为,各个物种的动物"都有一种使用一两种工具的倾向,其使用的方式是划一的,都只能把身体的一个部分(爪、牙、鸟嘴)以工具的方式加以使用"①。与动物不同的是,人类有着全面使用其身体的能力,人类的身体运动智力正体现了这一点。当身体运动智力"重点在内部时,便局限于一个人对自己身体的使用,而面向外部时,便造成对世界中的对象的身体行为"②。而"那种制造与改造对象的能力的发展(直接使用身体和通过对工具的使用)一直是人类的独特特征"③。当然,这种能力主要是建立在动手的基础上的。这也在一定程度上表明,人类的双手乃是人类的一个天然的、最为重要的工具。动手能力是人类最基本、最重要的实践能力。

多元智能理论客观上向传统的学习方式提出了严峻的挑战。按照现代多元智能理论,每个人都有与其智力强项相契合的学习类型。发现每个孩子的学习类型,这对于学习是至关重要的,它客观上也是发挥其优势智力的先决条件。因此,《学习的革命》一书将"发现每一个学生的学习类型和才能的综合状况——适应它;同时鼓励所有潜能的多方面发展"看作是"一个能够改革世界上的,尤其是中学制度的措施"④。其实,"每一个人有自己的学习类型,也都有自己的长处"⑤。有的人擅长于听觉学习,有的人侧重于视觉学习,有的人偏向于触觉学习,有的人热衷于动觉学习。而"动觉和触觉的学习者是在传统学校课堂里失败的主要人选。他们需要运动,需要感觉,需要触摸,需要做——而如果教学方法不允许他们这样做,他们就会感到被排挤、被遗忘以及乏味无趣"⑥。遗憾的是,传统的学校并没有做到这一点,"这可能是学校之所以失败的最大因素之一"⑦。

其实,现代多元智能理论一方面并不排斥传统的视觉与听觉为基础的理性学习,另一方面又特别重视以感性为主导的,开发孩子多种感觉的直觉学

---

① H.加登纳:《智能的结构》,兰金仁译,光明日报出版社,1990年版,第249页。
② H.加登纳:《智能的结构》,兰金仁译,光明日报出版社,1990年版,第273页。
③ H.加登纳:《智能的结构》,兰金仁译,光明日报出版社,1990年版,第269页。
④ 珍妮特·沃斯等:《学习的革命》,顾瑞荣等译,上海三联书店,1998年版,第333页。
⑤ 珍妮特·沃斯等:《学习的革命》,顾瑞荣等译,上海三联书店,1998年版,第328页。
⑥ 珍妮特·沃斯等:《学习的革命》,顾瑞荣等译,上海三联书店,1998年版,第339页。
⑦ 珍妮特·沃斯等:《学习的革命》,顾瑞荣等译,上海三联书店,1998年版,第331页。

习,以及能够发展儿童动觉智力,促进身心统一的动觉学习。现代心理学的研究也表明,身体是自我的一大重要资源,它拥有巨大的潜能有待挖掘。基于身体的触觉以及动觉也是我们获取智慧的一大重要资源,"运动感觉或运动是许多学习方式中重要的方面"①。现代多元智能重视各种感官的作用。事实上,"几乎所有的事物都是通过五大感官被我们感知到的。在生命早期,婴儿尝试着触摸、嗅、尝、听和看周围的东西,因此,从一开始就要鼓励他们"②。而"要想快速有效地学习任何东西,你必须看它、听它和感觉它"。其实,"无论如何强调调动所有感官的必要性都不为过","因此,尽量运用不止一个感官进行学习"。"如果孩子们跳舞、品尝、触摸、听闻、观看和感觉信息,他们几乎能学一切东西。"因此,"无论如何强调调动所有感官的必要性都不为过"③。

三、具身认知理论

自近代以来,人们认识到大脑作为人体的司令部,统辖、主宰着人的一切以后,人类便将其大脑置于至高无上的地位。就像著名科普作家阿西莫夫所说的那样:"人类之所以成为地球上的统治者,仅仅因为受惠于一种重要的器官——人的大脑。"因此,人们往往把"迅速前进的文明完全被归功于头脑,归功于脑的发展和活动"。这一观念表现在学习上,就是将学习完全归之于大脑的功能,似乎与人的身体并没有什么关系。事实上,"只有当所学之物在性质上全部或部分是身体技能时,身体才会被加以考虑,譬如当我们学习走路、游泳或骑车的时候。学习主要被理解为一种与心智相关的概念,仅在一些特定情况下才会考虑到身体方面"④。同样的,传统心理学即使谈到心身关系,也总是囿于神经心理学所研究的那些范畴,把"身"仅仅局限于人脑,而忽略了整个物质性的躯体器官活动对心理机能活动所具有的意义。因而,在更多的情况下,身体往往被置于无关紧要的位置。可事实上,我们的"精神活动"与"身体活动"是联络贯串的行为。如果只有身体的活动,而无精

---

① 珍妮特·沃斯等:《学习的革命》,顾瑞荣等译,上海三联书店,1998年版,第363页。
② 珍妮特·沃斯等:《学习的革命》,顾瑞荣等译,上海三联书店,1998年版,第223页。
③ 珍妮特·沃斯等:《学习的革命》,顾瑞荣等译,上海三联书店,1998年版,第139页。
④ 克努兹·伊列雷斯:《我们如何学习——全视觉学习理论》,孙玫璐译,教育科学出版社,2010年版,第9页。

神的活动，则无法学习。同样的道理，倘若只用精神活动，而无尝试或实验等身体的活动，结果就会流入空想或幻想。

随着当代认知科学研究的深入，人们逐渐意识到，"学习不是大脑自动完成的事情，它还需要全部身心的参与"①，不能把认知活动完全归结为反思意识符号的思维水平，应该从身体和身体经验中探寻认知的起源、演化以及发展。基于此，一些心理学家试图把传统认知心理学从困境中解救出来，把研究的目光转向认知主体的身体。怀特海认为智力活动和人体之间是紧密联系的，分布于"人体的各种感官中，但主要集中在眼睛、耳朵、口和手。感官和思想相互协调，大脑活动和身体的创造性活动之间也有一种相互影响。在这种相互感应的过程中，手的作用尤其重要"。因此，他认为手和大脑是紧密联系的，那些贵族大脑懒惰的原因就是因为他们缺少"来自手或口的富有创造性的活动所带来的对大脑的刺激"。在他看来，"通过直接经验获得的知识是智慧生活的首要基础"。美国人本主义心理学家罗杰斯亦批评教育中把儿童身心劈开来的现象，他指出，儿童在学校所从事的学习往往只涉及人的心智，发生在"颈部以上"，不涉及感情或个人意义，与完整的人无关。在他看来，"现代教育的悲剧之一就是认为唯有认知学习是重要的"②。随着人类对身心关系的认识不断深入，人们逐渐认识到身体在人类认知过程中的重要作用。对于人类，学习主要是通过脑与中枢神经系统这些身体的特定部分发生的，如果希望理解我们的学习潜能发展到怎样的程度和功能，就必须要超越身体与心理之分。因此，"学习不仅是理性的，而且是建立在身体功能的基础之上的"③。在这个背景下，现代具身认知理论应运而生。按照这一理论，人类的学习不仅依赖于心智，同时还需要心灵和身体的参与。该理论向人们昭示了认知绝不只是来自大脑思维，而是来自身体从事的一种综合性活动的道理。其实，"长期被人推崇的大脑思维完全是一种整体性的身体活动；完全是脑、眼、手、足及整躯体的综合性实践"④。当然，这里所说的"身体"并非单指我们的"肉身"的生理性躯体，亦即不仅仅是从生理学、解剖学的视角来理

---

① 唐娜·泰勒斯通：《学习是怎样发生的》，朱湘茹译，教育科学出版社，2013年版，引言第1页。
② 刘儒德：《学习心理学》，高等教育出版社，2010年版，第29页。
③ 克努兹·伊列雷斯：《我们如何学习——全视觉学习理论》，孙玫璐译，教育科学出版社，2010年版，第11页。
④ 张之沧等：《身体认知论》，人民出版社，2014年版，第12页。

解的生理性的躯体，还要包括感觉、知觉、情感、意志、想象力等。亦即是说，这里的身体"是不同于客观身体的现象身体，其实质是物性的客观身体与心灵的统一体"①。身体是人进行自我理解的源头，也是人与社会和自然相沟通的支点与桥梁。

现代具身认知理论突出人的身体在认知过程中起着非常关键的作用，强调认知是通过身体的体验及其行为活动方式而形成的。尽管具身认知理论并不否认人的大脑之于人的重要价值，但是，单独的大脑并不能孤立地从事任何思维和认知，就像单独的胃肠不能消化，单独的肝脏不能造血一样。其实，认知是人的身体的一种整体性和系统性的行为，是身体的整体性活动决定着人的全部生存和认知。人的任何活动，从表面看，似乎只是手、眼、脑等器官的活动，而实际上，无论个体是否意识到，他的整个身心都参与了操作活动。因此，心理学家潘菽曾明确指出：心理不仅是人脑的机能……感觉器官也是重要的心理器官。其他如周围神经、肌肉、腺体，甚至内脏也都是心理器官或者和心理活动有所联系的。总之，可以认为整个人体都是心理的器官。因此，研究人的认知活动，绝不能只关注大脑这个最直接的认知器官。就像一个人若患上厌食症，绝不可只关注嘴巴是否患病一样。这就如同嘴巴只具有吃喝的机械作用一样，大脑也只具有类似的思维功用，其背后作用都要归功于身体这架整体性机器。其实，"在整个人类的认知史和实践史上一直都在提供这样一类很好的例证，证明'聪明的手指、多情的面部、舒展的肢体和富有弹性的歌喉'都是人类的认知工具。认知是一种整体性和系统性的身体行为"②。

现代具身认知理论凸显感觉及运动系统是连接大脑、身体与环境交互的重要通道。"具身认知这门科学已经证明了头脑的运作和身体的感觉之间有着不可分割的关系。"③亦即大脑与整个身心是密不可分的有机整体。一方面，脑指挥、调控着人的身心活动；而另一方面身心的功能（各个身体器官的功能及其协调性和身体的健康状况等）又影响着脑的功能。以往人们习惯于把

---

① 杨大春：《杨大春讲梅洛-庞蒂》，北京大学出版社，2005年版，第46页。
② 张之沧等：《身体认知论》，人民出版社，2014年版，第5页。
③ 西恩·贝洛克：《具身认知：身体如何影响思维和行为》，李盼译，机械工业出版社，2016年版，第11页。

第二章 手脑结合的理论基础

身体与心智二者间的关系喻为计算机的硬件与软件，硬件的作用是提供软件运行的平台，软件依托硬件进行计算，发布指令，如果装到其他电脑硬件上，软件也同样可以运行。正如软件可以离开某台固定的计算机一样，学习的内容也可以离开身体。因此，"虽然我们接受的信息来自于5个不同的感官——视觉、听觉、嗅觉、味觉、触觉——教育者总是试图把这类信息的存储描述为抽象的概念，他们剔除掉了最开始帮助头脑装载硬件的特定感官"①。而包括我们的眼、耳、鼻、舌、身在内的各种感官是智慧之根。我们常说小孩子聪明还是不聪明，这里的聪明就是"耳聪目明"的意思，讲的就是两个最主要的感官的素质。可以说，感觉是一切认知、理性及智慧的基础。其实，大脑与身体的基于各种感官的普通感觉以及作为特殊感觉的运动通道无不在认知的形成中扮演着重要的角色。感觉是心理产生的基础，人的知觉、记忆、思维等复杂的认识活动，必须借助于感觉提供的原始资料。人的情绪体验，也必须依靠人对环境和身体内部状态的感觉。没有感觉，一切较复杂的、较高级的心理现象就无从产生。人类的学习也是通过"所看、所听、所尝、所触、所嗅、所做"这些感觉通道实现的。由于"每一种正常的感觉都是一种身体整体的感受。因为刺激一种感官的东西也刺激另一种感官，每个人都体验着感官的某种交融"②。因而，各种感觉间的彼此合作，可以使学习者更全面地感知世界，理解事物之间的关系，并用自己感知的结果解释其他事物，这样就能促进他们对事物全面而深刻的认识。

现代具身认知理论对传统的学习观提出了挑战。在传统身心二元论的第一代认知科学主导下，由于"身体参与或者影响认知活动。在一定程度上，认知科学并没有足够领会到信息处理实际上都是从身体开始的，就像消化始于唇齿"③，由此导致长期占据主导地位的教育理念——将纯粹理性的知识传授给学生，因而，这种学习沦为是一种只启动了学生大脑的"脖子以上的学习"。也就是说，传统的学习被集中于大脑的识记过程，学习者成为如镜子一般的知识映射器，而不是动用全身的感官去学习。我们很擅长记和背，但这

---

① 西恩·贝洛克：《具身认知：身体如何影响思维和行为》，李盼译，机械工业出版社，2016年版，第32页。
② 张之沧等：《身体认知论》，人民出版社，2014年版，第242页。
③ 杨帆：《身体认知的逻辑》，《文化学刊》，2015年第9期。

样得到的知识全是死的,只能应付考试,无法面对社会。我们虽用脑,但只用了大脑很小的一部分。事实上,"学习的过程是人们的五感(视觉、听觉、触觉、嗅觉、味觉)接收和转换不同形式的信息,并将它们存储在大脑中的过程,因此,优化学习环境中五感元素的配置与组合,在提高学习效率方面可以取得事半功倍的效果。提高学习效率的一个有效方法是全身心地投入体验'五感'"[1]。学习应当运用完整的头脑,乃至全部的身体。只有发挥身体的全部能力,运用所有的感官,强调身体全面的活动与参与,才是正确的学习方式。也就是说,"要想迅速而有效地学习任何东西,你必须去看它、听它和感觉它"[2]。而且,"通过身体的活动,他们已经有能力改变大脑和思想的状态"[3]。或许我们都有这样的体会,当我们学习某种动作时,如果不是通过亲自活动身体进而去掌握该动作,无论看多少遍,大脑的活动方式也不会与熟练掌握者的大脑活动方式相同。人类通过观察他人的行为,可以从他人那里学到很多东西。然而,想要通过模仿他人进行学习,就必须在观察他人行为的同时进行分析、解释,并且在心中进行模仿,然后不断地进行身体重复。而这种建立在身体行为基础上的学习,无须刻意去记,便能根据当时的情境来选择使用。如此这般,这些知识也就成了身体的一部分,当然,也就能够被活学活用。反过来讲,未能成为身体一部分的知识就无法被使用。因为,只停留在头脑中的知识属于"无法使用的知识",而用身体记忆的知识属于"能够被使用的知识"[4]。由于"过去的学习理论主要强调学习的智力方面,而当前的主流理论认为人类的学习不仅依赖于心智,还需要心灵和身体的参与"[5],所以,而今"全世界的所有最重要的教育方案都由那些能兼顾孩子身体与精神两方面发展的要素组成,因为实际上,这两者是无法分开的"[6]。

---

[1] 陈立翰:《学习力与脑科学》,中国人民大学出版社,2023年版,第183页。
[2] 珍妮特·沃斯等:《学习的革命》,顾瑞荣等译,上海三联书店,1998年版,第282页。
[3] 珍妮特·沃斯等:《学习的革命》,顾瑞荣等译,上海三联书店,1998年版,第365页。
[4] 今井睦美:《深度学习:彻底解决你的知识焦虑》,罗梦迪译,北京联合出版社,2018年版,第28页。
[5] 唐娜·泰勒斯通:《学习是怎样发生的》,朱湘茹译,教育科学出版社,2013年版,第2页。
[6] 珍妮特·沃斯等:《学习的革命》,顾瑞荣等译,上海三联书店,1998年版,第205页。

第三节 思维学基础

古希腊哲学家德谟克利特曾经指出,教育力图达到的目标并不是完备的知识,而是充分的理解。杜威亦强调,"就学生的心智而论(某些特别的肌肉能力除外),学校所能做或需要做的一切,就是培养学生思维的能力"。珍妮特·沃斯等在《学习的革命》一书中也把"学习怎样学习和学习怎样思考"当作是学习最重要的两个"科目"①。这些都明白无误地表明了思维之于学习的重要性。现代思维科学的直觉思维理论、相似思维理论以及互补思维理论等都为手脑结合提供了理论上的支持。

一、直觉思维理论

关于直觉,亚里士多德把它看作是"科学知识的创始性根源"。爱因斯坦也尤为"相信灵感与直觉",他一再强调,物理学家的最高使命是要得到普遍的基本定律,而"要通向这些定律,并没有逻辑的道路,只有通过那些对经验共鸣的理解为依据的直觉,才能得到这些定律"②。并且,"实验物理的全部伟大发现都是来源于一些人的直觉"③。他认为,在科学创造过程中,从经验材料到提出思想之间,没有"逻辑的桥梁",必须诉诸灵感和直觉。在他看来,人类的科学创造是循着"经验—直觉—概念或假设—逻辑推理—理论"链条进行的,亦即科学家是在科学观察和实验所取得的经验材料的基础上,通过直觉来提出代表创造成果的概念和假设,经过实践(主要是科学实验)检验确立之后,就成为建立科学理论的出发点。因为创造性的突破往往是通过发现隐蔽关系的结果,而这正是直觉的特点。因而,在科学研究中"真正可贵的因素是直觉"。心理学家荣格认为,"直觉是一种并非确切地随意识进行的感知,但它是通过无意识进行的"。这就是说,直觉不像逻辑思维那样是我们有意识地推理进行的,而是一种无意识的思维。其实,直觉犹如"理智的眼睛",人们用它直接把握客观事物的本质。

以研究人类认知与发展著称的美国教育心理学家布鲁纳,以其对人类

---

① 珍妮特·沃斯等:《学习的革命》,顾瑞荣等译,上海三联书店,1998年版,第73页。
② 周义澄:《科学创造与直觉》,人民出版社,1985年版,第95页。
③ 周义澄:《科学创造与直觉》,人民出版社,1985年版,第19页。

认知的卓越而富有创建的研究，揭示了人类认知的许多特点与规律。布鲁纳尤其关注直觉之于学习的重要性，认为直觉思维应当在教学和学习中发挥更大的效能。他认为，直觉"不是以仔细的、按规定好的步骤前进为其特征。……直觉思维总是以熟悉的有关的知识领域及其结构为依据，使思维者可能实行跃进、越级和采取捷径"①。英国哲学家贝弗里奇也认为，直觉是指突然跃入脑际的、能阐明问题的思想。而突然戏剧性地出现的思想是直觉最突出的例子。同样，在自觉地思考问题时突如其来的思想也是直觉。其实，正如苏联著名理论物理学家福克所言："伟大的以及不仅是伟大的发现，都不是按逻辑的法则发现的，而都是由猜测得来；换句话说，大都是凭创造性的直觉得来的。"② 布莱克斯利在《右脑与创造》一书中亦指出，"一个人在这个世界上的成功，多半还是依靠他的直觉方面曾经得到过多大程度上意外发展"③。

直觉也就是人们在认识过程中某种突然而来的飞跃现象，即一个意象、一个概念、一个命题突然在脑海中出现。它之于人类认识的重要性是毋庸置疑的。其实，在科学史上，科学家在创造最伟大发现的那一瞬间，内心最先的触发往往来自直觉，他们就是在一般被认为是最不科学的时候创造了最伟大的发现；那些长久以来被人们推崇的诸如逻辑演绎、经验归纳等所谓的理性标准程序都不是发现真理的方法，而只是证明真理的方法。因此，科学如果没有直觉与灵感，科学家将会不知道到哪里探寻真理，也就不会有激动人心的伟大创见。历史上最著名的直觉飞跃之一，当属阿基米德发现的那个以他的名字命名的定律。当时，深受皇冠真伪困扰的阿基米德正百思不得其解。而当他洗澡时，当他的身体浸入盛有水的浴桶时，他发现水面升高了，而且感到身体也变轻了，由此他不禁豁然开朗，以至于光着身子跑到大街上大喊："尤里卡"（我找到了）。科学史上德国化学家凯库勒发现苯环结构也是直觉的一个经典案例。凯库勒为了解开苯分子结构之谜，同样是绞尽脑汁而不得要领。一天晚上，他正坐在火炉旁打盹，并做起了梦。梦中他看到炉子里即将熄灭的柴火冒出点点火星就像蛇的眼睛般在黑暗中闪烁。顿时，碳原子便在

---

① 乔际平等：《物理创造性思维能力的培养》，首都师范大学出版社，1998年版，第256页。
② 王溢然：《形象·抽象·直觉》，大象出版社，1999年版，第70页。
③ 托马斯·R. 布莱克斯利：《右脑与创造》，傅世侠等译，北京大学出版社，1992年版，第39页。

第二章 手脑结合的理论基础

他眼前飞舞,突然之间它们相互靠近连接了起来,就像一条蛇咬住了自己的尾巴似的……,继而,他心中的苯环结构就这样诞生了。当然,科学家因为直觉而发现自己理论方向的例子还很多,像牛顿从苹果落地而领悟到万有引力,法拉第从电流的磁效应中得到启发而发现电磁感应定律,以及一个周末躺在青草地上的瓦特突发分离冷凝器的奇思妙想进而对蒸汽机做出了重大改进等。

人人都有直觉的潜能,因为人类早期就具备了某种直接感悟事物的能力,并以直觉思维为其基本的思维方式,这些在千万年的世代延续中已经深深地积淀于人脑之中。贝弗里奇认为,"对某一问题不再进行思考时并产生直觉……很可能下意识的头脑仍在继续考虑这个问题,并突然找到一种重要的配合"[①]。其实,直觉并不是什么天外来客,而是一种无意识的信息加工。它是个体本能地在无意识的情况下根据以往的经验,对当时特定情境进行信息加工的结果。苏联心理学家乌赫托姆斯认为,当一个人高度专注于某一问题时,人的大脑中的相应部位会产生一个"优势灶"。这种优势灶有两个基本特征:一是神经细胞对刺激的敏感性大大提高,并且把来自各种激励源的刺激累加起来;二是在激励源消失之后,刺激的作用仍能保持下去。在这种情况下,由于主体有着较强的注意集中能力,不易受外界干扰而表现出来一些非同寻常的行为。因此,我们可以把它看作一种"思维惯性",即在紧张的自觉思维暂时停止时,皮层中枢的神经仍能保持一定兴奋性,一旦遇到某种原型刺激便激活起来,并沿着原型提供的方向自由传导。正因为它是不加控制的,所以能排除人为障碍,容易形成最好的暂时联系,使大脑出现一个突发性顿悟。

其实,"直觉"一词本身含有两层意思,一是指人的感官对外界事物的直接感知,即直观感觉,亦称感性直觉;另一是指人的思维直接把握事物本质的一种"内在直观认识",又叫理性直观或理智直觉。应当说,直觉思维与形象有着较密切的联系,无论是在低层次的"感性直觉"还是高层次的"理性直觉"中,都能看到"形象"的身影。当然,在直观感觉中尤其如此。直观感觉所指的是没有经过分析推理而产生的对事物的认识。柏拉图曾把直觉看作是"理念"的直观,这种直观是直接得到知识的形式。因此,亦有人称

---

① 付秋芳等:《大脑潜能与开发》,山东人民出版社,2001年版,第207页。

"直觉即人类直观把握世界的方式"①。人们常说"跟着感觉走",而直观感觉正是在感觉的道路上所捡到的"瑰宝"。其实,人的感觉是很敏锐的,尚未理解的东西,人们可以首先感觉到;根本不知道的东西,人们可以隐约觉察到。感觉是一种本能,更是一种智慧,而且,它更是人类认识世界的基础。直观感觉是和直接感知(视觉的、听觉的、触觉的、动觉的等)相联系着的,直觉有赖于对所研究的事物的丰富表象的积累与加工。这种表象加工,有的是有意识的,在此过程中有语言、抽象思维的参与,表象和经验是结合在一起的;而更多的是无意识的,亦即在表象加工过程中没有语言参与,因此,不能用语言来描述其过程。就像德国地球物理学家魏格纳因病在家休养时,一次他看世界地图,发现大西洋两岸,特别是非洲和南美洲海岸轮廓惊人地相互吻合,由此提出了"大陆漂移说"。还有,牛顿通过思维的跳跃看到苹果落地和月球绕地球转动这两个不同现象中所隐蔽的关系——引力,都是建立在对事物的直接感知的基础上的。

同样,作为高层次的理智直觉也离不开形象。不过,这种"形象"并不是形象思维中通常的具体形象,而是某种程度上抽象的、模式化了的"形象",即"智力图像"。这种智力图像不是一般意义上的具体图形,它具有介于具体形象和概念抽象之间的某种过渡性。其实,任何一个或一类客观事物,在人脑的主观映象中都会有具体形象、智力图像、概念这样三种基本状态。在科学活动中,经常把感觉而来的具体形象抽象为一种几何图形。比如在原子结构理论中的"玻尔轨道""电子层""电子云"等,就是一种具有某种抽象性的智力图像模型。当然,这里并非真有形象性的"轨道""层""云"之类的东西存在。这里的"电子云"只不过是电子在原子核外围分布概率的一种表示,如果没有这种直觉想象力,就无法理解这里的"云"的意义。

直觉之所以称之为直觉,就是因为它不是经历一般的认识程序的认识形式。有人形象地把直觉称作思维的"感觉"。当然,人们通过感官的感觉,只能认识事物的现象和外部特点,而通过思维的"感觉",却能够认识事物的本质和规律。在加拿大科学哲学家邦格看来,直觉乃是一种既与理性,又与感性密切联系的思维形式。它既离不开感性材料的激发,又不用等到充分掌握

---

① 刘卫平:《创新思维》,浙江人民出版社,1999年版,第83页。

感性材料后再作出理论的抽象概括,而是在材料并不完全充分时便能得出判断性的结论。由此他认为,直觉大约处在从感性到理性思维序列的中间地带。其实,感性之于直觉的重要性是不言而喻的。就像《右脑与创造》一书中所指出的,"思维,它毕竟是由记忆表象来操作和重组才得以构成的。而在思维中加以利用的记忆表象的根本来源,则在于我们的感觉。由于感觉的大部分信息来源是视觉,因而视觉思维便是最为重要和最为有力的"①。按照美国艺术心理学家阿恩海姆的视觉思维理论,人的感知不是对事物现象的被动复制,而是一种主动发现和构建事物的动力结构特征的创造性活动,具有思维的一切特性。感知的过程就是形成概念、捕捉普遍性本质的过程。一个人直接观看世界时发生的事情,与他端坐在那儿闭上眼睛"思考"时发生的事情,并没有本质的区别。而且,思维也并不是完全挣脱了事物的感性外衣、在纯粹的抽象中进行的。思维最基本的工具(它的血肉之躯)是视觉意象,而视觉意象是一个矛盾性概念,它既可以是抽象的,也可以是具体的。事实上,思维就发生在感性领域,人类的思维决然超不出他的感官所能提供的形式。因此,在阿恩海姆看来,"一切知觉中都包含着思维,一切推理中都包含着直觉,一切观测中都包含着创造"②。其实,直觉"实质上正是运用视觉意象进行操作的特殊形式的视觉思维"③。

应当说,在对直觉的研究方面,人们更多地是关注理智直觉。这是因为它是"更重要或更高级的理智直觉层次,它已经超越了形象的直观或直感"④。当然,在科学创造中,这两种直觉形式常常是交织在一起并共同发挥作用的。直觉之于学生的学习同样是不可或缺的,它在学生理解、问题解决、科学创造以及决策等方面产生重要作用。在人类学习及创造活动中的直觉主要表现为三个方面,即直觉启发、直觉想象和直觉判断。直觉启发是当主体沉思于某一问题时,无法通过对问题做出判断,又没能凭借自身的想象力得到对问题有帮助的信息,但主体会在某一时刻,在他所关注的问题领域之外,甚至是与当前的问题毫不相关的一些信息对该问题起到了巨大的启发作用。像前

---

① 托马斯·R.布莱克斯利:《右脑与创造》,傅世侠等译,北京大学出版社,1992年版,第43页。
② 鲁道夫·阿恩海姆:《艺术与视知觉》,滕守尧等译,中国社会科学出版社,1984年版,第5页。
③ 傅世侠等:《科学创造方法论》,中国经济出版社,2000年版,第345页。
④ 周义澄:《科学创造与直觉》,人民出版社,1985年版,第117页。

述的由洗澡时浴桶水位的上升启发阿基米德产生了如何测量皇冠体积进而判断皇冠真伪的直觉，由苹果落地启发牛顿产生了苹果和月亮都受到来自地球引力的直觉。当然，这种启发并不限于实物，人类自身的语言文字所含有的信息同样也能成为直觉启发的诱导因素。直觉想象是在主体根据所面临的实物、符号或情势，借助于想象、猜测，形成一个大致的判断，用创造性的想象力去理解和连贯看似毫无联系的纷杂事物。比如像卢瑟福依据α粒子散射的实验结果，猜想出原子的核式结构的过程。直觉判断就是人脑对客观存在的实体、现象、词语符号及其相互关系的一种迅速地识别，直接地理解，综合地判断，即为人们通常所说的洞察力。比如物理学家在威尔逊云雾室的照片上直觉到某个粒子的径迹，就是对实验和现象的直觉判断。

需要指出的是，尽管从表面现象来看，直觉具有突发性和缺乏明确推理的特点，但这并未表明直觉认识的本质。其实，直觉并非空穴来风，它离不开坚实、广博的知识基础以及丰富的生活经验和敏锐的洞察力，并要对要解决的问题有一段时间的进行专注的研究和思索，以形成朝思暮想、寝食难安的情态。这种对问题解决如痴如醉的渴求造成了大脑细胞处于"激发状态"，大有一触即发之势。这是产生直觉的基础条件。同时，直觉的产生往往还需要"搁置"一下大脑对有关问题的魂牵梦萦，以便给我们的意识放个"假"，从而让我们的潜意识"有机可乘"。这时，虽然大脑已不再自觉有意识地思考有关问题了，但却在通过潜意识（下意识）来思考。当要解决的问题在潜意识形成问题中心，大脑就调动主体所获得的一切知识、经验，借助于实物或语言载体的启发和想象等，把有关的知识经验与问题中心联系起来，从而形成问题的解决方案，然后提交自觉意识加以评定，形成直觉。因而，倘若没有对这一问题长时间专注的思考，不在大脑中储存一定数量的相关信息，不经过自觉思考长时间研究去造成有关知识经验信息互相结合与沟通的运动趋势，就不可能造成潜意识领域中对相关信息的加工活动，也就不可能有直觉的产生。因此，表面上看来是无意识的直觉思维活动，实际上是以有意识的自觉的思维活动为基础和前提的。有鉴于此，法国著名数学家雅克·阿达玛曾经指出："如果不是经过好多天的有意识的努力，尽管这些努力没有产生结果，完全是一种盲目的探索，那么突然的灵感是不会产生的。如果没有这些

第二章 手脑结合的理论基础

艰苦努力,无意识机器是不会开动起来的,从而什么灵感是不会出现。"① 就是像瓦特那样"最伟大的天才尽管朝朝暮暮躺在青草地上,让微风吹来,眼望天空……灵感也始终不会光顾他"②。阿基米德也坚信,"灵感总是偏爱勤于思考的头脑"。否则,"如果阿基米德不是在这个问题上'为伊消得人憔悴',那他就是十次、百次见到过浴缸溢水现象,恐怕也会视而不见"③。同样的,离开了对引力问题解决的梦寐以求,即使有再多的苹果砸向牛顿,也不大可能使他产生万有引力的直觉。应当说,无论对创造过程还是学习过程概莫能外。而就学习过程而言,"充分发挥潜意识学习能力的根本途径,恐怕还在于有意识学习本身的努力。只有在意识最大限度地完成了自身的任务的情况下,无意识才能达到令人十分满意的作用"④。或许,这时直觉才会飘然而至。

二、相似思维理论

一代先哲亚里士多德认为,"在哲学中正确的做法通常是考虑相似的东西,虽然这些东西彼此相距甚远"。他认为那些能够在两种不同类事物之间发现相似之处并把它们联系起来的人具有特殊的才能。而从两个以上的形象中发觉某一共同点时,那就是思维的开始。这就是说,人脑的思维活动往往是基于相似性而展开的,正像莱布尼茨所指出的,"只要你想到了相似性,你就想到了某种不止于此的东西,而普遍性无非就在于此"⑤。美国心理学阿瑞提在《创造的秘密》一书中指出,捕捉相似性是人的创造性思维及其他精神活动中的共同指导原则,识别相似性是个人创造力的主要过程之一。并且,"人类最终的兴衰就是依赖于对相似性所做出的不同反应"⑥。在曾获诺贝尔奖的日本物理学家汤川秀树看来,当我们运用数学公式、画表或寻找相应的语言来描述未知事物时,都是把它比喻成某种别的东西,确认此事物与其他知识形式的同一。在他看来,任何创造过程都基于"等同确认"这种智力功能。

---

① 佟健华:《数学创新思维的魅力》,《数学教育学报》,2000 年第 3 期。
② 刘强伦等:《第一智慧》,团结出版社,1998 年版,第 88 页。
③ 周昌忠:《创造心理学》,中国青年出版社,1983 年版,第 20 页。
④ 陈建翔等:《新教育:为学习服务》,教育科学出版社,2002 年版,第 66 页。
⑤ 莱布尼茨:《人类理智新论》,商务印书馆,1982 年版,第 582 页。
⑥ 张光鉴等:《科学教育与相似论》,江苏科学技术出版社,2000 年版,第 242 页。

"等同确认"实质上就是发现新、旧事物在结构上的同一性或同构性的过程,而调用旧问题的解法并把它加之于新问题也无非就是在试图进一步扩展它们之间的同构关系。这就是说,相似性作为思维的重要特征,在认识世界和改造世界的过程中发挥着极其重要的作用。

我们都知道德国哲学家莱布尼茨的"世上没有两片完全相同的树叶"的名言,其实,地球上同样也长不出两片完全不同的树叶。莱布尼茨同时亦认为,"自然界中的一切都是相似的"。而在法国科学哲学家彭加勒看来,倘若"世界上如果只有个体的异而无相似的类,我们便不能生活,更无科学可言了"[1]。因而,自然界的各种现象并不是风马牛不相及的,而是普遍存在着相似性的。由于"客观事物在发展过程中,都存在着同和变异,因为只有同才能有所继承,只有变异,事物才能往前发展。所以相似不等于相同,相似就是客观事物存在的同与变异的统一"[2]。因此,也就像钱学森教授所指出的那样,"'相似'和'不相似'是辩证统一的,'相似'中有'不相似','不相似'中又有'相似'"[3]。亦即相同和相异是相对而言的,相似性本身就蕴含着相同和相异两个相反相成的方面。现代心理学告诉我们,人的思维活动按相似性联系是一种必然。客观世界发展过程中的相似现象经常反映到人们的大脑中来,人们对客观世界的认识,总是自觉或不自觉地从相似的现象中去发现相似的本质,并且通过相似的规律去进一步认识世界。此即是说,人们对客观世界的认识过程,往往循着从相似中发现不相似,从不相似中发现新的相似这种相似思维的路径进行的。其实,所谓相似思维就是通过揭示事物间的相似关系而达到理解的思维。当主体意识到一个新事物和他已理解的另一事物的相似之处时,便可通过将两者比较来理解这个新事物。就学习而言,无论是不同学科之间,还是同一学科的新旧知识之间,都存在着许多内在的相似联系。人们在学习过程中,人脑的思维活动,在很多情况下是基于相似联系进行的,像思维活动中的直觉、猜想、估计、判断、联想、想象等,往往都是基于已有知识经验和所要解决的问题之间的相似联系而产生的。当一个新的知识或新的问题出现时,大脑就开始搜索与之有相似联系的各种已有

---

[1] 张光鉴等:《科学教育与相似论》,江苏科学技术出版社,2000年版,第241页。
[2] 张光鉴等:《相似论》,江苏科学技术出版社,1992年版,第4页。
[3] 张光鉴等:《相似论》,江苏科学技术出版社,1992年版,扉页。

知识经验，并围绕新的知识和问题，经过一系列的直觉、猜想、分析、比较、归化等思维活动来理解新的知识和解决新的问题。

有关研究表明，人的大脑能够形成所谓的神经元模型，亦即人在知觉外界对象的时候能在大脑皮层的脑细胞（神经元）上形成映象。这些脑细胞能长时间地保持兴奋状态，这就决定了思维运动的方向。大脑的这种神经机能是人的天赋才能的一个组成部分①。科研人员通过对猴子大脑的研究还发现，当猴子看到实验人员拿取食物的动作时，猴子的神经细胞中也会出现自己拿取食物的活动。这就意味着，猴子的大脑中似乎也在进行模仿他人的行为，以替换自身行为。这一存在被科学家称之为"镜像神经元"。这一发现，"对于研究、了解包括人类在内的生物，在学习他人行为时的大脑活动，具有里程碑式的意义。诸多研究结果显示，人类在观察他人的行为时，其大脑中的活动似乎是在模仿对方的行为，并在自己心中照着原样模仿一遍"。从脑科学的角度看，大脑中的神经元网络，一般相信是储存特定记忆的所在，而镜像神经元则储存了特定行为模式的编码。这一特性不仅让我们可以想都不用想，就能执行基本的动作，同时也让我们看到别人进行某种动作时，自身也能做出相同的动作。研究还发现，个体大脑在看到某种动作时其大脑的活动方式在相当程度上是受制于个体的经验的，一个人在看到自己已经掌握的动作和自己没有掌握的，以及同伴的动作时，大脑的活动方式是不同的。这意味着，如果不是通过亲自活动身体并掌握的动作，无论看多少遍，大脑的活动方式也不会与熟练掌握者的大脑活动方式相同。人类通过观察他人的行为，可以从他人那里再学到很多东西。然而，想要通过模仿他人进行学习，就必须在观察他人行为时，同时进行分析、解释，并且在心中进行模仿，然后不断地进行身体重复。不仅是运动，学习语言也是同样的道理。而且，"这一过程不仅限于语言和运动，学习并熟悉任何事物，都要经历一个这样的过程"②。应当说，人的大脑中所存在的镜像神经元是基于相似性的特征进行活动的。相似性思维之所以能够在人类学习及创造活动中起着重要作用，正是依靠了大脑的这种机能。

---

① 周昌忠:《创造心理学》,中国青年出版社,1983年版,第21页。
② 今井睦美:《深度学习:彻底解决你的知识焦虑》,罗梦迪译,北京联合出版公司,2018年版,第118页。

应当说,"相似"作为一种思维方法,与"类比"在"具有同样的关系、形式或结构等意义上被使用"。"在逻辑中类比推理被当作一种推出新知识的方法,即依据两个对象之间存在着某种类似或相似的关系,从已知这一对象有某种性质而推出另一对象具有某一相应的性质"[1]。而"相似性是人们在反映外部世界时,对两个或两个以上事物的表现进行比较过程中,产生的一种感性认识"[2]。康德认为,全部的发现都是通过类比(模仿)来完成的。[3] 正如有关学者所指出的:"从阿基米德和亚里士多德的基础性发现起,到麦克斯韦和爱因斯坦的发现止,所有的发现都在同时代的科学概念中有直接的类似物,均概莫能外。"[4] 其实,相似(类比)也贯穿在物理学的全部发展过程中。经典物理学的一代宗师牛顿就堪称这方面的典范。牛顿因看到苹果的下落与月亮环绕地球运动的相似性进而发现了万有引力定律。还有,像大家所熟知的阿基米德从洗澡中发现身体浸入浴盆中时,身体所排开的体积与水面上升的体积之间的相似性进而领悟到了浮力定律。因此,正如爱因斯坦所指出的:"在物理学上往往因为看出了表面上互不相关的现象之间相互一致之点而加以类推,结果竟得到了重要的进展。"[5]

现代认知心理学的研究表明,主体的学习以及思维是建立在其积累并储存在大脑中的知识经验的基础上的。这些知识经验单元是人的大脑中关于已有知识经验的记忆,是在学习过程中经过深化和内化而储存在大脑中的经过提炼的简约的、在有需要时可以被激发用以思考和解决问题的以"组块"("相似块")的形式储存在大脑中的知识经验单元。"人们在学习和实践活动中积累起来而贮存在大脑中的知识单元我们称为相似块,人们在对外界的认识过程中常常要依赖它的存在。"[6] 按照诺贝尔奖获得者、认知心理学和人工智能的创始人西蒙的观点,"专家的直觉是基于识别的——通过把新问题识别

---

[1] 章士嵘:《科学发现的逻辑》,人民出版社,1986年版,第160页。
[2] 周美立:《相似学》,中国科学技术大学出版社,1993年版,第4页。
[3] P.З·吉江:《发现与发明过程方法学分析》,徐明泽等译,广东人民出版社,1988年版,第44页。
[4] P.З·吉江:《发现与发明过程方法学分析》,徐明泽等译,广东人民出版社,1988年版,第107页。
[5] 王溢然等:《类比》,大象出版社,1999年版,第20页。
[6] 张光鉴等:《相似论》,江苏科学技术出版社,1992年版,第4页。

第二章 手脑结合的理论基础

为与老问题属于同一种类型,就可以借助后者的解或解法迅速推测出新问题的解或解法。这不但需要大量的知识——5万个以上的熟悉块以及与之相联系的行为准则,还需要敏锐的识别能力和触类旁通的解题策略"[1]。西蒙这里所说的"熟悉块"亦就是"相似块"。也就是说,人的头脑中有很多"相似块"。由于在通常情况下主体头脑中所储存的"组块"是静态的,当学习新知识或思考问题时,相关的"相似块"就会迅速与有关的新知识或要解决的问题建立起"暂时神经联系",这些原来静态的组块就会被激活,进而围绕着新的知识和问题,经过一系列的联系、想象、直觉、猜想、分析、比较等思维活动来学习新的知识及解决新的问题。"相似理论指出了人脑工作的两个原理,第一,人的思维活动,总是基于相似而开展活动的,学习和思考问题都依赖于头脑中已有的'相似块'。第二,学习的目的之一,是在头脑中建立新'相似块'。"[2]

正如相似论的创立者张光鉴所指出的,"一切创造,无论是自然界的创造还是人类的创造,都是基于某种相似性而进行的"。"我们人现在所进行的创造,一方面是以认识自然界相似运动、相似联系中某些原理而去进行的创造;另一方面是在前人所取得的成果的基础上,进行某些相似的改进、相似的综合而进行的创造"[3]。应当说,我们生活的自然界和人类社会之间有着"惊人的相似"。大自然是我们最好的老师。诚如古希腊哲学家德谟克利特所言:"在许多重要的事情上,我们是模仿禽兽,做禽兽的小学生。从蜘蛛,我们学会了织布和缝补,从燕子学会了造房子,从天鹅和黄莺等歌唱的鸟学会了唱歌。"[4] 其实,这方面的例子可谓不胜枚举。就像我们所知道的,受丝茅草划破手指的启发鲁班发明了锯子(古希腊传说中是泰尔从鱼的脊骨和蛇的腭骨的形状受到启发而制作了锯子),受蒸汽顶起壶盖的启发,瓦特发明了蒸汽机。在自然科学领域,也把这种基于相似性的研究方法称为模拟。随着时代的发展,模拟更是进入了仿生学(模拟生物功能)和人工智能(模拟人类智能)的层面。诸如在仿生学领域,人们通过对鸟类的仿效而发明了飞机,通

---

[1] 张光鉴等:《相似论》,江苏科学技术出版社,1992年版,第66页。
[2] 姜正川:《大脑是如何高效学习的》,南京大学出版社,2014年版,第13页。
[3] 张光鉴等:《相似论》,江苏科学技术出版社,1992年版,第36页。
[4] 伍蠡甫:《西方文论选》(上卷),上海译文出版社,1979年版,第3页。

过对鱼类的模拟而发明了潜艇等。而在人工智能方面,人们正在尝试用模拟方法研究人脑的思维功能,试图揭开大脑这个"黑箱"的秘密。

心理学上把那些以某种事物作为原型而受到启发进而找到解决问题办法的现象称为原型启发。人们在科学实践中,必然会遇到各种各样的难题,而解决这些难题的办法通常在探求者的经验中是不存在的。而一旦主体发现了外部世界中与此问题关联的某种类似物,从中便可以受到启发进而导致问题的解决。这就是说,原型之所以具有启发功能,客观上是由于原型与所要解决的问题之间存在着相似性。其实,一切发明创造都不是凭空想象出来的,在开始时往往都是得益于原型启发。这种原型有的是来自偶然碰到的事物(图形、模型及现象等),以及头脑中所储存的表象。抑或说,来自我们曾经的,以及正在总结的"经验"。经验的可贵之处就在于它能推广应用,抑或说转移经验。为了转移经验,就需要主体能善于发现不同问题之间类似的地方。其实,经验之所以能得到转移,正是由于依赖了这种类似。这样,寻找类似就是转移经验的必要条件,而要具备转移经验的能力就先得具备发现类似的能力。因此,一个审慎而又富有创造力的问题解决者,不仅能够硬想出互不相关的项目之间的联系,而且能够硬想出它们之间的新颖的富有独创性的联系,从而导致问题的独创性解决。正像波兰著名数学家斯·巴拿赫所指出的那样:"一个人是数学家,那是因为他关于发现判断之间的类似;如果他能判明论证之间的类似,他就是个优秀的数学家;要是他意识破理论之间的类似,那么,他就成了杰出的数学家。可是,我认为还应当有这样的数学家,他能洞察类似之间的类似。"[1] 应当说,他的见解可谓鞭辟入里。

由于相似思维主要是与形象联系着的,抑或说,创造性的相似性思维是建立在丰富的表象的基础上的。正像曾获得诺贝尔奖的美国物理学家格拉肖所指出的:"涉猎多方面的学问可以开阔思路,像抽时间读读小说,逛逛动物园都有好处,可以帮助提高想象力,这同理解力和记忆力一样重要。假如你从来没有见过大象,你能凭空想象出这种奇形怪状的东西吗?"[2] 巴甫洛夫也认为,"不管鸟翼是多么完美,但如果不借助空气,它是永远不会翱翔于天空

---

[1] 周昌忠:《创造心理学》,中国青年出版社,1983 年版,第 15 页。
[2] 周昌忠:《创造心理学》,中国青年出版社,1983 年版,第 27 页。

的。事实就是科学家的空气"①。其实,一个生长在海边的人就经常会产生关于大海的联想,而一个出生在大平原上从未见过高山的人,就会鲜有与"山"有关的联想能力。为此,我们要重视经验的积累,注意从大自然纷繁复杂的现象中获得原型的启发,除了原型与所要解决的问题之间具有某些共性、因果联系性之外,还要求主体应具有"聆听自然箫声"的敏锐观察力,丰富大胆的想象与推理能力,同时具备坚定不移、梦寐以求的创造目标。这就是说,为了提高我们的相似性思维能力,除了要具备一定的知识经验外,还要注意留心观察大自然中的各种现象,保持对客观世界的敏感性。只有这样,才能不断提高我们的相似性思维水平及创造性能力。

三、互补思维理论

古希腊哲学家赫拉克利特说过,不同的音调造成最美的和谐。这表明互补思想已经有很悠久的历史了。当然,互补作为一个物理学原理,则是在20世纪初的物理学革命中由曾获诺贝尔奖的丹麦物理学家玻尔所提出来的。因为这个原理涉及物理学的一个基本问题,即对一个物理对象的完整描述必须通过两种不同的物理模型才能完成。这两种物理模型不能相互替代,只能互相补充。玻尔将其推而广之,认为物质世界的所有性质,都呈现出"成对"的双面性,他把这种性质称为"互补性"。必须而且只需要将所有这些"既互斥又互补"的概念汇集在一起,才能而且一定能形成对现象的详尽无遗的描述。互补原理是根植于现代物理学土壤中的人类精神的花朵,当玻尔将它提升为一个普遍的认识论原理时,它就不单是一个自然科学的原理,而具有一般方法论的意义。互补作为对立统一规律的基本表现形式,在当代认识论及创造学领域亦发挥着导向性作用。而这方面的一个突出表现就在于指导人们从整体上、系统上对两种对立的思维方式的把握与运用。关于此,美国学者卢森堡在调查访问了许多有创造性成就的人后认为,在科学研究中越是高级的创造越显示出其"两面神"性质,越依赖于"两面神"思维。在他看来,"具有创造力的人物制定了两个或更多并存和同时起作用的相反物或对立面,而这样的表述产生了完整的概念、印象和创造"②。他把爱因斯坦所具有的善

---

① 叶丹:《用眼睛思考——视觉思维训练》,中国建筑工业出版社,2011年版,第32页。
② 傅世侠等:《科学创造方法论》,中国经济出版社,2000年版,第367页。

于从差异中见到同一,或从相反的两极来构想统一的物质世界的积极的、"高级创造性思维"看成"两面神"思维的典型例证。同时还认为达尔文的进化论正是运用"两面神"思维方法,把直接对立、相互排斥的两个方面结合起来考察而获得的积极成果,从而使其比同时代的生物学家棋高一着。①

世界上没有相同的两片树叶,同样也没有完全相同的两个人。人与人之间有两种比较靠近的关系,即相似与互补。而这两种方法也不失为人类"拉近"与事物距离的有效方法。如前所述,相似乃是自然界事物的一个普遍特征。如果说相似是致力于发现事物的"异中之同",那互补则着眼于从对立中去把握同一,在"互斥"中发现"互补"。玻尔认为,事物之间"既互斥又互补"。因此,玻尔的互补原理包含着"互斥"和"互补"两个方面的统一,亦即蕴含着"相反相成"的道理。互补是以互斥为前提的,互斥意味着承认不同事物、概念之间的对立,互补所关注和强调的是对立面的统一、相反相成。质言之,是对立面的互补性。在玻尔看来,只有认识到对立双方的互补关系,才可能对事物做出完整的描述,才可能把事情做到完备的地步。因此,互补是正确认识和解决矛盾的重要方法。其实,上述的所谓"两面神"思维正是基于互补而展开的思维。

在人类认识世界和探索真理的过程中,存在着逻辑思维和非逻辑思维两种"互斥又互补"的思维方式。"逻辑与非逻辑的互补律"也是思维发生的一个基本规律。由于"灵感、直觉、形象等思维发生机制从本质上讲是非逻辑的,但从思维发生过程来看,又时有逻辑渗透在其中,并成为这些思维不可缺少的条件;这些呈现出逻辑方式与非逻辑方式的互补,从而形成思维发生的重要规律"②。应当说,两种思维各有其特点和优势,但又都有各自的不足。现实中"两种思维总是以多种多样的方式相互结合,这样,既可发挥它们各自的优势,又能弥补对方的不足。一切发明创造无不是两种思维相结合的结果"③。因此,逻辑与非逻辑的互补是由这两种思维方式本身的特点所决定的。逻辑思维是指在逻辑规则的控制下,从一定的前提出发,找出与之有联系的依据,循序渐进地进行连续推导的线性思维方式,它主要包括归纳、演绎、

---

① 付秋芳等:《大脑的潜能开发》,山东人民出版社,2001年版,第152页。
② 刘奎林等:《思维科学导论》,工人出版社,1989年版,第210页。
③ 温寒江等:《开发右脑——发展形象思维的理论和实践》,浙江教育出版社,1997年版,第67页。

推理等基本形式。由于它总是在"超脱"于具体事物的抽象领域中进行，故又称抽象思维。逻辑思维是经过漫长的历史发展过程逐渐形成的，它一旦形成便成为人们思考研究问题的主要形式，其往往被视为最能代表个人思维发展水准的思维样式，以至于许多人认为思维指的就是逻辑思维。而且，由于推理形式和证明形式的发明及应用，人们可以通过推理和逻辑证明的手段简捷地获取必要知识，近现代科学基本上也是借助于逻辑思维建立和发展起来的。

但是，逻辑思维借以把握世界的工具主要是逻辑系统，而任何一个实际存在的逻辑系统都是不完备的。逻辑系统的内在局限性，决定了在任何发展程度上的逻辑思维都无法全部解决与此对应的科学研究问题。"这是因为，任何逻辑推理的结论其实都已隐含在其中了，逻辑推理只是将原来隐含的东西挖掘出来、挑明而已。要想真正创新，必须突破旧的前提及其逻辑体系。"①也就是说，当在利用逻辑思维解决科学问题的过程中陷入"绝境"的时，要想绝处逢生，必须突破旧的前提及其逻辑体系。毕竟，凭借逻辑思维只能在具有逻辑联系的事物之间进行思考，因此，它只能发现、领悟那些与原有知识具有一定逻辑联系的新事物。若要超越原有知识，作出全新的重大科学发现，逻辑思维一般就无能为力了。而且，随着科学和实践的发展，逻辑思维的缺陷与不足越来越明显地暴露出来，逻辑并不是认识所需要的一切，逻辑并不能解决一切问题，仅有逻辑思维是不够的。

与逻辑思维不同，包括想象、灵感和直觉等在内的非逻辑思维是一种跳跃式、发散性的非线性思维方式，它是大脑中长期贮存的信息的自发运动，发挥的是人脑神经内部机制的作用，往往在逻辑思维难以为继的情况下，在来自外界的某种刺激的触发下，突然间会迸发出某种直觉、灵感和顿悟。科学史上这类例子可谓不胜枚举。比如像阿基米德洗澡时领悟到他身体浸入水中的体积与澡盆水面升高的那部分体积间的等量关系，因此而发现浮力定律；牛顿因受到苹果落地的启示而最终发现万有引力定律等。因为，解开科学之谜"并没有逻辑的道路"可走，"科学创造的新观念、新理论或新的发明方案等，多由想象、灵感或直觉所造成的逻辑思维的'中断'而导出。当然，这样说并不意味着逻辑思维根本不能提供新东西，也不是说逻辑思维在创造过

---

① 沈致远：《科学是美丽的》，上海世纪出版集团，2002年版，第302页。

程中没有作用。但相比之下，真正在创造过程中实现创新的作用，则主要是在想象、灵感和直觉造成逻辑思维中断的时候"①。当然，非逻辑思维的先天缺陷也是显而易见的。因为这种非逻辑的思维，可以异想天开，但极有可能流于幻想或无稽之谈，它常常会使人把两个风马牛不相及的事件纳入虚假的联系之中。也就是说，这种非逻辑思维的作用"具有两重性：既可以引导思想深入本质，也可以诱人误入歧途，使人想入非非，不能逼近逻辑目标而一步步填补逻辑缺环，结果一发而不可收拾"②。

法国哲学家笛卡尔认为，科学发现的逻辑有两块基石，一是理智的直觉，一是演绎的推理，而且这两者是相互联系的。诺贝尔奖获得者汤川秀树也认为，"不管我们从日常生活的世界走开多远，抽象也不能通过它本身来起作用，而必须伴之以直觉或想像"，"在任何富有成果的科学思维中直觉和抽象总是交相为用的"③。奔放活跃的想象与清醒理智的批判才是构成科学发现过程中两个既对立又统一的方面，两者的互补契合，才可能构成完整的创造性思维过程。由于创造性思维所揭示的是客观事物内在的本质，其思维过程及其思维成果本质上是各种思维要素在逻辑关系意义上有机结合的谐振过程，亦即由逻辑思维与非逻辑思维的互激共振来实现的。关于创造性思维过程，英国心理学家沃勒斯曾在对包括著名科学家在内的成功人士进行调查研究的基础上，提出了"准备—酝酿—明朗—验证"的四阶段科学创造一般结构模式。在他看来，在发现和提出问题的准备阶段，主要凭借的是抽象思维；到了沉思和提出假设的酝酿阶段以及顿悟和突破的明朗阶段，"因为它们真正地与'无意识'过程联系着的"，因而主要依靠的是形象思维；而在评价、完善和论证的验证阶段，则主要有赖于抽象思维。此即是说，"创造思维过程存在着逻辑的与非逻辑的两种思维形式，其中又尤以非逻辑思维形式占有特殊重要地位"④。因而，"以非言语的思维来产生一些想法，而用言语思维来对这些想法进行验证，一个人就能够增长创造力。由于每一种类型的思维都有其自身的长处和不足，于是便就近去利用那个适合于该任务的思维"⑤。

---

① 傅世侠：《创造》，辽宁人民出版社，1985年版，第74页。
② 朱小蔓：《情感教育论纲》，人民出版社，2007年版，第56页。
③ 温寒江等：《开发右脑——发展形象思维的理论和实践》，浙江教育出版社，1997年版，第68页。
④ 傅世侠：《创造》，辽宁人民出版社，1985年版，第43页。
⑤ 托马斯·R.布莱克斯利：《右脑与创造》，傅世侠译，北京大学出版社，1992年版，第42页。

第二章 手脑结合的理论基础

尽管逻辑思维与非逻辑思维有着本质的区别，两者之间具有互相对立、排斥的倾向，但是，彼此间又具有相互渗透、相互促进的一面，亦即二者是"互斥又互补"的。逻辑思维的基础来自非逻辑思维所得到的内容，其过程本身须依赖于非逻辑思维才能进行。逻辑思维还时常借助于非逻辑思维取得突破，并得以具体化。同样，非逻辑思维往往也渗透着逻辑思维。逻辑思维为非逻辑思维明确方向、目标，加快思维的进程，使之较快地深入到事物的本质中去。其实，科学发现是个综合的认识过程，它不仅包括逻辑思维方法和模式的运用，而且发现本身就包含着证明的要素在其中。如果说在科学发现过程中，某些新观念、新概念的最初产生是依靠直觉的洞察或天才的顿悟的话，那么它的表述、修正与系统化却不能不依靠逻辑思维。毕竟，创造性思维与毫无根据的胡思乱想是截然相反的。创造性思维虽然需要想象力的自由发挥，甚至允许遐想的驰骋，但其前进的目标却是受实践的需要或理论与事实的矛盾所制约的。如果把找出尽可能多的方案的思维称作"发散式思维"，那么在创造活动过程中当然还得运用"收敛式思维"。其实，这两种思维形式"不仅在思维方向上是互补的，在思维操作的性质上也是互补的"。因此，美国学者库恩认为，尽管在创造性思维活动中，收敛的和发散的这两种思维形式不可避免地处于矛盾之中，而科学只能在这两种思维方式相互扯拉所形成的"张力"之下向前发展。

其实，逻辑思维与非逻辑思维又是互为条件的。彼此之间总是相互交织、相互渗透的。在科学研究中，虽然逻辑思维往往处于决定和支配的地位，非逻辑思维则处于从属和补充的地位，非逻辑思维的运作与使用离不开逻辑思维，但同样的是，逻辑思维的发展也离不开非逻辑思维的作用。一方面，非逻辑思维以逻辑思维为基础，这样才可以保证思维的正确定向；逻辑思维需要非逻辑思维的强大动力，这样才可以使逻辑思维始终处于被激发状态，其持续性才能得到保证。关于此，我们不妨仍以牛顿发现万有引力定律的过程来作说明。我们常把牛顿发现万有引力归之于直觉的力量。其实，牛顿发现万有引力的过程同样也贯穿着逻辑的力量。牛顿曾经这样思考：当一个人站在山崖上把石头从手中松开，石头会竖直下落；倘若将石头用力向前水平抛射，它就会前进一段距离再落下。并且，抛射时的速度越大，它所前进的水平距离也就越远；如果抛出的速度足够大，那它就有可能像月球一样绕地球运动而不再落回地面。不仅如此，牛顿又花了十多年时间进行数学推导、逻

辑论证，最终才导致了万有引力理论的建立。这就是说，由苹果落地所激发的直觉"对于完成这一发现来说的确起到了关键的作用；但如果没有事后严格的逻辑论证和数学推导（如他后来在书中所表述的），同样也不可能有这个发现。可见，正是两种思维形式的相互作用和互为补充，才使得牛顿在科学发展史上，完成了一次伟大的创造"①。

在科学探索的道路上，逻辑思维与非逻辑思维总是结伴而行、互为补充的：在逻辑方法走不通的地方，科学就需要用非逻辑方法开辟新的通路；而当非逻辑方法已打开通路后，又必须及时地在从旧认识到新认识之间的"深渊"上架起"逻辑的桥梁"。所以，正像法国物理学家彭加勒所指出的，"逻辑是证明的工具，直觉是发现的工具"②。而"事实却是，一个人在这个世界上的成功，多半还是依靠他的直觉方面得到过多大程度的意外发展"③。科学发展的史实一再表明，科学研究中许多重大问题的突破，以及许多伟大的发明创造的诞生却并不是严格的逻辑思维的结果，而是源自非逻辑思维的突破。当然，强调非逻辑方法的重要，并不意味着贬低逻辑方法的作用，更不能认为科学的创造过程是可以完全脱离逻辑方法而只靠非逻辑方法完成的。因为，即使是最卓越的想象力、直觉和灵感，其认识成果也必须经过逻辑的加工，找到其逻辑的根据。所以，一个足以完成科学创造过程的完整的创造性思维方法，必定是逻辑方法与非逻辑方法的辩证统一和综合应用。因为"大多数创造性工作，却要求直觉思维和逻辑思维之间的有效协作。例如，在大量的凭理智行事的领域中，真正创造性的突破都是直觉的结果。然而，直觉本身，在没有能够得到言语的和逻辑的确证和描述之前，一般说是没有什么用处的"④。实际上，逻辑方法与非逻辑方法共同构成了人类创造性活动的两翼。只有这两种类型的思维形式的"和声共鸣"，才能演奏出动人心弦的科学创造"交响乐"。

---

① 傅世侠：《创造》，辽宁人民出版社，1985年版，第47页。
② 温寒江等：《建构中小学创新教育体系》，北京科学技术出版社，2002年版，第53页。
③ 托马斯·R.布莱克斯利：《右脑与创造》，傅世侠译，北京大学出版社，1992年版，第45页。
④ 托马斯·R.布莱克斯利：《右脑与创造》，傅世侠译，北京大学出版社，1992年版，第31页。

第三章

杜威的经验主义学习观

美国实用主义教育家杜威批判地吸收了卢梭、裴斯泰洛齐、福禄贝尔等的教育思想，立足于自己的实用主义、经验自然主义和机能心理学，提出了影响广泛而深远的"从做中学"理论。支撑"从做中学"理论的是杜威的"经验论""活动论"和"儿童发展论"，由此形成了"不仅塑造了现代的美国教育，而且影响了全世界"的经验主义学习理论，并在教育史上起到了"哥白尼式革命"的作用。

第一节 着眼于"学"

杜威充分认识到传统教育的机械性和空洞性等弊端，进而依据其经验主义的认识论，在批判传统教育的基础上，提出了其教学方法论的基本原则——"从做中学"。在他看来，儿童的学习应以"从做中学"为主要方法，"从做中学"不会产生死的知识，而只会带来经验的改造和经验意义的丰富与扩大。"从做中学"颠覆了传统的教与学的关系，充分彰显了"学生"及其"学"在教学中的中心地位与决定作用。

一、以"儿童"为重心

杜威之所以被认为是现代教育的开拓者，其中一个根本原因就在于他真正重视了儿童的价值。他在批判传统脱离社会生活实际、割裂儿童生活的整体性，教材呈现无视学生心理等弊端的基础上，提出了教育重心的重大转移。他认为，传统教育不适应社会发展的根源是"学校的重心是在儿童之外，在教师，在教科书以及在其他你所高兴的任何地方，唯独不在儿童自己的本能和活动之中"[①]。他强调，教育应该"站在儿童的立场上，并且以儿童为自己

---

① 赵祥麟等编译：《杜威教育名篇》，教育科学出版社，2006年版，第27页。

的出发点"。要让"儿童变成了太阳,而教育的一切措施则围绕着他们转动;儿童是中心,教育措施便围绕着他们而组织起来"①。应当说,他的全部教育理论的核心就是儿童中心论。由传统的课堂、教师和书本"三中心"到"儿童中心",这是一个历史性的转折,堪称教育史上"哥白尼式的革命"。

杜威的"儿童中心"是建立在顺应儿童本能的基础上的。在他看来,教育应该是"人类天赋能力的生长",教育不能把与儿童本性相违背的东西作为目标,而应该以儿童的本能为基础,提供必要的环境刺激,促使儿童与生俱来的能力的生长。儿童本能的欲望或冲动,是儿童行动的自然源泉,儿童的生长有赖于这些源泉。杜威认为,如果不从不学而知的能力开始,就不会有学习。尽管学习也并不是这种不学而知的能力的自发流溢。杜威强调,"人的固有的本能是他学习的工具。一切本能都是通过身体表现出来的;所以抑制躯体活动的教育就是抑制本能,因而也就妨碍了自然的学习方法"②。因此,他把不能在本能的基础上促进儿童的发展看作当时教育最大的缺点和弊端。他强调,一切学问和训练都必须依靠本能,必须把儿童自动的本能与儿童原有天性的发展建立在儿童本能的基础上。因为儿童的本能和冲动所引发的兴趣构成了一切有教育意义活动的动力。无论是儿童自发的活动、游戏,还是儿童无意义的动作,都具有教育的意义,都是一切合理教育方法不可或缺的基石。

杜威认为,儿童具有制作、交际、表现和探索等与生俱来的本能。在这四种本能中,制作与探索又尤为突出,它们是居于主导地位的本能。由此也就决定了"从做中学"在教学中的主导地位,并成为其全部教学理论的根本原则。"从做中学"是依靠生理的本质,去发展人的"自然禀赋"的重要教育手段。其中,"做"乃是人的本能活动。杜威指出,"在儿童进学校以前,他用手、眼和耳来学习,因为手、眼、耳是儿童做事的器官,他是从做事中理解意义"③。由于儿童生来就有一种天然的欲望,要活动,要做事。儿童"要是看见人家做事,就要动手,最不愿意旁观"。由于"儿童是在他所做的什么事情里发现和发展自己"。因此,要"对一切建造、操作、积极的行动和制作

---

① 赵祥麟等编译:《杜威教育名篇》,教育科学出版社,2006年版,第27页。
② 邱磊编:《杜威教育箴言》,华东师范大学出版社,2015年版,第24页。
③ 邱磊编:《杜威教育箴言》,华东师范大学出版社,2015年版,第25页。

的冲动给予运用和满足的机会"。杜威把儿童自由展现这些本能时的活动看作教育的基石。一切抑制身体活动的教育,就是抵制本能,因而也就妨碍了自然的学习方法。而让学生"从做中学"正是运用了学生的自然的学习方法。因而,儿童的学习应以"从做中学"为主要方法,而不应过分依赖课堂、书本和教师。杜威强调儿童的学习以生活经验为基础,尊重儿童的本能和兴趣,这就必然得出由做而学,即"从做中学"的结论。杜威所强调的"做"正是建立在儿童本能与兴趣的前提下,并通过学习者的活动与经验获得来体现的。因为"有机体决不徒然站着,一事不做"。倘若如此,经验也就无从谈起。或者手中拿着一本书,只静坐在教室里,那么书中的各种观念一定不能传达到他们的心灵,反而会导致他们神经紧张,使他们厌恶学习,丧失创造力,甚至导致无次序的紊乱等恶果。

杜威的"儿童中心"实际上就是强调教育要以儿童的活动为中心。他批评一般的教法总是把儿童看作被动者,叫他怎样就怎样,拿儿童当海绵,可以吸收水分,硬从外面注入。杜威认为,"学习是儿童为他本身而做的行为,以儿童为主动者"。而传统教育的最大弊端就在于是从"上面"或"外面"对儿童实行强迫教育和教师实行"武断性"的主导作用。教师只告诉学生被告诉的事体,不激发儿童自动求知的本性,却驱使儿童被迫地诵习代表事物的符号,硬以外烁力量取代儿童潜在的动力。如此这般"把知识看作可以灌来灌去的现成东西,所以用死记的法子灌进去,又用背书和考试的法子来看灌进去了没有,来看那些被灌的儿童是否也能照先生的样子把装进去的东西拿出来摆架子"①。而与传统的消极、被动的"静听"相联系的必然是以书本上的知识、课堂上的讲授和占主导作用的教师为中心的教学,当然儿童这个教育真正的中心也就无从谈起了。而若要真正考虑儿童这个中心,就必须摒弃传统的以教师、课堂、教材为中心的做法,代之以儿童的活动为中心。因此,在杜威看来,学校科目相互联系的真正中心,不是科学,不是文学,不是历史,不是地理,而是儿童本身的社会活动。这样,"教师和书本不再是唯一的导师;手、眼睛、耳朵、实际上整体身体都成了知识的源泉"②。杜威强调,教学法的第一要素是给学生一个真实的情境,即一种能使学生真正感兴趣的

---

① 单中惠:《现代教育的探索》,人民出版社,2002年版,第193页。
② 邱磊编:《杜威教育箴言》,华东师范大学出版社,2015年版,第25页。

活动。儿童的活动是他的一切训练或生长的基础,应该将活动作为一种基本的教育方式和学习方式。教师要尊重儿童在教育活动中的主体地位,充分考虑儿童的个性特征,不要压抑儿童活泼好动的天性,应该尊重儿童的自然生长规律,使其能够积极地而不是被动地学习,并且要激发儿童内在的创造力和思维能力。他主张教育要按照儿童生长的规律,让儿童从被动的"静听"中解放出来,充分地动口、动手、动脑,在做事的基础上发挥儿童的思维,使其发挥出创造性和积极性。

需要指出的是,杜威强调"儿童中心"并不意味着对教师作用的忽视。他所提倡的师生观也并不是以儿童的中心地位来消解教师的作用,而是对教师教育方面进行多方面的和辩证的思考。在他看来,毕竟"学习是由学生自己来做的,并且是为了自己而做的,主动权在学生手里。教师是一名向导和指导者;教师掌舵,而驱动船只前进的力量一定是来自学生的"[1]。这就是说,儿童的学习,亦应以儿童为本位,教育在于指导儿童主动学习,教师不可替代、包办儿童的学习,教师更多的时候应该是以一个明智的指导者的身份融入教学活动中,做"真正上帝的带路者,真正上帝的引路人"。他认为,那些能给学生留下持久印象的教师,能够唤起学生新的理智兴趣,把自己对知识或艺术的热情传导给学生,使学生有探究的渴望,找到本身的动力。"这是一件最紧要的事。有求知的渴望,心灵就会有所作为;没有求知的渴望,即使给他塞满了知识,到头来也几乎毫无所得。"[2]

二、以"兴趣"为动力

杜威认为,兴趣是任何有目的经验中各种事物的动力。"兴趣是生长中的能力的信号和象征,我相信,兴趣显示着最初出现的能力。因此,经常而细心地观察儿童的兴趣,对于教育者是最重要的。"[3] 应当说,尊重儿童的兴趣与需要,不用强迫或压制的手段向他们灌输现成的知识,这也是儿童中心主义与学科本位主义在教育方法论上的根本区别。在杜威看来,教育并非是对青少年的外部强加,决不是采取灌输式或者填鸭式的教学方法强迫儿童去勉强吸收外面世界的东西,教育必须考虑儿童的真实兴趣和实际能力。因为

---

[1] 邱磊编:《杜威教育箴言》,华东师范大学出版社,2015年版,第188页。
[2] 邱磊编:《杜威教育箴言》,华东师范大学出版社,2015年版,第94页。
[3] 赵祥麟等编译:《杜威教育名篇》,教育科学出版社,2006年版,第9页。

第三章 杜威的经验主义学习观

"一切有教育意义的活动,主要的动力在于儿童本能的、由冲动引起的兴趣"①。他把兴趣作为教育革新工作选择的基础,把兴趣原则的正确运用看作是新教育的一个重大问题。他认为,无论在学习上还是在道德上,如果没有兴趣,儿童就没有支配注意力和激起思考的力量,在整个过程中就不能"集中注意、全神贯注、专心致志于某种活动"。在他看来,"假定儿童在从事一件他所不愿意的工作时较之心甘情愿从事的工作能得到更多的智力的和精神的训练,这是愚蠢可笑的"②。教育者只有通过对儿童的兴趣不断地予以观察,才能够进入儿童的生活领域,才能知道他要做什么,用什么教材使他工作得最起劲、最有效果。

杜威批评传统教育"把教学看作把知识灌进等待装载的心理和道德的洞穴中去填补这个缺陷的方法",由于单纯依赖课本而把师生关系弄得如同抽水筒与蓄水池的关系一样,把教和学的关系变成了讲和听的关系。他认为,传统教育最大的失败在于认为学生的思考(学生感兴趣、关心并愿意投入其中的事情)没有教育意义。在杜威看来,"学习是自然的,是由内部生发的自然趋向,就像渴而喝水、饿而要食一样"③。由于儿童的世界是一个具有他们个人兴趣的人的世界,而不是一个事实和规律的世界。在儿童的经验里,事物不是以抽象概括的方式呈现出来的,而是以形象、生动、具体、个别的方式存在的。如果学校中的学习只是一味地考虑并照搬学科知识的逻辑体系,而无视儿童的兴趣需要,这样势必就会使学习成为枯燥空洞的机械训练和形式分析,成为一件压抑而不是利用儿童本能兴趣的苦役,这对于儿童理智的发展是有百害而无一利的。而且,那些被灌输的知识就"像大量的废料和碎片一样,堆积在脑中,一旦出现问题,它就成了妨害有效思维的障碍物"。因此,学生应该学习各种学科知识,但不是与其本能的需要或兴趣不相干、与其已有的经验相分离的东西,不是孤立开来作为外部强加的东西来学习的。而应该是在教师的引导下,"首先被感觉到需要"、作为其行动之必须来加以学习,与学生已有的经验联系起来加以学习的。其实,儿童对某种事物感兴趣并不仅仅是一时的心血来潮,而是主观上有注意该事物的特征,想了解更

---

① 单中惠:《现代教育的探索》,人民出版社,2002年版,第329页。
② 单中惠:《现代教育的探索》,人民出版社,2002年版,第389页。
③ 邱磊编:《杜威教育箴言》,华东师范大学出版社,2015年版,第103页。

多，并有动力进一步探索。当儿童"要满足一种冲动或兴趣，意味着通过自己的努力才能实现，而努力则会有克服困难，熟悉教材，运用创造力，耐心，坚持和机智的意义，它必然包含着训练——有条不紊地进行工作的能力——以及要有知识"①。所以儿童兴趣满足的过程就是儿童进行主动作业、积极学习的过程。这样儿童的学习成为儿童生活的一部分，它不是消极地接受或静听，而是积极地吸取经验。如此，"上学便是一件乐事，儿童管理不再是一种负担，而学习也比较容易了"②。

杜威认为，兴趣源自人的本能冲动，也是其赖以成长的基础。在他看来，儿童的"每一项兴趣都产生于某一本能或某一习惯，而习惯最后仍然以某一原始本能为基础的"③。基于人的本能特点，杜威归纳出相应的四种类型的"教育性兴趣"：一是活动的兴趣，尤其是身体活动的兴趣。杜威特别重视身体活动，强调互相结合地运用感觉器官——眼、耳等和运动器官——肌肉。他批评教育实践中"使学习脱离对天生的行动器官的运用而使学习变得既困难又繁重的情况"。认为活动的兴趣重在培养儿童对某种活动全神贯注和专心致志，不只是获得了身体方面的能力，同是也具有理智方面的意义。因为"只要身体的活动是必须学习的，它在性质上就不仅是身体的，而且是心理上的、智力上的"。二是发现的兴趣，包括使用工具活动的兴趣或建设性工作的兴趣。这是一种以理智为特点的，人为达到某一目的或实现某一结果而动用思维能力采取一定的手段或者有效的工具的兴趣。在杜威看来，人的身体上的众多器官，尤其是双手，可以将之看成一种利用思维和尝试的方式来习得其使用方法的工具，这时我们不妨将各种工具看成是身体各种器官的向外延伸。"对工具和用具（广义上的）的使用又比使用天然器官的技巧需要多得多的技巧——或者说它包含着对后者的日益复杂的运用——因而激发起新的发展方向。"④ 而只有智力得到了使用上的增加，发明和工具的应用才能实现。三是理智的兴趣。所谓理智的兴趣指的是对为达到目标或者产生结果的原因和方法的兴趣，体现的是人们的兴趣从具体的实践方面转变为抽象的理论方

---

① 约翰·杜威：《民主主义与教育》，王承绪译，人民教育出版社，2001年版，第211页。
② 赵祥麟等编译：《杜威教育名篇》，教育科学出版社，2006年版，第163页。
③ 赵祥麟等编译：《杜威教育名篇》，教育科学出版社，2006年版，第61页。
④ 约翰·杜威：《学校与社会·明日之学校》，赵祥麟等译，人民教育出版社，1994年版，第204页。

面。"当任何人对一个成为问题的问题发生兴趣、对探究和解决问题的知识发生兴趣时,兴趣就具有了理智特点。"① 四是社会的兴趣。它是对人的兴趣,乃是一种强烈与特殊的兴趣,表现为对社会活动与人际交往的兴趣,此外还包括道德兴趣。脱离了社会兴趣,学习的理智活动将无法进行。儿童会对那些能够直接或者在自己的想象中参与到周围人的生活、活动中去的经历感觉最具意义,甚至能让儿童从中获得报偿。儿童对某事物的关注程度,有时候不但取决于事物的兴趣,还会取决于跟这个事物相关的人与儿童之间的关系。

杜威认为,上述"这四方面的兴趣是天赋的资源,是未投入的资本,儿童的生动活泼的生长是依靠这些天赋资源的运用获得的"②。亦即这些兴趣就是人学习的心理基础和根本动力,教育教学必须充分利用这些本能倾向和兴趣,才能使学习变得更卓有成效,才能实现儿童的茁壮生长。而且,在四个兴趣中,制造或建造方面的兴趣是决定性的,居于主导地位。杜威认为,教育中真正的兴趣乃是通过行动,生长中的儿童的兴趣主要是活动。对于儿童来说,重要的和最初的知识就是做事或工作的能力,因此,他对"从做中学"就会产生一种真正的兴趣,并会用一切的力量和感情去从事使他自己感兴趣的活动。儿童真正需要的就是自己怎样去做,怎样去探究。也正缘于此,他强调要给学生一个真实的情境,即要让学生"从做中学"。因为无论从哲学、心理学还是生物学的角度来说,"做"是儿童的本性,以及真正的兴趣之所在。"完全的、有机的兴趣,只有当儿童将他全部的自我投入他的活动之中才能实现。他的活动之所以能吸引他,在于这个活动值得作为真正的工作去做"③。所有的学习都要涉及"做",只有通过"做"得来的知识才是"真知识"。

应当说,儿童的兴趣在很大程度上是与主动性相联系的。在杜威看来,儿童的学习愿望是很强烈的,儿童一到了什么地方,就要考究考究,发问发问,摸摸这样,摸摸那样。这表明,儿童学习的主动性是很强烈的。倘若课程教材本身充满内在的兴趣,就会有引人入胜的力量,引起儿童直接的、自

---

① 约翰·杜威:《学校与社会·明日之学校》,赵祥麟等译,人民教育出版社,1994年版,第207页。
② 单中惠:《西方现代儿童观发展初探》,《清华大学教育研究》,2003年第4期。
③ 丁永为:《世界著名教育思想家——杜威》,北京师范大学出版社,2012年版,第45页。

发的注意。兴趣是任何有目的的经验中各种事物的动力,具有真正的教育价值。教学中所安排的活动应该抓住儿童的自发兴趣和注意力,活动的内容应与儿童的生活经验紧密联系,是儿童真正喜爱的活动。杜威认为,儿童被置身于被动的、接受的或吸收的状态中,这是学校工作中大部分时间和精力浪费的最大原因。杜威反对无视儿童的自然冲动和兴趣,采用外部强制的手法,将现成的社会的和政治的观念灌输给儿童的做法,认为这样教育"便变成外来的压力。这样的教育固然可能产生一些表面的效果,但实在不能称它为教育"①。与此同时,他亦认为,仅仅是让学生活动,或者仅仅是给学生各种直接经验,"只在课程中加入游戏、竞赛、手工艺、劳动练习是不够的",不能就此表明这是一种好教育。实际上,更常出现的状况是,学生受到一个个具体活动的推动,面色潮红、神情激动,而其实质可能只是纯粹的消遣,或者在争相出风头、竞争老师的一点认可。这时,学生们受到的是与学习无关的浅薄兴趣的唆使。杜威强调,应当使儿童的活动"能够引起儿童注意于只同个人经验有联系的、间接的和理智的问题。……对于做木工或车间工作的直接兴趣,应逐渐转移为对几何与机械问题的兴趣;对烹饪的兴趣,应发展为对化学实验和关于身体发展的生理学和卫生学的兴趣。起初的随便作画,应当慢慢地转化为表现远景透视、运用画笔、配色等技术方面的兴趣"②。其实,在校内教学场景中进行的各种活动,不是要复制广大的社会生活,而是为了"引申出"那些"更正式的学习"。所有这些活动,都为学习原理做准备。如果仅有活动,而最终不引导学生掌握背后的原理,那这些活动的价值也就得不到辩护了。杜威还批判了当时学校教育中的"唯兴趣主义"倾向,反对那种通过"外来的兴趣——依靠给事物裹上糖衣从而使事物看起具有了的兴趣"的做法,认为此举乃是设法给教材罩上一件不相干的能够"吸引眼球"的外衣,是通过使课堂饶有趣味去贿买学生的注意。同样地,尽管"做"是儿童兴趣的重要来源,但"如果你放任这种兴趣,让儿童漫无目的地去做,那就没有生长,而生长不是出于偶然"③。他强调指出:"除非儿童理解他正在做的事情的目的,除非他认识到活动有某种动机或理由,否则不管外部的兴趣表

---

① 约翰·杜威:《学校与社会·明日之学校》,赵祥麟等译,人民教育出版社,1994年版,第4页。
② 邱磊编:《杜威教育箴言》,华东师范大学出版社,2015年版,第189页。
③ 约翰·杜威:《学校与社会·明日之学校》,赵祥麟等译,人民教育出版社,1994年版,第84页。

象被刺激得如何彻底,真正的兴趣和注意都还在别处……正常的兴趣需要这种包括理论和实践的技术,而这个技术是在积极的表现过程中被儿童掌握的。"①

三、以"民主"为准则

"民主"是杜威矢志不渝的信念,也是其教育哲学的出发点和归宿。杜威敏锐地意识到,"民主主义和教育的关系是一个极密切交互的关系,这是显而易见的。民主主义本身便是一个教育的原则,一个教育的方针和政策"②。在杜威的思想中,民主与教育有着天然的合一性。就"像科学发现所带来的变化,也必须在课堂中得到反映"一样,我们也应该意识到,"民主思想的发展,是如何要求教育上来一个变革的"。杜威认为,如果学校真正要对民主主义理想有所贡献的话,那么,它就必须使民主主义精神成为个人内在的智慧与性格的一部分。在杜威看来,教育之所以重要,就在于它担负着培养民主社会所需要的社会公民之重任。因此,"对民主与教育之间关系的认识和传播,或许是目前教育趋势中最有趣、最重要的一个方面"③。教育是为了民主的,学校应该成为民主社会的坚定卫士,民主主义应该是教育的一个基本原则。但是,"现在我们仍然有一个问题,也许是比以前更迫切、更困难的,就是如何使教育制度适应民主社会和民主生活方式的需要的问题"④。杜威感到,传统教育的致命弱点是漠视并戕害儿童的天性,依靠外部权威或其他不自然的措施去强迫儿童接受教育。这种无视儿童的自然生长要求的教育,被浸泡在外部的权威与命令之中,是不符合现代精神的。"传统的教育只能训练儿童恭敬、服从、小心从事,课业缺乏目的性"。这样"把一个所谓统一的一般的方法强加给每一个人,那么除了最杰出的人以外,所有的人都要成为碌碌庸才"⑤。而"现代生活意味着民主,民主意味着解放智慧,使它能独立地起作用,即解放心灵,使它作为个体发挥自己的作用"⑥。

---

① 丁永为:《世界著名教育思想家——杜威》,北京师范大学出版社,2012年版,第44页。
② 约翰·杜威:《人的问题》,傅统先等译,上海人民出版社,1965年版,第25页。
③ 单中惠:《现代教育的探索》,人民出版社,2002年版,第120页。
④ 单中惠:《现代教育的探索》,人民出版社,2002年版,第125页。
⑤ 邱磊编:《杜威教育箴言》,华东师范大学出版社,2015年版,第16页。
⑥ 涂诗万等:《解放智慧:杜威"教育即生活"的民主意蕴》,《当代教育与文化》,2015年第11期。

手脑结合与人的学习

杜威强调现代教育应当朝着民主化的方向发展,给予学生充分的民主。其中最重要的当属学习的民主,学习的民主意味着要给学生学习的自由。杜威认为,教育是为了民主的,同时教育也应该是民主的。民主具有一种精神上的意义,"它是我们所需要的,是我们所不能错过的。民主便是自由。如果真理乃是万事万物之基,那么自由便意味着给真正民主一个展示自我的机会,一个从深处涌现出来的机会。作为自由的民主,意味着松绑,意味着对约束的挣脱"[1]。在杜威看来,"儿童在学校中要受到全面的、能使其心理、性格和身体都得到最好发展的训练,那么在教室里自由是必不可少的"[2]。给予儿童更多的自由,才能更好地把他们个人的潜力解放出来,达到其可能达到的那个限界。并且,自由也是儿童道德发展的一种积极因素,只有给儿童更多的自由才能取得积极的道德效果。而且,自由意味着儿童能够创造主意,拿自己的主意支配自己的行为。如果儿童能自己发起主意,使之指导自己自由的行动、使用自己的能力,这就是真自由。由于任何事物都有它的道理,但这种道理并没有显现于事物表面,这就需要我们发挥聪明才智,深入挖掘隐藏在事物内部的本质,而要发挥聪明才智,自由便是关键。自由,就意味着抛开绳索,突破屏障,自由地创造,自由地想象。当一个人解除了束缚,便可以将他头脑深处掩盖着的才能充分发掘。而且,还可以发挥自己的才干,带动周围的人进行思考。在现实生活中,受教育者若能做到这一点,那么民主才真正成为教育的有力推动者,否则只会是教育的一种看似促进,实则拖累的束缚。

学习的民主是建立在学生主动性的基础上的。杜威认为,教育不是被动的行为,而是具有能动性与建设性的、主动的过程。由于语言对于获得知识起着重要的作用,所以人们通常认为知识可以直接从一个人传递给另一个人。杜威对此不以为然,"好像要把一个观念传递给另一个人的头脑,我们必须做的就是把声音传给他的耳朵。因而传授知识变得和纯粹物理过程相似"。在他看来,知识一旦通过传递的方式教给学生,就变成了信息。其实,"使用语言传递和获得观念,是事物通过在共同的经验或联合的行动中使用而获得意义

---

[1] 丁永为:《世界著名教育思想家——杜威》,北京师范大学出版社,2012年版,第52页。
[2] 单中惠:《现代教育的探索》,人民出版社,2002年版,第390页。

的原则的扩大和提纯；它决不违反这个原则"①。这就是说，人与人之间的影响并非直接发生，而是以自然环境为中介才能够生成的。成年人使少年儿童受教育的唯一方法，就是控制他们所处的环境。我们不应当违背儿童的意志而迫使他们做事，也不应当未经儿童许可而把外物强加给他们。杜威认为，"学与做相结合的教育将会取代传授他人学问的被动的教育"，而后者再怎么好，也不过是适应封建社会的，在那种社会里大多数人必须永远温顺地服从长官的权威，在这样的基础上建立起来的教育，"是与一个以创造和独立为原则的以及每一个公民都应当投身于共同利益的事务之中的民主社会不协调的"②。因此，真正的教育不是让学生坐在教室里学习教材上的知识，而是要把学习知识和儿童生活相联系，引导儿童在活动中获得知识的学习和生活的经验，即让儿童"从做中学"。民主的学习要求实现"从听中学"向"从做中学"的变革。因为儿童"自然的发展进程总是从包含着'从做中学'的那些情境开始"③。"从做中学"有利于创建一种新型的民主师生关系，"主要是气氛上的改变，师生之间的关系显得更亲切和民主化"。杜威强调，儿童在"从做中学"的过程中，必须排除因为外部强制或命令的活动、不能将活动的人引入未来更广阔的范围的活动，以及习惯性和机械性的活动。而且，由于不同年龄阶段的儿童，对做事和活动会有不同的要求，因而做事和从事活动就不可以一律化。这表明，杜威的"从做中学"是对传统教育中那种异化了的知识教育方式的根本反动，在其本质上，"从做中学"就是一种民主的教学模式，"从做中学"教学思想赖以生成的社会学基础就是民主主义。在"从做中学"的过程中，学习者的身心都得到了充分自由的发挥，这一过程不仅体现了行动的自由，同时亦彰显了思想的自由，因而它是杜威所极力推崇的"民主教学法"。

应当说，民主主义反映到教育领域就是要让大家积极主动去参与探索事物本身的本源，因而，学习的民主就是要学校为学生提供直接探究的条件。杜威认为，真正民主的学习过程乃是按照科学方法进行科学探究的过程，在这个过程中学习者的理智得到充分自由的发挥。而直接探究首先需要的是一

---

① 陈佑清：《教育活动论》，江苏教育出版社，2000年版，第82页。
② 邱磊编：《杜威教育箴言》，华东师范大学出版社，2015年版，第230页。
③ 单中惠：《现代教育的探索》，人民出版社，2002年版，第328页。

手脑结合与人的学习

手经验，它是通过积极参与、以一切身体器官为中介，通过使用工具和材料而得到的。而在传统教育中，基本上没有这样的智力活动。"正是因为二手的材料已经被大量提供，而这些材料是现成的，它便倾向于把智力活动削减到一个温顺的或被动的吸收与呈现的程度。简言之，去背诵，只是偶尔使用判断和积极的研究。正像常说的那样，获得取代了探究。可以毫不夸张地说，学校中鼓励的这种类型的智力活动是科学没有取得多大发展的时代的遗存。当时的教育主要关心的是学习保存和传递传统的知识。除非这个强调得以改变，为学生积极地找到他自己的问题，并想到解决问题的方法（甚至付出实验和错误的代价），否则学生的思想就不是真正自由的。"[1]

杜威指出，"为了创造一个民主社会，我们需要一种教育制度，在这种教育制度中，道德、智力发展的过程，在实践上和理论上乃是自由、独立的人从事探究的、合作的相互作用的过程"[2]。教育作为改造社会的最好途径，其最主要功能之一，就是用科学的方法培养年轻一代的思维方式与行为习惯。而现今社会不民主现象存在的原因，是科学方法没有成为人们处事和解决人类问题的手段。杜威强调，"把民主主义的发展和科学上的实验方法、生物科学上的进化论思想以及工业的改造联系起来，旨在指出这些发展所表明的教材和教学方法方面的变革"[3]。因此，儿童的献身于思想、言论和探究的自由是民主教育的重要内核。就学习过程而言，民主表现为按照围绕问题进行的科学探究活动。杜威认为，"在我们称为科学的自由的智力活动中，总有一个特定的问题，这个问题把努力集中起来，它控制着事实的收集，这些事实是关于这个问题的，通过观察进一步获得更多资料，运用记忆去提供相关的事实，发挥想象力，从而得到有效的建议，找到对困难的可能的解决方案"[4]。杜威把科学探究定义为对不确定情境的问题解决，而在这一过程中，无论是个体所进行的"独创性的科学研究"，抑或是共同体的合作、协商、探求，无不是建基于民主的扭转上的。事实上，也只有在民主的、平等的、自主的、自由的环境中，才能有真正意义上的科学探究。

---

[1] 丁永为:《世界著名教育思想家——杜威》,北京师范大学出版社,2012年版,第93页。
[2] 王承绪等:《西方现代教育论著选》,人民教育出版社,2001年版,第51页。
[3] 约翰·杜威:《民主主义与教育》,王承绪译,人民教育出版社,1990年版,第1页。
[4] 丁永为:《世界著名教育思想家——杜威》,北京师范大学出版社,2012年版,第93页。

第二节 着力于"做"

杜威反对传统的"静坐""静听"的教育,主张要摒弃那种"传授他人学问的被动的教育",而代之以"通过'做',促使学生思考,从而学得知识"的"从做中学"。"从做中学"作为杜威全部教学理论的基本原则,是杜威在探讨、阐释知与行关系的基础上提出来的。在杜威看来,"从做中学要比从听中学更是一种较好的方法"。这表明,在"行"与"知"的关系方面,杜威更加重视"行"。他特别强调学生的"做",他认为"所有的学习都是行动的副产品"。可以说,他的教育理论的基本原则就在于"所有真正的学习都来源于实践"。

一、以"生活"为中心

在批判地吸收前人思想的基础上,杜威作为一位率先对教育与生活二者关系做系统全面探讨的教育家,他特别重视"生活"之于教育的价值。他认为,"生活是首要的,学习是通过这种生活并与之联系起来进行的。当我们这样以儿童的生活为中心并组织儿童的生活时,我们就看到他首先不是一个静听着的人,而是完全相反"①。因此,"最好的学校教育应该是,让学生从生活中学习"。他强调,"儿童的社会生活是其一切训练或生长的集中或相互联系的基础。社会生活给予他一切努力和一切成就的无意识的统一性和背景"②。杜威痛斥传统学校教育同社会生活相隔离的弊端,认为"现在教育上许多方面的失败,是由于它忽视了把学校作为社会生活的一种形式这个基本原则"③。为了改变传统教育过分重视前人知识的传授、忽视让儿童参加社会实践的弊端,杜威在批判传统教育严重脱离社会和儿童情况的同时,基于其实用主义哲学和机能心理学提出了"教育即生活"的信条。"教育即生活"也是其终身坚持和践履的一个教育哲学信念。

杜威提出的"'教育即生活'有两个方面的基本含义,一是要求学校与社会生活结合,一是要求学校与儿童的生活结合"。这两个方面实际上是要求改

---

① 约翰·杜威:《学校与社会·明日之学校》,赵祥麟等译,人民教育出版社,2004年版,第43页。
② 丁永为:《世界著名教育思想家——杜威》,北京师范大学出版社,2012年版,第58页。
③ 约翰·杜威:《学校与社会·明日之学校》,赵祥麟等译,人民教育出版社,2004年版,第7页。

造不合时宜的学校教育，使学校生活成为社会生活与儿童生活的契合点，从而既合乎社会需要，亦合乎儿童需要。杜威认为，传统教育不仅误解了儿童的本质，同时也将儿童抽离了他的社会生活。传统教育的主要意图或目标是通过获得教材中有组织的知识和成熟的技能，为年轻一代承担未来责任和获得生活上的成功做好准备。这种教育把学校当作一个传授某些知识，学习某些课业或养成某些习惯的场所。这些东西的价值被认为多半要取决于遥远的未来。这迫使或诱使儿童服膺于学科知识之下，却不是让课程的内容反映儿童自身的需要。当然这一过程"并不能成为儿童的生活经验的一部分，因而并不真正具有教育的作用"①。而且，"这种脱离深思熟虑的行动的知识，是死的知识，……是智力进一步发展的巨大障碍"。它使儿童缺乏现实生活能力，变得"恭顺、服从、小心从事"，没有首创精神和责任感。杜威认为这种儿童完全不能把在校外获得的经验完整地、自由地在校内利用；同时，他在日常生活中又不能应用在学校学习的东西这种情况看作是传统学校的"最大浪费"。在杜威看来，现代社会发展的基本特点就是动变，未来通常变幻莫测。学校作为专门培养人的场所，仅仅强调知识是远远不够的，必须着重培养儿童适应现实生活的能力。而由于传统教育与社会生活割离，理论与实际分离的情况对儿童身心发展是极其有害的，也是与现代社会对教育的要求背道而驰的，因此必须彻底改革。

从实用主义经验哲学观出发，杜威认为，从人类经验的传递和延续来看，教育是社会继续存在的条件；从人类经验的交流来看，教育是社会共同生活的基础。"在最广泛的意义上，教育乃是社会生活延续的工具。"② 只有使教育与社会生活切实联系起来，教育才能发挥应有的作用。在他看来，儿童是带着健康的身体和有点不情愿的心理来到传统学校的，实际上他们并没有把身心两者一起带入学校，他不得不把他的心智弃置不用，因为他在学校里没办法运用它。当儿童走进课堂时，就得把他在家里及邻里间的各种主要的思想、兴趣和活动，从心里排除出去。在他看来，只有当儿童带着在校外获得的一切经验来到学校，学校又给他提供日常生活中应用的一些东西，学校与生活隔离的状态才能被打破，儿童才可能把整个身心带到学校来，进而带着圆满

---

① 王承绪等：《西方现代教育论著选》，人民教育出版社，2001年版，第9页。
② 赵祥麟等编译：《杜威教育名篇》，教育科学出版社，2006年版，第113页。

第三章 杜威的经验主义学习观

发展的心智和甚至更健康的身体离开学校,这才是我们所需要的学校。因此,杜威强调对教育精神的所有改革中最需要的改革,就是从现在的生活中表现出教育的意义,而不要把教育看作仅仅是对将来生活的准备。教育应当是生活的过程而非将来生活的准备,要求学校把教育与儿童眼前的生活融合为一体,教会儿童适应眼前的生活环境。

杜威把教育看作是"生活的过程",儿童的社会生活是他一切生长的基础。作为教育需要了解和同情儿童时代的真正本能和需要,并且探讨使这些本能和需要得以满足的条件。他认为,儿童的生活是建立在其先天的背景和倾向的基础上的。如果教育只是使儿童与已经建立起来的僵死的概念打交道,而牺牲其天生的背景和倾向,这无异于扼杀儿童的生活和生长。"不通过各种生活形式或不通过那些本身就值得生活的生活形式来实现的教育,对于真正的现实总是贫乏的代替物,结果便形成呆板,死气沉沉。"① 这种教育与生活脱节,只注重专门性、技术性的东西和书本知识,就不能使儿童成为美好生活的审慎的创造者和培养者。因此,理想的情况是,学习是生活的有机组成部分,学习生活化,只有生活化的学习才是真正的学习,才能成为儿童生长的过程。

杜威认为,"学校的第一任务是教儿童在他发现自己所在的这个世界里生活,理解他在这个世界上分担的责任,使他在适应社会方面有个良好的开端,只有当他把这些事情做得很成功,他才有时间或兴趣去从事纯属智力活动方面的修养"②。在杜威看来,尽管学校作为提供正式教育的机构,能够通过一种有意识、有目的的训练,使儿童获得社会生活经验,并养成有效地参加社会生活的能力,但是,这种正式教育也存在着与社会生活相脱节的风险。其原因就在于"忽略教育的社会需要及其与影响有意识的生活的一切人类团体的一致性,把教育等同于用语言符号传授遥远的知识,以为教育就是获得一些书本知识而已"③。他强调,学校教育必须与社会生活联系起来、与儿童现在的生活联系起来。同时,儿童一定要生活,但不应是那种强迫他们在各种不同条件下压制和阻碍他们生长的生活。因为唯一的真正的教育是通过对儿

---

① 单中惠:《现代教育的探索》,人民出版社,2002年版,第283页。
② 单中惠:《现代教育的探索》,人民出版社,2002年版,第283页。
③ 单中惠:《现代教育的探索》,人民出版社,2002年版,第283页。

手脑结合与人的学习

童能力的刺激得来的,而这种刺激是由儿童生活中的各种要求引起的。杜威还强调学校要把教育和学生目前的生活相结合,教会学生如何适应目前的生活环境。"学校必须呈现现在的生活——即对于儿童来说是真实而生气勃勃的生活。像他在家庭里,在邻里间,在运动场上所经历的生活那样"[1]。因此,教育者"要懂得经验或经验的情境的意义,想到日常生活中使人对活动感兴趣和从事活动的那些作业"。他认为,在真实的生活实践中,儿童不只是做些什么,而且也懂得他所做的事情的观念是什么,从开始便懂得和他的实践交织在一起并丰富了他的实践的一些知识的概念同时,每一个观念都会直接地或间接地找到在经验中的某些用处,并对生活产生某些影响。

按照杜威"教育即生活"的观点,恰当解决直接经验的学习和间接经验的学习的关系、沟通教育与生活的联系的唯一方法,就是尽量使学校具有社会生活的形式和气氛,把学校办成"一个小型的社会,一个雏形的社会"。他认为,生活是一种行动的方式,是通过对环境的行动的一个自我更新的过程。最好的教育就是"从生活中学习"。这样,我们会获得许多有意义的东西,因为一切生活一开始就具有科学的一面、艺术和文化的一面以及相互交往的一面,教育的最终目标只是为了促进社会的发展和进步。倘若教育结果与社会生活没有较好地结合,那么教育就失去了它本身应有的意义。在教学指导思想上,杜威基于人们最初的知识,最能永久令人不忘的知识是对关于"怎样做"的知识的认识,认为应循着这种获取知识的"自然途径",使学生"由做事而学习"。他要求给儿童一些事去做,而不是给他们一些东西去学,让儿童通过做事的活动进行思维,学习知识。他主张使"每个学校都成为一种雏形的社会生活,以反映大社会生活的各种类型的作业进行活动,并充满着艺术、历史和科学的精神"。在杜威看来,"'教孩子们生活'是'做中学'的另一种说法。实现'教孩子们生活'这一点,与其说是通过专门设计和各种器具来使课程更有活力和更具体,或者通过取消教科书以及师生间过去那种储水池和抽水机般的关系来达到的,不如说是通过给儿童一个充满了要做的有趣的事的环境来达到的"[2]。因而,杜威所倡导的"从做中学"亦即"从生活中学"。杜威认为,"从做中学"是弥补从家庭社会生活教育到专门学校教育所

---

① 王承绪等:《西方现代教育论著选》,人民教育出版社,2001年版,第8页。
② 单中惠:《现代教育的探索》,人民出版社,2002年版,第334页。

第三章 杜威的经验主义学习观

造成学校与社会隔离的有效学习实践。其条件就是"给儿童一个充满了要做的有趣的事的环境"。其教学指导思想要求学生亲自接触所要了解的具体对象，根据所获取的感性知识和具体情境，去思考解决问题的途径，最后达到亲自动手解决问题的目的。进而克服学校与生活隔离的缺点，使儿童在活动中学到有用的知识技能，主动发展自己。

杜威强调"教育即生活"，希望在使儿童学习前人知识和参与社会实践之间，即在直接经验的学习和间接经验的学习之间，找到一种"保持恰当平衡的方法"，以改变"把教育等同于传授有关遥远的东西的知识以及利用语言符号以传达知识，即等同于获得一些书本知识"的弊端。杜威认为，由于学校教育有专门的教材、专门的师资，它可以让儿童通过书本上的文字符号获取人类经验。但是人类经验总是与社会现实生活有一定距离，再加之经验自身既是主动的又是承受性的，它原本就是实际的东西而不是理论性的，所以，学校教育难免脱离实际，脱离社会现实生活。这是杜威极不愿意看到的现象，杜威认为这种学校教育教给学生的不是真知，当然学生也难以从中提高生活的能力。他强调儿童所受到的教育应该是通过生活本身得来的，教育与富有成效和本身有意义的生活的过程是一致的，那么，教育所能提出的唯一最终价值正是生活的过程。在他看来，直接地去接触自然、实际的事物和素材，它们手工操作的实际过程，以及关于它们的社会需要和用途的知识，对于教育目的极为重要。因为"这一切，都在不断地培养观察力、创造力、建设性的想像力、逻辑思维，以及通过直接接触实际而获得的那种现实感。"①

二、以"活动"为中介

杜威极为推崇意大利教育家蒙台梭利关于活动重要性的认识。蒙台梭利认为，"儿童对活动的需要几乎比对食物的需要更为强烈"，"对一个可能使出他全部精力的活动，他将感到一种本能的冲动，因为这正是自然使他的能力得以完善的道路"②。基于此，杜威认为，"教育并不是一件'告诉'和被告知的事情，而是一个主动的和建设性的过程，……实行这个原理，要求改变教学和管理方法，使学生能够直接地和连续不断地利用东西作业"③。这里的

---

① 赵祥麟等编译：《杜威教育名篇》，教育科学出版社，2006年版，第15页。
② 王承绪等：《西方现代教育论著选》，人民教育出版社，2001年版，第96页。
③ 约翰·杜威：《民主主义与教育》，王承绪译，人民教育出版社，1990年版，第42页。

手脑结合与人的学习

"作业"指的就是活动。在他看来,认识虽然是通过主体与客体之间的相互作用而建构的,但主体与客体并不是凭空产生作用的,而是要有一定的中介物,即活动。这就是说,认识乃是通过主体以活动为中介来作用于客体,经过持续不断有效建构的结果。因此,儿童作为其自身活动的存在,教育要以儿童的需要和本能为中心,经验是由做事而得来的,经验离不开活动。要"从做事里面求学问",知识经验须从实际观察、实验或活动作业的学习中求得。只有当儿童运用事物和感知来支配他的身体、协调他的活动,才能使儿童得到发展。如果让儿童到学校里,只静坐在教室里,手中拿一本书,那么书中的各种观念一定不能传达到他们的心灵,反而会导致他们神经紧张,使他们嫌恶学习,丧失创造力,甚至导致无次序的紊乱等恶果。

杜威所主张的儿童中心论,实际上就是说明要以儿童的活动为中心来进行的理论。杜威强调,"学校科目相互联系的真正中心,不是科学、不是文学,不是历史,不是地理,而是儿童本身的社会活动"[1]。在杜威看来,如果能使儿童从那些真正有教育意义和兴趣的活动中进行学习,是标志着对儿童一生有益的一个转折点。儿童的活动是儿童学习的最好工具,有了它就可以得到种种经验、种种知识。这种天然的活动非常宝贵,是一切教育的基础。"一切活动的首要根基在于儿童本能的冲动的态度和活动。"儿童的活动,是教育方法的基石,儿童的真正生活和生长全靠活动。杜威认为,儿童在身体和精神两方面都是迫切地要求活动的。儿童的个别活动如同身体发展和精神的发展必须同步前进一样,他的身体活动和心智的觉醒是相互依存的。在活动中,儿童不仅获得快乐而且还可以使技能、创造性、独立性和体力得到培养,身体、心理、智慧获得发展。因为只要身体在活动时,它在性质上就不仅是身体的,而且是心理上的、智力上的。杜威指出,儿童只有在活动中才能发展感知觉能力,同样在活动中产生了思想。不管是知识学习还是情感学习都要依赖于表现性活动。由于学生发展的中介是活动,教育本身不能直接对儿童发生影响,人的信仰、抱负、态度等素质不能像物质的东西那样可以在空间搬动、转运,成年人不可能利用传播或灌输的方式将这些素质教给年轻人。因此,不应过分依赖课堂、书本和教师。

杜威认为,教学法的第一要素是给学生一个真实的经验的情境,即一种

---

[1] 王承绪等:《西方现代教育论著选》,人民教育出版社,2001年版,第10页。

使学生真正感兴趣的活动。杜威在教学法上倡导"寓知于行",他认为"做事的能力可能是知识的最基本的意义",知识经验须从实际观察,实验或活动作业中求得。学习者学习任何事物,应使他亲自参与各种学习活动或作业、游戏,从中去学习。即在实际活动(经验)或作业中发现问题或困难,然后为解决这种问题或困难而进行反省,由此获得问题的解决,从而获得新知识、新经验。学生只有通过在实际活动中的做才能获得经验,有了经验,也就有了知识,学到了东西。例如,儿童在煮鸡蛋的过程中不仅学会了煮鸡蛋,而且懂得了其中的原理,认识了事实、材料和所包含的条件,从而实现了他自己的需要或兴趣,然后按照那种认识去调整他的行动。这一过程就是做的过程,是获得经验的过程,也是学习的过程。杜威强调,"心智不是一张自动地吸收和保存墨水的吸墨纸。更确切地说,儿童的心智是一个生动的有机体,它寻求自己的食品,依照当前条件的需要,有的加以选取,有的加以排斥;它所保留下来的,只是它吸收并转化为自己生命能量的那一部分"①。他主张让学生运用自己的手脑耳目等感觉器官亲自接触具体的事物,通过思考从感性认识上升到理性知识,最后亲自解决问题。这种方法不是简单地要求儿童学习书本知识,而是要求他们在行动中,在实验、练习等活动中,通过动手动脑的活动学习知识。杜威所倡导的有助于儿童经验生长的活动一般具有这样的特点:首先应当是基本的,即作为基本需要的那些东西,例如吃的、穿的、住的。这类现实性的活动有助于激发儿童的兴趣和努力。其次应当是简单的,例如,儿童能够重新发现、重新发明和重新建造的东西,或者现实环境所能提供的各种活动。这些易于开展的活动既引起儿童的兴趣,又在他的建造的能力范围之内。最后应当是社会性的。这些活动不仅是儿童在做的时候感兴趣的东西,而且它们象征社会的情况,并包括儿童能感知和理解的种种关系。

杜威对传统教育中割裂身体和心理活动相统一的做法深恶痛绝,认为它"所产生的不良后果罄竹难书"。在他看来,教育实践中有很多不切实际的想法都肇始于身心相分离的二元论。由于将"心智或意识,和活动的身体器官隔离开来,因此,前者被认为是纯粹理智的和认识的因素;后者则被认为是一个不相关的、起干扰作用的物质因素。……结果我们有了两个断片:一方

---

① 邱磊编:《杜威教育箴言》,华东师范大学出版社,2015年版,第182页。

面是单纯的身体活动,另一方面是靠'精神'活动直接领会的意义"[1]。杜威反对把感官和肌肉"不是作为获得有教育作用的经验的有机参与者而参与到整个学习过程,而是作为精神的外部入口和出口而处于学习过程之外"这种机械地使用身体的做法,而"任何把身体活动缩小到造成身心分离即身体和认识意义分离开来的方法,都是机械的方法"[2]。杜威反对死知识灌输的"经院"式教育,在这样的环境中儿童只是被动地接受一知半解和生吞活剥的东西,以致"学习"变成了令人厌烦的同义词,一堂课等于一次苦役。针对传统教学往往无视作为学习主人的"儿童"的特质,忽视儿童的身心发展特点,以及导致儿童身心、行知相脱离的特征,杜威强调活动在教育中的重要价值,要"把单纯的符号和形式的课程降低到次要的地位"。他主张通过外部的实际活动促进、检验内部的理智活动。因为活动至少就包括某种质和量的有形的做。他说,知识的增长不可能完全在头脑内部产生,为了学习和发现,我们必须动手做某些事情,我们必须改变头脑以外的物质环境,来验证我们的头脑预言将来发生的事是不是真的发生了。杜威强调儿童和社会的联系,认为在两者中有一个联接的共同要求——活动。在杜威看来,无论是从经验论考虑,还是从心理学考虑或从社会角度考虑,活动都是儿童认识世界的最主要途径。在他看来,"教育最根本的基础在于儿童活动能力……使儿童认识到他的社会遗产的唯一方法是使他去实践那些使文明成为其文明的主要典型的活动"[3]。

杜威对活动之于教育重要价值的重视,在很大程度上是与儿童的"做"相联系的。在他看来,活动与做似乎是同一个东西。儿童为了学习,必须动手做些事情。其实,他的"活动论""经验论"以及"儿童发展论"归结到教学,就是"从做中学"。应当说,"从做中学"直接来源于他的"本能论"。按杜威的解释,这种"做"乃是人的生物本能活动,这是人生而具备的"人性与行为"。而且,学生生来就有一个自然的愿望,要做事,要工作,对作业活动具有强烈的兴趣。学生身体上的许多器官,特别是双手,可以看作一种通过尝试和思维来学得其用法的工具。各种工具都可以看作身体器官的一种延

---

[1] 赵祥麟等编译:《杜威教育名篇》,教育科学出版社,2006年版,第141页。
[2] 约翰·杜威:《我的教育信条》,彭正梅译,上海人民出版社,2013年版,第109页。
[3] 赵祥麟等编译:《杜威教育名篇》,教育科学出版社,2006年版,第6页。

长。"从做中学"是一种带有普遍性的需要和学习方式。人通过不断地"做"，就可以不断地获得经验，不断地进行经验的改组，进而不断地得到发展。杜威认为，"一个物理学家或化学家，要知道一个什么东西，他决不会只在那里冥想'静观'。……他上前去试一试，加一点力量到那个物体上去，看它怎么反应，他把它放在特殊的条件下，看它起些什么变化"①。学习的过程亦是这样。在杜威看来："细心检查一下正规教育中永远成功的教学方法，无论是算术、阅读、地理、物理或外国语的教学，都将会表明这种教学方法所以有效，全靠它们返回到校外日常生活中引起学生思维的情境。它们给学生一些事情去做，不是给他们一些东西去学；而做事又是属于这样的性质，要求进行思维或者有意识地注意事物的联系，结果他们自然地学到了东西。"②"从做中学"的重要目的就在于增进认知。在他看来，儿童怎样获得知识，"这个问题为自然地学校教育方法提供了线索。这个答案就是，不是通过阅读书本或倾听关于火或事物性质的说明，而是自己烧一下或自己吃东西，那就是做些事情"③。杜威曾举例说，就像教人游泳只是反复练习游泳所需要的各种动作，而不到水里去游，这样，当人掉进水里时，其结果只能是沉下去了，亦即离开真正的做是不行的。因此，真正的学习就是事物与儿童的相遇，就是要让儿童通过做，通过充分主动的活动丰富其经验，进而通过真经验和获得促进其发展。基于此，他强调教学必须给学生一个真实的情境——一个使学生真正感兴趣的活动，亦即要让学生"从做中学"。否则，"离开了任何直接的社会需要和动机，离开了任何现存的社会情境，要培养对社会有益和有用的习惯，是不折不扣地在岸上通过做动作教儿童游泳"④。

杜威认为，从做中学不会产生死的知识，而只会带来经验的改造和经验意义的丰富与扩大。在杜威看来，要"改变教学和管理的方法，使学生能够直接地和连续不断地利用东西作业……使语言的运用更有生气，更有效果"⑤。杜威的"从做中学"是通过一系列的活动，具体地说，是以烹调、缝纫、手工等能"代表社会活动的类型和基本形态"的活动作为媒介，把儿童引入文

---

① 郑国玉：《民主思想家——杜威》，人民出版社，2011年版，第31页。
② 邱磊编：《杜威教育箴言》，华东师范大学出版社，2015年版，第192页。
③ 单中惠：《现代教育的探索》，人民出版社，2002年版，第339页。
④ 邱磊编：《杜威教育箴言》，华东师范大学出版社，2015年版，第192页。
⑤ 潘洪建等：《活动教学与方法》，甘肃教育出版社，2008年版，第53页。

学、历史、科学等正式的课程中。杜威把当时社会生活中广泛存在的以烹调、缝纫、手工等实践活动方式,称之为"主动作业"。杜威认为,"这类作业能生动地吸引住学生,并授予他们在任何其他方式里得不到的某些东西"①。因而,学校里的这些作业不应该是为了得到如厨工、缝纫工或木工那样的一般职业的单纯的实际手段或方法,而是作为科学地去理解自然的原料和过程的活动中心,作为引导儿童去认识人类历史发展的起点。因此,杜威所倡导的作业,必须同主要为训练一门手艺的工作区分开来。它不同于职业教育将全部着重点都放在手工和体力方面,而在这种情况下,工作只是变为常规或惯例,它的教育价值则消失了。像在手工训练上,仅以知道某些工具的使用或某些物品的生产作为目的,不是尽可能让儿童担负选择最适宜的材料和工具的需要智力的责任,给他机会做出自己的工作计划和模型,引导他发现自己的错误并寻求改正错误的方法。同时,这种活动并不只是单纯的手和眼的事情,重要的是手脑并用。杜威认为,"随着儿童的心智在能力和知识上的成长,这种作业不仅是一种愉快的东西,而且越来越成为理解事物的媒介、工具和手段"②。而且,在杜威看来,这种游戏和作业,完全和认识的第一阶段的特征相适应。这一阶段认知的特征就是学习怎样做事,熟悉所做的事情以及其制作方法。从心理学上看,作业的基本点在于它在经验的两个方面,即智力方面和实践方面之间维系平衡。作为一种作业,它是积极主动的,它通过眼睛和手等身体的器官表现出来。同时它也包含着对材料的不间断的观察、制订计划和反思,以便实践的东西得以成功地进行下去。应当说,这种主动作业并非指为使儿童坐在桌子边安静下来并且形成勤奋习惯而进行的背诵或简单推演的练习,而是指复演社会生活中某种工作或与此相关的活动方式,是一种能够在相当长时间内吸引儿童注意力并具有一定程序的活动、游戏和工作,它有助于促进儿童生长,并符合儿童的兴趣需要。需要强调的是,杜威所倡导的活动是有目的的活动,相应的学习亦是有效学习。"所谓有效的学习,就是知识的获得,是从事有目的的活动的结果,而不是应付学校功课的结果"③。这种学习是包含对儿童来说有疑难问题的活动,是他们需要通过自

---

① 赵祥麟等编译:《杜威教育名篇》,教育科学出版社,2006年版,第16页。
② 赵祥麟等编译:《杜威教育名篇》,教育科学出版社,2006年版,第21页。
③ 赵祥麟等编译:《杜威教育名篇》,教育科学出版社,2006年版,第164页。

第三章 杜威的经验主义学习观

我探究得出有意义的结论的活动。因而它"以自身为目的,以观念和体现观念的行动的不断相互作用而来的生长为目的,不是以外界功利为目的"①。

应当说,杜威强调"从做中学"既不是在机械的技能操作中学习,亦不是"以一种漫不经心的、混乱的和不相连贯的方式去从事"。其实,杜威在主张活动至少包括某种质和量的有形的做,认为为了学习,必须动手做些事情的同时,亦十分担心他的有形的"做"会不会蜕变为形式主义的训练,即变成抽象地、为活动而活动。为此,他在使用"活动"这一概念时,将其定义为为了适应某一目的的完成而采取的一系列变化。当然,主体所"采取的一系列变化"无疑是其积极思考的结果。这表明,在这个作为学生学习情境脉络的"做"中,杜威特别强调动脑,强调反省思维,强调主体在与外部相互作用基础上的反思。杜威认为,"做中学不等于把学生由死记知识纲要的环境转到自由活动的环境,而是把他们由乱碰的活动移入经过选择指导的环境"②,并非简单找一些事情让学生去做就行了。在杜威的理论中,知行合一、行思合一,是知识的源泉,也是道德的源泉、审美的源泉。因此,对于学习者来说,重要的绝不仅仅是行动,因为离开思考的行动是盲动,没有行动的思考是空想。在杜威看来,知行、行思必须打通。在杜威看来,活动在性质上不仅仅是身体上的,而且是心理上的、智力上的,是身心全面的生长。否则,"仅仅是去做,不管怎样生动,都是不够的"。此即是说,杜威所强调的主动作业不一定表示就是动手操作,学校里的这些作业不应该是一般职业的单纯的实际手段或方法,只有当一个活动继续深入经受结果,而行动所致的变化反过来反映在我们自身所发生的变化中时,这个变化才有意义,盲目冲动不会有收获。因而,活动必须包含主动的理智活动,没有包含主动的理智成分的单纯的身体活动不是教学上应提倡的活动。在他看来,"如果不承认想象和肌肉活动同样是人类活动的正常的组成部分",这样的"活动"的观点就会令人误解。他同时还强调,智力活动必须是主动的。杜威认为如果活动是墨守成规的,是"在权威的命令下进行,并且只以某种外部的结果为目的,那么这种活动将会是狭隘的和琐细的"。这种被动的、狭隘的活动当然不是教学中所要求的活动。在他看来,"只要以外部结果作为目标,而不是以取得结果过

---

① 赵祥麟等编译:《杜威教育名篇》,教育科学出版社,2006年版,第60页。
② 约翰·杜威:《民主主义与教育》,王承绪译,人民教育出版社,2001年版,第24页。

程中的智力和道德的状态和发展为目标，那么这种工作可以称作属于手工的，但称为作业不准确。当然，一切单纯的习惯、常规或惯例的趋势，是造成无意识的和机械性的结果。而作业的趋势，乃是把最大限度的意识贯注到所做的事情里边去"①。他认为，只要采用的活动内容和活动方式能够代表社会的情境，且有助于思维和理智的发展，在本质上都可看作是"主动作业"。主动作业要有助于形成一种正常而有效的思维习惯，其目的就是培养学生的思维能力。因此，要"从各种艺术、手工与作业中寻求理智的可能性，并据此重新组织现行的课程"。杜威反对把"活动"简单地"认定为外部的或身体方面的活动"，其实智力活动才是最重要的活动形式。

三、以"经验"为支点

杜威猛烈抨击传统教育所认为的儿童没有经验，只凭借文字符号就能领会事物之间关系的错误观点，认为"全部教育都离不开经验。教育是在经验中，由于经验，为着经验的一种发展过程"。他强调，"有一种永久不变的东西可以作为我们借鉴，即教育与个人经验之间的有机联系"②。一切学习都来自于个体的直接经验，没有经验就没有学习。因此，学习——受教育过程实际是使儿童不断取得个人的直接经验，即使经验不断改造或改组的过程。经验经过改造或改组，"既能增加经验的意义，又能提高后来经验进程的能力"。因此，"为了实现教育的目的，不论对学习者个人来说，还是对社会来说，教育都必须以经验为基础——这种经验往往是一些个人的实际的生活经验"。"一切真正的学习从经验中来，思维的开始阶段就是经验。"应当说，他的整个教育思想体系是以"经验"为核心建构起来的。他所大力倡导的"从做中学"所强调的其实也就是"从经验中学"。因而，"如果我们需要为杜威的教育哲学寻找一个悬挂的支点，那么这个支点就是'经验'"③。

按照杜威的理解，所谓经验系指有机体与环境、人与自然之间的交互作用。也就是说，有机体"按照自己的机体构造的繁简向着环境动作。结果，环境所产生的变化又反映到这个有机体和它的活动上去。这个生物经历和感受它自己的行动的结果。这个动作和感受（或经历）的密切关系就形成我们

---

① 赵祥麟等编译：《杜威教育名篇》，教育科学出版社，2006年版，第60页。
② 约翰·杜威：《我们怎样思维·经验与教育》，姜文闵译，人民教育出版社，2005年版，第253页。
③ 理查德·普林：《约翰·杜威》，吴建等译，黑龙江教育出版社，2016年版，第52页。

所谓经验"①。杜威把自然（宏观世界）归结为经验，并宣称经验就是和人所创造的环境的"交涉"，一切科学理论只是人们整理经验、适应环境的手段或工具。在他看来，经验是一种行为、行动，比如"经验……首先是与活动相联系的经历"，"经验首先是做的事情"。应当说，"经验"具有名词属性，指经验过程造成的结果，比如认知、知识、思维的结果等。更重要的是它还具有动词属性，指的是相互作用的、动态的经验过程，比如像实践、行动、做等。经验的内容与经验的方式与过程构成完整的经验。譬如说，他所强调的"一切学习都来自于经验"首先指的就是要通过行动的过程（即"做"）来学习，同时亦指在行动的结果（即已有的经验）中发展思维、获得新认知。而"当一个学生从做中学的时候，他精神上肉体上都在体验某种被证明对人类有重要意义的经验；他所经历的心理过程，与最早做那些事情的人所经历的心理过程完全相同"②。实际上，儿童的心智正是在这一过程中得以生长的。因为心智是在需要运用心智调控活动过程中的各种因素的实际活动中形成的。因此，教育中如要发展学生的心智，培养学生的思维能力，就不单纯是学一些文字和书本知识的问题，而要"给学生一些事情去做，而不是给他们一些东西去学；而做事又是属于这样的性质，要求进行思维或有意识地注意事物的联系，结果他们自然地学到了东西"③。

杜威把经验看作是意识与行为结果的统一。"经验"作为主体对客体的交互影响，它包含一个主动的因素、一个被动的因素，这两个因素以特有的形式结合着。在主动的方面，经验是尝试（或实验），在被动的方面，经验就是经受结果。这就是说，仅仅"被经验到的并不是经验，而是自然——石头，植物，动物，疾病，健康，温度，电力等等。以某些方式起着相互作用的事物，乃是经验"。亦即只有当主动尝试与被动承受结果结合在一起时才构成经验，单独一方均不能成为经验。譬如说，一个孩子仅仅将手伸进火焰，不能算是经验，而只有当他把这个行为和承受的疼痛联系起来时他才得到经验，即手指放进火中会被烧伤。因此，所谓"'从经验中学习'，就是在我们对事物有所作为和我们所享的快乐或所受的痛苦这一结果之间，建立前前后后的

---

① 郑国玉：《民主思想家——杜威》，人民出版社，2011年版，第31页。
② 邱磊编：《杜威教育箴言》，华东师范大学出版社，2015年版，第24页。
③ 赵祥麟等译：《杜威教育论著选》，华东师范大学出版社，1981年版，第31页。

联结。在这种情况下，行动就变成尝试，变成一次寻找世界真相的实验；而经受的结果就变成教训——发现事物之间的联结"①。经验的价值如何，完全决定于主动方面与被动方面的联系，而要实现这种联系，则决定于主动方面的行动，以及由于这种行动所引起的结果对主动方面反馈的程度。在这一过程中起关键作用的是实践，是对实践的结果是否有所认识及认识的深度如何。

杜威强调教育应该以经验为"支点"，因为"最有价值的资源是学习者的经验"。儿童从成年人那里学习知识固然重要，但是在儿童不理解的情况下接受知识，会有一定的弊端：一方面儿童不容易牢牢掌握知识，同时也会禁锢儿童的积极尝试和创新；另一方面即使儿童凭着其天赋异禀掌握了此类知识，也很难适用于生活中，并且不能保证每一个儿童每一种知识都可以好好掌握。这样下去，无异于扼杀儿童的学习能力。因此，"任何材料，如果不是从先前在儿童生活中占据重要地位的事情中引出，就会流于形式和无生命力"②。这就是说，用书本代替经验是有害的，对于儿童来说必须从经验中学习。杜威把学生的能力发展建立在获取直接经验的基础上，建立在学习者感官的基础上。杜威认为，"身体器官，特别是感官，反复和事物接触，这些接触的结果得到保存和巩固，最后获得预见和实践的能力。这就是'经验的'这个词的主要意义"③。他举例说，不同的医生给病人看病在理论知识上并没有多少差别，但在实践经验上却有很大差异，而且后者具有决定性的作用。他强调，"教学必须从学习者已有的经验开始"。在他看来，"如果我们采用与儿童获得最初经验尽可能相类似的方法来扩大儿童的经验，很显然，我们就可以大大提高我们的教学效果。我们都知道，儿童没有进学校以前所学的东西，没有一样不是与他们的生活有直接的联系的"④。个人的生活经验是教育学习的基础，如果没有个体的人生经验，任何教育都不可能顺利进行。没有个人亲自尝试去获得的那种真正有意义的经验也就没有学习。因此，"所有的教学方法都应建筑在对学习者有意义的、直接的、具体的经验之上"⑤。倘若在教学过程中所使用的教学材料，如教材把其知识同儿童的经验孤立起来，没有任何

---

① 赵祥麟等编译：《杜威教育名篇》，教育科学出版社，2006年版，第141页。
② 任长松：《探究式学习——学生知识的自主建构》，教育科学出版社，2005年版，第44页。
③ 邱磊编：《杜威教育箴言》，华东师范大学出版社，2015年版，第5页。
④ 约翰·杜威：《学校与社会·明日之学校》，赵祥麟等译，人民教育出版社，1994年版，第260页。
⑤ 赵祥麟等：《杜威教育论著选》，华东师范大学出版社，1981年版，第9页。

联系，相信人能通过直接的智慧力量占有知识，通过理性的力量来吸收知识，而无须经过经验的土壤，这样不仅会使儿童难以学会知识，即便是学会记住，在实际的生活情境中这些知识也是不能发挥效用的。这种脱离生活经验的学习，无论在进行过程中做得如何到位，也不会产生实际作用。因为，没有经验，没有自己的尝试和承受的结合，是不可能真正领会某个事物的。

杜威认为经验是以思维为核心的，经验必须有"思维"的要素。如果"没有某种思维的因素便不可能产生有意义的经验"。观念的传递必须经过经验才能进行。正因为如此，知识的学习是不应采取从外部进行强加的生硬的教学方法的。尽管在教育中，有些知识儿童是不可能通过直接经验获得的，但也必须运用一些方法把经验范围以外的事实和真理纳入到经验的范围之内，如此，儿童才可以真正掌握这些知识。尽管经验产生于活动之中，但单纯的外部活动不能构成经验，只有当外部活动连续深入到儿童经受的心理过程，并引起他们自身思想行为发生变化时，才能产生经验。思维是深化下去的经验，经验的意义便是思维。思维是经验的两个方面的联结带。它将所要做的事情和这个行为的结果联结起来，表明两者之间的关系，"思维就是有意识地努力去发现我们所做的事和所造成的结果之间的特定的联结，使两者连接起来"。杜威反复强调经验要有主体（人）的主动行为（"尝试"）和客体（物）反作用于主体（"经受"）的结果。但是单有这种行动和结果，还不能构成经验，还只能属于"单纯活动"阶段，一定要使行动和结果之间形成一种"特定的联结"，才能构成经验。思维能"识别"（反省）主体"所尝试的事和所发生的结果之间的关系"，亦即能"准确地审慎地把所做的事和它的结果联结起来"。应当说，行动与结果结合与否，结合得怎么样，能不能构成经验，构成什么样的经验，关键在于"思维"。这也表明，杜威的这种所谓主动和被动的，主体和客体的联结，原来只是主体思维的"特殊"产物，是审慎和准确"思维"的结果。否则，当我们只是去做或是简单地经历一些事情，在过程中缺少深入的思考，之后也没有加以反思，没有在我们的头脑中产生新的有价值的东西，也就谈不上产生经验。应当说，思维的参与程度，决定着经验的数量与质量。他所大力倡导的"从做中学"，既包含着通过行动或做来获得经验，又包含着思维发展、新认知获得的行动结果。亦即让儿童通过一系列的实践活动，扩充和丰富儿童的经验，进而让儿童在做的过程中，"认识既扩展

到自我，也扩展到世界；知识变成有用的东西和希望的对象"①。

杜威认为，传统的教学同儿童的经验之间没有共同因素，以致儿童的思维不能发挥作用，当然也不能获得有效的经验。在杜威看来，"思维"作为一种发现我们活动或行为与其结果关系的意识作用，它是一个"疑问"的过程、探究的过程，思维就是反思（反省）、探究或问题解决。如何进行反思或探究呢？杜威认为，"探究就是在不确定的情境中提出假设并开展实验性操作的事件"，并把探究或反省思维的过程划分为有疑问的情境、明确问题、提出假设、推理、行动检验五个阶段，即思维五步法。杜威认为，所有的反省思维始于不确定的问题情境，探究是有机体通过反省思维致力于改变不确定的问题情境以解决问题的行动，是基于有机体与环境的相互作用的一种探究和反思行动，即基于有机体个体经验的反思行动，也是个体解决具体问题的经验方法。从另一个角度讲，作为一种反思的探究行动，经验是有机体所具体的能动的、创造性的力量。没有反思的参加，就不可能产生有价值的经验。因此，经验也是一种探究与反思的行动，人只有在亲自参与了探究行动，并在探究中通过反省思维，实现问题解决，人的经验才具有了意义。个体知识的获得依靠个体亲自参与探究行动，并在探究行动中进行认知与思维或反省，经验便具有了其存在的意义。在杜威看来，经验本身是对儿童生命历程的一种探究行动，经验中的行动是探究的行动，否则，经验便失去了其存在的价值。探究源于一种"问题情境"。正如杜威所言，"一切反省的探究都是从一个问题的情境出发的，而且这种情境不能用它本身来解决它自己的问题。只有把这个情境本身所没有的材料引入这个情境之后，这个发生问题的情境才转化而成为一个解决了问题的情境"。当儿童面临某种实际的疑难情境时，他们通过反省性思维来分析、思考问题，提出可能的解决方案，运用理智对各种假设进行推敲，用行动进行实际检验。这种探究活动的最主要的收益不在于问题解决本身，而在于发现问题中所隐含的各种关系，以及对问题情境的某些侧面的更深的理解。

---

① 赵祥麟等编译：《杜威教育论著选》，华东师范大学出版社，1981年版，第333页。

第三节 着重于"思"

杜威在重视"从做中学"的同时,也十分担心有形的"做"会蜕变为形式主义的训练,即变成抽象地为做而做。他批评那些片面强调具体感觉经验的做法,认为只教授事情而没有思维,只有感官知觉而没有与之相关的判断,这是最不符合自然本性的。这表明,杜威所强调的"做"的更重要的意义在于唤起儿童的思维。因此,学校必须提供可以引起思维的经验的情境。这表明,杜威重视学生动手"做"的同时,更为重视的是动脑"做"。抑或说,"思"才是"做"的目的。

一、以"问题"为引领

为了发展学生的思维能力,杜威特别强调问题的作用。杜威认为,人类作为一个具有动力或冲动的生物和社会的有机体,不断经历着有问题的情境。人类要生存、要发展,就必须解决这些问题,这就要有解决问题的能力,这种解决问题的能力在很大程度上又决定于其思维能力。因为思维是从感觉问题所在开始的,思维需要确定疑难的所在,并从疑难中提出问题。问题引发思维,问题是思维的刺激物。因此,杜威强调,思维是探究、调查、熟思、探索和钻研,以求发现新事物或对已知事物有新理解,总之,思维就是疑问①。"因为困难,产生疑问,都有思考。"当这种思维过程成为一种习惯时,就会转移到广泛的情境中去,这正是思维得到发展的显著标志。而且,在杜威看来,"一个人在头脑中获得了反省注意的能力,获得了把握问题和疑难的能力,就智力上而言,他就是受过教育的人"②。应当说,杜威对儿童思维能力的培养是围绕"问题"而展开的,抑或说是以"问题"为引领的。

杜威从思维的功能"在于求得一个新情境,把困难解决,疑虑排除,问题解决,作为出发点",提出了"以解决问题为中心"的教学思想,亦即"问题教学法"。"所谓问题教学法,就是引导学生运用智慧去研究和探索,以解决问题的一种方法。问题教学法的价值在于,一方面可以避免传统教育灌输

---

① 邱磊编:《杜威教育箴言》,华东师范大学出版社,2015年版,第181页。
② 丁永为:《世界著名教育思想家——杜威》,北京师范大学出版社,2012年版,第83页。

教材的做法；另一方面，学生可以在解决问题的过程中获得真知。"① 他甚至强调要取缔其他一切形式和类型的教学活动，代之以学生能够通过独立地提出以及分析和解决问题的学习。杜威认为，"教学法的要素和思维的要素是相同的"。因为在某件事或活动正在进行的情境里面，在事件未完成的过程中，尚有疑问等解决时，才会有思想。这样，由"思维五步"也就顺理成章地衍生出"问题教学法"的五个阶段：第一，学生要有一个真实的情境即学生感兴趣的连续性活动；第二，从情境内部产生作为思维的刺激物的真实问题；第三，学生要掌握资料并进行必要的观察，从而解决真实问题；第四，学生须有序地、耐心地尝试所假设的种种解决方法；第五，通过应用来检验假设的观念，从而使这些观念清楚明了，并且判断它们是否有效。应当说，问题教学法的实施过程和思维五步一样，似一个环环相扣的完整链条，连贯有序地联系在一起。当然，上述五个阶段的顺序也并非固定不变的，教学过程中可根据具体情况做出适当的调整。

杜威重视学生问题意识的培养。他认为，问题意识的产生首先要有好奇心。强烈的好奇心会增强人们对外部信息的敏感性，对新发生的变化和新出现的情况做出及时的反应，发现问题的同时产生追根溯源的热情。缺乏好奇心，则会对外界的信息反应迟钝，对许多有价值、有意义的现象和事物置若罔闻；问题意识的产生还需要有质疑精神。杜威认为，"思维起源于某种疑惑、迷乱或怀疑"②。思源于疑，敢于质疑才有可能冲破传统思想的束缚和陈规陋习的影响，勇敢、大胆、无所畏惧地提出疑惑，进行反思与批判；问题意识的产生也有赖于实践。杜威认为问题意识、学习兴趣、探究与发现都蕴含于儿童的行动之中。由于人活着就要做事，做事就会遇到困难，遇到困难就要思考。这样问题也就产生了，在这一过程中我们的问题意识也就得到了培养。也正是基于此，他的"从做中学"在很大程度也就是从问题中学。

杜威重视培养学生提出问题的能力。杜威深感"儿童在校外时有那么多的问题"，而对学校课堂上的教材都缺乏好奇心。杜威认为这取决于学校"在多大程度上能给予学生一些能自行提出问题的经验"。因此，他特别推崇那些

---

① 约翰·杜威：《我们怎样思维·经验与教育》，姜文闵译，人民教育出版社，2005年版，第6页。
② 单中惠：《现代教育的探索》，人民出版社，2002年版，第343页。

"儿童忙着做事情，并且讨论做事过程中所发生的问题的地方"①。因为在一个疑难的情境中，人们就要思考疑难究竟在哪里以及疑难是什么，这样，反省思维就比较容易进行了。杜威认为，教学过程应该从学生有一个真实个体的问题情境开始。他反对那种由外部强加给学生的模拟的或虚幻的问题，主张代之以由学生个人通过做事获得经验，并能导致推论和检验推论的真问题。在他看来，就像思维产生于具体情境之中一样，问题总是基于各种"三岔路口的情境"的。儿童也只有通过"疑难的问题情境"或刺激才有可能发现并提出问题。为此，就要为学生提供更多的实际材料、更多的资料、更多的教具、更多做事情的机会。在他看来，凡是儿童忙着做事情，并且讨论做事过程中所发生问题的地方，即使教学的方式比较一般，儿童的问题也是自动提出的，他们提出的问题是多种多样的，是具有独创性的。而且，当儿童头脑里的问题是他自己提出时，这个问题就是他自己的问题，它变成疑难，需要他思考注意；它有着兴趣的光辉，引起他的集中注意。他无需刺激或鞭策，也无需记忆现成的答案。他主动地寻找和选择恰当的材料，用以回答这个问题，考虑材料的意义和关系和解决问题的方法。问题是他自己的问题，因此通过解决问题所得到的锻炼变成他自己的锻炼。因此，要"引导儿童将一个问题作为他自己的问题去认识"，而不是"几乎被完全要求去履行背诵现成材料的赤裸裸的责任"，这样儿童就会"自动地去注意以找到它们的答案"②。儿童通过解决问题所得到的锻炼也就变成了他自己的锻炼。

杜威强调培养学生的问题解决能力。杜威把"引导儿童将一个问题作为他自己的问题去认识，使他自动地去注意以找到它的答案"作为儿童的"根本的需要"。因为这一过程贯穿着儿童积极的思维活动。而"只有当他亲身考虑问题的种种条件，寻求解决问题的方法时，才算真正在思维"③。这是缘于"思维乃是在促使有问题的情境过渡到安全清晰情境时所采取的一系列的反应行为中的一种方式"④。在杜威看来，儿童思维的产生和发展既表现在提出问题的过程中，也贯穿于解决问题、处理现实困难的始终。思维是一个有意识

---

① 邱磊编：《杜威教育箴言》，华东师范大学出版社，2015年版，第19页。
② 丁永为：《世界著名教育思想家——杜威》，北京师范大学出版社，2012年版，第83页。
③ 约翰·杜威：《民主主义与教育》，王承绪译，人民教育出版社，2001年版，第170页。
④ 王玉梁：《追寻价值——重读杜威》，四川人民出版社，1997年版，第36页。

地探究行动和结果之间特定的连接的问题。没有这个过程，也就不可能获得有教育意义的经验。问题解决的过程联系着学生的兴趣，联系着儿童感兴趣的"做"的活动。杜威认为，人们对疑难越有明确的认识，也就越能得到更好的实际可行的解决观念。通过观察和其他心智活动以及搜集事实材料，提出解决疑难的各种假设，推断哪一种假设能解决疑难，以及如何用行动去验证假设的正确性。杜威认为，当儿童在这种"从做中学"的过程中"圆满地解决了那样一个问题时，他就增添了知识和力量。他试验了他所学到的知识，根据用这些知识在制造世界上有用的东西来了解它们意味着什么；他以一种发展他自己独立思考的方法做了一件有益的事情"[1]。

应当说，以"问题"为引领的学习既不是单纯地让儿童堆积呆板知识，也不是单纯地训练纯粹思维，而要让学生"从做中学"。杜威认为，如果我们要培养学生的思维，就不能单纯学习一些文字，不能采用死记硬背的教学方法，而是要为学生提供激发其思维的情境。任何思维过程的出发点都是正在经历中的事情，因此，教育者必须给学生一些事情去做，而不是给他们一些东西去学。杜威从不怀疑问题意识、学习兴趣、探究与发现都蕴含于行动之中。这是因为，当人们做事时，就会遇到"令人不安或困惑的情境"，从而事情被阻断，无法继续行动。这时，就必须要考虑"怎么做"，形成一些有关如何继续行动的"暗示"，这种暗示有可能只有一种，也有可能有多种。如果是后者的情况，则导致"含糊不定"的状态，有待进一步探究才能明确下一步的行动方向。此即是说，由于做事要求进行思维或者有意识地注意事物的联系，亦即做事是与要解决的问题相联系的。杜威反对教学中使儿童背诵和堆积知识的做法，强调突出儿童基本经验的主动学习与作业。儿童只有自己亲身去思考，去感受事物，去经历发现问题、解决问题的过程，才能算得上是获得自己的有意义的经验。应当说，杜威所倡导的这种"问题教学法"在很大程度上是与其大力倡导的"从做中学"相联系的。而且，"杜威的'做中学'这套做法被人简称为问题教学法"[2]。杜威的"从做中学"的思想，"主张让学生从经验中学习，通过解决问题来学习。学习者首先面临某种实际的疑难情境，他们通过反省性思维来分析、思考问题，提出可能的解决方案，运

---

[1] 单中惠：《现代教育的探索》，人民出版社，2002年版，第338页。
[2] 田慧生等：《活动教育引论》，教育科学出版社，2000年版，第31页。

用理智对各种假设进行推敲,用行动进行实际检验"①。

二、以"建构"为特征

杜威从批判传统教育的"从听中学"出发,通过对知与行、学与做关系的思考,提出了"从做中学"的主张,从而击中了传统学校教育中所存在的要害问题。杜威同时也强调,这个作为学生学习情境脉络的"做",并不是单纯的动手,更是要动脑。在他看来,"教育中的资源,包括深入教育者心、脑和手的任何确定的知识,都可以使今天的教育作用远较以前更文明、更合人道,也更具有教育意味"②。其实,在杜威那里,"从做中学"也就是在探究的基础上自主建构"具有教育意味的"知识。他特别强调,"教育并不是一件'告诉'和被告知的事情,而是一个主动的和建设性的过程",亦即是一个主动建构的过程。

杜威的建构学习观,是建立在其现代知识观的基础上的。他强调要在活动中通过领悟各种事实材料之间的联系,对经验进行重新组织,形成关于事物意义的新认识、新体验和新观点,由此在头脑中建构出个体化的知识。他认为那些"脱离深思熟虑的行动的知识是死的知识,是毁坏心智的沉重的负担"。他还强调如果学校里学生获得的知识和学生的经验之间是缺少有效联系的话,学生获得的知识就不是真知识。其实,杜威所说的真知识也就是个体知识中与自身经验相一致的那些知识。杜威的知识观同时也蕴含着其认知观,抑或说杜威的知识观与其认知观是不可分割的统一整体。杜威认为知识是属于做的事情,知识和人的探究活动密不可分,是探究和思考的结果,但首先是探究。杜威强调,"除非是活动的结果,别无真正的知识",从未被人们所认知或根本不可能认知的事物,它永远是那样,对人们来说,它似乎是不存在的。应当说,杜威在哲学上奉行的是知行关系的学说,诚如他所言,"在我的哲学背后,存在着一个思想,这就是颇为抽象的知行关系学说"③。在他看来,知和行是密切相关,相互促进的,知识就是求知,知识本质上就是一个个体参与的过程,个人的兴趣、情感、态度和已有的经验等都不可避免地要对知识和经验的形成产生影响。在这个过程中,由于个人的经验和目的不同,

---

① 张建伟等:《建构性学习——学习科学的整合性探索》,上海教育出版社,2005年版,第104页。
② 邱磊编:《杜威教育箴言》,华东师范大学出版社,2015年版,第115页。
③ 但武刚:《活动教育的理论与方法》,华中师范大学出版社,2005年版,第84页。

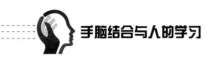

所体验到的知识的意义也就不同。

在杜威的思想中，知识这一概念与经验在内含上有着内在的同一性。其实，在杜威的知识视野里，知识、经验与活动是一个连续的统一体。这亦表明，知识和活动是密不可分的，知识的建构是通过"行动"达成的。在杜威看来，思维来自动作，知识来自活动，活动过程是儿童知识主动建构的过程，也是各种经验的建构过程。因为所谓知识就是去认识知识，去探究知识，去解决问题，通过反思性思维获得对事物的暂时的一致性理解。知识总是与探究、行动和反思联系在一起的，学生不是知识的旁观者，而是有效知识的参与者、改造者和创造者。行动是主体的基本属性，知识的价值不仅在于引起有益的行动，而且获得知识必须通过人的行动，所以"求知即行动"，行动是学生建构知识的源泉。正是主体的行动，学习者自己积极主动的行动，才提供了知识经验建构的基础，实现着主体知识的建构。因此，杜威反对进行纯粹的内部智力活动，主张经过外部的实际活动促进、检验内部的理智活动，强调活动至少应包括某种质和量的有形的做。知识的增长不可能完全在头脑内部产生，为了学习和发现，我们必须动手做某些事情。我们必须改变头脑以外的物质环境，来验证我们的头脑预言将来发生的事是不是真的发生了。否则，倘若有机体徒然站着，一事不做，也就没有真正的学习可言。

杜威从其建构学习观出发，将"从做中学"视为学生知识的最为有效的途径。他认为，"人们最初的知识，最根深蒂固地保持的知识，是关于怎样做的知识。……应该认识到，自然发展进程总是从包含着从做中学的那些情境开始"，"经验形成首先是'做'的事情"①。当然，"做"是离不开工具的，而"身体上的许多器官，特别是双手，可以看作一种通过尝试和思维来学得其用法的工具。各种工具不妨看作身体器官的一种延长。不过工具的不断增长，开辟了一条新的发展路线，它的结果是那么重要，因而值得给予特别的重视"②。与学科知识相比，杜威始终把行动置于优先地位。因为，"行动对于知识来说是第一位的，在利用环境以求适应的过程中所起的有机体与环境之间的相互作用是首要的事实、基本的范畴，知识反落于从属的地位"。他主张要"把单纯的符号和形式的课程降低到次要的地位"，进而代之以"反映大社会

---

① 赵祥麟等编译：《杜威教育名篇》，教育科学出版社，2006年版，第154页。
② 单中惠：《现代教育的探索》，人民出版社，2002年版，第330页。

第三章　杜威的经验主义学习观

生活的各种类型的作业进行活动，并充满着艺术、历史和科学的精神"。为把自己主张的教学落到实处，杜威反对传统那种让学生坐在排列整齐的课桌旁"静听""单纯地学习书本上的课文"而没有活动的授课形式，他要求在课堂中为儿童准备具有充分活动的地方和适合儿童活动所需的各种材料和工具，要在学校里设实验室、工厂、园地等，让儿童在制作的活动中学习。也就是说，让儿童从"做"中学，在"做"中思维，通过思维提出和解决问题，在"做"中验证所获经验的有效性。

正是因为"做"之于自主建构的重要性，杜威对学生的主动作业给予了特别的垂青。主动作业作为"从做中学"的主要方式，杜威认为，不应将主动作业看作是训练学生获得技能的手段，而应将之视为学生活动的中心和认识的起点。"学校里的这些作业不应该是一般职业的单纯的实际手段或方法，……而是作为科学地去理解自然的原料和过程的活动中心，作为引导儿童去认识人类历史发展的起点。"① 这种作业给儿童提供了真正的动机和直接的经验，"随着儿童的心智在能力和知识上的成长，这种作业不仅是一种愉快的东西，而且越来越成为理解事物的媒介、工具和手段，因而相应地改变了它的作用"②。需要指出的是，现实中，像木工、金工、纺织、缝纫、烹调等手工艺活动这种作业往往被一些人片面地理解为制作有关物品的动手活动，而没有认识到这同时也是一个动脑的思想加工活动。其实，杜威强调的"主动作业"，并不仅仅是让学生通过动手活动制作某种有形的产品（物质性人造物品），更重要的是要生成和改进发展思想这种观念性的人造物品，杜威强调，"要在经验的理智方面和实践方面之间保持平衡。既然是作业，那它就是主动的或说是运动的，通过身上的器官如眼、手等表现出来。但他也包含着对材料的不断观察，不断地筹划和思考，以便使那有关实践或执行的方面得以有效地进行下去"③。这表明，杜威所倡导的主动作业并没有停留于外在的动作方面，而是强调要深入内在的思维方面。亦即要在儿童的感觉、运动与思维之间维系平衡。而一旦离开了这种平衡，感官训练就会成为纯粹的体操训练，易于沦为获得几乎无异于观察中窍门和戏法的东西，或者沦为对感觉器官的

---

① 赵祥麟等编译：《杜威教育名篇》，教育科学出版社，2006年版，第19页。
② 赵祥麟等编译：《杜威教育名篇》，教育科学出版社，2006年版，第21页。
③ 赵祥麟等编译：《杜威教育名篇》，教育科学出版社，2006年版，第60页。

单纯刺激。而这是杜威所极不愿意看到的。

按照杜威对自主建构的理解,建构是一个行动与思维相统一的过程,建构的最终效果还是由思维的成果来体现的。我们知道,思维乃是有意识地尽力去发现我们所做的事和所造成的结果之间的特定的联结,使两者连接起来。"只有亲身考虑问题的种种条件,寻求解决问题的方法,才算真正的思维。"此即是说,思维总是产生于对付某种困难的需要,源于思考克服困难的最好办法。杜威认为人类实际上处在一个充满问题的世界。人在不安定的世界能延续下来不是靠所谓的"真理",而是靠不断改造的经验,或者从根本上说是凭借经验中所具有的反省思维即探究能力。通过探究,经验之初所遇到的困难便被排除,从而使某种纷乱的情境转化为清晰、连贯、确定和和谐的情境。也正是基于此,杜威提出了"从做中学"的思想,主张让学生从经验中学习,通过解决问题来学习。学习者首先面临某种实际的疑难情境,他们通过反省性思维来分析、思考问题,提出可能的解决方案,运用理智对各种假设进行推敲,用行动进行实际检验。这种探索活动的最主要的收益不在于问题解决本身,而在于发现问题中所隐含的各种关系以及对问题情境的某些侧面的更深的理解,进而实现经验与知识的建构。因此,杜威所推崇"从做中学"的教学方法,也常被人称作是问题教学法,它在本质上是一种经验的方法、思维的方法、探究的方法。"从做中学"的"做"实际上就是探究,"从做中学"就是在探究的基础上自主建构知识。

三、以"思维"为核心

杜威认为:"就学生的心智而论(某些特别的肌肉能力除外),学校所能做或需要做的一切,就是培养学生思维的能力,对于这一点,也还没有足够的理论上的认识。"[①] "教育在理智方面的任务是形成清醒的、细心的、透彻的思维习惯。"此即是说,学校的教学活动应该是唤起儿童的思维,培养他们的思维能力。因此,他强调,坚持不懈地改进教与学的方法的唯一直接途径就是,把注意力集中在严格要求思维、促进思维和检验思维的各种条件上面。质言之,"学习即学会思维"。杜威把思维能力的发展看作教学的首要的、根本的任务。他批评传统教育中过分重视传授前人知识的教学,认为这种堆积

---

① 单中惠:《现代教育的探索》,人民出版社,2002年版,第345页。

第三章 杜威的经验主义学习观

在儿童脑中的知识是"静止的""冷藏式的"死知识,而且"是智力进一步发展的巨大障碍",它会"败坏思维的能力"。由于传统教育"把这些教学方法看作是一些技术手段,认为使用这些手段就能把数学、地理、文法、物理、生物或者不论什么学科中的材料加以细心地复制,把它们的相似的性质输入到学生的头脑里边。认为儿童心智的自然的作用是无关紧要的,甚至完全妨碍儿童获得逻辑的能力"①。由于"知识常被视为目的本身。于是,学生的目标就是堆积知识,需要时炫耀一番。这种静止的、冷藏库式的知识理想有碍教育的发展。这种理想不仅放过思维的机会不加利用,而且扼杀思维的能力"②。这样,"学生学习一些符号,但没有掌握了解他们意义的钥匙。他们获得专门的知识,而没有追溯它和他所熟悉的事物和操作的联想的能力,他往往只是获得一些个别的词汇"③。由于这种以传授知识为目的的教学方式脱离生活、不适合儿童的需要,结果儿童虽能背诵它以应付提问、考试和升学,但却不能真正掌握它,这就未免舍本逐末了。因此,"需要找出稳定的和集中的因素,即我们称之为科学的思维态度和思维习惯,并将其付诸实施"④。

杜威认识到,尽管"在理论上,没有人怀疑学校中培养学生优良思维习惯的重要性。但是事实上,这个看法在实践上不如在理论上那么为人们所承认"⑤。表现在传统教育中,就是重在记忆力,不重思想力,所以教授的方法全用灌输的手段,好比老鸟哺雏一样。"这种不调动儿童内在动力而填鸭般的灌输知识,无异于强迫没有眼目的盲人去观看万物,无异于将不思饮水的马匹牵到河边强迫它饮水。这种忽视天性和压迫天性的教育显然是愚蠢的。"⑥在杜威看来,能否"引起思维"是传统教学方法与现代教学方法的根本区别。而只有靠思维而不是凭记忆获得的知识才具有逻辑的使用价值。这也是导致尽管有的人书本知识不多,但他们时常能够有效地运用他们所具有的那些知识,而另外一些人尽管博学多识,却时常陷入大堆知识中而不能自拔的原因。由于传统的教学把学生的心智看作"一张自动吸收和保存墨水的吸墨纸"。在

---

① 约翰·杜威:《我们怎样思维·经验与教育》,姜文闵译,人民教育出版社,2005年版,第73页。
② 郅庭瑾:《教会学生思维》,教育科学出版社,2001年版,第126页。
③ 潘洪建等:《活动教学与方法》,甘肃教育出版社,2008年版,第53页。
④ 单中惠:《现代教育的探索》,人民出版社,2002年版,第342页。
⑤ 单中惠:《现代教育的探索》,人民出版社,2002年版,第345页。
⑥ 约翰·杜威:《民主主义与教育》,王承绪译,人民教育出版社,2001年版,第58页。

手脑结合与人的学习

他看来，我们的教学若真的指望发展学生的思维，就必须改变传统的学生的脑子习惯了只是在别人走过的路上活动的做法，因为这种"纯粹的模仿、采用指定的步骤、机械式的练习，均可能最快地取得效果，然而，对反省思维能力的增强，却可能铸成不可挽回的错误。学生们被命令去做这种或那种具体的事情却不知道任何道理，只是为了谋求以最快的速度达到所要求的结果"[①]。这种"被动性不仅表示缺少判断和理解，也表示好奇心的减弱，导致思想混乱，使学习成为一桩苦差事而索然无味。在大多数情况下，甚至头脑中积蓄的事实和原则等材料，一旦需要时，也不能加以利用"[②]。这样，让学生脑子里装满了各色各样从来不用的材料，当他们想要思考时，必然受到阻碍，这样势必扼杀思维的能力。而要培养思维能力，就该在行为上来一个转折，就必须摒弃过去那些有碍发展思维能力的不合时宜的做法，真正成为为了思维的教学。

杜威认为，学校教育中永远成功的教学方法，全靠返回到校外日常生活中引起学生思维的情境。而在传统学校里，"思维训练失败的最大原因，也就在于不能保证像在校外实际生活那样，有可以引起思维的经验的情境"。他认为，思维就是明智的学习方法，是教学过程中明智的经验的方法。思维不会凭空的，无缘无故的产生，它是学生在实际的情境中直接经验的结果。"思维是在事物还不确定或者可疑，或者有问题时发生的"。问题引发思维，而问题的产生又有赖于具体的问题情境，这种问题情境通常是实际的情境，亦即"做"的情境。"如果思维不同实际的情境发生关系……那么，我们将永远不会搞发明、作计划"。其实，杜威所大力倡导的"从做中学"旨在强调给学生提供一种实际的情境，进而激发学生的思维。因而，"从做中学"既包含着通过行动或做来获得经验，又包含着思维发展、新认知获得的行动结果。"从做中学"的学习方法从某种意义上可以说是一种思维的方法。这是由于"教学法的要素和思维的要素是相同的"。杜威之所以强调"做"，除了因为"做"是获得经验的有效渠道之外，更在于杜威看到了"做"与儿童的思维之间有着密切的联系。因为心智是在需要运用心智调控活动过程中的各种因素的实际活动中形成的，"心智和运用或有目的地从事有事物加入的行动过程，两者

---

① 郅庭瑾：《教会学生思维》，教育科学出版社，2001年版，第181页。
② 邱磊编：《杜威教育箴言》，华东师范大学出版社，2015年版，第182页。

第三章 杜威的经验主义学习观

是完全一致的。所以，发展和训练心智，就是要提供一个能引起活动的环境"①。此即是说，教养学生的思维，并不单纯是学一些文字和书本知识的问题，而是要想到"日常生活中使人对活动感兴趣和从事活动的作业"，因为这些"作业"（活动）能产生思维的情境，"它们给学生一些事情去做，不是给他们一些东西去学；而做事又是属于这样的性质，要求思维或者有意识地注意事物的联系，结果他们自然学到了东西"②。

杜威批评那些片面强调具体感觉经验的做法，认为只教授事情而没有思维，只有感官知觉而没有与之相关的判断，这是最不符合自然本性的。在他看来，始于近代的直观教学法和实物教学法是以感觉主义的经验论为理论基础的，尽管感觉主义是对抗基于传统和权威的各种陈腐见解的锐利武器，但同时也应看到，"这个理论不仅使教学向机械孤立的方向发展（用处就像任何身体器官的操练，但只有这种用处），把教学降为感觉器官的体操，而且忽视思维"③。在他看来，采用实物教学和感觉训练，虽然比以前的语言符号教学方法有了明显的进步，但这"仅仅走过了教学过程一半的事实。实际上，只有当儿童运用事物和感知来支配他的身体、协调他的活动时，才能使儿童得到发展"④。他强调，在学习过程中，"个人必须从具体的符号进展到抽象的符号，即只有通过概念思维才能理解其意义的符号，学习开始时，过度地专注于感觉和实物会阻碍这种发展"⑤。杜威主张，要"从各种艺术、手工与作业中寻求理智的可能性，并据此重新组织现行的课程"，学校应让儿童在手工训练、工场作业以及家庭技艺等实际活动中，通过积极主动的手脑并用的"探索—验证"性活动，掌握应获得的知识、技能和技巧，并形成社会上所需要的态度和习惯，从而为进一步理解自然和社会、掌握系统的科学知识打下基础。这是儿童改造旧经验、获取新经验促进其生长的最好途径，只有如此，获得的经验才最有意义。他强调学校教育应该顺应儿童的身心发展规律，传授与儿童已有的生活经验相联系的知识，并引起儿童的兴趣，从心理学的角度讲，这种知识不是外界强加给儿童的，而是儿童主动获取的，并且教育要顺应儿

---

① 约翰·杜威：《学校与社会·明日之学校》，赵祥麟等译，人民教育出版社，1994年版，第147页。
② 约翰·杜威：《民主主义与教育》，王承绪译，人民教育出版社，1990年版，第164页。
③ 邱磊编：《杜威教育箴言》，华东师范大学出版社，2015年版，第28页。
④ 邱磊编：《杜威教育箴言》，华东师范大学出版社，2015年版，第100页。
⑤ 吴式颖等：《外国教育思想通史》第九卷（上），湖南教育出版社，2002年版，第314页。

手脑结合与人的学习

童自身的成长和发展规律,这样在"学"的过程中,才能达到事半功倍的效果。

杜威认为,"思维就是参照已经发现的论题材料的意义,去整理论题材料。离开材料的整理,思维就无法存在,这就如同消化不能离开对食物的吸收一样"①。而这种"论题材料"其实就是"疑惑"或"问题"。由于思维的功能就在于将经验到的模糊、疑难、矛盾和某种纷乱的情境转化为清晰、连贯、确定与和谐的情境,思维便是在所做的事和它的结果之间正确地审慎地建立联结。他还形象地指出,"思维起始于可称之为模棱两可的交叉路口的状态,它于进退两难中任选其中之一"②。而"只有当他亲身考虑问题的种种条件,寻求解决问题的方法时,才算真正在思考"③。因此,思维就是"寻求解决困难的最好方法"。他认为,"既然思考发生的情境是一个可疑的情境,那么,思考就是一个探究、观察和研究的过程"。探究就是探寻和寻求未知的东西。而"一切思考都是研究,对研究者本人而言,所有的研究都是独创性的研究,尽是他所寻求的东西,在除他之外的整个世界都早已知晓了"④。杜威所特别重视的反思思维,同样也是建立在疑惑与探究的基础上的。"在整个反思性思维的过程中,居于持续的和主导地位的因素是解决疑惑的需要。"只有人们心甘情愿地忍受疑难的困惑,不辞劳苦地进行探究,他才可能有反思思维。应当说,反思并不仅仅是对行为或活动的"回忆"或"回顾",更重要的是要找到其中的"问题"及"答案"。即通过反思,不仅总结经验与教训、问题与不足,而且还深究问题产生的原因及探寻问题解决的有效方法与策略。

需要指出的是,知识之于思维同样是不可或缺的。正如杜威所指出的,"思维不能在真空中进行;暗示和推论只能在头脑里发生,而头脑里必须具有知识,把知识作为暗示和推论的材料"⑤。事实上,没有一个人能把一个收藏丰富的博物馆带在身边,利用收藏的东西帮助思考。而教学的艺术就在于,一个经过良好训练的大脑,有极其丰富的资料做它的后盾,同时习惯于追忆以往的种种经验,看它能产生什么结果。当然,尽管文字记忆力在所指定的课

---

① 邱磊编:《杜威教育箴言》,华东师范大学出版社,2015年版,第189页。
② 郅庭瑾:《教会学生思维》,教育科学出版社,2001年版,第271页。
③ 约翰·杜威:《我的教育信条》,彭正梅译,上海人民出版社,2013年版,第123页。
④ 约翰·杜威:《我的教育信条》,彭正梅译,上海人民出版社,2013年版,第113页。
⑤ 约翰·杜威:《我们怎样思维·经验与教育》,姜文闵译,人民教育出版社,2005年版,第61页。

第三章 杜威的经验主义学习观

业中能得到训练,推理力也能在数理课里得到一定的训练。但是,这同必须去做些事情、有实际的动机在推动并预见到实际的效果,从而获得注意力和判断力的那种训练相比较,毕竟总是有点间接的、空洞的。杜威强调,那些"脱离深思熟虑的行动的知识是死的知识,是毁坏心智的沉重的负担"[①]。而"只有在思维过程中获得的知识,而不是偶然得到的知识,才能具有逻辑的使用价值。……而一些博学多识的人,却时常陷入在大堆知识中而不能自拔,这是因为他们的知识是靠记忆得来的,而不是靠思维的作用得来的"[②]。尽管一切思维的结果归结为知识,但知识的价值还是服从它在思维中的应用。因此,杜威反对"学校中过分重视学生积累和获得知识资料,以使在背诵和考试时照搬",以及"知识常被视为目的本身,于是,学生的目标就是堆积知识,需要时炫耀一番"。杜威强调,"尤其要反对的是,别的人,书本或教师,很可能提供学生一些现成的答案,而不是给他材料,让他自己去加以整理,解决手头的问题"。或许,就学习而言,"纯粹的模仿、采用指定的步骤、机械式的练习,均可能最快地取得效果,然而,对反省思维能力的增强,却可能铸成不可挽回的错误"[③]。

[①] 约翰·杜威:《民主主义与教育》,王承绪译,人民教育出版社,1990年版,第162页。
[②] 邱磊编:《杜威教育箴言》,华东师范大学出版社,2015年版,第182页。
[③] 郅庭瑾:《教会学生思维》,教育科学出版社,2001年版,第181页。

第四章

皮亚杰的建构学习观

皮亚杰基于认识论和生物学的视角建立了发生认识论原理。该理论系由"相互作用论"与"建构论"这两个相互联系的部分所构成。皮亚杰认为,知识不是外界客体的简单摹本,也不是主体内部预先形成的结构的展开,而是由主体与外部世界不断相互作用而逐步建构的结果;认识是一种主动积极和不断的建构活动,发展不是由内部成熟或外部教学支配的,而是一个积极的建构过程,儿童要通过自己的活动,建构他的智力的基本概念和思维形式,形成自己的认知结构。由此形成了他的建构学习观并对当代学习理论的发展起到了革故鼎新的重要作用。

第一节 强调建构学习

作为当代建构主义的主要奠基者,皮亚杰认为,对事物的理解不是简单由事物本身决定的,主体以原有的知识经验为基础来建构自己对现实世界的解释和理解。因此,"任何认知都是一种新建构",学习是一个积极的意义建构过程。皮亚杰的建构学习观强调在创设情境及互动合作基础上的主动建构。

一、重视情境作用

皮亚杰认为,儿童的知识不是由阅读或口授得来的,知识需要在一定的情境下,借助他人的帮助,如人与人之间的协作、交流、利用必要的信息等等,通过意义的建构而获得。皮亚杰通过对儿童认知发展的研究,认为教学必须创设一种良好的学习环境,要致力于为学生提供有利于意义建构的情境。这是因为,学习者要想完成对所学知识的意义建构,最好的办法是让学习者到现实世界的真实环境中去感受、体验。因此,学习的任务情境应与现实情境相类似,以解决现实生活中遇到的问题为目标。因而他强调,好的教学必须把学生置于现实的情境中,以观察他到底发生了什么。要让学生对事物及符号进行亲自操作，提出问题并亲自寻找问题的解答，进而实现知识的自主建构。

其实，情境之于学习的重要性客观上也是由知识的本性决定的。也许我们对知识存在一些误解。比如说，我们常常以为，知识就是那些能够用语言文字表达的东西。而按照现代知识观，除了那些能够诉诸文字或语言的明确知识外，更多、更重要的是那些"只可意会不可言传"的默会知识。这些默会知识是学生发展的基础，也是真正理解明确的科学结论的根基。默会知识就像冰山没入水中的部分似的强有力地支撑着明确知识，使其保持生机和活力。没有默会知识的力量，明确知识就无法真正发挥它的威力，而只有经历对知识建构的过程，才能同时获得明确知识与默会知识的双重力量。事实上，默会知识比那些可以言传的明确知识更为重要，它是所有知识的支配原则，是基础性的。人类的所有知识不是默会知识就是植根于默会知识。但是，默会知识的获得总是与一定特定的问题或任务的情境联系在一起的。像与骑自行车、骑马等相联系的默会知识，一个人是无法用传授的方式直接给予另一个人的，而人们用言传口授的方法给予他人的，至多是有关骑车（马）的一些知识，而不是骑车（马）本身。应当说，如果我们运用传统的那种言传口授的学习方法尚可记住那些能够言传的明确知识的话，那这一方法对默会知识的学习则就无能为力了。其实，默会知识是无法通过语言获得的，而总是与一定的问题或任务情境联系在一起的，就像我们常说的"在游泳中学会游泳"那样。

应当说，教育原本就是情境化的。历史上广为流传的师徒式传艺方式无疑就是一种典型的情境化学习方式。这种传统的在手工作坊（如木工、铁匠等）中进行的学习活动，任务与环境都是真实的，知识技艺是镶嵌在真实的活动中的，徒弟学到的是可以解决实际问题的本领。每个学徒在手工作坊中都经历了一个"合法的边缘性参与"的过程。他们都是从最初的"打杂"开始，逐渐参与更重要的任务，获得更高级的技能，进而从一个实践共同体的边缘进入到中心，从初学者或新手变成一个专家或是老手。在这种学习中，学习者要学习的知识是完全情境化地融入实践活动之中的，知识本身也在这种真实的实践活动中得到理解和掌握，亦即学习者是在行动中学习掌握这些知识的。亦即知识的获得是镶嵌在相关或"真实"的情境中的，学习与学习发生的情境是紧密相连的，从而使抽象概念和规则能灵活适应具体情境的变

化,进而使学生用在学校学到的知识来解决现实生活中的真实问题。

伴随着近代学校教育的出现,教育模式亦发生了根本的改变,其中一个显著的变化就在于传统的基于情境的知识获得方式渐趋式微了,教育执念于把"真理的金子"这种外在于儿童的存在,通过传授的方法转交给儿童,因而常常无视知识与知识建构的对象即真实世界之间不可分割的联系。人们常常以为只要记住了作为认识结果的知识,就自然可以解决真实世界中的问题,就可以认识世界。应当说,传统教育中学生所学习的大部分知识,之所以不能有效地为现实生活和问题解决所应用,是因为知识获取的方法忽视了情境和认知之间的相互依赖性。当知识的学习和应用的情境完全分离时,学习者就会把知识本身看作是学习的最终目的,而不是灵活运用于问题解决的一种工具,结果是所学知识虽然很多,但那些抽象概念、规则的学习往往无法灵活适应具体情境的变化,学习者常常难以用学校获得的知识解决现实世界中的真实问题。由此产生的结果往往只能应付考试,而不能迁移至复杂的真实情境之中用于结构不良问题的解决,亦即这样只获得了不能加以利用的、不能迁移到新的情境中的所谓"惰性知识"。这类不能被自发地用来解决问题的知识通常是呆滞的和不具备实践作用的。而只有将所学习的知识与一定的真实性任务情境联系起来,让学习者解决情境性问题和参与情境性活动,才能真正建构起对学习者更有意义、更能够迁移的灵活应用的知识,并促进知识向综合能力的转化。

皮亚杰通过对儿童发生认识论的研究,认为情境之于学习并不是一个无关的因素,而是有机地卷入了建构活动。在他看来,人不能超越具体的情境来获得某种知识,每一个学习者都是在特定的情境下建构知识的意义的。其实,由于知识并不是抽象的,而是情境化、个体化的产物。相应的,知识的传授也就不可能是抽象的,而应该是在情境中获得的,亦即知识是在个体和环境的互动中交互建构的,情境是一切认知活动的基础。知识的意义也是在实践和情境中通过互动和协商而产生的。真正的理解只能是由学习者自身基于自己的经验背景而建构起来,它取决于特定情境下的学习活动过程。学习者要想完成对所学知识的意义建构,最好的办法是让学习者到现实世界的真实环境中去感受、体验。学习的任务情境应与现实情境相类似,以解决学生在现实生活中遇到的问题为目标。根据皮亚杰的建构主义教学观,建构是以情境为起点,以问题为中心,以活动为核心而展开的。因而,情境之于建构

第四章　皮亚杰的建构学习观

是不可或缺的。

皮亚杰对情境之于学习价值的重视是出于有目的地调动学生"自发的兴趣"的需要。也就是说，要吸引学生的注意，激发学生的求知欲望，引发求知动机，形成积极的认知心理状态。皮亚杰把"兴趣的规律"看作是"整个体系随之运转的唯一轴心"。因为"一切有成果的活动都以一种兴趣作为先决条件"。传统教育把儿童看作是"和我们一样地推理，有一样的感情，只是缺乏知识和经验"的"小大人"，那么"教育工作者的任务就不是思维而是灌输知识，认为从外面提供的材料就足以使心智得到训练了"。相应地，传统学校把它的工作强加于学生，学校"促使学生工作"，儿童对于这种工作产生多少兴趣并做出多少努力似乎是无关紧要的。"新学校是以个人的需要与兴趣为基础的真正的活动和自发的工作"。在他看来，儿童也像成人一样，他们是能动的动物，他们的动作是受兴趣和需要的规律所支配的，如果不依靠这种活动的自动的动力，这种行动就不能充分发挥它的作用。他强调，"幼儿智力和成人一样，不能单纯用接受的教育方法去处理。……所有智力的工作都建立在一种兴趣之上"①。

皮亚杰对情境的重视是与意义建构相联系的。意义建构是整个学习过程的最终目标，意义建构是基于实际情境的，情境是服务于意义建构的。所谓情境原本就是指与学习内容相关的一切信息，其组织是有利于学生对所学内容进行意义建构。意义建构则是指要通过一系列的活动（情境），使学习者对事物的性质、规律以及事物之间的内在联系有深刻的理解，从而完善其已有认知结构，建立新的认知结构。因为知识不是通过教师的直接传授得到的，而是学习者在一定的情境中，借助于教师和其他学习者的帮助，通过意义建构而主动获得的。儿童只能通过对客体的有意义建构，才完成智力发展任务。因此，获得知识的多少取决于学习者根据自身经验去建构有关知识的意义的能力，而不取决于学习者记忆和背诵教师讲授内容的能力。而强调情境的作用，就是要通过创设情境让学生更好地清楚已有知识结构，吸引学生注意，激发学生的求知欲望，引发求知动机，形成积极的认知心理状态，唤醒"同化"和"顺应"加工、控制系统，感受和提炼问题、激活已有的知识和技能、感受新的知识和技能，来体验科学探究，建构新的认知结构。因为实际情境

---

① 皮亚杰：《皮亚杰教育论著选》，卢濬选译，人民教育出版社，2015年版，第49页。

领域具有生动性和丰富性，能使学生掌握高级的知识，因此，这种基于情境的意义建构应使学习在与现实情境相类似的情境中发生，以解决学生在现实生活中遇到的问题为目标，学习的内容要选择真实性任务，不能对其做过于简单化的处理，使其远离现实的问题情境。同时，这种教学的过程与学生的问题解决过程相类似，教师在课堂上并不是提前将已准备好的内容教给学生，而是让学生经历专家解决问题相类似的探索过程。由于问题的真实性，易于激发学生的内部动机，同时利于培养学生的探索精神。这样做到了在事物内部本身或事物之间建立起有关性质、规律的意义联系。

  皮亚杰尤为重视给儿童创设活动的情境。皮亚杰认为，儿童的天性要按自己的目标去探索和接触环境，学校必须加以支持和鼓励。只有学生自己具体参与各种活动，才能获得真正的知识，只是观察别人的活动，包括教师的活动在内，并不能形成新的认识结构。在他看来，外在的因素，如讨好权威人物，失败的恐惧或者希望获得物质报酬，都可能激发学习动机。但在这种情况下，学习往往是皮毛的、无意义的和无关痛痒的，而且常常容易忘记得一干二净。因而，不能单纯用接受的教育方法去处理儿童智力的问题，因为"所有智力的工作都建立在一种兴趣之上"，毕竟"儿童是他自身发展的主要动力"。"好的教学法必须包括向儿童提供这样的一些场合，使他们可以亲自进行最广泛意义的实验，试验各种东西以观察结果，操作各种东西，操作对象物，提出问题并给自己寻找答案，使他把一次发现的东西与另一次发现的相吻合，把他的发现与其他儿童的发现相比较"[1]。他强调要为儿童提供各种机会，促使其与周围的人、事、物发生相互作用，使儿童有可能去认识和感受环境中的人、事、物及其复杂的相互关系，发展认知能力，避免一味的口头学习和简单的视听表象学习。儿童只有在环境中才能触摸世界，感知万物，才能导致认知结构的发展。因此，他将"活动教学法"视为儿童教育的最重要的原则，要求教师设置情境，提供材料、工具和设备，让儿童积极参与教学，自由操作（摆弄、实验），观察和思考，自己通过活动认识事物，发现问题，得出答案。

  皮亚杰特别注重为儿童创设问题情境。他认为，教学必须把学生置于现

---

[1] 埃德·拉宾诺威克兹：《皮亚杰学说入门：思维、学习、教学》，杭生译，人民教育出版社，1985年版，第238页。

第四章 皮亚杰的建构学习观

实的情境中,以观察他到底发生了什么,学生对事物及符号进行亲自操作,提出问题并亲自寻找问题的解答,进而实现知识的自主建构。由于"学习是从认识到有问题(不平衡)开始的"①。问题导致心理的失衡,"失衡推动主体超越现时的状态并激发新方向"。也就是说,学习过程中意义建构活动是由问题所激发的,学习者心理的不平衡或冲突是儿童认知发展的动力,出现不平衡才会产生同化或顺应活动,不协调或冲突是认知结构重新组织和再构造的基础。因此,在学习中首先需要有一种能引起学习者心理不平衡或冲突的问题情境。当学生记忆中的知识经验与所学内容之间出现空缺或存在冲突时,他就处于问题情境之中,问题情境的呈现可激发学生在认知结构中搜寻可填补空缺的知识经验,通过一系列的思维活动解决所面临的冲突,实现知识的建构。其实,儿童的认知就是在不断出现的问题与冲突的链条的驱动下,从不平衡状态过渡到平衡状态的过程中得到发展的。为此,皮亚杰强调要为学生创设适宜的问题情境。在他看来,最适宜的情境是感性输入和儿童现有认知结构之间应该具有中等程度的不符合,也就是所谓的既有和谐的因素,也有不和谐的因素的那种不平衡。具体地说,利用教学情境所提出的问题需要贴近学生的"最近发展区",并与学生群体原有认知水平有一个适当较大的落差。皮亚杰认为,"当一个人已经全部了解这个事件时,他就不再是有兴趣的"。一个完全新的经验,由于它和一个人的认知结构毫无关联因而毫无意义时,也同样是没有兴趣和不被同化的。然而,当已有认知结构和新的经验(指当前经历的事物)既具有和谐(适应)的因素,也具有不和谐的因素时,这种不平衡就克服不和谐的因素而建立起新的平衡。因此,要能发现学生对要学知识的问题所在,要设计合乎学生总体认知水平的问题情境,让学生在这种能激发起学生思维的情境中实现意义建构。

二、注重互动合作

皮亚杰认为,"儿童处于一个不断扩大的环境中,通过与物和人的相互作用,自由地建立他的意义"②。他强调,我们需要能动的学生,这里的"能动

---

① 埃德·拉宾诺威克兹:《皮亚杰学说入门:思维、学习、教学》,杭生译,人民教育出版社,1987年版,第47页。

② 埃德·拉宾诺威克兹:《皮亚杰学说入门:思维、学习、教学》,杭生译,人民教育出版社,1985年版,第271页。

的"有两层含义："一是作用于材料，另一种是通过社会协作，全组共同做事。"① 应当说，皮亚杰所说的人与人的相互作用亦即"社会协作"。皮亚杰把它看作是认知发展的一个必要条件。在他看来，儿童是在与环境的交互作用中，发展着与环境的双向关系。当然这里的环境既指自然环境，亦指社会环境。也就是说，它包括了人的因素，包括人与人之间的互动与合作。

皮亚杰把由社会因素而产生的社会经验看作是影响智力发展的一个重要因素。在他看来，物理经验和具体操作并不是儿童学习的唯一途径，使得儿童理解客体的另一种经验是社会经验。社会经验来源于社会互动，即儿童与伙伴、家长、教师的相互交流和影响。皮亚杰认为，儿童智力的发展与儿童社会化的进展是互为条件又基本平行的。儿童生活的社会化是在与他人的相互交往中实现的。儿童在社会交往中会逐步"懂得别人有和自己不同的观点，也学会在合作的形式中协调不同的利益去行动"②。并且，儿童与伙伴、家长、教师相互作用的机会越多，他们听到的观点就会越多。这种经验促使儿童从这些人的观点出发进行思维，从而接近客观性。

在皮亚杰看来，学习既是学习者个人的建构活动，同时也是学习共同体的合作建构过程。个体思维的发生过程，就是儿童在不断成熟的基础上，在主客体相互作用的过程中获得个体经验与社会经验，并建构自己的知识结构。知识不仅是个体在与物理环境的相互作用中建构起来的，而且也是在与他人的相互作用中建构起来的。儿童的知识尤其是社会性知识必须通过与他人的接触来建构，而不是由阅读或口授得来。尤其是年幼儿童尚未建立语言或符号系统，更需通过社会交往建构知识。学习不是简单的单向知识转移过程，而是交互和实践的产物，是通过学习共同体之间的合作互动完成的。因此，学习中与他人交往和对客体施加动作，对儿童认知的发展同样重要。皮亚杰认为，鼓励学生之间、师生之间进行讨论、辩论并不是教学中一种孤立的办法或孤立的方面，而是课堂上经常性活动的一部分。这种社会相互作用不仅有助于学生在情绪水平上适应别人，而且有助于澄清学生的思维，使得其思想表达既清晰紧凑又富有逻辑性。而且，社会相互作用与合作是推动儿童个

---

① 埃德·拉宾诺威克兹：《皮亚杰学说入门：思维、学习、教学》，杭生译，人民教育出版社，1987年版，第245页。

② 吴式颖等：《外国教育思想通史》（第十卷），湖南教育出版社，2002年版，第64页。

性总的发展的一部分，即智力与道德发展的一种手段。对学生而言，社会相互作用更多的也就是课堂上的社会相互作用，这种课堂上的社会相互作用是"一个整体上的智力相互交流和关系，以及道德的和理性的合作"。在教学活动中，倘若仅仅是以实验操作和自发调查研究的形式，而没有学生相互之间的自由合作，就不可能真正搞好活动。而且，"使用智慧不仅表现为持续地相互激发，更重要的还要相互调节以及锻炼分析批判的精神，这样就能够将个人导向客观性和对真凭实据的需要"①。

皮亚杰强调学习中交往的重点应放在儿童之间的合作之上，而不是竞争。他强调，要"有目的调动自发的兴趣以及提供合作机会"。倘若"没有个人之间的自由合作，也就是说，在学生之间，而不是仅是教师和学生中间的自由合作，事实上就不能进行在实验动作和自发探索形式下的真正智力活动"②。这种合作式的交流，具有发展关键性的见解和"推论的思考"的潜力。当准备让他们获得实际经验时，不仅要有自发的相互作用的机会，还要有有组织的智力交换。他还从智力与道德两方面来具体阐述合作的意义。"从智力的观点来看，这种合作最利于鼓舞儿童真正交流思想和进行讨论，这就是说，最利于培养批判态度、客观性和推理思考的能力。从道德的观点看，这种合作能使儿童真正执行行为的原则，而不只是顺从于外在的约束。"③ 而且，"如果个体受到一种智力限制，以致必须靠死记硬背进行学习，而不能自己发现真理，那么，在道德领域里，也不可能形成自主的个性"④。因为"个性在主要属于智力方面的充分发展，不能脱离构成学校生活的情绪的、道德的或社会的关系这个整体"⑤。

皮亚杰认为，与孩子和成年人间的互动相比，孩子之间的互动更有可能导致认知能力的发展。学生的智力发展需要与他人相互刺激。由于儿童彼此之间的讨论交流可以使他们不断了解他人的意见，同时在这一过程中势必会

---

① 埃德·拉宾诺威克兹：《皮亚杰学说入门：思维、学习、教学》，杭生译，人民教育出版社，1987年版，第 250 页。
② 皮亚杰：《皮亚杰教育论著选》，卢濬选译，人民教育出版社，2015 年版，第 93 页。
③ 皮亚杰：《皮亚杰教育论著选》，卢濬选译，人民教育出版社，1990 年版，第 67 页。
④ 皮亚杰：《皮亚杰教育论著选》，卢濬选译，人民教育出版社，1990 年版，第 93 页。
⑤ 埃德·拉宾诺威克兹：《皮亚杰学说入门：思维、学习、教学》，杭生译，人民教育出版社，1987年版，第 250 页。

产生不同观点的交锋与碰撞，进而对主体形成刺激引发认知冲突。而且，由于彼此间处于同样认知水平的同伴之间地位的平等，这使他们更能大胆地提出自己的观点并质疑别人的观点。而处于同样认知水准的同学之间通过略有差异的观点与认识的碰撞，有利于突出矛盾，这也是智力发展的一个必要条件。皮亚杰强调，应该让儿童参加到相互学习的情况中去，相互刺激、相互鼓励，引导儿童达到理解的水平。在他看来，尤其是在小学低年级，主要应鼓励儿童之间互相讨论、互相辩论。因为这种同伴间的相互作用最有利于鼓舞儿童真正交流思想和进行讨论。换言之，这种方式"最利于促使儿童采取能够养成批判态度、客观性和推理思考的行为形式"。在儿童的讨论与争论过程中，教师应鼓励儿童听取彼此的论据。因为对于任何矛盾，都可以通过进一步的实验加以解决。有关研究也表明，与同伴一起学习的儿童比单独的学习显示出更多的认知成长。因此，皮亚杰把"同伴影响法"看作是儿童最有效的学习方法之一。他主张要鼓励儿童在一起交流、讨论，让儿童从与同伴活动的相互作用中获得一些新的观点。而且，"同伴间的社会相互作用，自己思想与其他人思想的不断冲突，终于使儿童怀疑自己的思想，并寻求检验"[①]。为此，教师要把小组合作学习作为教学的一个策略。因为小组合作学习是课堂教学中生生互动的最有效最直接的形式，它有助于实现多种视界的沟通、汇聚、融合，从而在一定程度上克服个人认识上的偏差，产生新的视界，建构更加合理更加完善的认知结构。通过基于小组的小型讨论团体，彼此之间坦诚交换意见并沟通情感，从而促进学生发现自己观点的片面性，纠正其中的错误。

皮亚杰在重视儿童之间合作的同时，亦强调儿童与成人之间的合作。在他看来，这两种合作，都是儿童获取知识、发展智力、提高思想认识和形成良好品德的重要方式方法。关于儿童与成人之间的合作，皮亚杰强调"要在成人的尊敬与儿童的合作之间求得协调，并尽可能减少教师的约束，把它转化为高级的合作"。儿童与成人的合作中主要的是师生之间的合作。这种合作作为建构主义教学的主要策略，要求教师要在尊重儿童的基础上进行合作。皮亚杰认为，"建立在权威和仅仅尊重一方的基础上的教育，无论从伦理道德观

---

① B.J.沃兹沃思：《皮亚杰的认知发展理论》，周镐等译，华中师大出版社，1986年版，第69页。

点看还是从智力的观点看都是有缺陷的"①。教师应尽量地把学习内容所反映的事物和学生已知的事物联系起来,并引导学生对这种"联系"进行认真"思考",进而基于这种"联系"与"思考"进行意义的合作构建。皮亚杰在主张小学低年级主要应鼓励儿童之间互相讨论、辩论的同时,强调当儿童到了高年级,开始由他律转变到自律,即由单方尊敬转变到相互尊敬时,应提倡、鼓励学生与教师进行讨论和辩论。在这个过程中,教师的作用是充当讨论、辩论的领导者,指出应该讨论哪些问题,鼓励学生通过讨论、辩论达到对知识的真正理解。皮亚杰同时还主张教师还要努力营造心理上的安全氛围,让儿童感到可以自由地大胆检验他们的想法。教师通过鼓励儿童真正的尝试,支持那些大胆谈出不明确的想法和供选择的解释或其他推测的儿童,来帮助建立一个心理安全的环境。当然,教师也需要帮助儿童正确对待教学中所出现的任何差错,以及鼓励儿童大胆说出哪怕是错误的想法。在他看来,儿童的错误实际是通向理解的自然阶梯。或许科学家可以从其发表的研究报告中删除科学发现过程中所出现的犹豫和错误,但课堂探索不应存有杜绝错误的不切实际的期望。应让儿童积极主动地学习,让他们对不同事物进行探索和尝试错误,因为"错误启迪心灵更加憧憬,对错误诚实受到尊敬。有意义的错误得到赞美,很少出错的儿童,很少有自己大胆的想法"②。

值得一提的是,语言在互动交往过程中发挥着难以替代的作用。儿童与他人之间的互动交往主要是通过语言进行的。虽然皮亚杰认为思维发端于动作,语言并非构成逻辑的根源,但他并没有忽视语言在儿童认知发展中的作用。语言处于思维的辅助地位,儿童的思维不同,语言也不同。皮亚杰认识到语言在动作内化为表象的过程中和在思维活动中起着重要作用,语言有助于动作的内化、认知的符号化和形式化。并且,思维结构越精细,就越需要更多的语言,高级形式的运算结构确实是用语言来表达的。他强调,教师要用"心"去聆听儿童说些什么,而不只是一味地向学生灌输知识。

---

① 埃德·拉宾诺威克兹:《皮亚杰学说入门:思维、学习、教学》,杭生译,人民教育出版社,1985年版,第306页。

② 埃德·拉宾诺威克兹:《皮亚杰学说入门:思维、学习、教学》,杭生译,人民教育出版社,1985年版,第249页。

三、强化主动建构

皮亚杰发生认识论的一个重要核心思想就是认知建构。他的发生认识论主要研究知识的形成和发展。他从认识的发生和发展这一角度对儿童心理进行了系统深入的研究,提出认识是一种以主体已有的知识和经验为基础的主动建构。他把学习看作是一个作为认识主体的儿童个体,在与客体相互作用的社会性活动中逐步建立起认知结构的过程。而所谓"认知结构",就是"一个有组织的、可重复的行为或思维模式",是一种认知的功能单位,主体依赖它对外界刺激做出反应。皮亚杰认为,"儿童以几个与生俱来的基本结构为起点,开始同他的环境相互作用,从而构建这些结构并发展出新的来。新的心理结构产生出应付环境的更为有效的方式"①。

皮亚杰认为,人的发展从本质上说就是人的认知结构的发展,主体所具有的最初的认知结构乃是依靠遗传获得的本能动作。以此为出发点,在主客体间不断的相互作用过程之中,逐步地建构新的认识结构,进而实现由低级层面向高级层面发展的趋势。其实,在学习过程中,每一个学生在学习新知识之前,头脑中并不是一片空白的,而是存在着各种各样原有的知识经验,这些原有的知识经验构成其原有的认知结构。学生的学习活动就是通过原有的认知结构与新知识不断相互作用,从而建构新的认知结构的过程。其实,"建构"也旨在建构新的认知结构,这正是原有知识得以深化、突破或质变的根本标志。

皮亚杰的认知建构论是建立在建构主义知识观的基础上的。皮亚杰基于其认知发展的观点提出,知识不是外界客体的简单摹本,也不是主体内部预成结构的展开。知识不是物品,学习者不能把知识从外界搬运到自己的记忆之中,其他人也不可能像传递物品那样把知识传递给学习者。知识并不是外在于学习者的客观存在,它不能简单地被"传递",也不能机械地被"复制"。其实,学习者并不是被动地接受东西,而是主动地生成自己的经验、解释、假设。皮亚杰认为,知识是主体与外部不断地相互作用而逐步建构的结果。认识是一种主动积极和不断建构的活动,发展不是由内部成熟或外部教学支

---

① 埃德·拉宾诺威克兹:《皮亚杰学说入门:思维、学习、教学》,杭生译,人民教育出版社,1985年版,第31页。

配的,而是一个积极的建构过程。知识是由认识主体主观积极建构的,知识只反映个人经验,只存在于每一个人的头脑中,也只有对具体的个人才有意义。尽管通过语言赋予了知识一定的外在形式,甚至这些命题获得了较为普遍的认同,但这并不意味着学习者对这种知识有同样的理解。事实上,知识并不是我们通常所认为的课本、文字、图片以及教师的板书和演示等对现实的准确表征,而只是一种理解和假设。知识并不能绝对准确无误地概括世界的法则,提供对任何活动或问题解决都实用的普适良方。在具体的问题解决中,知识是不可能一用就准,百用皆灵的,而是需要针对具体问题的情景对原有知识进行再加工和再创造。因此,学习者必须亲身地、主动地建构信息的意义,而不能由他人代替。而且,外部信息本身并没有意义,意义是学习者通过新旧知识经验间反复的、双向的相互作用过程而建构成的。所以,学习并不简单是信息量的积累,它同时包含由于新、旧经验的冲突而引发的观念转变和结构重组,学习过程并不简单是信息的输入、存储和提取,而是新旧经验之间的双向的相互作用过程。

既然学习是主体建构的过程,那就意味着学习必然是主动的过程。按照皮亚杰的理论,儿童真正的学习不是成人外加给他的,而是自己独立进行的。儿童是通过自己的活动来建构认知结构的,是主动学习者,儿童"除了主动地掌握一件东西外,就不可能学会任何东西"[①]。主动学习的动力主要不是来自奖励或惩罚之类的外在强化,而是来自认识结构同化、顺应过程中不平衡或冲突的状态的自我调节。皮亚杰所说的"主动"有两个含义:一是儿童直接作用于其环境;二是儿童在心理上是主动的。而非经自己的"主动",知识不可能由外人传递给认知主体,认知主体也不会对他人传递的知识照单全收。主动学习是儿童在活动中展开的,活动被皮亚杰视为主体与客体相互作用的桥梁,是认识的来源。学习应源于儿童本身,儿童的学习是建立在内部动因的前提下的,个体作为主动的活动者,要对外部信息做主动的选择和加工,通过与周围环境的相互作用不断建构经验。"知识不是被动地从环境中吸收的,不是预先在头脑中形成并随着儿童的成熟随时出现的,而是由儿童通过

---

① 吴式颖等:《外国教育思想通史》(第十卷),湖南教育出版社,2002年版,第64页。

他的心理结构与他的环境之间的相互作用构建的"①。因此,"我们需要的是能动的学生,是一半通过他们自己的自发活动,一半通过我们为他们准备的材料,很早就自己学习去发现事物的学生"②。或许这种主动的学习比较费时费力,甚至会让人觉得"损失时间"。但皮亚杰认为,"假如我们当初愿意多损失一点时间,让儿童积极主动地学习,让他们对不同事物进行探索和尝试错误,那么我们可能实际上获得了我们似乎损失掉的时间。儿童则可能发展出一种普遍的方法,可以用于其他学科"③。

皮亚杰认为,智力活动必须由一种情感性质的力量所激发,因为任何一个人都不想学习自己不感兴趣的东西。而"经过学生自由探索和自发努力所获得的某种知识,以后将能保持住。这使学生获得一种毕生受益的方法"④。他特别强调"要求儿童愿意做他所做的事情;他们活动,他们不是被动的"。他认为,并不存在现成的知识,因为要知道物体,我们必须改变它。但是,无心地操作物质材料不能算主动的学习。"如果手工劳动没有学生本人自发探索的激发,而只有教师的指导,那么这种手工劳动就不是主动的"⑤。在皮亚杰看来,"教育的宗旨不在于把尽可能多的东西教给学生,取得尽可能大的成果,而首先在于教学生怎样学习,学习发展自己,以及学会离校后继续发展"⑥。因而,教育不应该仅仅是知识的传授,更重要的是要刺激儿童心智的发展。儿童不应是消极接受知识的"容器",而是要在主动的活动中学会思维。皮亚杰认为,那种凭"想当然地"向学生灌输所谓自视"正确"的东西的做法,导致学生的学习"往往是皮毛的、无意义和无关痛痒的,而且常常容易忘记得一干二净"。他坚信,只有那些主动学习的内容才会长期保留下来,"那些蒸发掉的东西都是从外部搬过来的东西,或者只是抄下来的死记硬

---

① 埃德·拉宾诺威克兹:《皮亚杰学说入门:思维、学习、教学》,杭生译,人民教育出版社,1985年版,第31页。

② 埃德·拉宾诺威克兹:《皮亚杰学说入门:思维、学习、教学》,杭生译,人民教育出版社,1985年版,第238页。

③ 埃德·拉宾诺威克兹:《皮亚杰学说入门:思维、学习、教学》,杭生译,人民教育出版社,1985年版,第255页。

④ 皮亚杰:《皮亚杰教育论著选》,卢濬选译,人民教育出版社,1990年版,第87页。

⑤ 皮亚杰:《皮亚杰教育论著选》,卢濬选译,人民教育出版社,1990年版,第41页。

⑥ 埃德·拉宾诺威克兹:《皮亚杰学说入门:思维、学习、教学》,杭生译,人民教育出版社,1985年版,第218页。

背，而不具备真正学习那些积极性的东西"①。其实，真正的学习并不是由教师传授给儿童，而是出自儿童本身，应该让儿童自发地主动地进行学习。在他看来，"我们需要的是具有能动性的学生，……早期就学会自己去发现事物的学生"。最好的办法是使儿童自己找到答案，因此，应让儿童自发地和主动地进行学习，儿童的自发学习不仅在智力的发展中十分重要，在儿童道德行为的发展中、和别人相互影响的自发学习也同样重要。而如果每样事情都教给儿童，就会妨碍他的发明或发现。皮亚杰认为："要理解一个现象或一件事，就要重建产生这个现象或事件的转变过程。因为要重建这些转变，就要建构一种转变的结构，而要建构一种转变的结构，就要有发明或再发明的先决条件。"② 在他看来，"强迫是最糟糕的教学方法"。因为儿童整个认知结构的发展是在儿童自主调节的过程中，通过同化和顺应的方式与外部环境相平衡而达到的。只有自我发现的东西，儿童才能积极地将其同化，从而产生深刻的印象。这种同化只有在儿童积极参与建构时也有可能发生。因此，儿童的主动性在儿童的整个认知或知识发展过程中具有极为重要的意义。

皮亚杰认为，儿童认知的来源应该从主体与客体的相互作用（也就是活动）中去寻找。而所谓的"活动"就是主客体之间的相互作用，它是联结主客体相互作用的桥梁，是认知发展最直接的源泉。主体的认识发展根源于主客体间相互作用的活动，经主体内化了的动作进一步协调而形成认知结构（思维结构），这一过程正是主体建构认知结构的过程。皮亚杰认为，儿童学习的根本途径就是自己的活动。"一切现代心理学都教导我们说智慧产生于行动。"他认为，在各种水平上的学生，"用一种系统的方式，动手'做'并'在动作中理解'都远比用语言更能表达自己"。因而，他强调，在学习过程中，忽视动作的作用而始终停留在语言的水平上，那是一种极大的错误。为了让学生有效地建构起属于自己的知识，就必须将学生置身于能动的、探索的、发现的活动之中，通过丰富多彩的活动和实践，自己去发现、获得知识。皮亚杰强调，学校应让每门课程都为儿童的探讨性活动和发现性活动提供条件，并使这种活动与一定的知识体系相联系。他尤为重视游戏活动在掌握知识和发展智力过程中的作用，认为游戏不是单纯的娱乐活动或精力过剩的一

---

① 理查德·科勒：《让·皮亚杰》，杨彩霞译，黑龙江教育出版社，2016年版，第175页。
② 皮亚杰：《皮亚杰教育论著选》，卢濬选译，人民教育出版社，1990年版，第100页。

种发泄，而是"把现实同化于活动本身，给活动提供必要的粮食并根据自我的多种需要改变着现实"。他认为对幼儿来说，游戏在学习过程中起着有力的杠杆作用，他主张应将初步的阅读、算术、拼读改用游戏的方式进行，让儿童在游戏中获得真正有益的知识。

需要指出的是，在皮亚杰所强调的活动中，不仅重视儿童的实际操作，而且更加强调儿童的动脑思维。他在强调"忽视动作的作用而始终停留在语言的水平上，那是一种极大的错误"的同时也一再强调，"认识方面的积极参与，并不意味着儿童仅仅摆弄某种材料；儿童在没有摆弄物体的情况下，可能在心理上积极参与，正如他在实际摆弄物体时心理上可能是消极的一样"[①]。他认为，无心地操作物质材料不能算主动地学习。相反，他强调头脑和材料的相互作用——身体和心理的活动之间的协调，把它作为建立逻辑知识的关键。也就是说，活动并不只是某种运动性质的外在行动，它还包括"根据兴趣所进行的机能行为"。而且随着年龄的增长，后一种行为变得越来越重要。因此，"好的教学法必须包括向儿童提供这样的一些场合，使他们可以亲自进行最广泛意义的实验，试验各种东西以观察结果，操作各种东西，操作对象物，提出问题并给自己寻找答案，使他把一次发现的东西与另一次发现的相吻合，把他的发现与其他儿童的发现相比较"[②]。而这一过程正是动手与动脑相结合的建构过程。

第二节　重申活动价值

皮亚杰认识发生论的大厦是建基于活动的。尽管活动学习的思想并非皮亚杰的首创，但皮亚杰根据自己的研究为早已存在的活动学习提供了理论上的依据。皮亚杰认为，儿童认知的来源应该从主体与客体的相互作用（亦即活动）中去寻找。"儿童最有效的学习是通过在环境中的活动获得的"。个体的一切认识（知识）都起源于主客体间的相互作用，即活动。"个体的发展实

[①] 施良方：《学习论——学习心理学的理论与原理》，人民教育出版社，1994年版，第193页。
[②] 埃德·拉宾诺威克兹：《皮亚杰学说入门：思维、学习、教学》，杭生译，人民教育出版社，1985年版，第238页。

际上就是练习、经验、对环境的作用等意义上的大量活动的产物。"① 为此，"活动教学法"是儿童教育的重要原则，它使儿童在个人建构性的兴趣活动中提高智力运演的能力。

一、基于外部活动

皮亚杰所说的"活动"系指"在与客体发生作用时，主体的外部器官和内部器官的动作，即主体的物理的、生理的和心理的活动"。此即是说，皮亚杰所说的活动包括外部的实物性活动与主体内部的认识活动。这两类活动在学生的认识和发展过程中都起着十分重要的作用，其中外部活动更是发挥着基础性的作用。皮亚杰力认为"正规教育失败的真正原因，主要是人们从语言开始（伴随着绘图、想象或描述的动作等等），而不从真正的实际动作开始"②。在他看来，活动的意义非常重要，它既是感知的源泉，又是思维发展的基础。他强调教学"必须基于个人的、肌肉的活动（建构、计算和模型等的游戏）基础之上，而非建立在口头表达基础之上"③。因此，皮亚杰对活动的重视首先表现在对外部活动的重视方面。

皮亚杰的发生认识论除了力图弄清认识中主体和客体的关系、遗传和环境的关系外，还力图说明认识中"知"与"行"的关系。在他看来，"智育的目的并不在于知道怎样重复和保存现成的真理，因为一种复制的真理只能算半个真理。要通过自己本身花费许多时间，并经历实际活动的全部迂回的道路，去学会掌握真理"④。儿童智力、思维以及心理发展的实质与原因既不是先天的成熟，也不是后天的经验，而是来源于主体的动作（活动）。他认为，认知起源于动作，认识是从动作开始的，动作在儿童智力发展中起着重要的作用。认知结构是逐步建构起来的，它的发生的起点是主客体相互作用的唯一一个可能联结点——活动（动作），而不是知觉。他强调，"要知道一个客体，就得动之以手"。"认识来源于动作，客观通过动作转化为主观"，"为了认识物体，主体必须对它们施加动作，从而改变它们；它必须移动、连接、拆散、合并和再集拢它们"，他认为婴儿正是通过动作，实际摆弄物体而认识

---

① 潘洪建等：《活动教学原理与方法》，甘肃教育出版社，2008年版，第50页。
② 皮亚杰：《皮亚杰教育论著选》，卢濬选译，人民教育出版社，1990年版，第92页。
③ 理查德·科勒：《让·皮亚杰》，杨彩霞译，黑龙江教育出版社，2016年版，第174页。
④ 皮亚杰：《皮亚杰教育论著选》，卢濬选译，人民教育出版社，2015年版，第93页。

手脑结合与人的学习

世界的,而"知识是经常与动作或操作联系在一起的,也就是与转化联系在一起的"[1]。这就是说,动作在儿童智力和认知发展中起着重要的作用。儿童只有在环境中才能触摸世界,感知万物,才能导致认知结构的发展。因此,儿童需要"高度活动"。学习需要建立在儿童活动的基础上,要把活动原则贯穿于学习过程的始终,努力放手让儿童自己去主动探索外界的事物,通过不同的活动进行协调,逐步形成、发展、丰富儿童的认知结构。

皮亚杰通过对认识起源的追踪考察,提出了人的认识产生于活动的理论。他分析了婴儿在最初的无意识或很少意识的情况下,是在活动中主体逐步建构了客体,形成了认识的基础,这样就使认识的起源得到了微观的说明。在他看来,一个儿童在何种程度上了解他的世界,取决于他在何种程度上与这个世界的相互作用,转化它,以及协调心理动作和身体动作。在转化客体的过程中,儿童本身也被转化。因此,他特别强调,"操作实物具有决定性意义"[2]。由于个体与环境的交互作用是认识的来源,因此,个体必须对物体施之以动作。儿童接触外界实物的经验越多,有关的理解就越有可能得到发展。皮亚杰还从发生学意义上探讨了活动对于儿童知识获得的意义。他把人类知识划分为物理知识(亦称经验知识)和数理逻辑知识,二者都是起源于动作。物理知识是儿童作用于物体,通过简单抽象抽取物体本身的物理特性,得到所观察的物体的知识。比如儿童玩沙子就可以获得关于沙子的颜色、硬度、形状等物理经验。数理逻辑知识是指通过思考或反省自己的动作所获得的经验,这种知识并非来自物体本身,而是来自主体对客体所施加的动作的协调中收集的信息,是主体作用于客体,从而了解自己的动作之间相互协调的结果的知识。以数卵石为例,当儿童对卵石进行排列和计数时,顺序是通过动作(把卵石排成一行或一圈)而赋予卵石的。正如卵石的总和本身也是被赋予它们一样,由于"综合"或"组合"的活动,所以,"主体所发现的并不是卵石的物理性质,而是排成序列与组合这两个相互独立的动作之间的关系"[3]。即逻辑数学知识来源于主体施加于、作用于客体的动作、活动,而不是客体

---

[1] 顾明远等:《国际教育新理念》,海南出版社,2001年版,第370页。
[2] 埃德·拉宾诺威克兹:《皮亚杰学说入门:思维、学习、教学》,杭生译,人民教育出版社,1987年版,第238页。
[3] 潘洪建等:《活动教学原理与方法》,甘肃教育出版社,2008年版,第51页。

本身。皮亚杰深信，就儿童而言，逻辑和数学的概念最初必然表现为外观的活动，只有在后来的阶段中才以概念的性质出现，成为内化了动作，事物被符号所代替，具体动作被这些符号的运算所代替。但从起源上来讲，所有知识总离不开儿童自己的动作或活动。

皮亚杰指出："感觉和概念都是在活动的基础上产生的，没有活动，主体和客体都无法形成，更谈不上认识了。"① 动作是思维的基础，动作思维是人的种系或个体思维发展的最初阶段。人类首先借自身的操作动作与周围环境划出区别，产生了对象意识和自我意识。人的个体也是在抚摸、玩耍、抓挠、行走的各种动作中逐渐开始认识世界的。皮亚杰反对和批判唯理论与经验论关于认识的问题朝向了两个相反的极端，指出二者的一个显著缺陷就在于"好像心理生活中除了感觉和理智外，别无他物——他们竟忘却了动作"②。他指出，在认识之前主客体尚未分化，因此认识不可能单独起源于主体或者客体，只能起源于二者的相互作用，即主体对客体的动作。在他看来，要真正了解智慧，必须追溯到动作。一切经验和知识皆发源于主体的动作。因为，儿童的认知结构是在自己的活动中逐步建构起来的，他们通过自己的摸、拉、推、看、听等活动，逐步认识主体与客体之间以及客体之间的关系，从而逐步形成和发展自己的认知结构。皮亚杰认为，作为人的认识能力的基本要素和智慧发展的基本标志的思维逻辑，就与个体的活动密切相关，"数理逻辑运算来源于行动本身，因为它是从行为的协调中抽象出来的结果而不是从对象本身抽绎出来的"③。皮亚杰在充分论证了个体的认识源自活动的基础上进一步认为："个体的发展实际上就是练习、经验、对环境的作用等意义上的大量活动的产物。"④ 因而，他强调，"儿童具有他自己的真实活动，而且不真正利用这种活动并扩展它，教育就不能成功"⑤。

皮亚杰认为，思维和动作是密不可分的。作为内部活动的思维离不开外部的实际活动。因为一旦切断了思维与动作之间的联系，那么思维的发端是不可能的。其实，不但感知运动水平的智慧与动作密不可分，就是较高水平

---

① 岳长龄等：《当代西方哲学评价》，求实出版社，1988年版，第125页。
② 李培湘等：《主体性活动教育研究》，四川人民出版社，2003年版，第82页。
③ 皮亚杰：《儿童的心理发展》，山东教育出版社，1982年版，第107页。
④ 皮亚杰：《心理学与认识论——一种关于知识的理论》，袁晖译，求知出版社，1988年版，第44页。
⑤ 但武刚：《活动教育的理论与方法》，华中师范大学出版社，2005年版，第73页。

的智慧同样也与动作有着直接或间接的联系。其实,"智力开始是实践性质的或感觉运动性质的,然后逐渐内化成为严格意义上的思维"①。因此,"重视儿童的思维,就要详细研究符合他们水平的活动,给他时间充分探索这些新的可能性,而不是只用表面上水平很高的空洞符号进行诱导"②。仅坐听而没有活动的学习,只不过是口头的学习,缺乏教育、教学和发展的价值。在他看来,儿童活动在一定的阶段必然意味着要用手操作对象,乃至要进行一定数量的用手的实际物理探索。"动手做并在动作中理解能远比用语言更能表达自己。"而且,"如果儿童已经能够操作物体,他们就能毫无困难地进行推理,而同样的推理如果用语言和口头陈述来进行则显然困难得多,实际上成了另外一种同纯粹的假设相联系而缺乏实际事物作基础的推理"③。因此,在教学过程中,如果忽视动作的作用,而始终停留在语言的水平上,那是一种极大的错误。特别对年幼学生来说,活动对于学习的理解和认识的发展,是必不可少的。因此,他在倡导活动教学法的过程中,特别注重让儿童在自由操作(摆弄、实验)基础上的观察和思考,通过活动自己认识事物,进而发现问题得出答案,而不能只是被动地听老师讲授,旁观教师的演示。也就是说,学生的活动必须是主动的,因为学生的活动如果只按照教师的指示去做,抹杀了学生的主动探索,那么这种活动再好也是没有价值的。

皮亚杰认为,思维产生于动作,智慧自动作始。尽管随着儿童机体的增长发育,行为动作就越复杂,他们的思维水平也就越高。但是,无论如何,思维是不能脱离动作的。皮亚杰还从实践智力与反省智力的关系出发,指出"儿童的实践适应并不是概念认识的应用,相反,是认识本身的第一阶段,并且是以后一切反省认识的必要条件"。"如果反省智力的建构不是坚实地建筑在实践智力的基础之上,它就不能在其本身的符号和概念的水平上创造新的东西"④。因此,"单凭自觉教授知识是不够的。儿童自己必须实践,动手对于

---

① 皮亚杰:《皮亚杰教育论著选》,卢濬选译,人民教育出版社,2015年版,第49页。
② 埃德·拉宾诺威克兹:《皮亚杰学说入门:思维、学习、教学》,杭生译,人民教育出版社,1985年版,第209页。
③ 埃德·拉宾诺威克兹:《皮亚杰学说入门:思维、学习、教学》,杭生译,人民教育出版社,1985年版,第208页。
④ 皮亚杰:《皮亚杰教育论著选》,卢濬选译,人民教育出版社,2015年版,第52页。

第四章 皮亚杰的建构学习观

准备用脑是必不可少的"①。"操作实物具有决定性意义。为了进行思维,具体运演阶段的儿童需要在他们面前有容易处理的客体,或者再现已经处理过且无须任何实际的努力就很容易想象出来的客体。"② 只有儿童自己具体地和自发地参与各种活动,才能获得真实的知识,形成他们自己的假设,给予证实或是否定。只是观察别人的活动,并不能形成儿童新的认知结构。就学习而言,要知道某一地方的地形特点,可以去研究等高图,也可以亲自走过这个地区。皮亚杰主张在学习方面最好还是采取后一种办法。皮亚杰认为,儿童通过自己的摸、拉、推、看、听等动作,可以逐步认识主体与客体之间的关系,形成和发展自己的认知结构。尤其是儿童高度集中注意的活动更是儿童学习的最根本途径,是儿童认知发展的最直接的源泉。在教学过程中应该放手让儿童自己动手、动脑探索外部世界,不断建构自己的知识经验系统,教师应布置情景、提供材料,让儿童自由操作、实验、观察、思考,自己认识事物、发现物体、得出答案,为儿童创设问题情景,提出富有启发性的问题,促进儿童重新组合与思考。皮亚杰主张在教学中必须重视儿童的活动和动作,要旨是把活动原则实施于教学过程,让儿童主动探索外物,通过活动及其协调,逐步形成、发展、丰富自己的认知结构,重新创造发明和理解事物。

皮亚杰反对仅靠看和听来学习的方法,提倡儿童在积极的活动中学习。他强调要为儿童提供各种机会,促使其与周围的人、事、物发生相互作用,使儿童有可能去认识和感受环境中的人、事、物及其复杂的相互关系,发展认知能力,避免一味地口头学习和简单的视听表象学习。在他看来,"词语或许并不是达到较好理解的捷径,……语言主要是用于说明已经理解的东西;倘若用它来引入一个还未被理解的概念,语言甚至可能造成危险"③。语言中充满了对逻辑关系的表达,但逻辑思维不可能单靠语言训练而得到发展,语言并不具有创造知识的能力。所以"动手'做'并在动作中理解都远比用语

---

① 扎古尔·摩西:《世界著名教育思想家》(第三卷),梅祖培等译,中国对外翻译公司,1995年版,第257页。

② 埃德·拉宾诺威克兹:《皮亚杰学说入门:思维、学习、教学》,杭生译,人民教育出版社,1985年版,第238页。

③ 埃德·拉宾诺威克兹:《皮亚杰学说入门:思维、学习、教学》,杭生译,人民教育出版社,1985年版,第136页。

手脑结合与人的学习

言更能表达自己"①。认识一个对象就采取行动,这是教育所不能忽视的一个根本事实。因此,他将"活动教学法"视为儿童教育的最重要的原则。活动教学法的要旨是把活动原则实施于教学过程,让儿童主动探索外物,通过活动及其协调,逐步形成、发展、丰富自己的认知结构,重新创造发明和理解事物。因此,建立在皮亚杰活动教学法基础上的"活动学校",其最大的特点就是强调学生获得的每个真理都是由学生自己重新发明或至少是重新建构的。也就是说,活动学校的目的不在于怎样重复和保存现成的真理,而在于培养求知的学习者。为了使儿童所学的每门学科知识与其他相关知识体系相联系,皮亚杰强调,学校应让每门课为儿童的探讨性活动和发现性活动提供条件,并使这种活动与一定的知识体系相联系。皮亚杰还强调,在学校教学中要重视儿童的游戏,尤其是对幼儿,游戏在学习过程中起着有力的杠杆作用,应将初步的阅读、算术、拼读改用游戏的方式进行,让儿童在游戏中获得真正有益的知识。

皮亚杰强调儿童应该是主动、积极地去活动。在他看来,如何通过活动让儿童积极地思考,这既是"最好的方法"也是"最困难的方法"。皮亚杰认为儿童活动的动机主要来自内部。在他看来,人的活动是人的生存和发展的必要条件,人的活动是有目的性的,并且总是在一定社会条件下进行的。这种活动只能是积极主动的,而不是消极被动的。因此,他特别强调人的活动应当有独立自主性、积极性和创造性,只有这样,才能产生良好的效果。他所大力倡导的活动教学法首先要求儿童可以做他应该做的事,而不是要求他们做成人要求他们做的事。他把旧的注入式的教学方法与活动教学法的对立是"被动性与主动性的对立"。在他看来,知识训练的目的是"造就智慧的主动探索者",因此,要让儿童主动探索外物,通过活动及活动的协调逐步形成、发展和丰富自己的认知结构,重新理解和创造发明新事物。针对传统教育口头机械式学习模式的弊端,皮亚杰实验教学给予了高度的评价,并强调亲自动手做实验的重要性。他认为这种教学能有效地帮助学生从直观形象思维过渡到抽象思维,从而把握基本概念和基本理论,培养和发展儿童的智力。在他看来,仅仅让儿童感知或让儿童"看着做实验而不亲自动手时,就失去

---

① 埃德·拉宾诺威克兹:《皮亚杰学说入门:思维、学习、教学》,杭生译,人民教育出版社,1985年版,第 203 页。

第四章 皮亚杰的建构学习观

了由动作本身所提供的那种信息性和培养性的价值"①。他批评那种将实验看作是"一种次要的活动,只对经验主义哲学的文明才有用处"的错误观点。而由此导致的结果是,只要给学生讲授过去一些实验结果或由教师演示一些实验给学生看,就已经为学生提供了足够的实验训练了。"似乎一个人只要坐在码头的长凳上观看别人游泳,就可以学会游泳了。……这远不是培养发明精神的教育,甚至也不是培养对比或实证的好方法。"②

需要指出的是,智力起源于动作,但并不是说有了动作就有了智力。皮亚杰在对外部活动高度重视的同时,也极为反对为动手而动手,为活动而活动的那种"系统地沾染着一定程度的形式主义"的做法。其实,皮亚杰所坚持的一切认知都起源于实际动作的主张,更是服务于他的教育的根本任务在于通过组织儿童从事各种运算活动发展儿童认知结构的命题。有鉴于此,他不赞成"一开始就用一种形式了的手工劳动去代替与儿童生活真正需要相联系的具体探索"的做法。认为这一做法阻止了儿童从事真正创造性的活动,从而也歪曲了活动这个概念的本意。他一再重申,"一个活动学校不一定是一个手工劳动学校,虽然儿童的活动在一定的阶段必然意味着要用手摆弄物体,乃至要进行一定数量的实物探索活动"③,但这不应当是学生学习活动的主要方面,更不是学习的目的。

二、关注内部活动

皮亚杰认为,活动不仅包括身体或手工方面的操作,而且包括内心抽象的思考活动。而且,学生"最真实的研究活动表现在思考的水平上,在最高度抽象的水平上,在运用语言的水平上"④。因此,皮亚杰在把"活动教学法"作为儿童教育的重要原则的同时,强调进行活动教学要避免两种错误认识,一是不能夸大具体活动的作用,尽管在儿童认识发展的初级阶段,具体活动具有重要的意义,但在以后的高级阶段,具体活动就应由抽象思维取代了,抽象的思考同样也是活动,且对认知结构的建立起着决定性的作用;二是活动不应被理解为一种视听表象过程,因为这种认识完全抹去了基本的逻辑数

---

① 皮亚杰:《皮亚杰教育论著选》,卢濬选译,人民教育出版社,2015年版,第135页。
② 皮亚杰:《皮亚杰教育论著选》,卢濬选译,人民教育出版社,2015年版,第146页。
③ 皮亚杰:《皮亚杰教育论著选》,卢濬选译,人民教育出版社,2015年版,第159页。
④ 皮亚杰:《皮亚杰教育论著选》,卢濬选译,人民教育出版社,2015年版,第159页。

学运算的应用,将问题简单化了。因此,需要消弭关于"活动"的"模糊之点",其中最突出的就是以为活动一定是物理的或具体的活动。其实,"活动"一词是具有特殊意义的。"它既可以从功能的意义上讲,指建立在兴趣上的行为,也可以从执行的意义上讲,指某种外在的运动性质的操作。然而,作为各级活动学校特征的活动,是属于第一种活动(因为从第一种意义来讲,即使在纯思维中一个人也在活动),而第二种活动只有在婴儿时期才是特别必要的,但随着年龄的增长,其重要性逐渐降低。"① 因此,皮亚杰强调,从感知活动到形式运算活动,是认知结构由低到高的发展过程。其实,皮亚杰所大力倡导的活动教学法并不只是简单的机械操作,更重要的是要通过实际操作激发儿童的思维,实现知识的建构。这就是说,皮亚杰不仅重视儿童的外部活动,同时更加重视的是儿童的内部活动。这种内部活动的工具和对象是语言、形象以及其他符号性的信息载体,其性质是观念性的,或符号性的活动,它是学生主体通过在头脑中的"动作"对事物的映像和观念进行操作的一种"无形活动",其中主要是思维活动,同时也包括记忆、想象、情感和意志方面的活动。

令皮亚杰感到忧虑的是,人们甚至不少教育学专家都把活动法与直观法"混为一谈"。皮亚杰认为,"学习者拥有随意使用的具体的物质体验(而非图片),形成自己的假设,并通过自己主动的操作去确证(或不确证)这些假设。观察别人的活动,包括老师的活动,都无益于形成新的组织"②。在他看来,尽管直观法比起纯粹的口授法是一大进步,但这种拘泥于形象的直观法和活动法比较起来,是不具有同等教育价值的。这种方法只是由于混淆了思维的形象方面与运算方面的不同,其"完全不足以发展儿童的运算活动"③。因此,"直观教学法比起操作的或活动的方法,必然处于一种较低的地位"。在运用这种直观法的时候,不能"忘记了自发活动与对真理的亲身或自动的研究的首要地位",否则,"那就仅仅是用一种更漂亮、更精致的拘泥于形象,去代替传统的那种拘泥于文字"④。皮亚杰强调,应注意不同阶段活动性质及

---

① 皮亚杰:《皮亚杰教育论著选》,卢濬选译,人民教育出版社,2015年版,第53页。
② 理查德·科勒:《让·皮亚杰》,杨彩霞译,黑龙江教育出版社,2016年版,第175页。
③ 皮亚杰:《皮亚杰教育论著选》,卢濬选译,人民教育出版社,2015年版,第162页。
④ 皮亚杰:《皮亚杰教育论著选》,卢濬选译,人民教育出版社,2015年版,第164页。

第四章　皮亚杰的建构学习观

其过渡，如年龄较小的儿童应以游戏活动为主，视听教学应注意利用直观形象向抽象逻辑思维的过渡，各门学科的探讨和重新发现活动要与一定的知识体系相联系等。其实，在他看来，直观法并不等同于活动法，尤其是到了儿童发展的高级阶段二者的差别是相当大的。"尽管这时学生在个人重新发现要获得真理时也完全是'活动'的，然而这种活动指的是抽象的思考。"[①]

皮亚杰认为，"智力开始是实践性质的或感觉运动性质的，然后逐渐内化成为严格意义上的思维"[②]。因此，他指出，"用一种手工劳动的形式主义去代替与儿童生活真正需要相联系的具体探索，阻碍了儿童真正的创造，从而歪曲了活动这个概念的本义"[③]。其实，相比于外部活动，内部活动在学生的认识和发展过程中起着更为根本的作用。单纯的外部活动对于学生的身心发展的价值是有限的，外部活动只有通过引起主体的内部活动才能促进其内部活动素质的形成，如果外部活动成了单纯的外部操作活动或者已经是自动化、熟练化了的外部操作活动，即这种外部操作不需要有意识的内部活动的参与，那么这样的实践活动对内部活动素质的发展就没有什么价值。当然，那些具有相对独立性的内部活动对外部活动素质的形成同样也不会产生直接影响，比如静听、静观、静思等知识学习活动，对动手操作能力的形成就不会产生什么影响。真正具有发展意义的活动应该是由人的内部心理活动指导和参与之下的内外统一的活动。在这方面内部活动起着至关重要的作用。毕竟，学习作为一种主动的行为，只有在学习者仔细思考时才会导致有意义的学习。学习的结果，不只是知道对某种特定刺激做出某种特定反应，更重要的是头脑中认知结构的重建。因此，皮亚杰认为，活动是一个认知过程而不是描摹过程。描摹是将有关的学习材料或有关对象在人的知觉中或心理影像中产生一种形象的摹本。而认知则是一种行动过程，它在动作上或思想中转变现实，以便掌握这种转变的机制，并因此把事物与对象同化于运行系统之中。

在重视内部活动方面，皮亚杰特别重视活动的内化。在他看来，"就实验的原始资料看，智力的活动过程如消化系统吸收食物的消化活动的方法一

[①] 皮亚杰：《皮亚杰教育论著选》，卢濬选译，人民教育出版社，2015年版，第162页。
[②] 皮亚杰：《皮亚杰教育论著选》，卢濬选译，人民教育出版社，1990年版，第49页。
[③] 皮亚杰：《皮亚杰教育论著选》，卢濬选译，人民教育出版社，2015年版，第37页。

样"①。因而,"知识不是现实的复写。认识一个客体,认识一个事件,不是仅仅去看它,然后造出它的心理复写或表象。认识就是修正,是客体转化以及理解转化的过程,而结果则是理解客体构成的方式。因此,知识的本质是一种运算;它是一种内化了的动作,修正对客体的认识"②。我们知道,在正常情况下,人是靠吃东西来吸收营养物质的。在此过程中,我们通常先要看一看,或者闻一闻,大概地判断一下这东西是否能吃。如果觉得可以吃,就会将东西放入口中,接着要进行一番咀嚼,使之适合我们食管、消化道等的生理结构,然后进入胃肠,被人体消化吸收,成为我们身体的一部分,抑或说,成为我们的生理结构了。其实,就像生理上人类通过从食物中吸收营养物质进而内化为自身的生理结构一样,人的智力、道德等,归根结底也是从外部的东西(活动)转化或移植而来的。抑或说,是在与外界的相互作用中建构了我们的心理结构。这种心理结构也就像我们通过从食物中吸收所需要的营养物质内化为自身的生理结构(骨肉、器官等的组成部分)一样,会被长久地保存下来,从而成为我们的有机组成部分。

所谓内化,也就是外部活动转化为内部活动,实际操作转化智力操作,物质的东西转化为意识的东西。内化的过程就是把客观世界中外部的东西转换成大脑中的内部东西。其实,"从最基本的感觉运动动作(如推、拉),以至最机智巧妙的运算,都有内化的心理活动"③。而只有当一切外在的事实转化为内在的事实之后,这外在的东西才会为主体真正所占有。按照皮亚杰的观点,人的发展归根结底是其认知结构的发展,主体的认识结构是在活动中形成和发展的。人的实践活动经过不断重复,就蜕掉了它的感性的形式和外衣,以抽象化的方式成为人脑中的理性和逻辑的积淀,成为有着先入之见的巩固性和公理性质的逻辑运演和规则,这就是人所特有的认知结构。应当说,个体的认知结构就是其头脑中内化的知识结构,就是知识结构通过内化在头脑中所形成的观念的内容和组织。主体的认知结构是以外部活动为基础,经由外部活动向内部活动的转化而形成的。我们平常所说,在学习过程中,学

---

① 陈孝禅等译:《皮亚杰学说及其发展》,湖南教育出版社,1983年版,第87页。
② 埃德·拉宾诺威克兹:《皮亚杰学说入门:思维、学习、教学》,杭生译,人民教育出版社,1985年版,第214页。
③ 陈孝禅等译:《皮亚杰学说及其发展》,湖南教育出版社,1983年版,第16页。

生必须把教师所传授的科学知识消化吸收、融会贯通，使其成为自己的血和肉。这讲的就是内化。皮亚杰认为儿童的思维、智慧都是操作活动内化的结果。儿童认知发展的阶段也说明，最初儿童的思维是与动作密切结合的（感觉运动期），通过外部活动表现出来，然后才逐渐内化，外部活动也被内部活动所取代。在教学实践中，正是由于通过外部活动及其内化，内部活动及其外化的转化过程，学习者才真正实现了对知识的掌握及主体力量的发展。

需要指出的是，在对内部活动的重视方面，皮亚杰对思维，尤其是抽象思维给予了特别的青睐。在皮亚杰看来，教育的目标就是要促进学生智力的发展并培养学生的思维能力。思维是一种有组织的能动活动，是与环境相互作用的一定的特殊方式的表现。这种连续不断的活动，随着有机体自身的生长发育，根据预定的生物学模式带来了智力的发展。他认为传统教学中教师向学生传授事实类型的知识，学生按照教师呈现知识的方式加以被动吸收的做法是错误的。教学不应该仅仅是知识的传授，更重要的是要刺激儿童心智的发展，儿童不应是消极接受知识灌输的"容器"，而是要学会如何思维，通过死记硬背学得的知识不等于智慧。他强调智力训练的目的是形成智慧，而不是贮备记忆；是适应智力的探索者，而不仅仅是博学。所以，他尤为重视过程的学习，强调形成知识结构和发展抽象思维能力。他认为，人的智力发展的最后一个阶段就是形式运演阶段，就是抽象思维阶段，这是认识发展的理想目标。因此，他把具有逻辑推理能力和掌握复杂抽象概念的能力看作是教育的最高目标。在他看来，"形象思维总是从属于运算思维的"，"思维的基本方面是运算思维而不是形象思维"[1]。最可靠的科学研究活动是在最高度抽象的领域内，在运用语言文字的领域内进行的，亦即是在抽象思维的领域内进行的。由此可见，思维，尤其是抽象思维活动乃是儿童学习与发展过程中最为重要的内部活动。

三、聚焦相互作用

皮亚杰认为，一切认识，不管其性质怎样，都会产生主体与客体的关系问题。因此，经典的经验论和唯理论分别对认识的来源给出了不同的回答。经验论者强调外界环境的作用，认为主体对于客观事物的认识完全来自对客

---

[1] 雷永生等：《皮亚杰发生认识论述评》，人民出版社，1987年版，第120页。

观事物的"摹写";而唯理论虽然强调人的主观能动性,但却过分夸大了主体的作用。皮亚杰认为这两种理论都是有偏见的哲学认识论,都是片面的。他认为儿童的思维不是单纯地来自客体,也不是单纯地来自主体,而是来自主体对客体的动作,是主体与客体相互作用的结果。在他看来,主体与客体之间的关系,是一种根本的相互作用的关系。因此,皮亚杰的认知发展理论也被称为"相互作用论"。

皮亚杰理论的"核心思想始终是相互作用"。在皮亚杰看来,一切认识,不管其性质怎样,都会产生主体与客体的关系问题。主体与其环境的关系,是一种根本的相互作用的关系。他一再强调,"认识既不是起因于一个有自我意识的主体,也不是起因于业已形成(从主体的角度看)、会把自己烙印在主体之上的客体;认识起因于主客体之间的相互作用"[1]。主客体间的相互作用是通过主体的动作实现的,儿童的认知结构发生的起点是以活动来作为主客体相互作用的唯一可能的联结点,即内部活动(运算)和外部活动(实物性动作)的相互作用而完成的。因而,决定学习的要素,既不是外部因素(如来自物理环境和社会环境的刺激),也不是内部因素(如个体生理成熟),而是个体与环境的交互作用。具体地说,儿童以几个与生俱来的基本结构为起点,开始同他的环境相互作用,从而建构这些结构并发展出新的来。新的心理结构产生出应付环境的更为有效的方式。

皮亚杰通过对生物有机体的研究发现,生物有机体的某些发生论的变化,既不完全是由遗传决定的,也不完全是环境事件变化的结果。有机体在发生发展过程中并不是消极被动的,为了适应变化了的环境,有机体建构了它所需要的特定的生物学上的结构进而能够生存下来。这也表明,有机体生存和发展的过程是有机体与环境相互作用的过程。皮亚杰又把生物学方面的这些事实,移植到了心理学方面。在他看来,正是活动造成了生物机体的进化和人的智力的发展。也就是说,人的认知结构,也像生物学上的结构一样,既不是事先就在头脑中的,也不是外部世界所赋予的。皮亚杰认为,思维是一种有组织的能动性,是与环境相互作用的一定的特殊方式的表现[2]。应当说,认识既不来源于主体,也不来源于客体,而是来源于主客体的相互作用——

---

[1] 皮亚杰:《发生认识论原理》,王宪钿等译,商务印书馆,1981年版,第21页。
[2] 陈孝禅等译:《皮亚杰学说及其发展》,湖南教育出版社,1983年版,第87页。

第四章 皮亚杰的建构学习观

活动。在主客体相互作用的过程中，主体必须具有两个特征：其一是主体必须是具有自我意识的个体，它能够意识到自己的存在，了解自己是各种活动的发出者，并且清楚地认识到自己在认识过程中的主体地位，才能准确地分析应该以怎样特定的方式去建构客体。在皮亚杰看来，新生儿没有自我意识，他对外界事物的刺激做出反应的行为仅仅只能依靠遗传的结构，他没有办法将自己与外界环境区分开来，自然也没有客体的概念，处于一种没有意识的自我中心状态，所以还不能称之为真正认识论意义上的主体。只有当他慢慢成长，认识结构越来越完善，具有自我意识以后才能适应外部世界，使外界事物成为他的认识的对象并具有建构客体的能力。其二是主体是活动的实践者，在认识过程中具有主观能动性，它能够自主地选择一定的方式进行活动，通过活动来作用于客体，达到对客体进行改造的目标，同时通过同化和顺应来适应外部环境。按照皮亚杰的认知建构论，知识不是外界客体的简单摹本，也不是主体内部预先形成的结构的展开。"知识，不是被动地从环境中吸收的，不是预先在儿童头脑中形成，并随着儿童的成熟随时出现的，而是由儿童通过他的心理结构与他的环境之间的相互作用构建的"①。也就是说，"知识在本原上既不是从客体发生的，也不是从主体发生的，而是从主体和客体之间的相互作用中发生的"②。

主客体的相互作用首先是主体对客体的作用。皮亚杰从"环境的有机体"的结论，提出智力行为运算说。"这个运算说的概念，意思就是，有机体在学习过程中是主动的，因为皮亚杰认为学习者总是作用于环境的。这个理论关系到相互刺激和相互作用一个模式两面的概念。"③ 皮亚杰认为，就外部功能而言，智慧活动本质上是主客体相互作用中主体对客体（环境）的能动适应。"能动"意指主体在实物上或在想象中转变客体，只有改变客体才能认识客体。也就是说，这种能动的学生，就是那种很早就通过自己学习去发现事物的学生。皮亚杰认为，为了认识客体，主体必须作用于客体而使它发生变化，否则主体就绝不能理解客体的性质，而只能停留在纯粹描写的水平上。操作

---

① 埃德·拉宾诺威克兹：《皮亚杰学说入门：思维·学习·教学》，人民教育出版社，1987年版，第31页。
② 孙君：《世界著名心理学家——皮亚杰》，北京师范大学出版社，2013年版，第52页。
③ 陈孝禅等译：《皮亚杰学说及其发展》，湖南教育出版社，1983年版，第55页。

实物具有决定性意义,为了进行思维,具体运演阶段的儿童需要在他们面前放容易处理的客体,或者再出现已经处理过且无须任何实际的努力就很容易想象出来的客体。皮亚杰强调,"认识一个客体并不意味着去描摹它——而意味着作用于它"[1]。"好的教学法必须包括向儿童提供这样的一些场合,使他们可以亲自进行最广泛意义的实验,试验各种东西以观察结果,操作各种东西,操作对象物,提出问题并给自己寻找答案。"[2]当然,在这一过程中,并不仅仅是主体的眼睛及双手等作用于客观事物,更重要的是主体的大脑与对象物发生作用。所以,皮亚杰认为,无心地操作物质材料不能算主动的学习。相反,他强调头脑和材料的相互作用——身体和心理的活动之间的协调,把它作为建立逻辑知识的关键。皮亚杰十分强调主体在认识过程中的能动作用。他认为,在主体与客体相互作用产生认识的过程中,主体比客体的地位相对来说要更重要些,主体是认识活动的发出者和调节者,具有主动性和能动性,而客体则处于比较被动的地位。在他看来,主体的心智总是主动地对环境加以分析和解释,使之与自己已有的心理框架相一致。因此,他认为,儿童与其环境之间反复并不断地相互作用的这个循环,突出地表现出儿童作为他自己智力发展的主要动力。

就像物理学上所说的作用总是相互的一样,在主体作用于客体的同时客体也反作用于主体。在彼此的相互作用过程中,相对于主体的主观能动性而言,客体则具有一定的被动性,但这并不妨碍客体在相互作用过程中的重要性的发挥。应当说,在主客体的相互作用的过程中,客体也是不可或缺的。因此,客体对主体的作用也必然地成为认识的必要环节。其实,就认识的发生过程来看,无论是主体建构客体、客体建构主体,还是认识起源于活动,它都是离不开外在事物对主体的刺激。主体在改造客体的同时,也改造着主体自身。主客体的相互作用犹如一枚硬币的两面,就像物理学中的作用力与反作用力的关系似的紧密地联系在一起。比如说,皮亚杰把儿童的"做"看作是"主体与客体的相互作用",其实,在"做"的过程中,既有主体通过自己的双手等器官的动作作用于客体的过程,亦有来自客体的信息作用于主体

---

[1] 程利国:《皮亚杰心理学思想方法论研究》,福建教育出版社,1999年版,第61页。
[2] 埃德·拉宾诺威克兹:《皮亚杰学说入门:思维、学习、教学》,杭生译,人民教育出版社,1985年版,第238页。

的眼睛等感官,以及进而对主体的大脑产生作用。关于主体与客体是如何相互作用的机理,皮亚杰通过同化和顺应这两种主体内部既相互对立,又相互依存的机能来进行诠释。在他看来,同化是主体改造客体的过程,而顺应是在客体的作用下主体被改造的过程。他认为,当外部刺激作用于机体时,机体并不是消极地接受这一刺激,被动地做出反应,而是首先利用自己已有的认知结构将这一刺激进行过滤或改变,使之成为主体能吸收的形式。刺激被同化,实质就是客体作用于主体后,主体改造客体的结果。

应当说,认识之所以产生,并不是因为具有自我意识而能建构客体的主体,也不是因为客观存在着的客体,这两者虽然是认识产生的必要因素,但不能脱离对方而单独起作用,只有主体与客体之间的相互作用才是认识建构的基础,主体以活动为中介来作用于客体,经过持续不断的有效的建构,认识才得以产生。为此,皮亚杰强调学习者要以现有的知识经验为基础,通过自身的活动对现实的客体进行直接接触、动手操作等,从中获得关于客体的直观信息,同时在头脑中不断进行分析、综合等,抽离出理性认识,从而建构起关于客体及其活动的知识经验。皮亚杰将"活动教学法"视为儿童教育最重要的原则,强调只有儿童自己具体参与各种活动,才能获得真正的知识,才能形成自己的假设并予以证实与否定。当然,皮亚杰所说的"活动"不只是外在的"动手"活动,同时也是内在的"动脑"活动;抑或说是行动与心理的统一,动手与动脑的统一。而基于"活动"的学习也就不再是学生通过静听、静观接受现成知识结论的过程,而是一个动手动脑,主体与客体相互作用的主动建构过程。

第三节 突出智力发展

皮亚杰的发生认识论也就是智力操作图式理论。在皮亚杰看来,教育的主要目的就是要促进学生智力的发展并培养学生的思维能力。应当说,在他的著作中,认知、智力、思维等往往是同义语。他强调:"如果智育的目的在于培养聪明才智而不是填充记忆,在于培养知识的探索者而不是博学之士,那么传统的教育显然具有严重的缺陷。"[①] 纵观皮亚杰的智力操作

---

① 皮亚杰:《皮亚杰教育论著选》,卢濬选译,人民教育出版社,2015年版,第146页。

图式说则不难发现,其中蕴含着智力发展的阶段性、基础性及平衡性等方面的特征。

一、揭示"阶段"性

皮亚杰通过对儿童认知发展的研究,认识到婴儿在成长过程中经历了复杂的认知变化,认知的积累并不是机械的量的叠加,而是存在着质的变化,并呈现出阶段性的发展特征。在他看来,"正像蝌蚪早已在呼吸,虽然它的器官不同于青蛙的器官,同样,儿童也像成人一样动作,不过他们所使用的心理结构是随着心理发展阶段的不同而不同的"①。事实上,儿童成长的每个阶段都会显现出不同程度的认知能力。皮亚杰把儿童认知(智力)的发展以思维的"质"的变化为标准作为划分认知发展阶段的依据,进而提出了从感知运动—前运演—具体运演—形式运演顺序不变的智力发展阶段理论。

一是感知运动阶段(0~2岁)。这一阶段是思维的萌芽期。处于这一阶段认识的活动以感知和运动反射为主要形式,且依赖于眼前的事物,不能应用心理表象从事智力活动。这一阶段儿童的各种感觉运动逐渐形成,其认知结构主要是视觉、听觉、触觉等感觉和手的运动。这个阶段儿童只能依靠自己的感觉和肌肉动作来认识周围世界。在此阶段,儿童初步了解到要用语言来表达自己的意思。伴随着智力的发展,儿童开始摆脱无目的性的动作,越来越多地开始为了达到某一目的而采取相应的动作,例如口尝、手抓。表明主体已不再单单受到来自客体的刺激了,也开始尝试对外部世界的影响,主体动作与动作目的之间的协调标志着儿童认知能力的提高,是主体认知结构日趋完善的一种表现。

这一时期的儿童认知发展主要表现为感觉和动作的分化。处于这一阶段的儿童虽然其认识还处于萌芽之中,但是随着活动的发生,主体的认知能力也在悄然地发生变化,从最初的依靠反射来实现对客观事物的最初本能反应,慢慢地开始出现习惯动作。在外部世界的不断刺激之下儿童的某些动作习惯形成自然,这些习惯动作会伴随着刺激的出现本能地发生,此时儿童对于外部的知觉感逐渐形成。到这一阶段后期,感觉运动逐渐分化,思维开始萌芽。

---

① 皮亚杰:《皮亚杰教育论著选》,卢濬选译,人民教育出版社,2015年版,第45页。

而且，婴儿已经开始获得物体常在的概念，亦即认识到诸如皮球等物体就是离开了自己的视野也还存在着，还可以把它找回来。这就是说，儿童开始意识到外部事物的存在性，外部事物的这一存在并不会因主体而改变。伴随着这一观点深入大脑，永久性主体认知结构开始逐步建立。此时，主体开始萌发因果性认知思维，主客体间相互作用开始显现出显著的作用。

二是前运演阶段（2~7岁）。这一阶段也可以叫前逻辑阶段。皮亚杰认为，智力的发展过程是产生和脱离自我中心的过程。所谓的儿童自我中心状态是指儿童把注意力集中在自己的动作和观点上的现象。如前所述，处于感知运动阶段的儿童还不能将自己和外界分开，他感知到的世界是一个主客不分的混沌世界。在动作协调的基础上，大约两周岁的儿童逐渐学会区分客体，开始意识到自己内心的主观的东西，并能在一切可能的条件下找到自己真正的位置，因而在人、物和他自己之间建立了一个共同的和相互的关系体系。皮亚杰把这个过程看作是"哥白尼式革命"。

这一阶段也是儿童语言和思维发展的关键期。这一时期的一个重要标志就是语言表达能力的出现及其迅速发展。皮亚杰重视语言在儿童智力发展中的作用，语言是社会影响儿童智力发展的主要手段之一。只有语言才能沟通不同个体之间的思想，从而才能使个体思维获得社会性和相应的客观性。语言的运用大大增强了思维的广度、速度和系统性。由于语言的出现和发展，儿童的活动出现了新的特征，即出现不直接与实物联系的信号性活动，儿童开始使用符号和图像来表征世界，但是这些符号和图像直接依赖于儿童的即时知觉。由于语言不受躯体动作速度的限制，因而更为灵活，能一下子代表一系列动作。儿童日益能够用表象和词语再现客体、动作和事件，从而使儿童能够从具体动作中摆脱出来，并在头脑中进行"表象性思维"。由于儿童只能通过表象进行思维，因而在这个阶段，儿童还不能形成正确的概念。这一时期儿童还不能根据看到的现象进行逻辑的推理。同时，这个阶段的儿童的思维是刻板的，只能思考眼前的现象，注意力不能进行分配和转移。

三是具体运演阶段（7~11岁）。在皮亚杰的理论中，"运演"指的是一种内化了的动作。这一阶段的儿童能进行具体的心理运演，因此，该阶段儿童可以通过动作的或事件的序列关系进行思考。具体运演的特点是具有可逆性，这个阶段的儿童可以颠倒思维的方向，比如能自己到商店，再回家，能理解减法和加法是相反的，等等。这个阶段之所以称为具体运演，是因为这一时期儿童能对实际存在的客体进行运演。此阶段儿童获得的最重要的概念是守恒，这涉及儿童认识到不管外观如何变化，客体或量保持不变。比如有两个玻璃杯，一个矮粗，一个高细，如果将一定量的水从矮粗的杯子中倒入高细的杯子中，对处于前运演阶段的儿童会说高细杯子里的水多，但处于具体运演阶段的儿童能认识到两个杯子里的水一样多。此阶段儿童的认知结构已发生了重组和改善，能在头脑中运用意象、符号对具体、真实的事物进行思维活动。在他们的认识结构中已经具有了抽象概念，已经能够对事物的大小、长短和其出现时间先后顺序加以思考和排序，自我中心状态进一步得到解除，儿童的智力水平已经获得了质的飞跃，具有了较为系统的逻辑思维能力。当然，在此阶段儿童的思维仍然限于具体的事物，它还不是观念性的。他们能在同具体事物相联系的情况下，进行逻辑运演。这时的儿童四处尝试具体事物，面临一个问题时还不能一开始就阐述所有可能的选择。他们一次只能理解一种性质，还不能合并一系列的运算完成复杂任务。这个阶段的儿童能从具体事物中理解数、体积、重量、容积等概念，能够根据不同标准对事物进行分类，能够区分主类和次类的关系，比如像"白色汽车多还是汽车多"的问题。他们可以逆向思考并且按照时间将内容和事件排序，开始理解时间和空间并且能进行独立运演，能进行一些智力活动而不必依赖客观物体。他们的知觉集中倾向逐渐消失，不可逆倾向逐渐弱化，换位思考能力逐步增长。

四是形式运演阶段（11~15岁）。所谓形式运演指的是摆脱了具体事物的束缚，利用语言文字在头脑中重建事物和过程来解决问题的运演过程。此阶段的儿童获得了抽象思维和假想思维的能力，个体能从各个角度看问题，并且较过去更为系统。比如对1、2、3、4进行尽可能多的排列，能利用系统的策略列出所有的排列，而不是像处在具体运演阶段的儿童仅仅能进行随机的排列，没有系统的策略。处于此阶段的儿童可以进行科学的思考，并且可以使用演绎的方法提出并验证假说。例如，皮亚杰曾设计钟摆实验，要求被试在摆绳长度、摆锤质量和作用力三者之间找出影响摆速的因素，结果发现，这一阶段的儿童能通过控制变量的办法依次进行假设验证，最终得到正确答案。这表明，此时的主体不仅能够熟练地使用语言符号，还可以借助于脑中的概念与假设进行假设演绎推理，并得出相应的答案。假设演绎运演也被视为评价主体认知能力水平高低的重要标尺。在皮亚杰看来，主体只有拥有了假设演绎运演能力才具备进行科学研究所要求的基本运演能力。

大量研究表明，皮亚杰所揭示的认知发展阶段性是普遍存在的，儿童在每一阶段都诞生了与上一阶段不同的认知能力，这标志着儿童获得了适应环境的新的方式。但是，儿童智力的发展过程并非像蝴蝶发展所经历的卵、幼虫、蛹及成虫四个阶段那样台阶式的变化过程。也就是说，在一夜之间出现互不联系的、静止的各个阶段是不可能的，而只能出现连续发展的相互重叠的阶段。虽然智力发展过程是渐进的、连续的，但它的产物却是不连续的。儿童的认识发展由低一级水平向高一级水平过渡的顺序性也是不可改变的。所有儿童都必须经过具体运演阶段才能到达形式运演阶段。儿童发展到某一阶段，就能从事水平相同的各种性质的活动。因此，一切理智的原料并不是所有年龄阶段的儿童都能吸收的，我们应考虑到每个阶段的特殊兴趣和需要。教学一定要考虑儿童当时所处的发展阶段。若过早地教给儿童一些他自己日后能够发现的东西，这样会使他不能有所创造，结果也不能对这种东西有真正的理解。儿童的认知发展作为一个不断建构的过程，需要在前一阶段发展的基础上才可能出现进步，因此，学生得循序渐进，否则揠苗助长，欲速则不达。而且，那种超越阶段的、儿童不具备必需的认知能力的学习，只不过是口头的学习，儿童不可能真正理解。智力的发展有其节奏，那种凭想当然地任意加速学生发展的想法实际上是浪费时间和精力的得不偿失之举。皮亚杰关于儿童智力发展的阶段理论，给人们提供了根据儿童的心理特点，对不同阶段的儿童应教什么和怎样教的教育教学的心理学依据。

二、体现"基础"性

传统智力理论将儿童智力的发展归之为生物因素、经验因素和社会因素三个方面。尽管皮亚杰认为影响儿童智力发展因素并不仅限于此，但他仍然认为，这三个经典因素是十分重要的，它们都是儿童认知发展的不可或缺的前提和条件。事实上，由于遗传、社会生活条件、经验等方面的不同，会使一个具体的儿童智力的发展加速或推迟，甚至阻碍一个阶段的出现。这表明，皮亚杰的智力发展观是建立在生物因素、经验因素和社会因素的基础上的。

智力的发展是建立在生物因素的基础上的。生物因素主要指的是由遗传决定的生理成熟过程，包括机体的成长，特别是神经系统的成熟。人类智力是从生物适应中发展起来的，确定本能和遗传的作用是发生认识论必须解决

的问题。生理成熟的作用主要限于揭开智力发展的可能性，逐渐实现的生理成熟为认识活动的可能性领域的不断拓展创造条件，个体的生理成熟是智力发展必不可少的生物学基础。在皮亚杰看来，尽管智力的发展并不像先天论所说的那样是由遗传预先确定的，但智力"与生物学的关系是明显的"。从个体成熟的角度来看，每个个体在出生之前，就已经存在着生物因素了，因为每个个体都会有不同的遗传因素。其实，人类智力原本就是从生物本能行为演化而来的，当然也是建立在机体成熟的基础上的。人的发展从本质上说就是人的认知结构的发展，主体所具有的最初的认知结构是依靠遗传获得的本能动作。初生婴儿所具有的吮吸、抓握等行为是与生俱来的，是人类长期进化积淀下来的为数不多的一些本能，这些遗传本能乃是婴儿能够生存的基本条件。以此为基础，儿童在后天的活动中发展出各种新的认知结构。

尽管遗传因素对儿童的发展有着重要的作用，但对一个出生后的个体来说，我们无法改变他的遗传因素，因此只能从其他因素着手。而且，这种遗传基础也只是儿童发展的必要条件，而不是发展得以产生的动因，更不能预定未来的发展结果。随着年龄的增长，这种天赋的遗传因素的影响将越来越小，此后自然经验、社会经验等将成为主要的影响因素。其实，生物因素只是决定了各个特定阶段的可能性范围，亦即在某个特定阶段建构某一特定结构是否可能，它本身并不包含某种预成的结构。因此，皮亚杰也认为："遗传与成熟作用都限于：只能决定后天成就的不可能性或者说可能性的范围有多大，但是成就的实现，需要由经验从而也由环境所给予的外界材料，以及由自我调节引起的逐步的内部组织化。"[①]

智力的发展是建立在个体因素的基础上的。个体因素即实际经验，系指个体在自然环境中的实践活动以及从中所获得的经验。皮亚杰认为，儿童认知的来源应该从主体与客体的相互作用（活动）中去寻找。因此，为了发展儿童的认识能力，儿童必须经常参加各种各样的活动，在活动中对客体施加各种动作，从而获得各种实际经验，才能促进智力的发展。儿童接触外界实物的经验越多，有关的理解就越有可能得到发展。就像那些帮助父母制作陶器的儿童，他们的关于陶器的概念的发展就比缺乏这种经验的儿童早。皮亚杰将经验区分为物理经验和数理逻辑经验。其中，物理经验是客体自身属性

---

① 皮亚杰：《发生认识论原理》，王宪钿等译，商务印书馆，1981年版，第64页。

的反映,如轻重、软硬、精细等。尽管物理经验最本质特点来源于物体本身,即使我们不去作用于对象,它的性质也客观存在着。但只有通过作用于物体的动作,儿童才能获得有关的物理经验。数理逻辑经验,即其信息不是来自客体,而是来自主体的活动以及对主体自身活动的协调。也就是说,这种经验不是从客体本身,而通过摆弄它们,通过其动作的内部结构来获得的,它是从对有关客体和事件的经验和思维中引出的知识经验。比如一个儿童在河边摆弄鹅卵石时发现卵石是硬的、光滑的、有色彩的等等,这就是所谓物理的经验。然后,这个儿童把一些卵石从左排到右,再从右排到左,最后把它们排成一个圆圈。结果他发现,不管怎么排列,卵石的总数是不变的。这也就是说,他获得了这样的经验:排列次序和卵石的总数无关。这就是所谓数理逻辑经验。正是这种经验,才是日后抽象逻辑的感情基础。在物理经验与数理逻辑经验二者之中,皮亚杰一向更注重后者。他认为,在认识发展的任何阶段,数理逻辑经验都是物理经验的前提条件,物理经验内容只有同化在数理逻辑经验的形式框架之中才能成为关于客体的知识,甚至物理经验本身的形成也需要先有数理逻辑经验。需要指出的是,皮亚杰在重视实际经验之于智力发展重要性的同时,也认识到经验因素也只是智力发展的必要、而非充分条件。

智力的发展是建立在社会因素的基础上的。社会因素指的是个体在社会关系和社会生活中以及通过教育文化传递而获得的经验。儿童生活在社会之中,它是一个与社会相互作用的过程,这种相互作用因素在经验的建构过程中具有特别重要的意义。皮亚杰认为,儿童的发展阶段可以随着其所受的文化教育的社会环境的差别而加速或推迟。社会因素对于智力发展的影响突出表现为社会生活和教育对于智力发展的影响。社会生活对智力的影响是显而易见的。皮亚杰认为,儿童智力的发展与儿童社会化的进展是互为条件又基本平行的。人自出生的那一刻起便置身于一个纷繁复杂的社会系统之中,无时无刻不受到来自社会生活的影响,智力的发展也不例外。我们常说,家庭是孩子的第一任老师,其实,家庭对儿童产生的影响是最为深远的,良好的家庭环境能够为儿童智力的发展提供一个坚实的基础。另外,伴随着儿童与家庭成员和其他社会成员之间的接触过程,儿童逐渐从自我中心化中摆脱出来,这也是儿童智力发展的一个表现。儿童与伙伴的关系也很重要。皮亚杰认为,儿童与伙伴、家长及老师相互作用的机会越多,他们听到的观点就越多。这种经验促使儿童从这些人的观点出发进行思维，从而接近客观性。这类相互作用也是一个获得习俗、名称等方面信息的重要源泉，它们构成社会知识。同样，教育对儿童智力的发展所起的重要作用更是人所皆知的。通过系统的教育，儿童能够更好地认识外部世界，获得经验与知识，正是基于此，教育因素促进了主体智力发展。皮亚杰认为，教育必须以为儿童认知结构的建构服务为出发点，他认为如果主体一直处于被动地接受教育，而缺少主体的主动同化作用时，那么这个社会的教育是无效的。为了让主体更加主动地同化教育为其带来的经验，教育首先要做到其传授的经验能够引起主体积极从事创造的活动，只有这样，主体才能进行有效地同化。由此可知，教育在智力发展阶段其实起到了加速剂的作用，但必须强调的一点是，虽然教育能加速智力的发展过程但它并不能超越或改变智力发展的顺序。总之，"人是社会的生物，而社会则改变着、促进着，甚至从无到有地创造着某些智力机制"①。

三、彰显"平衡"性

皮亚杰认为："平常提到的作为说明智力发展的经典因素是生物成熟、环境影响（经验）和社会传递。这三者中的每一个因素都起着重要作用，但是，它们仍不足以完全说明智力的发展。"② 也就是说，单独地看，无论是成熟，还是实际的或社会的经验，都不能解释智力发展的问题。而且，发展的次序具有连续性这一事实也充分说明这些因素并不是发展的充分因素。因而，发展的真正原因既不能单纯用以上各种因素中的任何一个加以完善说明，也不可能是它们的机械相加。由于原有的三种因素之间存在着相互作用，而要有效地发挥这三种因素的作用，就需要一种能够发挥协调功能的某种因素，抑或说，这三个因素之间需要保持平衡。有鉴于此，皮亚杰创造性地提出了儿童智力发展的另一个因素，也是最重要的因素，即平衡因素。平衡因素"协调着其他三个因素。它包括在儿童的心理和现实之间持续地相互作用之中。儿童不但将总结经验同化到他的现有的心理体系之中，而且还在反应中使心理体系的结构顺应他的经验"③。皮亚杰强调，"发展的理论就必须求助于平衡概

---

① 程利国：《皮亚杰心理学思想方法论研究》，福建教育出版社，1999年版，第51页。
② 皮亚杰：《皮亚杰教育论著选》，卢濬选译，人民教育出版社，2015年版，第11页。
③ 埃德·拉宾诺威克兹：《皮亚杰学说入门：思维、学习、教学》，杭生译，人民教育出版社，1987年版，第40页。

第四章 皮亚杰的建构学习观

念,因为一切行为都要在内在因素与外在因素之间保持平衡,或者比较一般地讲,都要在同化与顺应之间达到平衡"①。

皮亚杰把平衡看作是主体对环境的适应。受进化论和机能主义心理学的影响,皮亚杰认为,在生理水平上机体要适应环境才能生存。这种适应指的是生物体在环境的作用之下发生变异,并经过自然选择而形成的,它是生物体屈从环境的威力所做出的适合生存的改变。皮亚杰发现蜗牛在平静的水中,它的壳是比较软的,也拉长了,而在不断被波浪冲击的岸边,蜗牛的壳则会变硬,形状也发生了相应的改变。皮亚杰认为,智力的或认识的机能活动与生物的机能活动具有同型性,都表现为生命的不间断地创造形式对周围环境的适应,即机体的日益复杂的形式与周围环境之间逐渐获得协调平衡。这就是说,人类不仅在生理水平上机体要适应环境,而且在心理水平和认识水平上也都存在着机体对环境、主体对客体的适应。"生物适应是维持生存的条件,智力适应是认识事物的前提"。皮亚杰认为,智力是生物适应的一种特殊情况,它是作为机体的表现型的反应,是从心理上建构某些能适应环境的结构,并由此去延伸机体的物质性创造。有鉴于此,皮亚杰把智力定义为帮助有机体适应环境的一种基本的生命功能。在他看来,"智慧就是适应","智慧行为就是适应行为,而且是有机体和环境的动力平衡"②。个体的心理、智力、思维,既不是起源于先天的成熟,也不是起源于后天的经验,而是起源于主体的动作,这种动作的本质乃是主体对客体的适应。这种适应乃是儿童智力发展的真正原因。皮亚杰强调,"智力乃是一种最高形式的适应,乃是把外物不断同化于活动本身和把这种同化的图式顺应于事物本身之间的一种平衡状态"③。

皮亚杰认为,"哪里有生命,哪里就有平衡"④。生命有机体的一切行为,包括人类的心理活动,都不能不涉及机体与环境之间、主体与客体之间的平衡问题。因为不论是在生物学还是心理学的意义上,机体对环境、主体对客体作出的任何一种适应,都是把现实同化于先有的认知结构,以及使这些认

---

① 雷永生等:《皮亚杰发生认识论述评》,人民出版社,1987年版,第26页。
② 陈孝禅等译:《皮亚杰学说及其发展》,湖南教育出版社,1983年版,第57页。
③ 皮亚杰:《皮亚杰教育论著选》,卢濬选译,人民教育出版社,2015年版,第49页。
④ 雷永生等:《皮亚杰发生认识论述评》,人民出版社,1987年版,第142页。

知结构顺应于现实并使二者之间达到某种平衡的结果。皮亚杰认为，适应是建立在有机体与环境相互作用不断取得平衡的基础上的。主体和客体的相互作用，在适应活动中通过主体的内在机能，即同化与顺应而表现出来。一旦机体和环境失去平衡就需要改变行为以重建平衡，这种连续不断的平衡过程就是适应的过程。显然如果儿童与环境的相互作用能导致认知水平的不断提高，那么这些过程之间有必要存在某种"均势"，这种对环境的能动的智力均势，皮亚杰称之为"平衡"。具体地说，个体的认知结构是通过同化和顺应而不断发展，以适应新的环境的。当个体每当遇到新的刺激，总是试图用原有的认知结构去同化，若获得成功，便得到暂时的平衡。如果用原有认知结构无法同化环境刺激，个体便会作出顺应，即调节原有认知结构或重建新的认知结构，直至达到认识上的新的平衡。其实，同化与顺应之间的平衡过程，也就是认识上的适应。经由同化与顺应两种互补的适应历程，个体的知识不仅因其与环境中事物的互动而增加，且其智力也随其生活经验的扩大而成长。所以，皮亚杰认为，"智慧的造就与其他形态适应一样，是由同化机制及与之相辅相成的顺化机制不断向前推进的平衡"①。

在皮亚杰看来，平衡既是一种状态，又是一种过程。"从心理上的解释来讲，主要的不是把平衡当作一种状态，而是当作现实的一个平衡过程。平衡状态只是平衡过程的一个结果，而过程本身则有较大的价值。"② 皮亚杰把平衡看作是生命和心理所固有的特征。在他看来，如果一个脊椎动物不能使用爪子，这是由于体内平衡紊乱产生的疾病。如果一个成年人不能正常思维，那是神经系统失调的结果。此即是说，平衡是生物体和认识过程的内部的基本特征。因此，为了机体与环境之间的平衡，每一有机体都具有其特有的平衡器官。皮亚杰认为，人的心理生活亦是如此。人类的心理平衡器官乃是一些特别的调节机制，包括从最初的动机调节（需要与兴趣）到情感方面的意志，由知觉和感知运动的调节上升到认识上的运算。在皮亚杰看来，心理学层面的平衡概念具有稳定性和补偿性以及主动性三个方面的特征。

首先，平衡具有稳定性。平衡作为状态与过程的统一，其中，作为状态的平衡具有稳定性，作为过程的平衡则具有变动性。因而，"平衡既能是变动

---

① J.皮亚杰：《皮亚杰发生认识论文选》，华东师范大学出版社，1991年版，第4页。
② 雷永生等：《皮亚杰发生认识论述评》，人民出版社，1987年版，第56页。

第四章 皮亚杰的建构学习观

的,又能是稳定的,在智力领域内,我们很需要这个变动的平衡概念"。而且,由于平衡是结构的一种特殊表现形式,平衡的稳定性是结构发展趋势的一种表现,在特定的范围之内,结构表现为稳定性,而一旦接近了这个范围的边界,那么稳定性也就逐渐地丧失,进而结构为了再一次的达到平衡而从原来的水平向更加稳定和更广的平衡过渡,此即结构的再建构。其次,平衡具有补偿性。皮亚杰认为,每一个系统都会因外界的干扰而改变,当干扰产生时,主体就会主动地采取行动来对干扰造成的影响加以补偿,而这一动作发生时,平衡状态亦随之而产生。所以,在皮亚杰看来,这种既不同于简单机械力学的平衡也不同于热力学的平衡的心理平衡补偿性机制对于心理平衡具有根本的意义。最后,平衡具有主动性。由稳定性和补偿性的特点我们不难发现,为了获得稳定,主体必须要进行相应的补偿,而主体的这一行为则是主动性的体现,由此可知,平衡并不是一个被动的过程,其实它也是一个建构的过程,是主体自身结构所具有的自我调节性。所以,结构的平衡依赖于主体能动性对于干扰的补偿程度。

  皮亚杰认为,平衡在所有水平都存在着,它既存在于儿童智慧的早期发展,也存在于后来科学思维之中①。在儿童的智力发展中,平衡因素是一个根本的因素。儿童的"学习是从认识到问题(不平衡)开始的"。由于"在求知活动中,主体是主动的,因而,当他面临外部困扰时,他就要有所反应,以求得补偿,从而他趋于平衡"②。他还通过实验说明,儿童的认知结构就是通过主体的主动性来将认知结构由一个不稳定(不平衡)的状态向相对稳定(平衡)的状态过渡,进而导致稳定结构的出现。在他看来,儿童智力的发展,其实质就是在心理上连续不断的、交替出现的平衡与失衡的波动中向前推进的。每获得一个新的平衡,个体的认知结构就因此而产生一次改变,进而可以同化更多的知识、经验,从而导致智力水平的上升。也就是说,儿童认知最初处在一个较低水平的平衡状态中,当面临一个新异的刺激时,就会致使儿童产生认知的冲突。认知冲突是学习的内在动因,冲突的产生就是不平衡,而冲突的解决就是从不平衡向平衡过渡的平衡化过程,亦即建立新的认知结构的过程。只有通过这种认知冲突,学习者才易于接受新的、正确的

---

① 陈孝禅等译:《皮亚杰学说及其发展》,湖南教育出版社,1983年版,第26页。
② 皮亚杰:《皮亚杰教育论著选》,卢濬选译,人民教育出版社,2015年版,第23页。

科学观念，实现认知结构的转变，个体才会出现认知发展。亦即"失衡推动主体超越现时的状态并激发新方向"。这一过程伴随着同化与顺应相博弈的两个动作过程，亦即对变化的抵制和对变化的需要，一个导向稳定，另一个导向增长。在同化即将我们对新经验的感知结合到我们现有的体系中的过程中，我们抵制变化，甚至可以使我们的感知"屈从"，以适合现有的体系。另一方面，新的输入要求变化，这使我们修正并丰富我们体系中的结构。显然，要使儿童与环境的相互作用能导致理解水平的不断提高，那么这些过程之间的某种均势是必不可少的，这种对环境的能动的智力均势，就是平衡。这就是说，平衡状态不是绝对静止的，一个较低水平的平衡状态，通过机体和环境的相互作用，就过渡到一个较高水平的平衡状态。这种由平衡到不平衡又到新的平衡的不断发展的过程也就是儿童智力发展的实质和原因。

平衡的过程也就是自我调节的过程。皮亚杰认为，"平衡因素，如果你们愿意的话，也可以叫作自我调节因素"①。智力行为发端于本能行为，它是通过自我调节的机制实现的。自我调节原本是一个生物学概念，它指的是生物体为了生存而根据环境的变化而做出自我改变（非遗传的变异）。而在发生认识论中，自我调节系统是介于同化和顺应之间的第三者，它是主体在认识过程中为了实现同化与顺应的平衡而实施的手段。皮亚杰指出："我们必须既不认为只有环境才对认识结构发生作用，也不认为认识结构是先天的预先形成了的。而应看作是在循环往复的通路中发生作用的，并且具有趋向于平衡的内在倾向的自我调节的作用。"② 皮亚杰观察到主体在形成认知结构时都要经历大量的试误过程，这种试误实际上就是由一系列的同化与顺应所组成的自我调节，这种调节活动正是平衡的实质所在。认识机能的根本机制是自我调节的同化与顺应之间的平衡，它既是机体的活动机制，也是机体的心理机制。皮亚杰认为，"自我调节是生命最普遍的特征之一，也是机体反应与认知性反应所共有的最一般的机制"③。在他看来，要说明认识的发展，必须求助于被经验论所忽略的内源因素，但主要的内源因素并非遗传的本能行为，而是生命最一般特征的自我调节机制。自我调节使得认知结构由低级水平向高级水

---

① 皮亚杰:《皮亚杰教育论著选》,卢濬选译,人民教育出版社,2015年版,第19页。
② 皮亚杰:《发生认识论原理》,王宪钿等译,商务印书馆,1981年版,第67页。
③ 皮亚杰:《发生认识论原理》,王宪钿等译,商务书印馆,1981年版,第68页。

第四章 皮亚杰的建构学习观

平发展。自我调节在认知机能的各种水平上也都发生作用,在人类动作的水平上,甚至在逻辑运算的水平上,都有类似的自我调节机制。皮亚杰认为,自我调节是儿童"真正学习"的动力,学生自己控制学习,比用接受传授的方式更易于以建构的方式改变其认知结构。他认为,学生通过自由的调查研究和自发努力获得一定的知识,在日后能够得以保持,并能由此获得终生有用的方法,这种方法能够激发他的好奇心而使他永远不会厌倦。而我们在小学和中学所学到的大量知识,之所以在五年、十年、二十年之后所剩无几,就是因为传统教学没有考虑发挥学生的自我调节作用,没有使学生的外在动机转化为内在动机,而只有当学生的学习是主动的,学习才会富有成效。

其实,智力平衡既不同于力学上的简单机械平衡,亦有别于热力学上熵的增加,而是在主体自我调节下的一种定向发展。由于认识主体既是生物个体又是社会成员,认识客体则包括自然环境与社会环境,个体在自然与社会环境中的活动中分别产生个体经验和社会经验,个体的生理成长即生物成熟的过程,主客体的相互作用也就是生物成熟、个体经验与社会经验三者的平衡过程。"平衡过程在推动儿童达到高理解水平时,将实际经验、社会相互作用和成熟完善地结合在一起。儿童与其环境反复并不断扩大的相互作用的这个循环,突出地表现出儿童作为他自己智力发展的主要动力。"[1]

---

[1] 埃德·拉宾诺威克兹:《皮亚杰学说入门:思维、学习、教学》,杭生译,人民教育出版社,1987年版,第257页。

第五章

陶行知的手脑结合学习观

陶行知在批判地吸收中国传统教育理论,扬弃并借鉴西方现代进步主义教育合理因素的基础上,针对旧的传统教育中动手与动脑相分离、劳力与劳心相脱节的积弊创造性地提出了"教学做合一"理论。应当说,教学做合一的实质是"手脑联盟",其目的就是培养手脑联盟的人。因此,陶行知强调"要使手脑联盟:叫用脑的人用手,教用手的人用脑,教一切人都把双手和脑拿出来用"①。陶行知的"教学做合一"理论彰显着其手脑结合的学习观。

第一节 强调"手脑联盟"

陶行知通过研究世界上许多著名科学家的成长历史发现,那些"有发明的人,都是以头脑指挥他的行动,以行动的经验来充实他的头脑"②。因此,他认为,我们需要的一种教育,是造就脑子指挥双手、双手锻炼脑子的手脑健全的人。真正的教育应该帮助造就手脑都会用的人。毕竟,"文明是人类用头脑和双手造成的。只会劳心而不会劳力和只会劳力而不会劳心的人都是没有希望"③ 的,而只有"手脑都会用,才是开天辟地的大好佬"。因而,陶行知的学习观是建基于手脑结合、着眼于"手脑联盟"的。

一、劳力与劳心结盟

陶行知的手脑结合思想是贯穿在其"教学做合一"理论体系之中的。在他看来,"'教学做合一'是生活法亦即教育法。为要避去瞎做、瞎学、瞎教所以提出'在劳力上劳心'以期理论与实践之统一"④。这表明,陶行知在反

---

① 江苏省陶行知思想研究会等:《陶行知文集》,江苏教育出版社,1991年版,第437页。
② 何国华:《陶行知教育学》,广东教育出版社,1997年版,第263页。
③ 江苏省陶行知思想研究会等:《陶行知文集》,江苏教育出版社,1991年版,第321页。
④ 江苏省陶行知思想研究会等:《陶行知文集》,江苏教育出版社,1991年版,第694页。

第五章 陶行知的手脑结合学习观

对"空谈教育"的同时,亦对"劳力"与"劳心"相分离的情况深恶痛绝。其实,尽管人的活动无不是受大脑所支配的,但这并不意味着人的所有活动皆系大脑的深思熟虑使然,现实中盲动蛮干的情况亦并不鲜见。因而,陶行知强调"在劳力上劳心"的意思是要"手脑并用",使脑力劳动与体力劳动正确结合,用它来说明"做"不能是盲目的,即不能与理论分开,也不能理论脱离实际,这也是"教学做合一"得以正确贯彻的保证。"教学做合一"强调以"做"为中心,而"'在劳力上劳心'、'手脑并用'、'手到心到'、'手脑联盟'……都是讲的'做'要动脑与动手结合、劳力与劳心结合"①。陶行知认为,从历史发展的客观历程来看是先有"劳力",后有"劳心","劳力"是"劳心"之源。其实,早期的人类不断与自然界的恶劣环境进行斗争(主要是劳力),在这一过程中逐步积累了丰富的经验,而后有一些不但劳力而且劳心的人总结经验,提高了认识,发明了工具,创造了新物品,人类文明和进步的链条就是这样被驱动的。

"在劳力上劳心"强调动手与动脑的结合,即手脑结合。陶行知认为,"人类自脊梁骨硬了起来,前脚便被解放而成为一双可以自由活动的手。手执行头脑的命令,……同时是改造着发展着那对它发号施令的头脑"。在他看来,"头脑的力比不上手脑并用的力"因而应将双手和头脑的血脉联通起来,"使人人都有脑筋变化过的手"。他认为,光有知识,不去行动,知识再多,也只是书呆子,也不能创造,光有简单的行动,不用脑,没有知识作底蕴也不能创造。而大凡有成就的人,有发明创造的人,都是手脑并用的人,都是以头脑指挥其行动,以行动的经验来充实其头脑的人。"所以要创造,非你在用脑的时候,同时用手去实验;用手的时候,同时用脑去想不可。手和脑在一块儿干,是创造教育的开始;手脑双全,是创造教育的目的。"陶行知认为,"中国教育是教用脑的人不用手,不教用手的人用脑"②,由此导致了用脑的人脑也不能精细而变成了一个呆脑;用手的人手也不能精细而变成了一双粗手。这都是手脑分离的"残废教育理论造成的"。陶行知深谙传统的二元论哲学把劳力和劳心截然分开,劳心者专门在心上做功夫,劳力者专门在力上讨生活的弊端。由此导致前者只管闷起头来干,后者则只管闭起眼来想,两

---

① 郭笙:《为中国教育寻觅曙光——陶行知教育思想研究》,辽宁教育出版社,1991年版,第127页。
② 江苏省陶行知思想研究会等:《陶行知文集》,江苏教育出版社,1991年版,第437页。

者形成了显著的对立。由于只劳力不劳心的人不用脑子思想，不"开动机器"去考虑周围事物，对一切事物就不免囿于故常，不能创造发明，而且大多数沦于愚昧无知，被人欺压，造成"劳心者治人，劳力者治于人"的不平等现象。另一方面，那些光劳心不劳力的人不免故弄玄虚，不能验证于实验，对周围世界并无改造之力。陶行知感到这种旧教育已经走上了绝路，必须彻底改革，另寻生路。而"在劳力上劳心"无疑是根治这一顽疾的有效良方。"在劳力上劳心"强调"运用心思指挥力量以求物之变化"，亦即在行动的时候要伴随着思考，或者说，以思想驾驭行动，进而把两种不同的、对立的劳动融为一体，用心以制力，使所有劳动者都成为在劳力上劳心的人。

陶行知曾引用爱迪生的一句名言，"天才是劳动而有恒心"，并认为爱迪生"所说的劳动实含有劳力与劳心两方面。如果你要知道你在电学或任何学问上有无一些天才，只须问一问自己在这件事上是否肯动手用心去做，做得不肯歇手"[①]。在他看来，那种"一年到头闷起头来照样画葫芦的干那刻板式的实验、充其量不过是一套科学的猴子戏，这里面没有生命"。因为单独的行动，如中国农夫耕种的方法，几千年来，除间有小小的改良外，其余的都是墨守成规，毫无创造。也就是说，单纯的行动也是不能产生新价值的，还得有知识、有思想才成。陶行知通过深入研究那些对人类文明作出重要贡献的科学家的成才过程发现，他们无不是以头脑指挥行动，以行动的经验来充实头脑的。牛顿在少年时代就喜欢做各种各样的玩具，像风筝、风车、水车等，什么都喜欢做，而且做得很好。即使是长大后，同样还喜欢动手。他曾亲自做了一个三棱镜，并利用它来做光的色散实验，还发明并制作了反射式望远镜。爱迪生从小就喜欢拨弄机械，做小实验，还曾经闹出过自己去孵小鸡的笑话。同样的，像法拉第、瓦特等都是从小就养成了喜欢动手进行小实验、小制作的良好习惯，再加上在后来的科学研究中不断地"是以头脑指挥行动，以行动的经验来充实他的头脑"，最终便成大器。这表明，只有在劳力上劳心的人，即一面动手干，一面思考的人才可能有所成就。

陶行知所强调的"在劳力上劳心"道出了世间做事的真谛。"做"作为主体的身心直接或间接地作用于客体的过程，它是一个劳力与劳心相统一，动手与动脑相结合的过程。"做"是建立在"动手"的基础上的。当然这里所说

---

① 江苏省陶行知思想研究会等:《陶行知文集》,江苏教育出版社,1991年版,第313页。

第五章　陶行知的手脑结合学习观

的"动手",并非只是狭义的手足之"手"。因为"做必须用器官。做什么事便用什么器官。耳、目、口、鼻四肢百体都是要活用的。所以有的事要用耳做;有的事要用眼做;有的事要用嘴做;有的事要脚做;有的事要手做;有的事用它们合起来做"①。这就是说,这里的"动手"指的是广义之"手"。"做"是在大脑的指挥下,以手为代表的,包括耳目口鼻四肢百体在内的各种感觉与运动器官相联合起来作用于客观世界的过程。否则,不去留心观察世界万物,不善于用耳目口鼻四肢百体作用于客体,而只知闭门冥思苦想,这样的坐而论道,结果往往只能导致迷惘无知的幻觉空想,当然什么也做不出来。陶行知认为,"做不但要用身上的器官,并且要用身外的工具。……做什么事便用什么工具"②。人的特别本领就是不专靠自己身体为工具,而能够将自己的身体四肢延长即制造和使用工具。文明人和野蛮人的最大区别也就在于文明人把这些非身体的工具发明得格外多,制造得格外精巧,运动得格外普遍。而且,书本也是"人生工具的一种",并且"是个重要的工具"。当然,读书不是目的,应该为了"用书"而读书,为了"做"好事情而读书,这样读书同样也是"做"。因此,"做"并不排斥书本,陶行知反对"迷信书本",反对"以为要想耕田、织布、治国、平天下,只要读书就会了"。因此,不能把文字、书本看作教育的全部,看作人生唯一的工具。这表明,陶行知所主张的是学习书本知识要与生活实践相结合。

应当说,"在劳力上劳心,用心以制力"作为陶行知生活教育理论的根本主张,是他所秉持的"教学做合一"教学思想的反映与保证,同时也是他的创造性教育思想的生动体现。就教学而言,"要想教得好,学得好,就须做得好。要想做得好,就须'在劳力上劳心',以收手脑相长之效"③。亦即这种"做"不能是盲目的,即不能与理论分开,不能脱离实际。因为"单纯的劳力,只是蛮干,不能算做,单纯的劳心,只是空想,也不能算做,真正的做只是在劳力上劳心"④。而且"'做'含有三个特征:行动、思想、新价值的产生。边做边想,必能生出新价值"。其实,"在劳力上劳心"也就是使"手脑

---

① 江苏省陶行知思想研究会等:《陶行知文集》,江苏教育出版社,1991年版,第224页。
② 江苏省陶行知思想研究会等:《陶行知文集》,江苏教育出版社,1991年版,第225页。
③ 江苏省陶行知思想研究会等:《陶行知文集》,江苏教育出版社,1991年版,第255页。
④ 江苏省陶行知思想研究会等:《陶行知文集》,江苏教育出版社,1991年版,第224页。

联盟：叫用脑的人用手，教用手的人用脑，教一切人都把双手和脑拿出来用"①。而"中国教育革命的对策就是手脑联盟，结果是手与脑的力量都可以大到不可思议"②。

陶行知把"在劳力上劳心"称之为"有思考的行动"，就是"运用心思指挥行动以求物之变化"，亦即要做有思想的行动者。他辩证地指出："人类与个人最初都由行动而获得真知，故以行动始，以思考终，再以有思考之行动始，以更高一级融会贯通之思考终，再由此而跃入真理之高峰。"③ 我们都知道实践出真知的道理，其实学习过程同样也是一个"在劳力上劳心"的过程。在这一过程中，倘若只劳心而不劳力，则"一切思想难免玄之又玄，不能验证于经验"。"在劳力上劳心"也是实现智力发展的必由之路。因为只有在做上用心思的人，思维才能发达，才能机智敏锐。我们都知道牛顿有着超常的智力，这不能不说也得益于牛顿从小就养成喜欢动手的好习惯，并在实践中培养了动手能力。爱迪生能成为"发明大王"同样是受惠于其从小就喜欢拨弄机械，做小实验所练就的过硬动手能力。因此，陶行知一再强调教育过程必须让学生能"在劳力上劳心"。"事事在劳力上劳心，便得事物之真理。人人在劳力上劳心，便可无废人，便可无阶级。"他主张，"我们必须把人间的劳心者、劳力者、劳心兼劳力者一齐化为劳力上劳心的人"④。当然，要实现这目标，"惟有依靠教育"，亦即有赖于"在劳力上劳心的教育"。而"惟独贯彻在劳力上劳心的教育，才能造就在劳力上劳心的人类；也惟独在劳力上劳心的人类，才能征服自然势力，创造大同社会"⑤。

二、教育与劳动联络

在中国现代教育史上，陶行知是最早提出教育与生产劳动相结合的教育家。他在长期的教育探索与实践中，尤为重视教育与生产劳动相结合。在他看来，教育必须重视科学传播，面向经济，与工农业生活实际相结合，与生产劳动相结合，使中国从"农业文明过渡到工业文明"，实现国家的工业化，

---

① 江苏省陶行知思想研究会等：《陶行知文集》，江苏教育出版社，1991年版，第437页。
② 江苏省陶行知思想研究会等：《陶行知文集》，江苏教育出版社，1991年版，第304页。
③ 江苏省陶行知思想研究会等：《陶行知文集》，江苏教育出版社，1991年版，第707页。
④ 何国华：《陶行知教育学》，广东教育出版社，1997年版，第276页。
⑤ 中国陶行知研究会编：《陶行知教育思想的理论和实践》，安徽教育出版社，1991年版，第48页。

第五章 陶行知的手脑结合学习观

"创造富的社会",为人民大众谋幸福。应当说,教育与生产劳动相结合,这也是陶行知生活教育理论的应有之义。他认为,教育的力量和作用在于满足"生活向前向上的需要",教育要"用生活来教育",教育"通过生活"才能发生"效力",而"劳动即生活"。因此,就像生活与教育不可分离一样,劳动与教育同样也是不能分割的。而旧的传统教育的最大弊端在于脱离社会生活,脱离生产劳动,迷信书本,以灌输知识为能事,因而"完全走错了路","他教人吃饭不种稻,穿衣不种棉,做房子不造林"①。陶行知感觉到这种教育完全与社会生活、生产劳动实践相脱离,害国害民,把中国引向了绝路。因此,要另寻生路。而要消除这种弊端的唯一出路,就是要走教育与生产劳动相结合,体力劳动与脑力劳动相结合的道路。

教育与生产劳动相结合,是培养"整个的人"所必需的。教育作为一项培养人的事业,对于培养什么人的问题是陶行知尤为关注的一个问题。陶行知把教育与生产劳动相结合提高到培养"整个的人"的高度。教育与生产劳动相结合是陶行知生活教育的一个基本特点,也是培养"整个的人"的基本途径。陶行知认为,"生活教育,是教人从书本到人生的,从狭隘到广阔的,从字面到手脑的,从耳目到身心全顾的"②。基于此,他提出了"全面教育"的主张。"全面教育"就是"心、脑、手并用。学政治、学经济、学文化相结合。健康、科学、劳动、艺术及民主将构成和谐的生活"③。陶行知强调要"身体和精神要全体顾到,不可偏于一面"。他还特别指出,"劳动教育的目的,在谋手脑相长,以增进自立之能力,获得事物之真知及了解劳动者之甘苦"。他在为晓庄师范所制定的培养目标上,就明确要求学生要有"健康的体魄,农民的身手,科学的头脑,艺术的兴趣,改造社会的精神",并且强调德育、智育、体育、美育、劳动教育"五育"协进,和谐发展。在陶行知看来,通过这种"全面教育"旨在培养"整个的人",亦即有健康的身体、独立思想和判断是非能力以及独立职业的人。应当说,陶行知所期求的"整个的人",就是"心脑手并用、真善美合一、具有创造性的全面发展的真人"。当然这样的"真人"绝非传统的那种口传耳授式旧教育所能培养出来的,而必须通过

---

① 江苏省陶行知思想研究会等:《陶行知文集》,江苏教育出版社,1991年版,第155页。
② 郭笙:《为中国教育寻觅曙光——陶行知教育思想研究》,辽宁教育出版社,1991年版,第93页。
③ 中国陶行知研究会编:《陶行知教育思想的理论和实践》,安徽教育出版社,1991年版,第237页。

手脑结合与人的学习

教育与生活劳动，与社会实践相结合的生活教育才能造就。

教育与生产劳动相结合，是培养学生"生活力"所必需的。陶行知所说的"生活力"系指改造自然，改造社会的力量。由于"教育的根本意义是生活之变化"，因而教育的这种改造功能的实现有赖于一定的"力"的作用。有了这种力，就能叫"荒山成林，叫瘠地长五谷"。有了这种力，"则污秽的垃圾可以用来点灯烧饭，窒人的氮气可以用来做养人的肥田粉，煤黑油里可以取出几千种颜料，一粒种子可以长成几百粒谷，无饭大家饿的穷国可以变成有饭大家吃的富社会"①。因此，陶行知强调"要用活动的环境，不用死的书本。他要用环境里的活势力，去发展学生的活本领——征服自然、改造自然的活本领"。应当说，利用"活环境""活势力"练就"活本领"，就是要将学习与现实生活密切联系，同生产劳动相结合。

教育与生产劳动相结合，亦是培养学生"创造力"所必需的。陶行知认为，教育的功能在于"启发解放儿童的创造力以从事于创造之工作"。儿童创造力之培养的基本途径是有计划、有目的地组织参加集体的生产劳动和生活实践活动，使学生体会到思维和行动的力量，所创造之新价值，从而也就能从小培养他们的创造思维和能力了。陶行知认为，"小孩的体力和心理上都需要适当的营养。有了适当的营养，才能发生高度的创造力，否则创造力就会被削弱，甚至于夭折"②。所谓体力和心理上都需要适当的营养也包括劳动教育方面的养成在内。儿童们"在创造劳动的洪炉里，他们渐渐地会克服自己的弱点，把自己造成手脑双挥的小主人"③。创造力的培养是建立在行动的基础上的，进一步地说，是建立在手脑结合的基础上的。由于手脑结合往往也就联系着体脑结合，并且在很大程度上也就意味着教育与生产劳动的结合，因而也就直接影响和制约着儿童创造力的培养。因此，在陶行知所创办的学校里，都极为重视组织学生参加各种类型的生产劳动和生活实践活动，并通过这些活动来培养学生独立生活、学习、工作各方面的能力和创造力。

教育与生产劳动相结合内蕴着体力劳动与脑力劳动的结合。劳动是人类生活的一种特殊形式。在实际的劳动过程中脑力活动和体力活动是统一不可

---

① 何国华：《陶行知教育学》，广东教育出版社，1997年版，第249页。
② 何国华：《陶行知教育学》，广东教育出版社，1997年版，第270页。
③ 江苏省陶行知思想研究会等：《陶行知文集》，江苏教育出版社，1991年版，第710页。

第五章 陶行知的手脑结合学习观

分的。我们知道，单个人如果不在自己的头脑的支配下使自己的肌肉活动起来，就不能对自然发生作用。正如在自然机体中头和手组成一体一样，劳动过程把脑力劳动和体力劳动结合在一起了。但由于旧的传统教育片面、畸形的弊端，因而导致了这种旧教育造就了两种怪人，一种是用脑不用手，另一种是用手不用脑。而消除这种弊端的唯一出路就是要走教育与生产劳动相结合，体力劳动与脑力劳动相结合的道路。并在这一过程中，"谋手脑相长，以增进自立之能力，获得事物之真知及了解劳动者之甘苦"①。陶行知认为"世界上最有贡献的人只有一种，就是头脑能指挥行动的人"。而将"脑筋与手联系起来，才可产生力量，把'弱'和'愚'都可去掉"②。"所以要创造，非你在用脑的时候，同时用手去实验；用手的时候，同时用脑去想不可。"③ 因此，"我们需要的教育，要能造就会用脑指挥手，手开动脑的手脑健全的人"。而光会用脑不愿动手的人，或光会动手不愿用脑的人都不能产生新价值，也即只有以头脑指挥其行动，以行动的经验来充实其头脑，才可实现真正的创造。

教育与生产劳动相结合联系着理论与实践的结合。在陶行知看来，是否"教劳心者劳力，教劳力者劳心"代表了教育问题上的两条路线。长期以来，"中国作工的人，不去求知，这也是一个极大的缺憾"④。像传统的木匠、铁匠劳力而不劳心，结果只有呆板的职业技能。倘若在正确的培养方法下，使木匠既有技能也有知识，并能用知识所变成的技能进一步去产生新知识，他就能成为达尔文那样的人物了。应当说，陶行知在重视个人经验的获得，并以此为"根"去接受别人的经验、人类的经验的同时，并非只是停留在个人狭隘的经验上而忽视思维，忽视理论知识。他一再强调，要在"做"的过程中研究事物的相互关系，要"从具体想到抽象，从我相想到共相，从片断想到系统"，亦即从感性到理性、从个性到共性或从特殊到一般，从个别到系统的理论思维。他认为，"必须以个人的经验为基础，然后才能了解或运用人类全体的经验"。只有个人经验和人类经验相结合，才能形成真知。他反对脱离实际生活实践经验的"伪知识"，主张求得"安根在经验里"的真知，主张手脑

---

① 何国华：《陶行知教育学》，广东教育出版社，1997年版，第228页。
② 何国华：《陶行知教育学》，广东教育出版社，1997年版，第185页。
③ 陶行知：《创造的教育》，引自徐明聪：《陶行知创造教育思想》，合肥工业大学出版社，2009年版，第49页。
④ 中国陶行知研究会编：《陶行知教育思想的理论和实践》，安徽教育出版社，1991年版，第19页。

并用，不但"坐而言"，还需"起而行"，去改造自然和社会，进而实现理论与实践的统一。将这一思想运用到学习过程中，就是不能"读而不做，做而不求做之所以然"。他强调，"科学的孩子必得动手去做，用脑去想"。书仅是科学实验、观察思想的指南。他反对学究式的闭门读书式的研究方法，主张到大自然中，到周围的田园、草场、河流、山谷中去开展研究，亦即要把读书与实习、观察、实验结合起来。其实，这也是教育与生产劳动相结合的内容和方式之一。与此同时，陶行知尤为重视在劳苦大众中进行科学知识的教育。为此他创立了工学团，创造了送教上门的小先生制等简单可行的科学教育形式，把文化科学知识的学习与生产劳动、自卫、自立结合起来，进而达到在劳动中进行科学文化知识教育，在教育与生产劳动相结合的实践中培养其独立的生活、学习和工作各方面的能力及其创造力。

三、学习与创造贯通

陶行知作为我国创造教育的开拓者和奠基人，他认为在学习中不仅要学会思维，更重要的是要学会创造。他坚信，"小孩子有创造力"，"小孩子是最大无比的发明家"，"儿童的创造力是千千万万祖先，至少经过五十万年与环境适应斗争所获得而传下来之才能之精华"[①]。也就是说，创造力是儿童先天就有的，是蕴藏在儿童头脑里的脑矿，发挥或阻碍它，加强或削弱它，是后天的教育环境。我们发现了儿童有创造力，认识了儿童的创造力，就需进一步把儿童的创造力解放出来。因此，学习就"是要在儿童自身的基础上，过滤并运用环境的影响，以培养加强发挥这创造力"[②]。陶行知认为，儿童创造力的培养是建立在手脑结合的基础上的。在他看来，"手和脑在一块儿干，是创造教育的开始；手脑双全，是创造教育的目的"[③]。

陶行知认为，教育自身不能创造什么，它能"启发解放儿童的创造力以从事于创造之工作"。应当说，创造的终极目的就在于探索大自然的奥秘，发现其内在的规律（即真理），进而有效地改造自然，改造社会，造福人类。而这又是建立在发明及运用工具的基础上的。因而，"教育有无创造力，也只须

---

① 江苏省陶行知思想研究会等：《陶行知文集》，江苏教育出版社，1991年版，第749页。
② 江苏省陶行知思想研究会等：《陶行知文集》，江苏教育出版社，1991年版，第749页。
③ 陶行知：《创造的教育》，引自徐明聪：《陶行知创造教育思想》，合肥工业大学出版社，2009年版，第49页。

第五章 陶行知的手脑结合学习观

看他能否发明人生新工具或新人生工具"①。其实,教育就是要教人发明工具,制造工具及运用工具。陶行知认为,动物以四肢百体为工具去适应自然,而人的特别本领就是不专靠自己的身体为工具。人能发明、创造工具,应用非身体的工具去征服自然、改造世界。他指出,"文明人与野蛮人的最大区分就是文明人能把这些非身体的工具发明得格外多,制造得格外精巧,运用得格外普遍"②。当然,这又是建立在手脑结合,"在劳力上劳心,理论与实践并重"的基础上的。应当说,人类的创造活动是一个手脑并用的过程,不论是物质还是精神创造,都可以获得从无到有,从小到大,从旧到新的硕果。手脑并用,才使人类社会历史这条长河向前奔流。手脑并用离不开双手的行动,人类的语言、文字、工具,以至灿烂的文化艺术、先进的科学技术都是靠双手创造出来的。就连人脑的发展也是得益于双手的劳作。可是,现实中,"中国旧的教育是关门来干的,只有思想,没有行动的。教员们教死书,死教书,教书死;学生们读死书,死读书,读书死。那种教育是死的教育,不是行动的教育。"③ 这种"教育是知识贩卖的教育,是灌输的教育"。这样,"在学校,学生的头脑被知识塞得发胀,却很少有机会使用双手"。由此导致了学生"像只袋鼠"似的有着一个大脑袋及一双奇形怪状的小手。在陶行知看来,只有"在用脑的时候,同时用手去实验;用手的时候,同时用脑去想",才有可能进行创造。陶行知指出,世界上那些"有发明的人,都是以头脑指挥他的行动,以行动经验来充实他的头脑"。他要求广大教育工作者,"教后起青年运用双手与大脑去做新文明的创造者,不教他们袖起手来去做旧文明的安享者",使他们能在头脑指挥下,"左手拿着科学,右手开着机器生产、建设、创造",以期"开辟一个新天地来"。

陶行知认为:"中国教育革命的对策是使手脑联盟,结果是手与脑的力量都可以大到不可思议。"④人类的文明是大脑与双手共同奏出的乐章。"文明是人类用头脑和双手造成的,只会劳心不会劳力和只会劳力不会劳心的人都是没有希望的。"为了说明这一点,陶行知还从生理解剖学的角度考察"动手"

---

① 江苏省中等师范学校选修教材编写组:《陶行知教育思想研究》,江苏教育出版社,1991年版,第111页。
② 何国华:《陶行知教育学》,广东教育出版社,1997年版,第262页。
③ 徐明聪:《陶行知创造教育思想》,合肥工业大学出版社,2009年版,第48页。
④ 江苏省陶行知思想研究会等:《陶行知文集》,江苏教育出版社,1991年版,第304页。

手脑结合与人的学习

对"动脑"的影响。他认识到,人类的双手是帮助大脑的。当人类的双手获得自由时便开始工作。工作时要发表自己的见解,就要用语言来交流思想。文字语言和生产工具都是双手在劳动中创造出来的。现代脑科学及心理实验的研究也表明,人体运动的最高指挥部在大脑皮层,其中控制手的运动的部位所占的比例最大。加强手部的运动,在一定程度上可以提高整个大脑皮层的兴奋性,因而有利于大脑的工作效率的提高。由于手的运动量的增大,频率提高,促进大脑中支配手运动的神经细胞和接受手各种感觉的神经细胞亦随之明显增多。因而手的进化促进大脑更加发达。而且,由于儿童天性好动,比如像"儿童好拆自鸣钟",但是他们尚未获得一定的动手本领的情况下,往往会把自鸣钟拆得散来凑不拢。作为教育者千万不要因此而打击他们动手制作的兴趣,而要培养他们学会动手试验,启发其创造力。

为了说明手脑结合之于学习及创造活动的重要性,陶行知曾以学生学习养小鸡为例进行阐释。依据养鸡过程的不同时期,他将学习养鸡分为四个阶段:其中第一阶段是凭先生教授的传统教育方法,不动脑,不动手,这种教育"连花儿也不会开,何况果子"。第二阶段是师生共同讨论,质疑问难,虽有了改进,但动了脑,却不动手,所以"只会开花,不会结果"。第三阶段是师生同在做上学,做上教,做上讨论并质疑问难。这样手脑并用"才会结果子",但未尽一定结出美味的果子。只有迈进师生运用科学方法在做上追求做之所以然,并发现比现在可以做得更好一些的道理的第四阶段,亦即真正实现"手脑联盟"时,才会结出美味的果子,也就是有了新的发明创造,产生了科学的真正价值。陶行知强调教师都能用第三、第四阶段的教育来指导孩子玩科学把戏,做科学小实验,认为那就是真正的手脑联盟。

手脑结合的创造过程是一个有思想的行动过程,抑或说,它是一个以行动为基础,以大脑为统领的过程。因为,"由行动而发生思想,由思想产生新价值,这就是创造过程"。"我们是要在行动中追求真知识。行动遇到困难便不能不思想,思想贯通便取得了真知识。运用真知以行动,便走了上创造之路。"[1]"爱迪生由试验才把电灯发明成功。婴儿明白火烫手,也是从实际经验得来。所以教育应培养行动,应当培养知识。"[2] 陶行知认为,孩子"有天赋

---

[1] 江苏省陶行知思想研究会等:《陶行知文集》,江苏教育出版社,1991年版,第350页。
[2] 方明编:《陶行知教育名篇》,教育科学出版社,2005年版,第204页。

第五章 陶行知的手脑结合学习观

的行动本能",行动的教育,必须从小抓起,要给小孩以自由,让他们做有意思的活动,发展他们的才能。他同时也告诫我们,单纯的行动也是不能创造的。例如中国农夫耕种的方法,几千年来除间有小小的改良外,其余的都是墨守成规,毫无创造可言。这就是说,行与知、做与思是需要携手的,否则就成了不可能贯通电流的"单极电路"。所以,陶行知所强调的"做"不是无知的做,不是盲目的做。它必须由大脑指挥,并且要有真知识,要有真理论。所以陶行知说:"有行动才能得到知识,有知识才能创造,有创造才能有热烈的兴趣。所以我们主张,'行动'是中国教育的开始,'创造'是中国教育的完成。"①

陶行知还曾研究了世界上许多著名科学家的传记,并且还专门撰文介绍牛顿、伽利略、诺贝尔、爱迪生、法拉第、富兰克林、马可尼等科学家发明创造的史实,认为他们的发明创造"都是以头脑指挥行动,以行动的经验来充实他的头脑"。这样一面进行科学实验,一面动脑筋思索,必然会有新的发明,新的创造。比如像富兰克林放了风筝才知道电可以由一根线由天空引到地上;瓦特烧水看见蒸汽推动壶盖方明白蒸汽也能推动机器做功。他还通过最典型的鲁滨逊漂流到荒岛上创造盛水瓶子的故事来说明手脑联盟的创造价值。鲁滨逊到荒岛上去,口渴了,白天走到海边用手捧水喝,到夜晚就没有办法了。这时他想到过去偶尔在灶的旁边,看见软的土经火烧了,就成坚固且硬的东西,于是他用土做成三个瓶子,放入火中去烧以后,就可以盛水进而就使口渴的问题得以解决了。从这个事例中可以看到,鲁滨逊用手捧水喝,这主要是他的动手的行动;夜晚没有水喝是遇到了问题,想到泥土经过火烧变成坚固且硬的东西这是动脑思考,然后动手把泥土塑成瓶,并将其烧得结实坚固这主要是动手的行动(当然也离不开大脑的思考)。而最终让用瓶子盛水的计划付诸实施这就是新价值的产生。这一事例充分凸显了创造过程也就是手脑联盟的过程。"所以要创造,非你在用脑的时候,同时用手去实验;用手的时候,同时用脑去想不可。"②

需要指出的是,陶行知所强调的"手脑联盟""手脑双挥"等都是强调动

---

① 陶行知:《创造的教育》,引自徐明聪:《陶行知创造教育思想》,合肥工业大学出版社,2009年版,第51页。

② 袁迪:《生活教育与创新教育》,南京师范大学出版社,2006年版,第11页。

脑与动手结合。但这里所说的"动手",并非只是指狭义的手足之"手"。在大脑的指挥下,耳目口鼻四肢百体联合起来做,而这就是广义的"动手"。不但如此,"做不但要用身上的器官,并且要用身外的工具。……做什么事便用什么工具"。"吃面用筷子,喝汤用匙子,生产劳动要用生产工具(镰刀、斧头、锄头、钳子、锉子、各种机器……),科学实践要用科学的工具(望远镜、显微镜、各种仪器……)。"陶行知十分重视工具在"做"中的作用。他认为,真正的生活教育必须以生活工具为出发点,没有生活工具,简直不必空谈生活教育。而人与动物的根本区别就在于人能发明、制造和运用非身体的工具。而且,文明人与野蛮人的最大分别就在于文明人能把这些非身体的工具发明得格外多,制造得格外精巧,运用得格外普遍。

第二节 凸显"解放儿童"

针对旧的传统教育严重束缚儿童身心和限制儿童自由的弊端,陶行知特别强调要解放儿童。陶行知曾以旧时女子的裹脚布作隐喻,形象地指出人们的头脑被裹成了"三寸金头",他大声疾呼,"要把裹头布一齐解开,使中华民族的创造力可以突围而出"[①]。要撕掉束缚儿童创造的迷信、成见、曲解、幻想的层层裹头布,让儿童去想、去思考。要打破封建教育不让儿童动手,摧残儿童创造力的旧传统,给孩子以动手的机会。因此,陶行知在大力倡导民主教育以及实现学生"自动"的同时,还强调要实现儿童的"六大解放"。

一、重视"民主教育"

陶行知作为一位毕生崇尚民主、追求自由的思想家,在他的教育思想体系中,到处闪烁着民主教育之光。可以说,民主教育是陶行知教育思想的重要内核。陶行知民主教育思想的精神实质就在于以人为本,促进人的自由、平等和创造性的发展。正如他所指出的那样,"民主教育是教人做主人,做自己的主人,做国家的主人,做世界的主人","民主教育的任务是配合整个国家之创造计划,教人依着民主的原则,发挥各人及集体的创造力,以为全民

---

① 江苏省陶行知思想研究会等:《陶行知文集》,江苏教育出版社,1991年版,第751页。

造幸福"①。民主教育的过程也就是让儿童在生活中探索发现新知的过程,它赋予人以探索和创造的自由。因此,民主教育意味着所有人都能有机会参与创造,都能最大限度发挥其创造力,而这也正是民主社会创造力得以涌现的根源。

民主教育是开发儿童创造力的需要。陶行知认为,"创造力量最能发挥的条件是民主","如果要大量开发创造力,大量开发人矿中之创造力,只有民主才能办到,具有民主的目的,民主的方法才能完成这样的大事"②。民主是与专制对立的,陶行知旗帜鲜明地反对传统的专制教育思想。他认为,旧的专制教育是"吃人的教育",是"儿童的地狱",它不仅给儿童带来许多痛苦和灾难,而且扼杀了许多人才幼苗。在他看来,非民主的专制教育在威权与专断下培育奴性人格并窒息了想象力和创造力,这与教育的宗旨是背道而驰的。基于创造之上的民主教育意在挑战权威、腐朽、黑暗,通过激扬生命的活力使人走上新生活的道路。因此,他强调"培养创造力,以实现创造的民主和民主的创造"。民主的创造为大多数人的创造。承认每一个人都应得到创造的机会,这是与专制的创造不同的地方。他认识到,专制教育中可以培养唯命是从的奴才和奴隶,但不能培养人民做主人。教育需要民主,创造需要民主。虽然在不民主的环境下,"也许仍然能冒出一些天才",但那绝不是这种教育所造成的,而仅仅是躲过了这种教育侵袭的"幸存者"而已。真正让大部分孩子的创造力得到解放,就只有通过民主唤起人民"做主人"的自觉,"使每一个人之创造力都得到机会出头",都能"解放出来"。而民主的程度愈高,则创造愈开放、愈好。这就是说,民主之于创造是至关重要的,"我们要创造的民主,民主的创造。……一方面,我们要用创造的民主生活来充实民主内容;又一方面,要用民主来解放大多数人的创造力,把创造力发挥到最高峰"③。

民主教育是尊重儿童主体性的必然。中国的传统教育从根本上讲是忽略学生主体性的,它的教学方法是把学生当作盛装知识的容器而强行灌输,它的根本目的是要培养不会思考的愚忠愚孝的奴才。旧的传统教育用迷信、成

---

① 江苏省陶行知思想研究会等:《陶行知文集》,江苏教育出版社,1991年版,第794页。
② 何国华:《陶行知教育学》,广东教育出版社,1997年版,第270-271页。
③ 周洪宇:《全球视野下的陶行知研究》(第二卷),北京师范大学出版社,2015年版,第90页。

见、曲解、幻想等层层禁锢儿童，不仅裹出了"三寸金莲"，而且还非要裹出"三寸金头"不可。比如上课时先生往往不允许孩子多说话，更不允许他们乱动手。"中国对于孩子一直不许动手，动手要打手心，往往因此摧残了儿童的创造力。"陶行知认识到，这种教育成了"儿童的地狱"，不仅给儿童带来许多痛苦和灾难，而且扼杀了许多人才的幼苗。他认为，要使儿童脱离苦海进入乐园，应该了解儿童的兴趣爱好，尊重儿童的个性特点，"承认儿童的人权"，关注儿童的能力需要。他强调，"我们教育儿童，就要根据儿童的需要和力量为转移"，"就要顺导其能力去做"，亦即"培养儿童的创造力要同园丁一样。首先要认识他们，发现他们的特点，而给予适宜之肥料，水分，太阳光，并须除害虫，这样，他们才能欣欣向荣，否则不免于枯萎"①。他还强调，对儿童既不能忽视，亦不能期待太切。陶行知认为，忽视则任其像茅草样自生自灭，期望太切不免揠苗助长，反而促其夭折，"所以合理的教导是解除儿童痛苦增进儿童幸福之正确路线"。

民主教育需要以民主的方法进行教学。针对传统教育先生只管教，学生只管受教的注入式教学方法，陶行知提出要在教学活动中充分体现民主，发扬民主。因此，他力主改传统的"教授法"为"教学法"，目的在于调动师生双方在教学中的主动性与积极性，实现教与学的合一。继而，他又强调要施行民主的方法，亦即"自动的方法，启发的方法，手脑并用的方法，教学做合一的方法"②。他认为，"儿童的世界是要由儿童自己动手去创造，我们要停止一切束缚，使儿童可以自由活动。这儿童的世界的出现才有可能。所以我们最重要的是工作在解放儿童的头脑与双手，儿童的手脑一经解放，这新的儿童世界自然会应运而来的了"③。为此，陶行知在教学实践中借鉴并创造了如教学相长、相师相学以及即知即传等一系列民主教学的方法，并把它看作是培养学生创新能力的一条重要途径。他认为，师生之间需要"相师相学"，"不但是学生受先生的教育，先生也在受学生的教育"。而且，在陶行知看来，"人人是先生，人人是学生"。因此，他大力倡导的"叫小孩教小孩，小孩教成人"的"小先生制"，就充分体现了其"即知即传"以及民主平等的教育思

---

① 江苏省陶行知思想研究会等：《陶行知文集》，江苏教育出版社，1991年版，第754页。
② 江苏省陶行知思想研究会等：《陶行知文集》，江苏教育出版社，1991年版，第819页。
③ 顾伟：《陶行知教育思想研究》，中国矿业大学出版社，2011年版，第142页。

第五章 陶行知的手脑结合学习观

想,同时也包含着深刻的创造意蕴。在陶行知看来,当时学会做一件事,当时就可拿这件事去教人。对学生来说,教人是最为重要的教学做合一。因为要教人,就不得不把所教的知识弄明白。这样,一方面巩固了自己所教的知识,另一方面也使自己对知识的理解能更正确一些。更为重要的是在教人过程中可以根据所教的知识进行力所能及的创造。同时,陶行知还特别强调孩子的"言论自由"。他认为,小孩子有问题要准许他们问。小孩子得到言论自由,特别是问的自由,才能充分发挥其内在的创造力。因为,"发明千千万,起点是一问"。他强调教师要随时诱导学生进行独立思考,鼓励学生提问题,即使提一些离奇古怪的问题也无妨。他鼓励学生大胆发言,甚至对老师的某些观点提出疑问。

民主教育需要"宽容和了解"。陶行知主张要"在民主生活中学习民主",要在学习中创造一种民主的氛围。因此,他特别重视对孩子的宽容,因为只有在宽容的氛围中,才能培养人的创造热情、独立意识、问题意识,才能形成创造性人格,促进创造力的发挥。陶行知认为,发挥或阻碍、加强或削弱、培养或摧残学生创造力的主要是环境,学校教育要想方设法为学生营造有利于培养创造力的环境。他强调要像利波老板宽容法拉第那样,当法拉第订书订得最慢时,利波老板了解到这是源于他一面订书一面读书的缘故,从而给予了充分的理解和宽容,最终让法拉第在电学上功就斐然。陶行知还热切期望中国的父母及老师都能像富兰克林的父亲以及爱迪生的母亲那样对孩子的兴趣爱好给予极大的宽容。富兰克林在入校读书不久,便去学手艺,他的父亲任凭他东看西做而不加干涉,进而养成了对科学的兴趣。爱迪生的母亲在爱迪生被开除回家的时候,支持他在地下室做实验,终成大器。陶行知强调,作为教师,更应当清醒地意识到,"你的教鞭下有瓦特,你的冷眼里有牛顿,你的讥笑中有爱迪生"[1]。在陶行知看来,学校应该是一个"自由之园",必须给儿童以"学习的基本自由",让学生"自由地想,自由地谈,自由地试验"。为此,他强调要除束缚、开心智、增能力,而"在现状下,尤须进行六大解放,把学生的基本自由还给学生……"[2],尤其要解放儿童的头脑和双手,给孩子一个宽松的环境,把孩子从文化鸟笼里解放出来,让其创造力充分地发

---

[1] 江苏省陶行知思想研究会等:《陶行知文集》,江苏教育出版社,1991年版,第497页。
[2] 江苏省陶行知思想研究会等:《陶行知文集》,江苏教育出版社,1991年版,第819页。

挥出来。

值得一提的是,陶行知还认为,民主教育与科学教育是相辅相成的,两者相互依存,缺一不可。科学教育包括"科学的"教育与"科学地"教育两个方面。陶行知坚信,"从农业文明过渡到工业文明最重要的知识技能,无过于自然科学"①。因此,他把"科学的"列为生活教育的四大方针之一,强调在现在这一科学的世界,整个中国必须接受科学的洗礼,方能适于生存,因此"我们必须培养科学的幼苗,撒播科学的种子,使全中国遍开科学之花,丰收科学之果"②。当然,这种"科学的"教育又有赖于"科学地"教育。陶行知在强调科学应教育化的同时,亦强调教育应科学化,提倡用科学的精神来办教育,反对"沿袭陈法"的传统教育和"仪型外国"的洋化教育。为此,他特别强调试验之重要性,认为"试验者,发明之利器也。试验虽未必皆有发明,然发明必资乎试验"。他还强调教学要施行民主的方法,即"自动的方法,启发的方法,手脑并用的方法,教学做合一的方法"③。

陶行知认为,民主是中国的"救命仙丹"。因为无民主中国人民即无法前进。而民主对中国有双重的作用:其一是民主好比是政治的盘尼西林,能肃清一切中国病;其二是民主又好比精神维他命,给我们新的力量,来创造一个自由独立进步的新中国和一个富足平等幸福的新世界。"中国每一个人都要学习民主,为实现民主而努力。"④他还批驳了两种阻碍民主的错误借口,一是老百姓没有文化不能民主;二是国家贫穷不能民主,认为这不应当成为剥夺人民做主人的理由。应当说,陶行知的上述有关民主教育的理念,通过在晓庄及育才学校的实践,对培养学生的创造力起到了积极的效果。而今,尽管时代变迁,但陶行知通过民主教育思想,尤其是他的竭力通过民主培养人的创造力的思想,仍然不失其生命力。

二、突出学生"自动"

陶行知依据《墨辩》中关于知识的亲知、闻知与说知的分类,认为"闻知是别人传授出来的;说知是推想出来的;亲知是自己经验出来的"。他又进

---

① 江苏省陶行知思想研究会等:《陶行知文集》,江苏教育出版社,1991年版,第296页。
② 江苏省陶行知思想研究会等:《陶行知文集》,江苏教育出版社,1991年版,第744页。
③ 江苏省陶行知思想研究会等:《陶行知文集》,江苏教育出版社,1991年版,第819页。
④ 周洪宇:《全球视野下的陶行知研究》(第二卷),北京师范大学出版社,2015年版,第89页。

第五章 陶行知的手脑结合学习观

一步指出,"亲知是一切知识的根本,闻知与说知必须安根于亲知里面方能发生效力"。有鉴于此,他强调说,"学生学习的时候,须学生亲力参与学习的过程……无论何种知识技能,要学生自动的受领,不要被动的受领"。而且,"凡事亲力实行后,才会得到真正的知识技能,这是近今发现的心理原则"。因而,只有使用"自动"的方法才能"探知识之本源,求知识之归宿"。按照陶行知的教育观,儿童是活生生的人,他的进步与成长虽然离不开外力的帮助,但关键仍在其自觉性,亦即取决于其"自动"。因为"被动敌不过自动——中国现在的教育完全是被动的,所以产生一种坏的现象,就是说而不动,……所以不会生出力量"①。他认为,"生活、工作、学习倘使都能自动,则教育之收效定能事半功倍。所以我们特别注意自动力之培养,使它贯彻于全部的生活工作学习之中"②。毕竟,"被动的力,比不上自动的力;头脑的力,比不上手脑并用的力"。这也意味着,"自动的涵义便同时具有力与心之作用,即同时要求身体与精神之合作"③。基于此,他所大力倡导的"教学做合一不但不忽视精神上的自动,而且因为有了在劳力上劳心,脚踏实地的'做'为它的中心,精神便随'做'而愈加奋发"④。

陶行知认为,智育应培养学生具有独立思考、自觉作业、自动求知的能力。应当说,教与学作为一个矛盾统一的过程,教师的指导等外部条件虽然会产生一些不可忽略的影响,但是说到底外因还是要通过内因才能发挥作用。由此也就凸显了"自动"之于学生的重要性。因此,"教学方法要采用自动的方法,启发的方法,手脑并用的方法,教学做合一的方法,并且要使学生注意全面教育以克服片面教育;注重养成终身好学之习惯以克服短命教育"⑤。陶行知认为,一个好的先生不是教书,不是教学生,而是教学生学。所谓"教学生学",就是把教和学联络起来,对于一个问题,不是要先生拿现成的解决方法来传授给学生,而是要把这个解决方法如何找来的手续程序,安排停当,指导他,使他以最短的时间,"经过相类的经验,发生相类的理想,自己将这个方法找出来,并且能够利用这种经验理想来找别的方法,解决别的

---

① 方明主编:《陶行知教育名篇》,教育科学出版社,2005年版,第204页。
② 江苏省陶行知思想研究会等:《陶行知文集》,江苏教育出版社,1991年版,第712页。
③ 江苏省陶行知思想研究会等:《陶行知文集》,江苏教育出版社,1991年版,第233页。
④ 江苏省陶行知思想研究会等:《陶行知文集》,江苏教育出版社,1991年版,第233页。
⑤ 江苏省陶行知思想研究会等:《陶行知文集》,江苏教育出版社,1991年版,第819页。

问题。得了这种经验理想,然后学生才能探讨知识的本原,求知识的归宿,对于世界上一切真理,不难取之不尽,用之无穷了"①,而这一过程就是"自动"。当然,这一过程又是与教师的教密切相关的,因此要想学生"自动",必先有教学生学的先生。而教学生学,就是要教学生研究,教学生创造,教学生学习解决问题的方法。故此,陶行知强调要把"开发文化宝库和宇宙宝藏的钥匙交给学生"。他曾以"点石成金"为例,教学生别"被金子迷惑而忘了点金的指头",而要学会寻找知识的途径和方法,也就是拥有"点石成金的手指"。这样,学生自己就可以一辈子毫无止境地去探求知识,就能超过老师,我们的国家就能一代更比一代强。此即是说,学习不是仅仅为了获得一些现成的知识,不但获取"伪知识"不行,就是获取那些真知灼见的"真金"亦不够,重要的是要掌握"治学治事的科学方法"。陶行知要求教育者"要在开锁上指点。如当作死读书,上起锈来,又失掉钥匙的效用了"②。

陶行知认为,"自动是自觉的行动,而不是自发的行动……自觉的行动需要适当的培养而后可以实现"③。因此,要"在自动上培养自动,才是正确的培养",意思是引导儿童自己去做,自己去行动,在这一过程中培养其自动的能力。否则,"若目的为了自动,却用了被动的方法,那只能产生被动而不能产生自动"④。这就是说,陶行知所倡导的自动是建立在儿童主体性的基础上的。陶行知认为,中国从前有一个很不好的观点,就是看不起小孩子。……换句话,就是小孩子没地位。在传统教育下,儿童不许说,不许问,也不许行,不许动,使本来的生活小主人变成了生活的"小奴隶"。它的教学方法是把学生当作盛装知识的容器而强行灌输,它的根本目的是要培养不会思考的愚忠愚孝的奴才。

为了促进教学过程中学生的"自动",陶行知大力提倡启发式教学。陶行知曾经通过生动的"强按鸡头不吃米"的表演来揭示这样的道理:"教育就跟喂鸡一样,先生强调学生去学习,把知识硬灌给他,他是不情愿学的,即使学,也是食而不化,过不了多久,他还是会把知识还给先生的。"他认为,

---

① 江苏省陶行知思想研究会等:《陶行知文集》,江苏教育出版社,1991年版,第14页。
② 江苏省陶行知思想研究会等:《陶行知文集》,江苏教育出版社,1991年版,第712页。
③ 江苏省陶行知思想研究会等:《陶行知文集》,江苏教育出版社,1991年版,第712页。
④ 江苏省中等师范学校选修教材编写组:《陶行知教育思想研究》,江苏教育出版社,1991年版,第99页。

第五章 陶行知的手脑结合学习观

"中国数十年的教育是知识贩卖的教育,是灌输的教育"①。这种教育以填鸭为能事,先生喂什么,学生吃什么,学生只不过是被填喂的鸭子罢了。在他看来,尽管"热心的先生,固然想将他所有的传给学生,然而世界上新理无穷,先生安能尽把天地间的奥妙为学生一一发明"。因此,教师能给学生的总是有限的,"其余的还是要学生自己去找出来"。他认为,"教师的责任不在教,而在教学,而在教学生学"②。所以他强调,"新教育的方法"要"注重启发"。"教育方法首重启发思想",才能"引起学生独立的思想",这样才能培养学生独立思考的能力。他认为,在人才教育中,"灌注的教授法最要不得。他把接受文化的人当作天津鸭儿填。……学生和大众应该普遍的从灌注的教授法里解放出来,跑到这种自由讨论的空场中呼吸新鲜空气,晒一晒太阳光"③。为了实现学生的"自动",陶行知还从实践上进行了一些积极的探索。诸如创办儿童自动学校,推行小先生制以及实施"六大解放"等。所谓儿童自动学校,就是将小学生们组织起来,让他们自办、自教、自学,以实现"先生不在学如在"。陶行知把这看作是一个"了不起的大创举"。"小先生制"不但叫小孩教小孩,而且让小孩教成人,它既是一种教学方式,又是一种学习方式。陶行知认为,小孩子有不可思议的力量,小孩子能做先生,做先生不限定是师范毕业。"即知即传"是小先生制的一个重要原则,即用自己读的书教人,一面温习,一面把学问传给他人。

陶行知尤为重视"问题"之于"自动"的重要性。他在孔子倡导的"不愤不启,不悱不发"的启发式教学思想的基础上,又更进一步强调,"我要进一步说,使他不得不愤,使他不得不悱"④。他曾在总结人类创造发明的历史的基础上通俗地指出,"发明千千万,起点是一问。……人力胜天工,只在每事问"。在他看来,倘若没有问题便是"心力都不劳"。他强调,无论学习什么,都要"想一个透彻,多发些疑问"。"教学生的法子,先要使他发生疑问;查出他疑难的地方,使他想种种方法,去解决这个问题"。他主张儿童有问题要准许提问,因为这些问题往往是创造的萌芽。儿童只有"得到言论自由,

---

① 江苏省中等师范学校选修教材编写组:《陶行知教育思想研究》,江苏教育出版社,1991年版,第104页。
② 中国陶行知研究会编:《陶行知教育思想的理论和实践》,安徽教育出版社,1991年版,第37页。
③ 江苏省陶行知思想研究会等:《陶行知文集》,江苏教育出版社,1991年版,第550页。
④ 何国华:《陶行知教育学》,广东教育出版社,1997年版,第285页。

特别是问的自由,才能充分发挥他的创造力"。他鼓励学生在脑子里要多多设疑问难,他把这看作是通向创造的第一步阶梯,有了疑难便是成功的一半。他还指出,"学贵知疑,大疑则大进,小疑则小进,不疑则不进"。并强调这个"疑"字当予以"重用"。疑难是创造之师。儿童有了疑难,常常表现"如痴如迷"之状。教师要根据孩子们不断地迷在某种特殊活动的天性,透过特殊的环境、设备和方法,培养并引导他们成长,踏进未知之门。疑难是学生追求真理、创造的内驱力,有了它,教师毋庸频挥教鞭,学生仍会自进不息。如果儿童学习中产生不了疑难,不仅表明学生消极被动,学而无益,不能创造,而且也说明教师治教无方,不能引导学生创造。他认为,"生活上的实际问题一个接一个的来到我们面前,命令我们思想,要求我们解决"[①]。他还提出了教学中让学生"质疑问难"的具体步骤:一是要使学生对于一个问题处在疑难的地位;二是要使他审查所遇见的究竟是什么疑难;三是要使他想办法去解决,使他想出种种可以解决这个疑难的方法;四是要使他推测各种解决方法的效果;五是要使他将那最有成效的方法试用出去;六是要使他审查试用的效果,究竟能否解决这个疑难;七是要使他印证,使他看这试用的法子,是否屡试屡验。

应当说,尽管"问题意识"的重要性是不言而喻的,但仅有"问题意识"又是不够的,还必须有"问题解决"。因此,"问题到了生活教育者手里是必须解决了才放手"。陶行知认为,"遇到了一个问题,自己能够想办法解决它,就长进了一层判断的经验。问题自决得愈多,则经验愈丰富。若是别人代我解决问题,纵然暂时结束,经验却也被旁人拿去了"[②]。应当说,在"问题意识"与"问题解决"之间,还应有一个重要的"中介",那就是方法。可以说,解决问题,克服困难的过程在很大程度上可以归结为寻找合适的"方法"。科学方法也就如同能将我们引向成功彼岸的"船"或"桥"一样。所以,陶行知认为,因为路走不通,才觉有困难,进而便想出种种法子来解决困难,不到解决不止,这就是科学家。因此,陶行知提出了"行动生困难、困难生疑问、疑问生假设、假设生试验、试验生断语、断语又生了行动,如此演进于无穷"的"做的法子",亦即科学的方法。

---

① 叶上雄:《生活教育十讲》,四川教育出版社,1989年版,第196页。
② 江苏省陶行知思想研究会等:《陶行知文集》,江苏教育出版社,1991年版,第22页。

第五章 陶行知的手脑结合学习观

应当说,陶行知的鼓励儿童"自动"的思想不但体现着他的学习观,同时也联系着其创造教育观。创造是建立在个体的经验的基础上的,亦即"要有自己的经验做根,以这经验所发生的知识做枝,然后别人的知识才可以接得上去,别人的知识才能成为我们知识的一个有机部分"①。由于经验具有亲历性,它是不能让别人越俎代庖的。其实,就像"凡不是从经验里发出来的文字都是伪的文字知识"一样,凡不是自己经验里发出的知识,都不是创造。因而,学生作为创造的主体,创造教育的方法必须使这个主体自动,身体力行。当然,这种自动又是和自由相联系的。由于经验的获得有赖于主体手脑结合的实践,主体只有在宽松自由的环境,才有可能"自动"地开动自己的大脑,操纵自己的双手,才有"敢入未开化的边疆"的"开辟精神",而"创造、开辟都要有胆量",我们常说有胆有识也就是这个道理。创造从来都不是在"赶鸭子上架"似的被动状态下进行的,也不是在一个畏首畏尾的氛围中所能奏效的。很难想象一个大脑和双手被束缚、被禁锢的人能实现真正的创造。其实,在陶行知看来,在人的各种感官中,唯独手这个"触觉的器官是处在主动的地位",因此,将双手和头脑的血脉联通起来的过程必然是一个主动的过程。创造同时还意味着必须解除一切束缚与禁锢,亦即创造需要自由,人不是先有创造而自由,而是先有自由才能进行创造。因此,陶行知特别强调,"请把学生的基本自由还给儿童"。陶行知认为:"出头处要自由!……自由是以自己的意志指挥自己的行动。个人自由是以个人自己的意志指挥个人自己的行动。团体自由是以团体自己的意志指挥团体自己的行动。自由这个名词含有自主、自决、自动、自得种种意义,扩而大之,是要各得其所。自由人是奉头脑做总司令。"② 这表明,自由首先是思想的自由。只有自由的人才能获得创造的内在动力。创造教育就是要启迪儿童的自由的天性,创造教育就是要帮助学生自由地成为他自己。人生来是自由的,自由是人的本然属性,不自由才是外加的、后天的,是生存环境和教养方式造成的。所以教育不是要培养学生的自由精神,而是要保护好学生的自由精神。教育是要帮助学生不断拆除各种可能限制学生自由的藩篱,使学生生命中存在的天性充分表现出来,使学生的各种潜能充分发挥出来。

---

① 江苏省陶行知思想研究会等:《陶行知文集》,江苏教育出版社,1991年版,第193页。
② 储朝晖:《陶行知是稳重的自由主义者》,《沈阳师范大学学报》,2016年第2期。

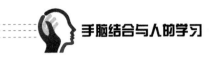
手脑结合与人的学习

三、强调"六大解放"

陶行知认为,"我们发现了儿童有创造力,认识了儿童有创造力,就须进一步把儿童的创造力解放出来"①。培养儿童的创造力必须把身心的自由还给儿童,让儿童的身心获得解放。否则,儿童的创造力这种巨大的潜在的智力资源就会被埋没。这不仅是教育工作者的严重失职,而且也是对民族、对国家宝贵财富的极大浪费。为此,陶行知在教育实践与理论的探索中,有针对性地提出并逐步完善了他的"六大解放"思想。亦即要实现儿童的头脑、双手、眼睛、嘴巴以及空间与时间的解放。应当说,陶行知这一培养儿童创造力的方法对于我们今天的学习,尤其是创造力的培养仍然有重要的指导意义。

一是要解放头脑。在陶行知的"六大解放"中,首要的便是解放儿童的头脑使之能想。陶行知认为,人的大脑"是思想之物质基础",而"大凡人类对于一件事,研究其中的道理,首先发生思想,思想贯通,以后才生信仰,有了信仰,才生力量。思想贯通,便等于头脑解放"②。因此,他主张要"奉头脑作总司令",而"人之高下,大致可以依他所奉的总司令为判断的标准,……我们的统帅只有一个,就是我们的头脑"③。"我们的耳、目、口、舌、四肢百体,统统是脑筋发号施令的器官。"④ 由此,解放头脑之于学习乃至创造具有头等重要的意义。但是,现实中学生的脑袋有的"饿得要命",有的被滥用的材料"填鸭",还有的则被"迷信、成见、曲解、幻想"所侵占,从而使头脑处于被束缚、被窒息,创造力被禁锢、被压抑的状态。如此这般头脑没得到发展的教育是不会让学生有所学,学有所用的,更谈不上学有所创了。因此,陶行知提出在学习中要解放头脑,撕掉束缚儿童头脑的迷信、成见、幻想等层层裹头布,亦即要把学生的大脑从各种禁锢中解放出来,使他们能够自主、自动、自由地进行学习、思考,贯通思想实现创造。

二是要解放双手。陶行知认为,人类自从腰骨竖起,前脚变成一双可以自由活动的手之后,进步便一日千里,超越其他一切动物。正是由于人有一双"可以自由活动的手",它"执行头脑的命令","奉头脑作总司令",使儿

---

① 江苏省陶行知思想研究会等:《陶行知文集》,江苏教育出版社,1991年版,第751页。
② 何国华:《陶行知教育学》,广东教育出版社,1997年版,第267-268页。
③ 江苏省陶行知思想研究会等:《陶行知文集》,江苏教育出版社,1991年版,第741页。
④ 江苏省陶行知思想研究会等:《陶行知文集》,江苏教育出版社,1991年版,第215页。

第五章 陶行知的手脑结合学习观

童的双手在头脑指挥下实现创造。而且，在学习活动中手脑并用，劳力与劳心结合，会使双手"健壮起来，同时发展那对他发号施令的头脑"，进而实现"手脑相长"并"向前创造"。假使人类把双手束缚起来，不但难以有所作为，而且也影响大脑的发展。可中国的传统教育的严重弊端就在于"不许动手，动手要打手心，往往因此摧残了儿童的创造力"，以至于不知枪毙了多少中国的爱迪生。"在学校，学生的头脑被知识塞得发胀，却很少有机会使用双手。"① 因此，陶行知主张要解放儿童的双手，使双手执行头脑的命令，能自由地动手去做。在他看来，"旧学校不鼓励使用双手，的确达不到发展脑的目的"，当然也不可能发展儿童的创造力。他从爱迪生在其母亲的鼓励下坚持做实验，最终成为"发明大王"的事例，呼吁人们"要跟爱迪生的母亲学，让小孩子有动手的机会"。他还鼓励要"解放双手，剪去指甲，摔掉无形的手套，使大家可以执行头脑的命令，动手向前开辟"，用"手来变化脑"，"使人人都有脑筋变化过的手"。他认为，"被动的力，比不上自动的力；头脑的力，比不上手脑并用的力"。由此强调手脑联盟。"手脑都会用，才算是开天辟地的大好佬"。他还指出，"人生两个宝，双手与大脑。你别把这两个宝贝埋在地下不用，也别把它们拆散。你该把你的头脑和双手结成同盟，向大自然进攻"。当然，陶行知所强调的"动手"的"手"则是代表"儿童们的手、足、口、鼻"，即整个身体的广义的"手"。陶行知所提倡的"解放双手"内蕴着双手与大脑的结合。

三是要解放眼睛。眼睛与脑和手一起作为人类智慧的三大重要器官之一，它是人类获取信息最主要的窗口。而且，我们常说的"聪明"之最基本的含义也就是"耳聪目明"，可见，眼睛之于人的重要性是不言而喻的。陶行知认为，"两只眼睛，便是一对天文镜"，可以窥见大千世界的一切。所以人们宜顺此天性去精细观察、专心注意，发展能力。但是，传统的封建教育给儿童戴上了一副封建的有色眼镜，封闭了学生的视野，脱离了社会生活实际，成为无益于社会的"小书呆子""小木头人"。陶行知强调要"解放眼睛"，使学习者能看、会看，学会透过现象看本质，不为种种表面现象所迷惑。他主张要让学生在广泛接触自然与社会的基础上，发展其观察、注意等能力，在学习中以客观、科学的态度去观察、去验证所获得有用的真知识，在自然、社

---

① 潘冷云等：《现代生活与现代教育》，复旦大学出版社，1991年版，第161页。

手脑结合与人的学习

会的怀抱中,陶冶性情,锻炼意志,培养分析问题、解决问题的能力。

四是要解放嘴巴。陶行知认为,孩子自出生起就开始认识他周围的世界,就开始探索周围世界的神奇奥秘,他的小脑袋里会不时地冒出这样那样的"为什么"。可在旧的传统教育中,儿童是没有言论自由和说话的机会的,这样久而久之,便会使儿童养成一种"唯书""唯上"的盲从陋习。因此,要解放儿童的嘴巴,让他们能自由地说话,提问题。在他看来,把孩子的嘴巴封住了,便没有"学问"可言,更甭谈创造力了。他认为,"小孩子得到言论自由,特别是问的自由,才能充分发挥他的创造力"①。"小孩子有问题要准许他们问。从问题的解答里,可以增进他们的知识。"在他看来,"天地是个闷葫芦,闷葫芦里有妙理",而"发明千千万,起点是一问","人力胜天工,只在每事问"。因此,在治学治事中要"多发些疑问",不明白的就要问,以问求知。对习以为常的事,亦要敢于提出疑问,以疑创新。发现问题时,要到"源头上找证据",只有发扬"打破砂锅纹(问)到底"的精神,才能探索到求知的真理,才会有创造。由于学生的"问"无疑是基于"嘴巴"的,这就使解放儿童的嘴巴显得至关重要。当然,在这一过程中,还要辅之以发挥其他与"嘴"相关的感官的作用,并对它们进行经常的训练。陶行知认为,"只要用嘴读出声音来,耳朵就听懂了;耳朵听懂,眼睛也就看懂了"。其实,不论是提问能力,还是表达能力,只有解放了嘴,让儿童有"言论自由,特别是问的自由",才能得到真正的提高。

五是要解放空间。陶行知认为,旧的学校关门办学,严重脱离实际。"好像大的鸟笼,把鸟儿捉到笼里来养;又好像一只大缸,把鱼儿捉到缸里来养。"这种鸟笼式、鱼缸式的学校,培养小孩用的是干腌菜似的教科书,小孩子的精神营养非常贫乏,还不如填鸭,因为填鸭用的毕竟还是滋养料,可让鸭儿长得肥胖的。因此,需要"解放空间,把人民与小孩从文化鸟笼里解放出来,飞进大自然大社会去寻觅丰富的食粮",使他们"能到大自然大社会里去取得更丰富的学问"。他坚信,"空间放大了,才能各学所需","扩大了空间,才能各尽所能"。解放空间能发挥学习者内在的想象力和创造力。"创造需要广博的基础。解放了空间,才能搜集丰富的资料,扩大认识的眼界,以发挥其内在之创造力。"

---

① 江苏省陶行知思想研究会等:《陶行知文集》,江苏教育出版社,1991年版,第753页。

第五章 陶行知的手脑结合学习观

六是要解放时间。陶行知认识到,现在一般学校把儿童的时间排得太紧,甚至占据了儿童全部的时间,使儿童失去了消化所学的时间,失去了学习人生的机会,养成无意创造的倾向。在此现象下,陶行知充分意识到解放儿童时间的重要性和迫切性,采取切实的行动加以落实的必要性。他感觉到,"时间的解放是顶急需的解放"。他主张,"要给他一些空闲时间消化所学,并且学一点他自己渴望要学的学问,干一点他自己高兴干的事情"。"让他做有意思的活动,开展他的天才。"而且,只有解放时间才能让学习者做自己愿意做又有益于身心健康的事,才能让他们所学的知识得以消化吸收,才能谋求他们个性能力的发展,才能为他们的创造才能的发挥做好充分的准备。倘若"学校把儿童全部时间占据,使儿童失去学习人生的机会,养成无意创造的倾向,到成人时,即使有时间,也不知道怎样下手去发挥他的创造力了"①。

陶行知反复强调,"有了这六大解放,创造力才可以尽量发挥出来"。这里需要指出的是,在上述解放儿童创造力的六个方面中,最为重要的是解放儿童的大脑和双手。在陶行知提出的走向创造之路的"十字诀"中,首要的就是"一个大脑"和"二只壮手",因为大脑是思想的物质基础,用大脑研究以贯通思想。而用双手执行头脑的命令,用双手来向前创造。在陶行知看来,儿童的世界是要由儿童自己动手去创造,而大脑又是我们一切行动的统领。所以最重要的应该是"解放儿童的头脑与双手;儿童的手脑一经解放,这新的儿童世界自然就会应运而来了"②。因此,他特别强调要让儿童的头脑出来"做双手的司令官",出来做"监工",进而产生"引导人思想的力量";要让儿童的双手变成"万能的手",进而产生"引导人动作的力量"。总之,要让儿童用好"双手与大脑"这"人生两件宝",进而"引导人产生新价值的力量"。③

第三节 注重培养"真人"

陶行知作为一位毕生以"求真"为己任的教育家,他给我们留下了"千

---

① 周洪宇:《陶行知生活教育学说》,湖北教育出版社,2011年版,第236页。
② 陶行知:《陶行知全集》(第3卷),四川教育出版社,1991年版,第645页。
③ 江苏省陶行知思想研究会等:《陶行知文集》,江苏教育出版社,1991年版,第303页。

教万教教人求真;千学万学学做真人"这一脍炙人口的名言。"做真人"是陶行知一贯奉行的人生准则和终生追求目标,是陶行知教育思想的核心内容,同时也是他提出并遵行的学生教育培养的目标与方针。陶行知所极力倡导的"求真""做真人"关键在一个"真"字上。其旨在培养和造就有真知识、真本领、真道德的"真人"。

一、学习"真知识"

陶行知对"求真""做真人"的强烈期求,首先体现在对"真知"的追求上。他主张要"追求真理做真人",因为"真理是老师",而真理就是与客观事实相符合的真知。他认为,"智育以养成思想及应用能力为标准"[1]。显然,陶行知不是把智育看成是单纯传授知识的教育,而是要启发学生的思想"以探知识的来源",同时还要培养学生应用知识的能力,"以求知识之归宿"。陶行知反对"读死书,死读书"的空谈,认为"千万不要空谈教育"。因为行动强于空谈,书本上得不到什么力量,唯有从行动上得来的真知识,才是真的力量。陶行知同时还强调,知识的实质在于一个"诚"字。因为"诚为知识之本"。而所谓"诚"就是指人的认识和行为符合客观事物,其实基于"诚"的知识也就是"真知识"。陶行知认为,"知识有真有伪。思想与行为结合而产生的知识是真知识。真知识的根是安在经验里的。从经验里发芽抽条开花结果的是真知灼见"[2]。而伪知识既指"根本错误的,不符事实"的知识,亦包括"人家告诉他,可是他自己一点经验没有,对于别人所说的话并不了解"那样的"虚伪的知识"[3]。这类"不是从经验里发生出来的知识便是伪知识"[4]。伪知识既害人又不值钱。因此,他要求人们要探求真知,追求真理。

陶行知认为,传统的旧教育以背诵前人的书本文字为能事,以升官发财为目的。他们著书立说,不过是重复前人词句的空话,是一些没有实践经验做根据的"伪知识"。这种离开社会实践经验发表的文字,就犹如没有准备金而滥发的钞票,是不值钱的。在中国长期的封建社会里,由于统治阶段政治上的需要,就大力提倡这种脱离社会实际的伪知识。许多读书人为利益所诱,

---

[1] 叶上雄:《生活教育十讲》,四川教育出版社,1989年版,第132页。
[2] 江苏省陶行知思想研究会等:《陶行知文集》,江苏教育出版社,1991年版,第192页。
[3] 何国华:《陶行知教育学》,广东教育出版社,1997年版,第170页。
[4] 江苏省陶行知思想研究会等:《陶行知文集》,江苏教育出版社,1991年版,第192页。

第五章 陶行知的手脑结合学习观

更是三更灯火五更鸡去摄取这种"彻底不值钱的伪知识","青年们整千整万的向着这条死路出发"。即便在废了私塾,开办"洋学堂"之后,仍然是换汤不换药,学的仍然是脱离社会实践经验的单纯的书本知识。"洋八股和老八股虽有新旧之不同,但同不是经验里发出的真知识,同是不值钱的伪知识。"① 在他看来:"中国科学不振,固由于中学以上之科学教育偏重书本;亦由于小学抹煞自然科学,不能教导小孩用手与脑在大自然里去追求真知识。"② 他强调学习要以生活为中心,因为所有的问题都是从生活中发生出来的。"从生活中发生出来的问题和疑问,才是实际的问题;用这种实际的问题来解决才是实际的学问。"③

真知识的获得是基于行动的。陶行知认为,"我们是要在行动中追求真知识。行动遇到困难便不能不思想,思想贯通便取得了真知识,运用真知识以行动,便走上了创造之路"④。此即是说,行动(劳力)和思想(劳心)才能取得"真知"。因此,陶行知还强调,要"为行动而读书,在行动上读书","要有知识,是要从行动中去求来,不行动而求到的知识,是靠不住的,有人告诉你这是白的,那是黑的,你不行动,就不能知道哪个是真是假。有行动的勇敢,才有真知识的收获。书本子的东西,不过告诉你别人得来的东西"⑤。这就是说,知识的获得必须从行动中来,在行动中方才能鉴别知识的真伪,才能获得真知。光读书而不动手,呆读科学之书,而不过科学的生活,实地去行动,是无从创造的。因为惟其行动,到行不通的时候,方才觉得困难,困难而求解决,于是有新价值的产生。所以,"行动是老子,思想是儿子,创造是孙子⑥"。他认为,孩子"有天赋的行动本能",行动的教育,必须从小抓,要给小孩以自由,让他们做有意思的活动,发展他们的才能。

陶行知的生活教育理论强调,要使学生在教学做合一的行动中获得真知识。为了进一步阐明真知识之来源,陶行知还引用《墨辩》中的关于知识的

---

① 叶上雄:《生活教育十讲》,四川教育出版社,1989年版,第135页。
② 何国华:《陶行知教育学》,广东教育出版社,1997年版,第244页。
③ 江苏省陶行知思想研究会等:《陶行知文集》,江苏教育出版社,1991年版,第214页。
④ 江苏省陶行知思想研究会等:《陶行知文集》,江苏教育出版社,1991年版,第350页。
⑤ 陶行知:《创造的教育》,引自徐明聪:《陶行知创造教育思想》,合肥工业大学出版社,2009年版,第48页。
⑥ 何国华:《陶行知教育学》,广东教育出版社,1997年版,第263页。

亲知、闻知与说知的分类并进行深入浅出的阐释。他指出，亲知是亲身得来的，即从"行"中得来，闻知是从旁人那儿或由书本得来，说知是推想出来的知识。在陶行知看来，"亲知是一切知识之根本，闻知与说知必须安根在亲知里方能发生效力"。没有"亲知"做基础，"闻知""说知"是接不上去的。书和书中的知识也都是著书人从行动中得来的。陶行知曾考察科学的发明创造，如富兰克林对电的发现、瓦特蒸汽机的发明，以及伽利略、爱迪生等科学家发明创造的事例，说明一切科学知识的来源，都是实践，都是反复在"行"中经过劳力与劳心结合的过程才得到的。因此，要想获得真知识，就得从行动中来，"有行动的勇敢，才有真知识的收获"，"古今中外所发现第一流的真知灼见，就我所知，无一不是从做中得来"，在他看来，"读科学书籍，听科学讲演，而不亲手去做实验，便是洋八股而非真科学"。而只有动手做，用脑想，在实验中求得的知识才是真知识。这是因为，"盖徒事思想而无试验，则蹈于空虚；徒知应用而无试验，则封于故步，皆不足以尽智育之能事也"。唯有思想与试验的结合，方能"唯知识之本源，求知识之归宿"[①]。陶行知批评旧的传统教育只教人"一天到晚沉醉在八股里"，"不教您在利用自然上认识自然"，"不教您试验，不教您创造"，因而无法让学生掌握真正的科学知识与科学方法，不能养成科学的精神，只能造成一个个科学的书呆子，造就一个新的"伪知识阶级"。然而，20世纪以后的世界属于努力探获真知识的民族，凡是崇拜伪知识的民族，必然渐就衰弱以致灭亡。因此，陶行知明确主张知识来源于行动，并指出，"人类和个人最初都由行动而获得真知，故以行动始，以思考终，再以有思考之行动始，以更高一级融会贯通之思考终，再由此跃入真理之高峰"[②]。

陶行知把自然科学看作是改造自然改造社会的"真知识"。他认为，"要救中华民族，必须民族具备科学的本领，成为科学的民族"，"我们中国必须领受科学洗礼，才能在科学的世界中适于生存"[③]。他把自然科学看作是从农业文明过渡到工业文明的唯一桥梁。因而他特别重视科学教育。在他看来，科学教育是"教人发明工具，制造工具，运用工具"的教育，这样的教育才

---

① 周洪宇：《全球视野下的陶行知研究》（第三卷），北京师范大学出版社，2015年版，第185页。
② 江苏省陶行知思想研究会等：《陶行知文集》，江苏教育出版社，1991年版，第707页。
③ 何国华：《陶行知教育学》，广东教育出版社，1997年版，第255页。

是最有力量，最有生命力的。当然，"文字与书本"也是人生的工具之一，但单靠这一工具是远远不够的，而且还容易走上教死书、读死书的道路。因此，必须要发明和运用其他工具来"透达人生之欲望"。其实，人们认识世界不能单靠文字书本这种"片面的工具"的，就像在生活中人们有了"冷""暖"的感觉经验，才有抽象的"冷""暖"之知，也才会克服空间障碍知北极之寒冷；吃过各种有甜味的食品，才有抽象的"甜"的知识。陶行知强调要把"用科学的方法去征服自然"作为其乡村教育的一则重要信条。在他看来，为了做一个长久的现代人，而不致成为时代的落伍者，必须交给大众一把"现代文明的钥匙"，用以"去开现代文明的宝库"，使每个人都"取得现代的知识，学会现代的技术，感觉现代的问题，并以现代的方法发挥我们的力量"。他把这看作是"普及教育运动之最大使命"。科学教育的目的一方面是普及科学知识，使人人都过科学的生活，过现代化的生活。另一方面是为了培养科学的幼苗，使其成为杰出的科学家、发明家。

陶行知针对当时的科学教育脱离社会实践和人民生活实际的问题，提出"要把科学变得同日、月、空气一样普遍，人人都能享受"。为此，他大力倡导"科学下嫁"，亦即要让"科学"与人民大众"结缘"。对此，陶行知着重强调了两个方面："一是研究科学知识如何通俗化，使儿童及工农大众容易接受，以利为他们服务。二是提倡学生动手作实验，在引导儿童玩科学把戏中学习科普知识。"值得一提的是，陶行知特别重视实验（试验）在培养学生手脑结合的创造性能力方面的价值。他站在人类历史发展的高度，发现人类的一切发明创造都是由"试验之精神"获得的。他认为，"试验之精神，近世一切发明所由来也"。"试验者，发明之利器也。试验虽不必皆有发明，然发明必资乎试验。"[1] 因此，"教育要革新，非试验的方法不能成功、双手与大脑、新文明与旧文明、不被成见所蒙蔽、文明是人类用头脑和双手造成的"[2]。他列举了科学家的成才历程，说明他们都是在不断地试验、不断地创造中产生科学发明的。爱迪生、富兰克林从小就喜欢玩科学的把戏。相反，中国往往是不让孩子动手，因此他告诫人们，不要把小孩子关在教室里死读书，应手脑并用地去做，去行动。"俗话说'百闻不如一见'，说得更确切些是'百见

---

[1] 周洪宇：《全球视野下的陶行知研究》（第三卷），北京师范大学出版社，2015年版，第27页。
[2] 陶行知：《陶行知全集》（卷一），四川教育出版社，1991年版，第6页。

不如一做'。科学小实验要从小做起。"① 他还强调,试验方法的最重要之点就在于"如何养成学生独立思考的能力"。陶行知常常把科学实验说成是"科学把戏"。当然,这种科学把戏绝不是玩玩而已,而要积极引导孩子在动手过程中去想,去思考,不仅知其道理,而且能有所发现,有所发明,有所创造。他指出:"实验是一种有目的、有计划、有组织、有步骤、有创意的把戏。"②他还列举了许多实例,说明科学是从把戏中玩出来的:爱迪生发明电灯丝,是经上千次实验,才获得成功。他的一千多项发明,哪一项又不是从玩耍中得来?法拉第也是在玩"化磁为电"的把戏过程中才发明了发电机的。所以陶行知认为:"我们提倡科学,就是要提倡玩把戏,提倡玩科学的把戏。科学的小孩子是从玩科学的把戏中产生出来的。"③科学也是从把戏中玩出来的,是从无知之行始,以能行之知终。在科学实验的过程中一定会遇到这样或那样的问题,但只有遇到困难才会有疑问,有疑问才会有假设,有了假设才会有实验和行动。他认为,只有在小孩子身上施以一种科学教育,才能培养他们科学的兴趣,发展他们科学上的天才。只要在小孩子中培养出像爱迪生那样的一批科学杰出人才,便不难使中国立刻科学化。

  陶行知所强调的"真知识"同时也是"活知识"。陶行知既吸收了西方课程设置的先进经验,也摒弃了中国传统智育中陈腐的东西,形成了其关于学习之"活"的特色。针对传统教育的弊端,他提出了智育要"以诚为本","养成学生思想及应用能力"的智育观,主张读活书、活读书、读书活。这是对传统教育的一次重大改革。他把养成学生生活能力,培养学生劳动技能,不做知识的奴隶等作为智育的任务。这表明,他在智育内容的安排上,是受一个"活"字所支配的。他根据生活的内容来确定智育的内容,智育的内容又是随着社会生活前进、发展而不断变化的。它既把西方现代科学文化摆到重要地位上,又防止演成"洋八股"教育。既强调书本知识,又反对读死书。既要开展专门特殊教育,又要以一般文化知识作基础。可以说,"活"是其知识内容的精髓。陶行知强调,活的教育要随时随地拿些活的东西去教活的学

---

① 江苏省中等师范学校选修教材编写组:《陶行知教育思想研究》,江苏教育出版社,1991年版,第119页。
② 徐明聪:《陶行知创造教育思想》,合肥工业大学出版社,2009年版,第160页。
③ 何国华:《陶行知教育学》,广东教育出版社,1997年版,第256页。

第五章 陶行知的手脑结合学习观

生,养成活的人才。因为,"若不能以活教材去教他,他自然也就不能进步"。他主张学生要读"活的书籍",而其中所记载的思想、经验是很高尚的,与人生有关系的,就是活的书籍。这就是说,活的书籍中的知识是有用的,是能够指导人生的,能够给人以力量的。他认为,智育内容是活的,那么培养出来的人才就是活的。而活的教育培养的是创造型人才。因此,他强调要让学生在活动中学,解放儿童的头脑、双手等,实行因材施教,使教育"向着创造之路迈进"。

需要指出的是,陶行知在强调由行动而获得真知识的同时,并不轻视读书,排斥前人的经验。其实,陶行知"只说真知识的根是要安在经验里,没有说样样知识都要从自己的经验中得来。假使我们抹煞别人经验里所发生的知识而不去运用,那可真是世界第一个大呆子"①。因而,虽然真知识是由思想和行动结合而产生的,是从自己的经验上得来的,但并不是要所有知识都从自己的经验上获得,我们也可以运用别人经验里的知识使它为我们所用。就像"或是做过雪罗汉的人,便可以懂得北冰洋是冷的。对于这些人,'热带是热的;北冰洋是冷的'虽从书本上看来,或别人演讲时听来,也是真知识。倘自己对于冷热的经验丝毫没有,那末,这些知识虽是学而时习之,背得熟透了,也是于他无关的伪知识"②。其实,在陶行知看来,掌握知识的过程也就如同树木的嫁接一般,需要以自己的经验做根,别人的经验做枝,把别人经验里所发生的知识接到自己经验里所发生的知识上去,这样才能"发荣滋长"。这就是说,陶行知重视亲知,然而并不排斥闻知和说知。他认为,闻知、说知都可以是真知识,前提是要"安根在经验里"。别人的真知识,只要和自己的经验相结合,也就变成了自己的真知识。应当说,陶行知重视读书,更注意"用书",他对读书的重视,主要源于对"用书"的重视。因为,要把事做好,首先需要会"用书",用的书没有了,就无法去做。由于书里面既有真知识,也有伪知识,而如果"用它一下,书的本来面目便显了出来,真的便用得出去,伪的便用不出去,也如同真的锯子才能锯木头,真的锄头才能锄泥土"一样。因此,在学习过程中,不是去机械地背诵前人的结论,而是要通过实践,通过自己的实践与思考去重新"发现"前人的结论,进而把亲

---

① 江苏省陶行知思想研究会等:《陶行知文集》,江苏教育出版社,1991年版,第193页。
② 江苏省陶行知思想研究会等:《陶行知文集》,江苏教育出版社,1991年版,第193-194页。

知、闻知、说知结合起来，发展前人的结论。这样"便可得事物之真理"。

二、掌握"真本领"

在陶行知的"求真""做真人"的思想体系中，学会"真本领"无疑占有着重要的地位。其实，陶行知正是针对传统教育为升学而读书，为做官而读书，为个人发财而读书的弊端而提出"做真人"的培养目标的。他主张教育要培养真人。真人读书不是为了文凭，"宁可真白丁，不要假秀才"。真人读书不是为了分数，而是为了学到真本领。他要培养的真人是以改造自然，改造社会为己任，是一种有独立思想、见解，有真知识、真本领的有生活力、能手脑并用、全面发展的人。

陶行知认为，传统教育是制造"书呆子""字纸篓"及"活书橱"的场所。所培养的"少爷""小姐"式的学生，手无缚鸡之力，饭来张口，衣来伸手，事事要人侍候。只会分利，不会生利。一生只会死读书，读死书。他批评旧教育存在严重的偏智化倾向，严重脱离生活实践，只以考试为目的。这样，"从小学到大学，十六年的教育一受下来，便等于一个吸了鸦片烟的烟虫，肩不能挑，手不能提，面黄肌瘦，弱不禁风……足也瘫了，手也瘫了，脑子也用坏了，身体的健康也没有了"①，这种教育只知道"教学生读死书，死读书，他消灭学生的生活力，创造力"。在他看来，"学问之道无他，改造环境而已。不能把坏的环境变好，好的环境变得更好，即读了万卷书有何益处"。"真正的教育必须造就能思索、能建设的人……教育应教后起青年去做新文明的创造者，不教他们袖起手来去做旧文明的安享者"，要善于"用活的环境；不用死的书本。他要运用环境里的活势力，去发展学生的活本领——征服自然改造社会的活本领"②。

针对传统教育把教育等同于读书，传授现成的知识，灌输死的知识的状况，陶行知认识到，只有在生活中求得的教育才是活的、有用的教育。他打了一个非常形象的比喻，教育好比是蔬菜，文字好比是纤维，生活好比是维他命。以文字为中心而忽略生活的教科书，好比是有纤维而无维他命之蔬菜，吃了不能滋养体力。而"教育的根本意义是生活之变化"，教育改造功能的实

---

① 胡国枢：《生活教育理论——陶行知教育思想研究》，浙江教育出版社，1991年版，第162页。
② 江苏省陶行知思想研究会等：《陶行知文集》，江苏教育出版社，1991年版，第155页。

第五章 陶行知的手脑结合学习观

现有赖于一定的"力"的作用。因而需要将学习者"放在社会的生活里,即社会的磁力线里转动便能通出教育的电流,射出光、放出热、发出力"①。陶行知特别强调教育能产生力量,"发出力"。有了这种力,就能叫"荒山成林,叫瘠地长五谷"。有了这种力,"则污秽的垃圾可以用来点灯烧饭,窒人的氮气可以用来做养人的肥田粉,煤焦油里可以取出几十种颜料,一粒种子可以长成几百粒谷,无饭大家饿的穷国可以变成有饭大家吃的富社会"②。应当说,这种力其实就是人类认识世界和改造世界的真本领。

陶行知把人认识自然、改造世界的"真本领"称之为"生活力",并把培养学生的"生活力"作为教育的一个重要信条。他认为,"给学生一种生活力,使他们可以单独或共同去征服自然,改造社会"。教育的"目的是要造就有生活力的学生,使得个人的生活力更加润泽、丰富、强健,更能抵御病痛,胜过困难,解决问题,担当责任,学校必须给学生一种生活力使他们可以单独或共同去征服自然,改造社会"③。在他看来,拥有"生活力"的人,不是吃饭不做事儿的书呆子,而是生产者、建设者、创造者、发明者;拥有真本领的人,思想不是死的、假的、静止的,而是创造性的、建设性的、充满生机的;拥有真本领的人,更能抵御病痛,战胜困难,解决问题,担当责任。在他看来,这种拥有真本领的人,也就是善于将手脑结合,在劳力上劳心的人。由于他们能够把"脑筋与手联合起来",进而"可产生力量,把'弱'与'愚'都可去掉"④,并且还可以"以人力胜天工,世界上的一切发明都是从他那里来的"。

陶行知视域中的人认识和改造世界的"真本领"亦涵盖"创造力"。他称创造力为新的生活力,强调动员每个人的创造潜力,发掘每个人天赋的直觉和想象的能力。在陶行知看来,人与动物的根本区别就在于人能发明、制造和运用非身体的工具。"人的特别本领就是不专靠自己身体为工具",文明人和野蛮人的最大区别就是文明人把这些非身体的工具发明得格外多,制造得格外精巧,运用得格外普遍,而能够将自己的身体四肢延长即制造和使用工

---

① 江苏省陶行知思想研究会等:《陶行知文集》,江苏教育出版社,1991年版,第425页。
② 江苏省陶行知思想研究会等:《陶行知文集》,江苏教育出版社,1991年版,第304页。
③ 江苏省陶行知思想研究会等:《陶行知文集》,江苏教育出版社,1991年版,第138页。
④ 何国华:《陶行知教育学》,广东教育出版社,1997年版,第229页。

具。其实，古往今来的工具都是人类身体各位的延长，像锄头、锤子是手的延长；车、船是腿的延长；显微镜、望远镜是眼睛的延长；电报、电话以及手机乃是口和耳的延长……。而今，计算机以及机器人甚至把我们的大脑也延长了。陶行知还指出，工具是物质文明与精神文明合而为一的"媒介"，"精神与物质接触必定靠着工具。工具愈巧则精神愈能向着物质发挥。工具能达到什么程度即精神能达到什么地方"①。有了望远镜，人的精神就能到火星里去浏览；有了显微镜，人的精神就能认识那叫人生痨病鬼乃是痨病虫。因此，他特别强调教育的任务就在于教人发明、制造和运用工具来征服自然，改造社会，增进人类之幸福。

人的"真本领"其核心在于"做"的本领，其学习与掌握是与行动相联系的，抑或说是以行动为基础的。因此，陶行知极为重视通过活动练就学生的真本领。当然，实际生活中需要掌握的本领是多种多样的，比如，"山上出狼，我们必须学会打猎，地上有蛇，我们必得学会治毒。聚蚊成雷，我们必得学习根本铲除蚊子的方法"②。这些无疑都是必须立足于行动方能真正学会的。

为了培养儿童的"真本领"，陶行知要求儿童要具有"科学的头脑"。陶行知认识到，近代中国人最大的缺陷是"愚"和"弱"，要解决"愚"的问题，就必须有"科学的头脑"。他所说的"科学的头脑"包括具有自然科学和社会科学的基本知识和技能，虚心、好观察和尝试，对农业和科学上的新发明感兴趣，并且愿以此介绍给农民，努力使一般农民社会的守旧性得到克服。他尤其强调体力劳动者应重视学习科学，用科学武装头脑。他倡导"学农的人要有科学的脑筋和工人的手。这样才可以学得好"③。他鼓励民众去学习科学，以拥有"科学的头脑"作为追求的学习目标。他感到，长期以来，中国的中小学教育偏重书本知识，只注重学生的死记硬背，而轻视实验，忽视动手能力的培养。他批评传统教育"不教你在利用自然上认识自然。它们不教你试验，不教你创造。它们只能把你造成一个自然科学的书呆子"④。需要指

---

① 周洪宇：《陶行知生活教育学说》，湖北教育出版社，2011年版，第166页。
② 叶上雄：《生活教育十讲》，四川教育出版社，1989年版，第196页。
③ 周洪宇：《全球视野下的陶行知研究》，北京师范大学出版社，2015年版，第4页。
④ 潘冷云等：《现代生活与现代教育》，复旦大学出版社，1991年版，第125页。

第五章 陶行知的手脑结合学习观

出的是，陶行知在强调儿童需要有"科学的头脑"方面，对科学"试验之方法"给予了特别的关注。他尤为赞赏我国古代的"格物致知"，就是通过研究，亦即"试验"才能明白事物的道理的思想，认为此乃"近世一切发明之由来也"，同时也是"欧美之所以进步敏捷者，中国之所以瞠乎人后者"的原因。他强调，"故欲教育之刷新，非实行试验方法不为功"①。

为了培养儿童的"真本领"，陶行知要求儿童要拥有"农夫的身手"。在陶行知看来，为了解决近代中国人"愚"和"弱"两大缺陷中"愚"的问题，需要有"科学的头脑"，而要解决"弱"的问题，则有赖于"农夫的身手"。陶行知认为，"世界上最有贡献的人只有一种，就是头脑能指挥手指行动的人"。而"脑筋与手联合起来，才可产生力量，把'弱'和'愚'都可去掉"②。如果说，"科学的头脑"主要是针对工农大众的话，那"农夫的身手"则重点是对读书人与学生而言的。而要养成"农夫的身手"，"首先应拜农人作先生"，并"对农事可以充分学习"，进而让读书人及学生既有强壮的身体，又有熟练的农作本领以及改造世界的能力。他在创办南京晓庄师范学校期间，就奉行这一学习目的，培养出一批能文能武的从事乡村生产的知识分子，从而实现了"手脑并用，在劳力上劳心的教育"，并且开辟了一条知识分子与工农群众相结合，教育与生产劳动相结合的道路。

为了培养儿童的"真本领"，陶行知要求儿童要做一个永不落伍的"现代人"，这既是陶行知所倡导的学习目标，也是其所期求的"真人"的内在要求。所谓"现代人"，就是与时俱进、紧跟时代、不断进取的人。因为时代是继续不断前进的，我们必得参加在现代生活里面，与时代俱进，才能做一个长久的现代人。否则，再过几年又要成为时代落伍者了。陶行知把掌握科学的本领提高到拯救中华民族的高度。他强调，"科学要从小教起。我们要造成一个科学的民族，必要在民族的嫩芽——儿童上去加工夫培植"③。当今世界是一个科学的世界，整个世界都在向着科学猛进，在这种时代中，中国必须领受科学的洗礼，迅速完成农业文明向工业文明的过渡，使自己成为一个科学的国度，在科学的世界中适于生存。由于人的素质是中国从农业文明向工

---

① 胡国枢：《生活教育理论——陶行知教育思想研究》，浙江教育出版社，1991年版，第246页。
② 何国华：《陶行知教育学》，广东教育出版社，1997年版，第229页。
③ 叶上雄：《生活教育十讲》，四川教育出版社，1989年版，第197页。

业文明过渡的重要因素,中小学教育对于完善与提高人的素质有着极为重要的作用,中小学教育最本质、最直接的功能就是完善和提高学生的素质,为他们打好做一个"现代人"的基础。为了做一个永久的现代人,需要拿着现代文明的钥匙,继续不断地去开发现代文明的宝库,保证川流不息的现代化。他强调,"做一个现代人必须取得现代的知识,学会现代的技能,感觉现代的问题,并以现代的方法发挥我们的力量"①。对于中小学生而言,就是要"学做事、学做人","养成终身好学之习惯",从而"获得一般知能""懂得一般做人的道理"。要能够"手脑并用",具有一定的"生活力"和"创造力"。

在培养"真本领"方面,陶行知还主张将学生的"治学能力"与"治事能力"结合起来。"治学"是动脑读书,观察思考、钻研问题的方法。"治事"是动手解决问题的方法。当然,"动手"不只是头脑指挥双手开机器,做实验等,还包括"学会办事"、善于"待人处事",组织集体、团结群众的能力等。他认为,"治学"与"治事"能力的结合是一个重要的教育问题。因为改造自然,改造社会的能力,不论科学事业、生产事业或其他任何社会事业的开拓或创造,终归都离不开每个人的行动能力。"学会办事"的能力是个人在其中更好发挥创造才能的重要条件。而且,"学会办事"也是创造能力的一个重要的方面。没有"治事"能力是旧教育培养出来的书生的很大的弱点,而不是新时代的开拓者应有的素质。陶行知在教育实践中,十分重视培养学生的"治事能力"。他曾经根据社会的需要,明确列出学生应该具备的一些基本"常能",如"育才二十三常能"等。他还曾经具体列出学校要培养能力达70种之多,其范围涉及医学、卫生、体育、食品、农桑、生活、生产等各个方面,可以想见,其教育之下的孩子活脱脱地成了一个现实版的"鲁滨逊"。而学生掌握了更多的"真本领",就能独立生活,且"帮助着生活继长增高地向前向上进",以"实现那丰富的现代生活",并能为社会做出自己应有的贡献。

三、养成"真道德"

在陶行知的"求真""做真人"的教育思想中,"真道德"无疑占有重要的位置。陶行知在其一生的教育实践中,十分注重学生的道德品质教育,提升学生的精神境界。他提出并实践的"追求真理做真人"的理念,把道德作

---

① 周洪宇:《全球视野下的陶行知研究》,北京师范大学出版社,2015年版,第4页。

为做人的根本。他在给育才学生提出的《每天四问》中,就明确要求学生每天要反躬自问:"我的道德有没有进步?"在他看来,一个人如果缺乏道德这一做人的根本,纵然你有一点学问和本领,也无甚用处,甚至危害更大。因此,没有道德的人,即使才能再大,对社会也不会起积极作用,只会起消极作用,所以陶行知重视建筑道德这一人格长城,重视学生道德品质的培养。

陶行知强调道德有"公德"和"私德"之分。"公德"作为集体的公共道德,乃是服务社会和国家的根本。一个集体能不能稳固,就看每个成员"能不能顾到公德,卫护公德"。如果多数人只顾个人利益,不顾集体利益,则这个集体必然衰败下去。当然公德还包括觉悟、联合、争取解放以及创造等方面的内容。陶行知强调要觉悟起来,联合起来,以争取大众的解放,改造旧世界,为劳苦大众创造幸福为己任的道德。只有这样,才能做到我们无论处在任何环境里面,必抱有坚强人格,不可自由摇动,尤其到了利害生死关头之时,必须有"富贵不能淫,贫贱不能移,威武不能屈"的气概,进而成为一个真正的大丈夫,一个真正"真人"。

陶行知在重视公德的同时,亦强调"私德"的重要价值。"私德"作为个人品德修养和文明行为,乃是立身之本。私德与公德实质上是道德的一体两面,私德又是公德的基础。"私德不讲究的人,每每就是成为妨碍公德的人,所以一个人私德更是要紧,私德是公德的根本。"[①] 在陶行知看来,"私德最重要的是'廉洁',一切坏心术坏行为,都由不廉洁而起"[②]。一个人高尚道德品质形成的起点就是廉洁、无私,以广大劳苦大众的根本利益为重。一个人德性堕落的起点和标志也就是秽行和自私,无视广大劳苦大众的利益,以一己之私而损害劳苦大众的利益。基于此,陶行知认为,培养道德最重要的一点是要做到公私分明。他主张公与私要绝对分清楚,两者之间要"划条鸿沟,绝对隔离,不使他有毫厘之交通"。与此同时,陶行知还强调要有"苟非吾之所有,虽一毫而不取"的精神。针对当时破坏公物的恶习,陶行知犀利地指出,公物比私物更容易被损坏。如"公园的花木随意乱折,图书馆的书随意乱翻。还有人希望流芳百世,到处题名,以至名胜都被糟蹋"。他教育青少年要革除这些坏习惯,注重私德培养。他强调只有私德健全才能巩固与加强公

---

① 江苏省陶行知思想研究会等:《陶行知文集》,江苏教育出版社,1991年版,第724页。
② 胡国枢:《生活教育理论——陶行知教育思想研究》,浙江教育出版社,1991年版,第158页。

手脑结合与人的学习

德的效用,从而为人民谋幸福。他要求学生"一方面要自己爱惜公物。一方面对于损坏公物的人,还要一致反对",应当养成"爱护公物如己物"的习惯。陶行知办的学校就是从这些日常生活、学习中要求学生、训练学生,使学生具有良好的行为习惯,培养他们的人生之道。

陶行知将人格教育作为学生道德养成的重要内容。这里的人格教育主要指个人的品德、修养、操行等。他认为,健全的人格是建立在良好的道德行为之上的,亦即"建筑人格长城的基础就是道德"。我们知道,关于教育,陶行知曾提出过教育就是"教人学做事",后来又提出过教育就是"教人做人","做真人"。因而,教育不仅要使人掌握科学技术,学会做事,还要培养和发展人的情感、个性和价值观,求得人格和道德上的完善。应当说,"真人"不仅是道德操行上的要求,而是对人的完整人格的追求。塑造学生的健康人格,同样需要建立在活动的基础上。在陶行知看来,教育绝非纸上谈兵,人格的培养同样离不开学生的亲身实践。因为"真教育是心心相印的活动"[1],它并不是凭道理的说教所能奏效的,而必须建立在学生的实践活动,亦即"做"的基础上。"做"的过程就是内化的过程。人格长城就是在生活中"做"成的,就是"以实际生活为中心","战胜实际的困难,解决实际的问题,生实际的利,格实际的物,爱实际的人,求实际的衣食住行,回溯实际的既往,改造实际的现在,探测实际的未来"[2],从而也塑造了实际的人格。因为在这些实际的活动中,不断地出现困难与问题,同时也就有了自己想办法解决困难和问题的机会。在这一过程中,也就长进了一层判断的经验。这就是说,"生活与生活一摩擦便立即起教育的作用。摩擦者与被摩擦者都起了变化,便都受了教育"[3],进而也就促进了其能力与健康人格的形成。

陶行知还特别注重在集体活动中培养学生的健康人格。陶行知认为,学校的集体生活不能成为脱离社会生活的封闭的集体,而要真正做到"与社会发展的联系,与整个世界相沟通"。只有当学校集体生活与社会生活"血脉相通",才会为集体生活注入丰富的、生动的、实际的、促进个性正常发展的生

---

[1] 江苏省中等师范学校选修教材编写组:《陶行知教育思想研究》,江苏教育出版社,1991年版,第99页。

[2] 郭笙:《为中国教育寻觅曙光——陶行知教育思想研究》,辽宁教育出版社,1991年版,第128页。

[3] 江苏省陶行知思想研究会等:《陶行知文集》,江苏教育出版社,1991年版,第528页。

第五章 陶行知的手脑结合学习观

动活泼发展的"养料",使学生跟着时代的方向成长。他同时认为,集体生活与个人发展不能割裂或对立起来,二者要辩证地结合起来,合理的丰富的集体生活要"在集体之下发展民主,着重个性"。陶行知强调学生"在集体生活中,按照他的特殊才能,给予某种特殊教育",因材施教。如果强调集体生活而忽视个人的需要和特长,或者相反,那么集体与个人的发展都会受到损害。他主张在集体的民主生活中也要"看重个性",尊重个人。应用生动活泼的教育方法,启发学生觉悟和自我教育能力。学校要坚决反对侦探和判官式的教育方法,反对把学习知识和修养品行截然分开的二元论。与做人一样,学习知识也应当以"诚"为本。所谓"诚"就是指人的认识和行为要符合客观事物,即实事求是之意。在他看来,"格物所以致知,即所以致诚"。亦即要通过推究(格物)而获得事物的道理,进而知道(掌握)客观事物规律性的知识。因而,"诚为智育之本",智育就是科学的教育,要教学生明白科学的知识和科学的方法,用"最有效之新教育原理等"方法教育学生,同时,要培养学生具有应有科学知识的能力。

陶行知还强调学校的道德教育必须与社会生活息息相通,反对将学生关在学校这个笼子里死读书。他主张学校德育应从社会实际出发,根据不同的学生在不同的时间做到有的放矢,从而实现"教学做合一"。所以,学校应该提供学生进行社会实践的机会使学生将所学的德育知识运用到日常实际生活中,在社会实践活动中学生主动地实现自身品德的完善和发展。在他看来,只有通过活动,在活动中进行道德方面的教育,才能更好地对人的道德起到潜移默化的影响。倘若道德与实际活动相脱离,只是向人们进行理论上的道德传授与说教,就容易走向形式主义的道路。因为,对道德教育而言,单纯的说教、灌输是软弱无力的,对学生的道德品质的养成毫无用处。那些空话和空泛的要求,往往使道德教育显得苍白无力,收效甚微。只有把学生放在广大宽阔的社会生活中去,让学生们在行动中,在实践中去体验才有利于道德的修养。鼓励学生在生活中发现疑问,通过对这种实际问题的解决获得实际的学问,进而在社会实践中培养良好的品德。

应当说,陶行知的"真道德"体现了他终身秉持的"求真"观。他主张要做追求真理,为真理献身的人。要求真知,不求假知,要说真话,不说假话。要做"追求真理,爱护真理,抱着真理为小孩、为国家、为人类服务"的人,这样才能做真君子,不做伪君子。他曾在给孩子的信中指出:"我们必须坚持'宁为真白丁,不做假秀才'之主张。""总之,'追求真理做真人',不可丝毫妥协。"他还阐释了在做学问中追求真理的问题。认为"学问否认新旧,只要是追求真理,便与革命之精神相符合",而"在学问上忠于真理,则在政治上必忠于革命"[①]。因此,陶行知认为做有道德的人既要有前面所说的公德和私德,还要"明大德"。而"'大德'是大众之德,大众之德有三:一是觉悟,二是联合,三是争取解放"。后又加上"创造"。可见,陶行知讲的"大德",就是觉悟起来,联系起来,争取大众的解放,改造旧世界,为大众创造幸福的道德。这也表明,陶行知的道德观是与创造相联系的。尽管学习是要做学问的,但"学问之道无他,改造环境而已。不能把坏的环境变好,好的环境变得更好,即读百万卷书有何益处"。在陶行知看来,改造环境的过程也就是创造的过程,改造环境要本着"远处着想,近处做起"的原则,从"按着自己的能力,看准一件具体的事"做起。创造是建立在人的解放的基础上的。"解放出来的力量要好好用,用在创造上,创造新自己,创造新中国,创造新世界。"陶行知的理想就是冀求"用四通八达的教育,来创造一个四通八达的社会"[②]。

陶行知的"真道德"彰显着他毕生恪守的"求实"观。陶行知抨击传统学校德育理论严重脱离于社会实践的问题,他认为这种德育模式没有办法培养学生形成符合社会需求的道德标准。而要解决这种理论脱节于实践的弊端,就必须要给学生以实践的机会来养成道德。他认为:"修身伦理一类的学问,最应注意的,在乎实行。"而旧教育的弊端,是修身理论脱离实际,说与做不一致,由此导致学生"嘴里讲道德,耳朵听道德,而所作所为却不能合乎道德的标准,无形无影中,把道德与行为分而为二"的现象。革除这种弊端的方法,最有效的莫过于让学生独立地参加社会实践活动,培养言行一致的道德行为,亦即"非给学生种种机会,练习道德的行为不可"[③]。陶行知认为,在学"做人"的实际行动中教人学"做人",才是真正的道德教育;同样,要在学"做人"的实际行动中自觉地进行道德修养,才是真正的道德修养。在陶行知看来,面对自然界和人类社会,没有行动便无所谓真道德、真知识和真思想,没有行动便无所谓真人,真人必然是实际的社会生活中的行动之人。

---

① 叶上雄:《生活教育十讲》,四川教育出版社,1989年版,第109页。
② 何国华:《陶行知教育学》,广东教育出版社,1997年版,第173页。
③ 何国华:《陶行知教育学》,广东教育出版社,1997年版,第180页。

第六章

苏霍姆林斯基的和谐学习观

苏霍姆林斯基作为一位把自己的毕生精力献给了教育，把自己的整个心灵献给了孩子的苏联著名教育家，被誉为"教育思想的泰斗"。他在长期的教育实践的基础上，以辩证唯物主义的认识论和方法论为基础，根据教育教学的基本规律和学生心理发展的特点，运用科学系统的教学原则，提出并论证了一系列指导教师教和学生学的方式、方法，形成了其独具匠心的和谐教育思想体系。从他的学习理论宝库中，我们不难发现这一思想体系中到处闪烁着手脑结合思想的光华。

第一节 学做"聪明人"

苏霍姆林斯基在教育中秉持这样的"座右铭"：不要让任何一个学生感到他在智力发展上是不行的。他深信，只要教育恰当，任何人都会显露自己独特的天赋和才能。因此，他始终把学习看作是发展学生智力，丰富儿童精神生活的广阔途径。他主张，教学要教给学生借助已有的知识去获取新知识的同时，要致力于使学习成为一种积极的思考活动，成为产生和解决疑问、发现真理的过程。这样，当一个人离开校门的时候，也可能有些知识没有学到，但他必须是一个"聪明人"。

一、在阅读和观察中"变得聪明"

苏霍姆林斯基重视阅读和观察之于智力发展的重要性。他认为，"阅读是思维和智力发展的源泉"。他要求教师"把每个学生引导到书的世界中去，培养他们热爱书籍，使书籍成为智力生活的指路明灯"[①]。在他看来，"要使手起到发展智慧的作用，还有必要进行经常的阅读，书籍不仅能造就聪明的头脑，

---

① 王天一：《苏霍姆林斯基教育理论体系》，人民教育出版社，1992年版，第183页。

而且能培养出灵巧的双手"①。他同时还强调，观察是一种积极的智力活动，是发展儿童智力不可或缺的途径。发达的智力的一个重要特点，就是善于观察，儿童智力发达的其他特点都与观察力紧密相关。

阅读之所以重要，因为它是掌握知识、扩充知识以及发展智力的一个重要手段。苏霍姆林斯基认为，阅读是一项很重要的而且也是一种很复杂的技能。儿童要学会智力劳动，必须掌握这种技能。阅读同时也是精神力量和意志的自我教育，学生的智力发展取决于良好的阅读能力。因此，要把读书当作第一精神需要，它犹如饥饿者的"食物"。他还从脑生理学的视角对此作出进一步的诠释。他指出，人的脑子是一个复杂的整体，如果它的一部分不够发达，就会阻碍整个脑的工作。在大脑两半球的皮层里，有一些区域是管阅读的，它们跟脑的一些最活跃、最富于创造性的部分是密切联系的。如果在管阅读的那些区域里有了"死角"，那么皮层的所有部分的解剖生理的发展就会受到阻碍。而且，还有一种危险，在大脑两半球皮层里发生的过程是一去不复返的。因为大脑皮层上的发展过程是不可逆转的，如果一个人在少年期没有形成完整阅读和理解句子的能力，以后就很难具备这种能力了。因此，缺乏阅读能力，将会阻碍和抑制脑的极其细微的连接性纤维的可塑性，使他们不能顺利地保证神经元之间的联系。而好的阅读能力反过来促进了智力才能的发展。

苏霍姆林斯基认为，真正的阅读能够吸引孩子的理智和心灵，激起他对世界和对自己的深思。"要想成为思想家，要善于一边读书一边思考，一边思考一边读书。"② 在他看来，阅读与思考之间是存在着极为密切的联系的，阅读好比是使思维受到一种感应，激发它的觉醒。当然，这里说的是有思考的阅读，而不动脑筋、没有思考的阅读，只能使儿童的智力变得迟钝，这就犹如智力上的"口齿不清"。因此，他特别强调阅读与思考的结合。他强调，儿童要能在书本面前坐下来，深入地思考。"必须教会少年学生同时进行阅读和思考。这一能力的心理学与复杂性，就在于外部的刺激物如何激发脑的内部力量。"③ 要根据思维的需要来读书，这是智力发展的主要条件。这样的读书

---

① B. A. 苏霍姆林斯基：《给教师的建议》，杜殿坤编译，教育科学出版社，1984 年版，第 83 页。
② 瓦·阿·苏霍姆林斯基：《论智育》，王义高译，北京师范大学出版社，1985 年版，第 71 页。
③ B. A. 苏霍姆林斯基：《给教师的建议》，杜殿坤编译，教育科学出版社，1984 年版，第 208 页。

第六章 苏霍姆林斯基的和谐学习观

就能认知,学生就会因智慧的力量而感到惊喜,这才是一个人智力活动的要义。为了促进读书与思考的结合,他还把学校的阅览室命名为"思考之室"。他坚信,对小学中高年级的学生而言,能否顺利地学习,首先就取决于他会不会有理解的阅读,亦即能否在阅读的同时思考,在思考的同时阅读。出于思考需要的阅读,这也是发展智能、形成创造性智力的主要条件。否则,坐啃书本则必然会呆读死记、钝化智力,并使学习变成学生的"差役"。

在苏霍姆林斯基看来,传统的教学中学生的那种畸形的脑力劳动(不断地记诵,死记硬背)会造成思维的惰性。而学会阅读,乃是预防智力惰性和学习落后的可靠手段之一。他认真研究了少年期儿童阅读能力与智力发展的关系。他注意到,有些孩子在童年时期聪明伶俐,而到了少年时期却变得智力下降,其原因往往就是因为他们不会阅读。他认为,"越是困难的学生,他在学习中遇到似乎不可克服的困难越大,他就越需要阅读。阅读能教他思考、思考会刺激智力觉醒"[①]。在他看来,就像越是敏感度低的照相底片越需要较长时间的曝光一样。对这些学生,不是要靠补课以及没完没了的"拉一把",而是要靠阅读。而且,书籍和由书籍激发起来的活的思想,是防止死记硬背(这是使人智慧迟钝的大敌)的最强有力的手段。那些"学习困难"的学生读书越多,他的思考就越清晰,他的智慧力量就越活跃。他认为,孩子的阅读开始越早,阅读同他的全部精神生活越能有机地发生联系,阅读时的思维过程就越复杂,阅读对智力发展就越有补益。同时,阅读也是促使知识深化的有效手段,是提高学生对事物和现象之间的相互关系的更深入理解的有效途径。正是从这个意义上苏霍姆林斯基把学会很好地阅读作为学生学会学习的一个重要条件,同时也是学生真正理解和掌握知识的一个有效途径。他认为,有经验的科学教师,在讲课的时候,好像只是微微打开一个通往一望无际的科学世界的"窗口",进而到浩瀚的知识海洋中去游泳的前景激励着学生去阅读。他主张,要通过各种途径特别是通过课外阅读,涉猎和浏览大量书刊和材料。这些材料的内容要尽可能与重点问题有较多的联系,以便互为裨补。

苏霍姆林斯基认为,阅读可以为学习提供必要的"智力背景"。亦即通过阅读各类书籍有助于奠定知识、智力基础,乃至情感、审美基础。他认为,阅读科学读物,乃是现代学校科学教学过程的一个极其重要的组成部分。这

---

① 肖甦:《苏霍姆林斯基教育智慧格言》,人民出版社,2014年版,第184页。

种配合教学内容的阅读是必修课的"大后方"。由于在课外阅读的东西里，有千百个跟课堂所学内容相通的"接触点"。通过阅读，可以使课堂上所学的新概念纳入到从各种书籍里汲取来的知识体系里，从而使学生感到教学是把头脑中已有的零散知识进一步系统化的必不可少的条件。如果不经常阅读课外书籍，对知识的持久兴趣是不可思议的。不建立课外阅读体系，知识和技能的掌握就会遇到不可克服的困难。相反，课外阅读的东西越多，各个学科中难懂的科学概念就越容易弄懂，也越容易加深理解，学习负担就越轻，学习效果也就会越好。学习过程中必须识记的材料越复杂，必须保持在记忆里的概括、结论、规则越多，学习过程的"智力背景"就应当越广阔。学生从对材料本身的兴趣出发，从求知、思考和理解的愿望出发而阅读的东西越多，他再去识记那些必须记熟和保持在记忆里的材料就越容易。

苏霍姆林斯基在强调阅读重要性的同时，更是把观察看作是一种积极的思维训练活动和发展智力的有效途径，是智力的极为重要的源泉。发达的智力的一个极重要的特点，就是善于观察。观察能力就是善于用我们的慧眼从事物的一切关系的中心观察它们的能力，智力发达的其他特点都与观察力紧密相关。比如思维的灵活性、独立性、批判性以及钻研精神和容纳性（即善于把知识保存于记忆之中）无不是建立在观察的基础上的。"观察是任何东西也取代不了的思维源泉。"[1] 因此，教师劳动的文明，在很大程度上取决于观察在学生发展中占有何种地位。尤其是观察力与善于思考的结合，是儿童智慧不断发展的牢固基础。在学习过程中，观察是任何东西也取代不了的思维源泉。"观察对于儿童之必不可少，正如阳光、空气、水分对于植物之必不可少一样。在这里，观察是智慧的最重要的能源。儿童需要理解和识记的东西越多，他在周围自然界和劳动中看到的各种关系和相互联系就应当越多。"[2]

在苏霍姆林斯基看来，观察对于低年级学生来说尤为重要。因为少年儿童的形象思维占优势，他们是凭借着形象、色彩和声音来进行思维的。苏霍姆林斯基在多年的教学中发现，学习中必须掌握的真理和抽象概括越多，这类脑力劳动越紧张，学生越应经常求教于知识的直接来源——大自然，越需要观察周围世界的形象和图景，了解、分析事物的因果关系，比较物质的性

---

[1] 肖甦:《苏霍姆林斯基教育智慧格言》,人民出版社,2014年版,第214页。
[2] B. A. 苏霍姆林斯基:《给教师的建议》,杜殿坤编译,教育科学出版社,1984年版,第48页。

第六章 苏霍姆林斯基的和谐学习观

质和外形特征，从而对事物有一个明确、清晰的认识，形成鲜明的表象，这样可以帮助学生在课堂上更好地理解、识记知识。因此，他称观察是知识的理解和记忆之母。"我们深信，只有在教会学生主动去发现世界的情况下，才不致使他们双眸中求知的火焰熄灭。"①从增进对知识理解和对事物的认识的角度看，观察在很大程度上起着与直观相类似的作用和意义，直观性是一种发展观察力和发展思维的力量，而如果不教会儿童观察周围的世界，如果不注意引导学生观察，那学生掌握知识以及智力的发展都是不可思议的。

苏霍姆林斯基特别重视观察与思考的结合。他把"在观察中思考，在思考中观察"作为一个教育法则。他认为儿童的大脑是建立在与周围世界的事物和现象的多方面的联系的过程中得到发育和增强的。观察让众多新鲜事物和现象纷纭进入脑际，由此而出现的激奋之情会从脑皮质下的神经中枢传至大脑皮质的情绪冲动，进而唤醒了正在沉睡的脑细胞，迫使大脑加紧工作，积极活动，同时也激起和恢复了高度的求知愿望和好学精神，开始了积极的思维活动，对各种事物和现象展开了多方面的认识、思考、分析和判断。根据孩子用形象进行思维的特点，只有当感知和思考对象是可以看见、听见和可以触摸得到的形象时，作为思维实质的思考转换才有可能进行。因此，只有边观察边思考，边思考边观察，才能真正认识事物和现象的本质，才能对所观察的对象有透彻的理解，从而关于该现象（事物、问题）的知识也才能牢记不忘。因此，他反复强调，要"教学生观察教学生思考"。而且，思想跟具体现象发生关系越频繁，可以理解的现象就越多，观察力的发展也就越深。凡学会了边观察边思考的学生，便善于在头脑里分析那些不直接作用于感官的事实和现象。学生由于在观察过程中探索了种种因果关系，便逐渐学会进行抽象思维。

培养观察的能力，引导学生学会观察周围世界和善于观察各种事物，是搞好学习和终身生活的锐利武器。在观察过程中，由于视觉、听觉、感受和思维是同时进行的，在儿童的意识里就形成了一种在心理学上称之为情绪记忆的东西。它是与儿童记忆里留下的每一个表象和概念联系在一起的，不仅有思想，而且有情感和内心感受。这样，儿童在非常敏锐地感知那些鲜明的、

---

① 孙孔懿：《苏霍姆林斯基教育学说》，教育科学出版社，2018年版，第186页。

富于色彩、色调和声音的形象的基础上，就能将它们很深地保持在记忆里。对事物和现象的理解深度，吸收掌握知识的容量，智力发展的程度和水平，都与是否善于观察和勤于观察有直接关系。事实上，教学工作水平的高低在很大程度上取决于观察在学生的智力发展上占据什么样的地位。

二、在获得知识过程中"发展智力"

苏霍姆林斯基始终把学习看作是发展学生智力，丰富精神生活的广阔途径。在他看来，"智育的实质在于使一个人通过获得知识而变得聪明起来"①。因此，学习一定不能把获取知识当成最终目的，而要当成一种手段，当作发展智力的手段。智育的主要目的就是开发智力，因为无论是未来的数学家，还是未来的拖拉机手，都应当学会创造性地思考，都应当成为聪明的人。

苏霍姆林斯基认为，智育是在获取科学知识的过程中进行的，智力是在掌握知识的过程中发展的。可以说，包括发展智力，形成世界观等在内的智育各项重要任务都与知识的学习分不开，几乎都只能是在掌握科学知识基础上才能得以实现。"知识对你来说之所以必不可少，并不单单是为了你将来的职业，并不单单是为了你毕业以后考上大学，而首先是为了你能享受一个劳动者的丰富的精神生活。"② 基本知识是脑力劳动随时要用到的万能工具，既是学习的工具，也是思维的工具。知识是社会精神财富的重要组成部分，是人类长期创造物质文明与精神文明过程中积累起来的宝贵财富。智育首先关系到人类宝贵精神财富的保持和延续。知识的掌握同时也是进行智力教育一个不可缺少的方面。学生没有具备必要的科学常识，没有掌握一定的科学文化知识，就不能说他受到了良好的智力教育，也很难想象其智力能得到怎样的发展。

苏霍姆林斯基基于数十年教学经验认识到，在课堂上要做的也就是两件事：一是要教给学生一定范围的知识，二是要使学生变得更聪明。这就是说，"传授知识，只是智育的一个方面，探讨这个方面时，不能离开另一个方面，即培养和发展智力"③。苏霍姆林斯基把知识分为两类："第一，知识就是保持在记忆中的基本真理（事实、定理、数据、各种表述、依从关系、对比关系、

---

① 肖甦：《苏霍姆林斯基教育智慧格言》，人民出版社，2014年版，第182页。
② B. A. 苏霍姆林斯基：《给教师的建议》，杜殿坤译，教育科学出版社，1984年版，第484页。
③ 肖甦：《苏霍姆林斯基教育智慧格言》，人民出版社，2014年版，第185页。

第六章　苏霍姆林斯基的和谐学习观

定义等),它们时刻都被运用于生活之中,若不善于运用它们,不善于从自己的记忆中找出所需要的东西,就无法继续学习、发展智力和进行智力劳动;第二,知识就是对那些无须保存在记忆中的东西的理解能力,是对人类所积累并在书籍中保存下来的那些无穷无尽的瑰宝的利用能力。"① 对于前者,是要求永远记住的知识,应当看成是思维工具的知识。对于这种知识,要经常运用,否则就像工具一样会生锈,或变成沉重的负担。如果一个人缺少这些必要的基本真理的知识,或根本不会将其运用于实际,那他在这个社会上就一天也过不下去,他既不能生活与劳动,也无从学习与提高。而后一类知识,则是单靠记忆无法真正掌握的知识。这类是用以理解和利用其他精神财富的技能和本领(如会读、会写、会表达的能力等),借助这种能力就能吸收和获取更多的保存在书籍或其他场合的那些无穷无尽的瑰宝,这种能力本质上是一种学习能力。这表明,苏霍姆林斯基尤为重视"教会学生学习",亦即掌握学习的"工具"。他认为,"小学的主要任务就是教会儿童使用工具,一个人在他的一生中就是借助工具去掌握知识的"②。

苏霍姆林斯基强调:"从智育一起步,我们就关心知识的运动与活跃,换言之,关心知识的运用。知识与技能的协调,记忆力的增强,创造才能的发展,这一切都依赖于知识处于什么状态:它们是作为僵死的学问堆在头脑里呢,还是活动着,处在不断运动中,亦即被创造性地运用着。"③ 他认为,学校最重要的任务之一就是教会学生使用知识。获取知识的最终目的是应用,这是一条毋庸置疑的真理。运用知识就是"要使工具不生锈,不变成沉重的负担"。他通过长期的研究和观察发现,"儿童在学习中遇到的困难之一,就是知识往往变成了不能移动的重物,知识积累起来似乎是为了储备,它们不能进入周转,在日常生活中得不到应用,而首先是不能用来去获取新知识"。因此,"应当努力做到,使知识既是最终目的,又是获取新知识的手段或工具。使知识在学生的脑力劳动中,在集体的精神生活中、在学生之间的相互关系中活起来"④。学生只有在会运用知识的时候,才算获得了知识,教学过

---

① 瓦·阿·苏霍姆林斯基:《论智育》,王义高译,北京师范大学出版社,1985年版,第109页。
② В.А.苏霍姆林斯基:《给教师的建议》,杜殿坤译,教育科学出版社,1984年版,第137页。
③ 瓦·阿·苏霍姆林斯基:《论智育》,王义高译,北京师范大学出版社,1985年版,第29页。
④ В.А.苏霍姆林斯基:《给教师的建议》,杜殿坤编译,教育科学出版社,1984年版,第146页。

程本身是不断运用知识的过程,是把学到的知识变成武器和手段,去掌握新知识的过程。掌握知识就是让事物和事实、现象和事件在一定意义上成为少年学生自己的东西,如果少年学生感到知识是他动用脑力的结果,他就会在获得知识的同时去运用知识。在他看来,所谓发展智力,这就是使知识处于运动之中。因为,"如果不会运用它们,不能在必要的时候从自己的记忆里找出需要的东西,那就不可能有进一步的学习,不可能有智力发展和智力劳动"①。知识与智力之间是不能画等号的,尽管后者依赖于前者,但前者并不必然地导致后者。问题的实质就在于怎样在复杂的人类活动中运用知识。只有"进入周转"的,不断发展、深化的知识才是活的知识。

苏霍姆林斯基批评那种旨在单纯积累知识而不应用于生活实际的教学,认为这种教学是学生智力发展的敌人,它使知识堆积在学生脑海里,使学生无暇独立思考,对科学知识的兴趣减退,失去任何好奇心,失去最重要的智力情感——认知的喜悦,思维变得消极被动。他一再强调,"不能把孩子的大脑看成是现成的活机器,可以听凭教师让它去掌握、记忆和牢记知识。……如果教师忘记应当关心一个人的神经系统的发展和大脑皮层的增强,那么学习只能导致孩子变得迟钝"②。在他看来,死记不理解的东西,只能获得表面的知识,而表面的知识是很难保持在记忆中的。死记硬背一贯是有害的,而在少年期和青年期尤其不能容忍,它会造成一种幼稚病,造成智力迟钝,妨碍才能和爱好的形成。其实,在苏霍姆林斯基看来,知识与技能的协调、记忆的巩固、创造能力的发展,这一切都依赖于知识的存储状态。具体地说,知识有两种截然不同的存储状态,一种是作为死的学问堆放在人的脑子里,另一种作为工具处于经常运用中。而前者会使人变得"愚笨",后者则使人越来越颖悟、机灵,渴求知识,热爱知识,亦即变得聪明起来。他批评那种旨在单纯积累知识而不应用于生活实际的教学,认为这种教学是学生智力发展的敌人,它使知识堆积在学生脑海里,使学生无暇独立思考,对科学知识的兴趣减退,失去任何好奇心,失去最重要的智力情感——认知的喜悦,思维变得消极被动。

苏霍姆林斯基在强调知识之于学习重要性的同时也敏锐地认识到,"现代

---

① B. A. 苏霍姆林斯基:《给教师的建议》,杜殿坤编译,教育科学出版社,1984年版,第277页。
② 孙孔懿:《苏霍姆林斯基教育学说》,教育科学出版社,2018年版,第214页。

第六章　苏霍姆林斯基的和谐学习观

学校的整个教学体系有着非常严重的缺点：没有足够的智力训练，也就是说，没有进行足够的专门工作或发展智力"①。在他看来，尽管智育是在掌握知识的过程中进行的，但在教养程度和智力训练程度之间，在学校里所获得的知识分量和智力发展程度之间，是不能画等号的，虽然后者也有赖于前者。传统知识，这只是智育的一个方面，我们不能离开智育的另一个方面（形成和发展智力）来考察它。相比于知识而言，智力是更本源性的东西。就像人不识字就无法看书一样，没有智力的发展，没有生动活泼的思维，也就不可能有智育。他批评传统教学论的弱点就在于舍本逐末，片面地把知识当作目的，讲求"积累"知识，使之变成"不能活动"和"不能进入周转"的积压物资"贮藏在（学生的）记忆里"，而忽视了发展学生智力这个最根本的目的。

苏霍姆林斯基认为，如何发展学生的智力，这是整个学校教育的最尖锐而又尚未加以充分研究的问题之一。在他看来，智力的构成因素是比较复杂的，但其核心就在于让学生学会怎样思维。进一步地说，主要也就是发展形象思维和逻辑思维的能力。他极为赞赏巴甫洛夫关于人的思维有形象思维与逻辑思维的基本分类，认为这对于解决儿童的智育问题、培养个人的才能和爱好，具有极其重要的意义。因而，他明确指出："发展思维和智力，就是发展形象思维和逻辑——分析思维，影响思维过程的活跃性，克服思维的缓慢性。"② 因而，发展智力，关键就在于"要教给学生思考，发展他的思维——这就意味着要在每一个儿童身上发展两种思维领域，即形象思维领域和逻辑分析思维领域，既不要给以片面发展，同时又要善于把每个学生的智力引导到最适宜于他的先天素质的轨道上去"③。

苏霍姆林斯基还认识到，传统教学的另一通病是把独立学习能力同动手操作技能混为一谈，因而是机械训练代替了智力训练。基于此，他把基础知识、智力活动方法和动手操作技能三者的有机结合，当作"学生应当掌握的最重要的技能技巧"。他认为，知识和理论并不是由什么人空想出来的，而是人类实践的结晶。无论怎么抽象的理论知识，都发源和植根于"现实存在的事物及其相互联系之中"。让学生进行一些实际操作，就是去接触知识的"本

---

① B. A. 苏霍姆林斯基：《给教师的建议》，杜殿坤译，教育科学出版社，1984年版，第184页。
② B. A. 苏霍姆林斯基：《给教师的建议》，杜殿坤译，教育科学出版社，1984年版，第101页。
③ B. A. 苏霍姆林斯基：《给教师的建议》，杜殿坤译，教育科学出版社，1984年版，第95页。

源",揭示世界的本质,促进学生思维由具体到抽象的转化,以及由抽象到具体的飞跃。如果离开实际操作,有时甚至最简单的知识,对学生来说都是深奥难懂的东西,当然也就难以掌握,当然也就谈不上智力的发展。

苏霍姆林斯基还特别强调要通过劳动这一生活世界的重要存在形式去发展学生的智力。他认为:"智慧的、受到思考和好奇心鼓舞的劳动——这是浮载思考的大船的深水。"① 苏霍姆林斯基反对那种对学生进行硬性的教育,一次又一次地撬开学生脑袋的做法,他主张要把学生带到劳动中去,让劳动帮助学生思考。因为劳动可以给学生提供直观、形象的事物,让学生在感知具体事物的基础上,把握事物之间的联系,弄清事物之间的关系。更重要的是,劳动能激发学生的好奇心和探究心,从而引起学生思维的兴趣和热情,在劳动中享受思考的乐趣以及思考后找到解决问题的答案或达到结论之后的那种成就感和自豪感,这种积极的情绪状态对进一步促进学生的积极思维具有积极意义,更能推动学生智力的发展。

三、让双手成为"智慧的老师"

苏霍姆林斯基集几十年的教育经验认识到,劳动的双手是"智慧的创造者","儿童的智慧是在他的手指尖上"②。他主张"要在每一颗心里点燃起热爱劳动的火花。这就是说,要帮助学生动手去做某一件事,并且使双手成为他的智慧的老师"。他反对"那种忽视手脑结合对于培养学生参加实际活动的作用",认为这种"体力劳动和脑力劳动相脱节,是跟经院式的教学同样危险的"。他强调,手脑并用的教育,对于了解劳动的复杂过程、弄清种种情况和现象间相互关系的那种能力的培养特别重要。

应当说,苏霍姆林斯基是尤为重视大脑之于人的重要作用的。在他看来,早期的人们主要靠笨重的体力劳动谋求生存,而现在则更多地凭借人的智力实现发展。但是,人类的生存与发展以及学习又绝不仅仅取决于大脑。他认为,最初来自双手的劳动在智力发展上起着特别重要的作用。他曾经形象地指出:"孩子们的能力和才干出自他们手指上。形象地说,发源于手指头的细小溪流不断补充着创造性思维的源泉。孩子两手动作的把握性和创造性越大,

---

① B. A. 苏霍姆林斯基:《给教师的建议》,杜殿坤编译,教育科学出版社,1984年版,第218页。
② B. A. 苏霍姆林斯基:《给教师的建议》,杜殿坤编译,教育科学出版社,1984年版,第79页。

第六章 苏霍姆林斯基的和谐学习观

手和劳动工具配合得越精细,这种配合所要求的动作越复杂,则孩子智力的创造精神就越明显。"①由于双手劳动涉及人与自然的关系,而离开人与自然的相互作用,则智力发展是不可思议的。因而,智慧的双手能创造智慧的头脑,而我们的双手越是创造着、做着、改造着什么,智慧就应当越丰富,智力兴趣就应当越深刻、越广泛。

苏霍姆林斯基通过对双手灵巧学生的观察发现,这些学生全都有好钻研的头脑,这就意味着手和脑有着直接的联系。他认识到,儿童和青少年的手已掌握或正在掌握的技艺越高明,他就越聪明,他深入分析事实、现象、因果关系、客观规律的能力也就表现得越突出。对这一发现他后来又从科学著作中得到进一步的证明:"手脑之间有着千丝万缕的联系:手使脑得到发展,使之更明智,脑使手得到发展,使手成为从事创造活动的聪明工具,成为思想的工具和镜子。……借助双手的创造性劳动活动而理解和领会的相互作用,会给思维的活动带来一种新的质:人能够从思想上纵观一系列有相互联系的现象,把它们看成为统一的整体。"② 他还认识到,在学习过程中,单一的脑力劳动也会抑制学生的发展。他曾以巴甫利克为例来说明这个问题。巴甫利克曾经是一个被老师看作"思维迟钝的孩子"。可苏霍姆林斯基独具慧眼地发现,"他原来是一个最聪明的学生",而他的智慧就在他的"手指尖上"。经过苏霍姆林斯基的因材施教,他的才能、能力、天赋"在创造性的劳动中被开发出来",进而在"智力发展中产生了一个巨大的飞跃",并使他最终成为"一名杰出的农艺师"。这也表明,有许多聪明的、天赋很好的儿童和少年,只有当他们的手和手指尖接触到创造性劳动的时候,他们对知识的兴趣才能觉醒起来。由此,苏霍姆林斯基越来越坚定了这样的信念:在学校工作中最困难、最费神的事就是如何使儿童和少年乐于劳动、乐于智力上的创造,这种创造要求手脑并用。因此,他大声疾呼:"松开他的双手,开阔他的眼界,从手指尖开始,牵动他的数以万计的玄妙的脑神经,让它们发挥作用。手可以使他聪明,而智慧又能指挥他的双手。"③

关于手对大脑作用的机理,苏霍姆林斯基还从脑科学的角度进行了探讨。

---

① 瓦·阿·苏霍姆林斯基:《论智育》,王义高译,北京师范大学出版社,1985年版,第61页。
② B. A. 苏霍姆林斯基:《给教师的建议》,杜殿坤译,教育科学出版社,1984年版,第110页。
③ 孙孔懿:《苏霍姆林斯基评传》,教育科学出版社,2018年版,第380页。

他认为，思维实际上也就是大脑的间断工作。亦即大脑瞬间断开一个念头而转换为另一念头，然后又重新转向第一个念头等等。而思考自己的念头的能力，都有赖于这种转换的频率。他在实践中认识到，儿童在紧张地思考他们感兴趣的问题的时候，儿童的思想要千百次地发生瞬间转换，认识对象从各个方面被观察着。他发现，大脑工作的间断频率在孩子们那里的表现各不相同：一个孩子对这种工作十分敏捷，另一个孩子则表现得迟缓，由于这个原因就产生了机灵与不机灵，聪明与不聪明，记忆力巩固与不巩固，掌握知识的能办显得强或显得弱的差异。而智育——就意味着经常研究孩子的思维活动能力，以及小心谨慎地触及孩子的大脑以便改善它的转换频率。苏霍姆林斯基发现，当孩子们研究、理解认识自然的过程中，亦即孩子们变成了研究家的时候，他们的思维不断地跟双手灵敏的劳动操作相联系，这样就会在孩子脑子里产生许多的为什么，他们就越发感到惊奇和诧异，大脑的间断频率就改善得越明显，人就变得越聪明。

苏霍姆林斯基还从那些能工巧匠身上发现："真正说起来，巧匠的才能就在指尖上。"因此，他尤为重视学生的手工劳动。在他看来，"手工劳动"这个概念并不是"体力劳动"的同义语。因为，在有高度素养的手工劳动中，能鲜明地显示创造思维。手工劳动的教育作用，取决于一个人用手在做什么和怎样做，以及劳动过程同做工者思维进程结合得怎样。手工劳动在发展抽象思维方面也起着很大的作用。学生只有长时间在做工、用手作用于物体、进行设计和制造模型的过程中学习思考之后，才会掌握对劳动进行思考、对劳动过程进行思维分析的技能。苏霍姆林斯基在重视手工劳动的同时，尤为重视想象及思维的协同作用，即学生在思想上将其渗入到所要完成的工作中去。具体表现在无须重复实践动作的时候，能用头脑去思考和设想有关的情况，即进行"智力实验"。这种想象的清晰程度与劳动中手脑结合的密切程度有最直接的关系。像有些少年根据拖拉机发动机的声音，就能断定毛病的性质，从而能预先掌握损坏的危险，并加以防止。在他看来："凡是在劳动中能使构思得以实现和发展的那种手工劳动，都能使智力品质中这样一些品质的发展，如思维的批判力、灵活性、广度和活跃性，以及对判断和结论作出批判性检验的能力。那些两手自幼就能紧密结合思维工作的人都有一个特点：关于通

第六章　苏霍姆林斯基的和谐学习观

过劳动去检验假设的正确性。"① 他认为，学生所拥有的高超的技艺，就是创造。因此，在手工劳动中，他十分重视在为制造某些新东西而对材料进行加工改造过程中所显示的劳动技能、计算能力以及动作的准确性与施于材料的体力之间的配合。

　　苏霍姆林斯基认为，发展学生的智力，需要手脑结合。在他看来，学校生活的智力财富绝大部分取决于智力生活与体力劳动密切结合的程度。而只有脑力劳动与体力劳动和谐结合，才会在儿童和青少年身上实现养成做聪明的人、做有教养的人、做文明的人的真诚愿望。他强调，要帮助学生动手去做某一件事，并且使双手成为他的智慧的老师。要教会学生把双手和智慧努力结合起来。人不仅要善于用脑，更要不忘动手。动手与用脑相比同等重要，甚至更为重要。关于人的双手和大脑之间这种相互激励、相得益彰的关系，苏霍姆林斯基从人体生理解剖学和心理学的角度给予解释。他认为："在人的脑海里，有一些特殊的、最积极的、最富创造性的区域，依靠把抽象思维跟双手的精细的、灵巧的动作结合起来，就能激发起这些区域并积极活跃起来。如果没有这种结合，那么大脑的这些区域就处于沉睡状态。在童年和少年时期，如果没有把这些区域的活动激发出起来，那么它们就永远也不会觉醒了。"② 学生在动手操作的过程中，如在装配拆散的机器零件时，首先在分析各种零件之间的相互关系，思想上形成简图或模型，然后手脑协同一致进行装配工作，此时，从手通向大脑和从大脑通向手的这两条渠道不断地进行信息对流。亦即"在每一瞬间，信号多次地由手传导到脑，又由脑传导到手；脑教手，手又发展和教了脑。这时候，构思不仅在实现，而且在不断地发展、深入和变化"③。这就是说，当双手操作的过程中，当双手借助手工工具或机械手段加工东西的时候，就出现了手与脑之间信号的循环往复，形成了手与脑的相互作用。这种手脑结合的劳动能通过双手的精细而灵巧的动作和大脑的抽象思维来激发人脑中最微妙、富有创造性的区域。通过如此反复的作用与反作用，手的动作越来越准确，越来越灵巧，脑的创造性思维随之更鲜明、

---

① B. A. 苏霍姆林斯基：《帕夫雷什中学》，赵玮等译，教育科学出版社，1983年版，第422页。
② B. A. 苏霍姆林斯基：《给教师的建议》，杜殿坤编译，教育科学出版社，1984年版，第112页。
③ B. A. 苏霍姆林斯基：《给教师的建议》，杜殿坤译，教育科学出版社，1984年版，第82页。

手脑结合与人的学习

更敏锐、更灵活。"手越巧,(人)就越聪明。"①

苏霍姆林斯基认为,手脑结合的劳动,既是显示个人才能的劳动,也是推动智力发展的一种不可忽视的手段。同时也意味着,并不是任何意义上的动手活动都必然地能激发大脑的智慧。苏霍姆林斯基指出,"没有思想的手是激发不出灵感来的"②。而双手无所事事,也像不假思索地随便找点体力负担给学生让他有事可干一样,这两种做法对于少年的智力发展同样是有害的。他反对那种让双手从事单调的、令人疲劳的体力劳动,而不需要任何技巧,他们的双手只不过是一种发出体力能量的器官,而远非一种创造工具的做法。这就是说,苏霍姆林斯基所说的双手的劳动,绝非不动脑筋的劳动,而是手脑并用、体脑结合的劳动。他认为,手工劳动的教育作用取决于,一个人用手在做什么和怎样做,以及劳动过程同做工者的思考进程结合得怎样。因此,他特别注意防止学习过程中学生不动脑筋的劳动,因为这样的劳动对智力的发展同样是有害的。因此他在组织学生劳动时,总是抓住两个环节:一是尽量使简单劳动变成"研究性"的、"思想家"的劳动;二是尽量给学生安排那种"复杂的""创造性""体现思维和精湛技能技巧"的劳动。

值得一提的是,苏霍姆林斯基还强调了两只手在劳动过程中的相互配合。他认为,人的发展的历史过程造成这样的结果:那些与思维相联系的,在手指尖上体现思维最"聪明"的劳动操作,都是由右手来完成的。左手在完成创造性劳动过程时只起着辅助的作用。人单靠右手就上升到他已经达到的智力素养的高峰。"但是,如果所有的人单靠右手掌握的那些极其精细的劳动动作能够同时也是左手的功劳,那么某些人的劳动技巧、劳动艺术和智力发展就能改善得更加迅速。"③ 他感到,"会用双手从事劳动的能工巧匠们,似乎在同样的一个现象中,能够比只会用右手工作的人看到更多的东西"。也就是说,"借助双手的创造性劳动活动而理解和领会的相互作用,会给思维的活动带来一种新的质:人能够用思维的'眼光'一下子把握住许多相互联系现象的链条,把它们看成一个统一的整体"④。应当说,苏霍姆林斯基在这一点上

---

① B.A.苏霍姆林斯基:《把整个心灵献给孩子》,唐其慈译,天津人民出版社,1981年版,第315页。
② 肖甦:《苏霍姆林斯基教育智慧格言》,人民出版社,2014年版,第212页。
③ B.A.苏霍姆林斯基:《给教师的建议》,杜殿坤编译,教育科学出版社,1984年版,第110页。
④ B.A.苏霍姆林斯基:《给教师的建议》,杜殿坤编译,教育科学出版社,1984年版,第110页。

第六章 苏霍姆林斯基的和谐学习观

是有远见卓识的。后来的脑科学研究已经证明,由于人的左右手分别联系着大脑的两个半球(右脑和左脑),而左脑与右脑之间的这种协同相关,乃是创造力的真正基础。这表明,苏霍姆林斯基的重视左右手作用的这一思想与后来脑科学的研究成果不谋而合。

第二节 培养"思想家"

苏霍姆林斯基特别重视学习过程中的思考,在他看来,真正的学校应当是一个"思想的王国"。学校要努力让学生学会思考,并努力让少年们逐渐成为有才智的思想家、研究家,开拓真正的人,而不是一台复制知识的机械机器。因此,他独树一帜地提出了"培养思想家"的目标,要求在任何专业中,都要把物质财富的创造者和思想家结合在一个人的身上。

一、让直观为思考"提供养料"

苏霍姆林斯基在充分吸纳前人教育思想精华的基础上,充分认识到直观性教学的价值所在,极力主张在学校教育尤其是在儿童教育中贯彻直观性原则。他认为,直观是认识的途径,是照亮认识途径的光辉。"直观性——这是年龄较小的学生的脑力劳动的一条普遍原则……直观性是一种发展观察力和发展思维的力量,它能给认识带来一种情绪色彩。由于视觉、听觉、感受和思维是同时进行的,在儿童的意识里就形成了一种在心理学上称之为情绪记忆的东西。与在儿童的记忆里留下的每一个表象和概念联系在一起的,不仅有思想,而且有情感和内心感受。如果不形成发达的、丰富的情绪记忆,就谈不上童年时期的完满的智力发展。"① 这是因为儿童是用形象进行思维的,事实是支持思想展翅翱翔的空气。"只有当摆在儿童面前的或者是直观的现实形象,或者是描述得非常鲜明的语言形象,使儿童好像看得见、听得着、触得到所讲的东西时,作为思维实质的思考转换才有可能进行。"②

苏霍姆林斯基认为,我们所接触的儿童的大脑是"自然界最精细、最娇嫩、最敏感的东西",儿童大脑的自然属性要求,对他的智力培养需在思维的

---

① B.A.苏霍姆林斯基:《给教师的建议》,杜殿坤编译,教育科学出版社,1984年版,第87页。
② 瓦·阿·苏霍姆林斯基:《论智育》,王义高译,北京师范大学出版社,1985年版,第105页。

源头，即在直观形象中，首先是在大自然中进行，使得思维由具体形象向着这个形象的信息"加工"转换。如果脱离大自然，从一开始学习起就只感知词语，那么脑细胞很快就会疲惫，以致无法完成学习任务。因此，在孩子打开传统的书本之前，要先读一下"世界上最美妙的书——大自然这本书"。苏霍姆林斯基深入研究了儿童思维的生理过程，发现儿童大脑的自然特性要求在思考源泉处，即在直观形象中，首先是在大自然中培养其智力，让思考能从直观形象转为对有关这个形象的信息加工。由于儿童的脑细胞极其娇嫩，对感知对象的反应十分敏锐，只有当感知和思考对象是可以看见、听见和可以触摸到的形象时，才能正常工作。换言之，只有当儿童面前是现实形象或者鲜明的语言形象时，他们的思维才可能进行。孩子如果离开大自然，如果从学习之初就只感知词语，则脑细胞就会迅速疲劳，胜任不了学习任务。因而，抽象的、纯粹的"知识"灌输，收效甚微，原因是这个过程脱离了学生的精神生活。如果能根据人的从形象到抽象的思维特点，给儿童实施形象直观教育，让儿童到大自然中感受丰富的形象世界，这样有一条鲜明的形象、画面、知觉、表象的清澈的小溪不断地流进儿童的心田，所以儿童的记忆才那么敏锐和牢固。因为儿童能够非常敏锐地感知那些鲜明的、富于色彩、色调和声音的形象，并把它们很深地保持在记忆里。

苏霍姆林斯基把大自然当成是实施直观性教学的最佳场所，大自然的一景一物就是最好的教材。我们知道，儿童进入学校的学习是从识字开始的，只有当识字对儿童来说变成一种鲜明的、激动人心的生活情景，里面充满了活生生的形象、声音、旋律的时候，读写的过程才能比较轻松。要让儿童牢记的东西，首先必须是有趣的东西。因此，识字教学应当跟图画紧密地结合起来。由于孩子对鲜明的、闪烁着色彩和发出声响的形象感受十分深刻，并能牢牢地铭刻在记忆中，而大自然能够以千差万别的新奇鲜明的形象激发学生的惊奇感，这种惊奇感正是儿童智力发展的重要推力。同时，儿童记忆之所以敏捷和牢固，正是由于他们的记忆中注入了鲜明的形象、图画和印象的清澈的溪流，正是由于他们的思维受到了这一生机勃勃的溪流的滋润。因此，不能让学校大门把孩子的意识和周围世界隔开，要让周围世界和大自然始终都以鲜明的形象、画面、概念和印象来给学生的思想意识提供养料。人在大自然中不断地进行从具体思维到抽象思维的过渡，这也是形成抽象思维的源泉。因此，他特别强调要让孩子去阅读"大自然的书"，到大自然中去"旅

第六章 苏霍姆林斯基的和谐学习观

行",让孩子们仔细观察周围世界,思索每一事物的起源。这样,就会在儿童的意识和情感记忆中,留下了深刻的印迹,并使孩子们产生一种惊诧感,从而进一步推动思想的飞跃。当然,这也有助于克服死记硬背学习的弊端。他认为,凭借死记硬背来掌握知识的办法是违背教学规律的。"用记忆来代替思考,用背诵代替鲜明的感知和对现象本质的观察——这是使儿童变得愚笨,以至最终丧失了学习愿望的一大弊病。"① 苏霍姆林斯基非常重视学生在大自然中的教学实践活动,经常把孩子们带到树林里、田野里观察花草树木,观察色彩斑斓的蝴蝶、歌喉婉转的小鸟……孩子们认真地观察、询问,大脑里留下这些事物的鲜明的表象。这在培养学生观察能力的同时,还激起了他们探究自然奥秘的兴趣。每当孩子们问一个"为什么",就充分说明在他们大脑深处掀起了探究的涟漪,这就是智慧生活的开始。

尽管苏霍姆林斯基很重视直观性在智育中的作用,但他同时也认为,不能过分强调直观,不能过于夸大大自然在智育中的作用,不能误以为孩子只要置身于大自然中智力自然就会得到发展。在他看来,过分强调直观,是把儿童思维的个别方面绝对化,把认识局限于感觉的范围。因此,不应当把儿童思维的特点——包括儿童是用形象、色彩、声音思维的这一特点偶像化。应当说,直观只有在促进思维过程的时候,才有助于发展和加深注意力。"如果你所追求的只是那种表面的、显而易见的刺激,以引起学生对学习和上课的兴趣,那你就永远不能培养起学生对脑力劳动的热爱……离开了脑力劳动,就既谈不上学生的兴趣,也谈不上他们的注意力。"② 苏霍姆林斯基指出:培养注意力的唯一手段就是施加作用于思维,而直观性根据它刺激思维的程度,起着促进注意力发展和深入的作用。但是,不能为直观而直观,不要在儿童早已知道的东西周围画蛇添足般地"摆满"各种直观手段。"如果把直观教具仅仅看作是吸引学生注意力的手段,那么这不仅对教学,而且特别是对智育,都是很有害的。"③ 因为鲜明的形象并不像反映到照相胶卷上那样反映到孩子的意识中去。大自然只是智力发展的必要背景,"如果没有语言,没有智育,没有对教养的最主要目的——即教会孩子思考,察觉事物、现象间的相互作

---

① В. А. 苏霍姆林斯基:《给教师的建议》,杜殿坤编译,教育科学出版社,1984年版,第192页。
② 瓦·阿·苏霍姆林斯基:《论智育》,王义高译,北京师范大学出版社,1985年版,第58页。
③ 瓦·阿·苏霍姆林斯基:《给教师的建议》,杜殿坤编译,教育科学出版社,1984年版,第84页。

用,对自然界、对直观形象和观念加以概括和抽象的追求,那儿童就会对大自然的美、色彩和音响的变幻和生活中无穷尽的变化无动于衷"①。毕竟,不管表象多么鲜明诱人,但不是教学的最终目的。他甚至把那种滥用那些有趣的、形象的、鲜明的、花花绿绿的东西而导致学生过于兴奋的情形视为在精细的事情上表现出教育无知的"愚蠢的手段"。

苏霍姆林斯基认为,"如果说儿童是用形象、色彩、声音来思维的,那么由此并不能得出结论说,不应当教给儿童进行抽象思维。有经验的教师在强调直观性的重要性和自然界在智育中的重大作用的同时,也把这些因素看作发展抽象思维的进行目的明确的教学的手段"②。这就是说,运用直观性手段是需要很高的技巧,需要了解学生的思维和心情的。直观形象只是手段,而非目的,目的在于刺激思维,使学生发展抽象思维能力,而不是为了简单地吸引学生的眼球。其实,大自然中并没有任何直接影响理智、情感和意志的魔力。如果认为,只要孩子处在大自然中,就会必然地实现智力的发展,那就大错特错了。因此,在运用直观性时,必须考虑怎样由具体过渡到抽象。只有人去认识自然界,用思想去钻研因果联系的时候,自然界才能成为教育的强大源泉。"只有当孩子能脱离他周围的具体事物作抽象思维的时候,大自然才能成为脑力劳动的学校。"③

二、让问题"撞击着我的胸膛"

我们都知道"学源于思,思源于疑"的道理,一代先哲亚里士多德认为"思维自疑问和惊奇开始"。苏霍姆林斯基充分认识到问题之于学习的重要性,尤其是问题与思维间的密切联系。"思索乃是儿童的本性和天性。他们不会轻易地相信什么,对任何事物他们都要亲身体验一下,亲自检验一下。……于是就产生了许多疑问,而疑问正是点燃思维的火花。"④ 因此,他深有体会地指出,"问题使我不得安宁,撞击我的胸膛"。因为思维是从"为什么"开始的,惊奇和诧异是给思维提供动力的心脏。他强调指出,"没有问题就不会有思考"。当思考的过程是解决问题过程的时候,才能成为名副其实的脑力劳

---

① 孙孔懿:《苏霍姆林斯基教育学说》,教育科学出版社,2018年版,第191页。
② B.A.苏霍姆林斯基:《给教师的建议》,杜殿坤编译,教育科学出版社,1984年版,第195页。
③ 肖甦:《苏霍姆林斯基教育智慧格言》,人民出版社,2014年版,第191页。
④ 孙孔懿:《苏霍姆林斯基教育学说》,教育科学出版社,2018年版,第271页。

第六章 苏霍姆林斯基的和谐学习观

动。因此,他强调要将学生从被动的"答问者"转变为主动的"提问者""追问者"。

我们都知道爱因斯坦所提出的"提出问题比解决问题更重要"的论断。苏霍姆林斯基也认为,聪明人首先是善于提问题、善于思考的人。疑问能够激发求知的欲望,孩子提出的问题越多,那么他在童年早期认识周围的东西也就愈多,在学校中就越聪明,眼睛愈明,记忆力愈敏锐。由于问题会使学生新奇和惊讶,"新奇和惊讶之感便是思考的开端"。而且,"大脑皮质神经细胞的萎缩、怠惰和虚弱,可以用惊奇、诧异来治好。正如肌肉的萎缩可以用体操治好一样。儿童面前出现某种使他感到惊奇、诧异的东西时……有一种强刺激在起作用,仿佛唤醒了脑子,迫使他加紧工作"[1]。这种对事实、现象、规律及因果关系的本质的钻研,是作用于内部心理过程的一种重要的推动力。而没有提出问题以及寻找各种事物间因果关系的愿望,那么任何时候也点燃不起这种探索的火花来。基于此,他主张"要尽量使你的学生看到、感觉到、触摸到他们不懂的东西,使他们面前出现疑问。如果你能做到这一点,事情就成功了一半"[2]。

根据苏霍姆林斯基的统计,"在所有提出的问题中,约80%的问题是以'为什么'开始的"[3]。在他看来,孩子们就是天生好问的思想家,而不是一台复制知识的机器。因此,他特别赞赏某些教师总要在阐明事实和现象实质的过程中,使学生的头脑中产生带有鲜明情感色彩的疑问的做法。而正是疑问的情感色彩激发学生的惊异感进而诸多的"为什么"的问题,这是求知欲望的巨大源泉。并且,孩子的好奇心、求知欲愈强烈,他就愈注意周围的事物,他就愈是对更多的事物表示惊讶。惊讶是思维的可靠途径。由于这种惊讶,儿童觉得自己是个勤于思考的劳动者,是个思想家。苏霍姆林斯基认为,人在思维过程中,大脑中会在转瞬间闪现一种惊人的现象,这就是思维中心在工作,即在神经元中进行着一种复杂的生化过程。倘若不操练神经元,它们就会处于昏睡状态,发育也就停止了,人的智慧也就只能停留在本能的水平上。在他看来,儿童正是在看到什么新奇的、不了解的东西而产生惊异感的

---

[1] 孙孔懿:《苏霍姆林斯基教育学说》,教育科学出版社,2018年版,第216页。
[2] B. A. 苏霍姆林斯基:《给教师的建议》,杜殿坤编译,教育科学出版社,1984年版,第25页。
[3] 孙孔懿:《苏霍姆林斯基教育评传》,教育科学出版社,2017年版,第289页。

那些时刻，才进行着最积极、最紧张的学习。

苏霍姆林斯基认为，"智育是从有理论思维的地方开始的，生动的直观并不是最终目的，而是手段：周围世界的鲜明形象对教师来说只是一种源泉，在这个源泉的各种形状、色彩和声音里隐藏着成千上万个问题"①。此即是说，问题是在儿童"看到、感觉到、触摸到他们不懂的东西"的过程中产生的。因此，我们一旦忘了知识最重要的源泉，即周围世界、大自然，就会逼着孩子们去死记硬背，从而使他们思维迟钝起来。他坚信，儿童最初的课不应当在教室里对着黑板上，应当到大自然中去上。因为儿童周围的世界，首先就是那包含无穷现象和无限美的大自然。大自然的种种奥秘与神奇，大自然的丰富的变化，是孩子进行最初思维的前提材料，是孩子真正进行思考的智力背景。苏霍姆林斯基深入研究了儿童思维的生理过程，发现儿童大脑的自然特性要求在思维源泉处，即在直观形象中，首先是在大自然中培养儿童的智力。他强调，要教给儿童从平常的事物中看出不平常的东西来，让孩子们发现因果联系，并经常回答"为什么"的问题。他认为，大自然是一本书，是思维最丰富的源泉，是创造性的、探索性的智力最丰富的源泉。它具有一种奇妙的特性：儿童发现得越多，他们因思维获得的快乐感越大，他们得到的知识也就越多，因而也就会提出更多的问题。大自然首先能够激发学生的惊奇感，而"惊奇感是推动儿童智力发展的重要因素之一"。自然界中包容着对儿童来说纷繁有趣却又神秘莫测的事件、物体、现象和因果关系、规律性。这些信息是无可替代的，因为它们易于为儿童接受，它们正是儿童所能进入的世界，它们也正是儿童观念、概念、思想、概括和判断的直接来源。大自然是一本书，是思维的摇篮。大自然这本"书"中产生的问题是活跃的思想飞向知识顶峰的开端，它具有一种奇妙的特性：儿童发现得愈多，他们因思维获得的快乐感愈大，他们就会感到未知的愈多，因而也就会提出愈多的问题。于是，他们的精神力量就愈执着地专注于求知和解疑。对大自然进行思考的水滴就可汇成浩瀚的思维之河。

为了激发学生的问题意识，苏霍姆林斯基还特别强调在教学中要特别关注那些晦暗不明，能产生疑问的地方。亦即"找出因果联系正好在那里挂钩

---

① Б. А. 苏霍姆林斯基：《给教师的建议》，杜殿坤编译，教育科学出版社，1984 年版，第 195 页。

第六章 苏霍姆林斯基的和谐学习观

的、初看起来不易觉察的那些交接点,因为正是在这些地方会出现疑问"①。因为这些"交接点"中交织着事物的因果、时间、从属联系,它们能使学生产生问题,而问题乃是激起求知欲的刺激剂。应当说,学习过程中的这些"交接点",也就是教材或学习材料中的那些矛盾交错、能够引出深刻的问题,并形成一种深刻的刺激的地方。这些"交接点"作为各种联系的相互交错的接触点,其实质就是因果联系,它是学生掌握知识的基础。而那些学习困难的学生的知识之所以不够巩固,其根源就在于他们没有看出、没有理解各种事实、现象、真理、规律性之间相互交接的那些"点"。这些"交接点",它可能指教材中因果关系错综复杂的地方,或与学生原有经验容易产生冲突的地方,或一些引发困惑的实验场景、自然现象等等。质言之,它实际上也就是可能引发高品质问题的情境。而高品质的教学,就是找出或制造这种情境,然后,从情境中产生问题。

三、让学生生活在"思考的世界里"

在苏霍姆林斯基看来,教育首先是活生生的、寻根究底的、探索性的思考。没有思考就没有发现,而没有发现就谈不上教育工作的创造性。也正是基于此,苏霍姆林斯基极为重视学习过程中的思考。在他看来,真正的学校应当是一个积极思考的王国,教会学生善于思考是学校的首要任务。"正像肌肉离开劳动和锻炼就会萎缩、无力一样,智慧离开紧张的脑力劳动,离开思考,离开独立的探索,就得不到发展。"② 他认为,无论什么都难以弥补在思考领域里荒废的东西,人应当首先在思考领域里成为劳动者。因此,一个人主要的智慧努力就不应当用到记忆上去,而应当用到思考上去。为了不把儿童的头脑变成知识的储存所,变成各种真理、规则和公式的堆栈,那就必须教给他思考。他强调要"让学生生活在思考的世界里"。

苏霍姆林斯基认为,现在许多学校和教师的真正可怕的失误,就是他们把学生的主要力量用到消极地掌握知识上去了,即死记硬背教师讲过的那些教科书上的东西。尽管学校里完全不要识记和背诵是不可能的,但它应当占据次要的位置。事实上,"对于没有充分思考过的规则进行死背,只能获得表

---

① B. A. 苏霍姆林斯基:《给教师的建议》,杜殿坤编译,教育科学出版社,1984年版,第25页。
② 孙孔懿:《苏霍姆林斯基评传》,人民教育出版社,2007年版,第293页。

面的知识,而表面的知识是很难在记忆中保持的"。而且,"一个人到学校里来上学,不仅是为了取得知识的行囊,而主要的还是为了变得更聪明,因此,他的主要的智慧努力就不应当用到记忆上,而应当用到思考上去。真正的学校应当是一个思考的王国"①。苏霍姆林斯基认为,智育是在掌握知识的过程中进行的,但是,在学校里知识的获得与智力发展之间是不能画等号的,尽管后者依赖于前者。现实中往往出现知识与能力"两张皮"的情况。在苏霍姆林斯基看来,这种知识和能力关系的失调,指的是学生在还没有具备作为掌握知识的工具的能力的情况下,教师就已经把新知识源源不断地塞给他。"这样就好比没有牙齿的人:他被迫地把没有咀嚼的整块食物囫囵吞咽下去,开始时感到胃里不舒服,以后就生起病来,以至无论什么也不能吃了……"事实上,导致这种能力与知识两张皮的根本原因就在于学生不善于思考。

苏霍姆林斯基认为,世界的可知性不仅在于世界相互联系的本质,也在于人类探求未知世界的欲望、信心和能力。而对事实、现象、规律及因果关系的本质的钻研,是作用于内部心理过程的一种重要推动力。他坚信,在强烈的好奇心和求知欲的推动下,那些极不明显的即使隐蔽得很深的因果关系,也能够被揭示出来。同时,事物或现象的因果关系还包含着解决问题的线索,找到了因果关系也就找到了解决问题的钥匙。他感到那种不加限制地拼命使用孩子的记忆力,把大堆大堆的知识往他们的记忆里塞,这已经不是什么儿童能否胜任的问题,而简直是对儿童的"迫害"。他强调,学习的实质就在于,人愿意动脑筋,有种想思考,想完成其中许多困难的智力任务的愿望和志向,进而能享受"脑力劳动的欢乐"。

苏霍姆林斯基主张,要将学生"思考的劳动"建立在"看见、观察和动手"的基础上。哪里能做到这三点,哪里就有生动的思考,使智慧得到磨炼。这是因为,儿童与大自然接触得越多,大自然的奥秘在儿童的意识面前暴露得也就越多,他碰到的新东西、不懂的东西也就越多,这样思维也就越积极。因为疑惑不解是可靠的思维"引火线"。而通过"思考、观察和动手"这三个途径作用于大自然,便可以发现许许多多的"为什么",这样,在他身上就会像火花燃起火焰一样,产生独立思考。比如说,"为什么向日葵的花盘总是朝着太阳转","为什么猫的眼睛在夜里能看见东西",学生在紧张地思考这些问

---

① B.A.苏霍姆林斯基:《给教师的建议》,杜殿坤编译,教育科学出版社,1984年版,第215页。

第六章 苏霍姆林斯基的和谐学习观

题时，他的思想一会儿从这个对象转移到另一个对象上，反复地进行许多次。这实际上就是从各方面来研究事物的过程，这就是一个"在观察中思考和在思考中观察"的过程。因而，"智慧的、受到思考和好奇心鼓舞的劳动——这是浮载思考的大船的深水。智慧的双手能创造智慧的头脑"①。

苏霍姆林斯基之所以对"看见、观察和动手"给予高度的重视，是因为它们能引起儿童的思维。其实，"看见、观察"包括孩子的阅读与观察，以及一些基于直观的学习活动。在这些活动中，倘若不辅之以思考，那就有可能单纯为阅读而阅读，为观察而观察，为直观而直观了，就难以收到深入理解事物、现象和问题的本质之效。学生思考得越多，在周围世界中见到的不懂的东西越多，他接受知识的能力就越强。许多学生之所以不能掌握知识，乃是因为他们还没有学会流畅地、有理解地阅读，还没有学会在阅读的同时进行思考，这就是一种"最可悲的关系失调的表现"。基于此，他一再主张："不应当把学习变成不断地积累知识、训练记忆和死记硬背。死记硬背会使人变得迟钝和愚蠢，既有害于儿童的健康，又不利于儿童的智力发展。"② 因此，谁不善于思考，谁就不善于阅读和观察。要教会学生思考和判断，要教会学生在阅读和观察的同时进行思考。在他看来，儿童学习不好，常常不是因为他不努力，而是因为他不会学习。亦即不会观察、思考、推论，就只好依靠死背。他一再强调，必须通过思考获得知识。因为掌握知识，这就意味着对事实进行积极的思考和研究，而积极的思考和研究，则意味着能准确地运用概念、判断和推理。他认为，在整个教学和学习过程的各个环节，在获得知识的各个方面，都要贯彻思考，开展严肃的思维活动。"思维是最复杂的劳动"，脑力劳动的一个十分重要的特点，就是要善于思考许多相互联系的事物、事实、情况、现象和事件的因果、从属关系，从中明确各种道理，概括出重要的原理原则。他强调，学生一定要学会边阅读边思考，边观察边思考，以及边思考边阅读边观察。不仅思考所读的东西，思考所看到的东西，而且还要思考别的东西，如教师的讲解、自己的看法等等。这样对问题的理解就深入了，所得的知识既是具体的扎实的，印象又是深刻明确的。而且，凡是学会了边观察边思考的学生，便善于在头脑里分析那些不直接作用于感官的

---

① B. A. 苏霍姆林斯基:《给教师的建议》,杜殿坤编译,教育科学出版社,1984年版,第218页。
② B. A. 苏霍姆林斯基:《给教师的建议》,杜殿坤编译,教育科学出版社,1984年版,第276页。

事实和现象。而由于学生在观察过程中探索了种种因果关系，便逐渐学会了进行抽象思维。正是在这个理论指导下，他多次强调，一定要熟记反映基本真理的科学基础知识，但不搞专门识记，而是在深入思考事实和现象的基础上记熟。对问题思考得越深刻，记忆得越牢固，学生对定理的含义思考得越多，定理就被认识得越牢。建立在理解基础上的记忆是最牢固的记忆。因为知识只有经过认真思考才能真正理解。学生对问题思考得越深刻，学得就越扎实，记忆得就越牢固。

同样地，苏霍姆林斯基对"动手"的重视也是一样。苏霍姆林斯基总是竭力把认识周围世界的活动变成孩子们的双手同周围环境之间相互作用的活动。不仅用眼睛去观察，而且用双手去探索。在他看来，思考应当从"做事"中反映出来，学生不应当单纯地听讲和思考，还应当动手做一些事。只有这样，学生在课堂上才肯思考，才不会出现思想"开小差"的情况。双手无所事事，也像不假思索地随便找点体力负担给学生让他有事可干一样，这两种做法对于少年的智力发展同样是有害的。而要迫使一个学生参加一点体力劳动是容易的，然而要教会学生把双手和智慧结合起来却要困难得多。儿童的思想是在他对周围世界的积极态度中表露出来的。他对自己所看到的和所观察的事物，对自己所做的事情都要进行思考。他强调指出，学生只有长时间的在做工、用手作用于物体、进行设计和制造模型的过程中学习了思考之后，才会掌握对劳动进行思考、对劳动过程进行思维分析的技能。他"力求使孩子们的思想不光在头脑里，而且形象地说，也在指尖上"[①]。亦即要通过动手去激发动脑。因此，学习的过程并不只是单纯的看和想，它同时也要求孩子们把思考跟双手的精细操作联系起来。像在帕夫雷什中学，那些十二三岁学生通过拆装机械活动模型，就能更清楚地理解各机械部件间的相互依赖关系，以及它们与机械功能的关系。同样地，孩子们在学习小型压缩器式发动机的构造和工作原理时，要三番五次地拆装机器，以便弄清它们工作时的各种关系。此时，直观的比较和对比，渐渐让位于思维的分析：孩子们作结论，已经不光靠直接观察，而是也采用逻辑推理的方法了。通过思想与动手劳动的结合，少年们逐渐成为有才智的思想家、研究家和开拓真理的人。这样，每一堂思维课，就是对自然之谜的一次观察和惊讶，一次思索与发现真理，一

[①] Б. А. 苏霍姆林斯基：《帕夫雷什中学》，赵玮等译，教育科学出版社，1983年版，第398页。

次体验知识的欢乐和思想家的骄傲。

苏霍姆林斯基认为，学校生活的全部意义主要在于培养学生的独立思考能力，让学生处于"内容丰富的智力生活和精神生活"氛围之中。因此，帕夫雷什中学专门设置了"思考室"，让各种活动都"充满了智力的因素"，连最简单的劳动过程也让它包含研究思考的内容。从而使整个学校洋溢着这样的氛围：一个人不做出一点事来是可耻的，不动脑筋思考是可耻的，无所用心虚度光阴是可耻的。他要求"孩子们应当思考、思考、再思考"。为了让儿童生活在"思考的世界里"，苏霍姆林斯基主张，不要把学习局限在教室里，不要让学校的大门把儿童的意识跟周围世界隔离开来，不要机械地把事实和规则从教师的头脑里搬运到学生的头脑里。因为就儿童的意识和记忆的性质本身而言，要求一分钟也不能把鲜明的周围世界及其规律性在儿童面前掩蔽起来。基于此，他力求让孩子们去读"大自然之书"。因为在大自然中能产生特别鲜明而生动的思想。如果把孩子与大自然隔绝开来，如果迫使他在与直观形象的联系之外去感知语词，则他的脑细胞就迅速疲劳，他就胜任不了教师布置给他的任务，就会扎下落后的根子。这就是为什么要在大自然中发展儿童思维和增强孩子的思考能力的原因，这都是儿童机体自然发展规律的要求。所以说，到大自然的每次浏览就是一堂"思维课"，一堂"智力发展课"。

第三节　当好"劳动者"

苏霍姆林斯基重视培养"思想家"的同时，亦强调要培养"劳动者"。抑或说，他所期望的是"把物质财富的创造者和思想家结合在一个人的身上"，"要培养真正受过教育的人……要教导他们成为思想家和劳动者"。他"竭力使每一个少年都成为劳动者、思想家和探索者"[①]。当然，对培养"劳动者"的重视又是与他的劳动教育思想相联系的。他强调"对年轻一代进行劳动教育是学校的重要任务"，并把劳动与知识、道德一起作为其教育思想体系的三根支柱。应当说，苏霍姆林斯基所说的劳动，既包括体力劳动，亦涵养脑力劳动。他所重视的是体力劳动与脑力劳动相结合的创造性劳动。

---

① 孙孔懿：《苏霍姆林斯基评传》，人民教育出版社，2007年版，第385页。

手脑结合与人的学习

一、倚重"体力劳动"

体力劳动作为以创造物质财富为主要内容的生产劳动,在苏霍姆林斯基教育思想体系中占有重要的地位。苏霍姆林斯基出于培养未来的公民和劳动者作为教育的总目标的需要,认识到体力劳动具有强大的教育的力量,是发展学生精神力量的一项重要活动。因为真正的人只有通过劳动才能被造就出来,没有劳动,人就会退化,变成卑鄙可恶的生物。这就如同人们每天用犁耕地一样,犁铧上的铁锈就能被磨掉,变得像镜子般光亮洁净;同样,人只有在劳动的磨炼中,他的心灵才会变得光彩夺目。他认为,无所用心可耻,热爱劳动光荣——这是世界上划分人的第一条标准。他同时还强调,应当使接受中等教育的人做好准备,"安置"他去从事工人和农民的普通的、粗重的、平凡的劳动。只有让学生参加为多数人创造物质财富的劳动,才能培养出个人对集体的责任感。只有当劳动对于一个人不是抽象的教育练习,而是缺少它就没有饭吃、没有衣穿的事情时,他才能成为真正的劳动者,成为真正的人。

苏霍姆林斯基对俗话中的"没有劳动,人就成了空白"的说法深表赞同。因为,一个最简单不过的真理是,任何人都离不开衣食住行,而解决这些问题的唯一办法就是劳动。谁不劳动,谁就不能生活下去,这是最起码的常识,也是最根本的社会问题。就像儿童学会了"用手把汤勺从碟子送到嘴里,他就是在劳动,这不是为了练习劳动,而是因为儿童周围的任何人如果不劳动就不可能想象能生活下去"。当然,在这些地方苏霍姆林斯基所说的劳动,主要指的是以创造物质财富为主的体力劳动。与这种劳动相联系的是劳动的社会目的,抑或说经济目的。他指出:"劳动只有成为经济上的需要时,才能具有教育力量。"因此,他把"不劳动者不得食"看作是一条金科玉律,认为它是最正义的社会的一个最人道、最崇高的思想,必须使这一思想扎根于每个学生的心灵深处,必须使学生感到,劳动不是一种抽象的练习,而是缺少它就没有饭吃、没有衣穿的事情。同时还要让学生体会到自己今天的幸福生活都是建立在广大劳动者艰辛劳动的基础上的,无数的劳动者在为我们国家的建设辛勤地付出。而且,"当青年男女吃着用自己的双手挣来的面包,穿着用自己的劳动报酬换来的衣服的时候,他们一定会懂得人的劳动的价值,一定

第六章 苏霍姆林斯基的和谐学习观

会尊重劳动和劳动的人们,一定会理解个人对家庭和集体应负的责任"①。

苏霍姆林斯基明确肯定了学校劳动教育的具体目的就是要在实际能力上、智力上和心理上做好劳动的准备,使学生不仅具有一定的劳动本领,而且更愿意从事各项劳动,尤其是体力劳动,把劳动看成一种乐趣,一种精神享受,一种不可缺少的日常活动和公民应尽的职责。在他看来,即使是"金玉良言"也不能再三重复,否则就会变成"陈词滥调"。必须使受教育者在艰苦的劳动中,比如说,在烈日暴晒的农活中,去体味真正的含义。因此,"我们力求使每个孩子从幼年起就感到,他若不积肥,不往田里施肥,若不在炎热的夏天和严寒的冬天紧张地劳动,他就不会创造任何物质财富,也必然不会创造任何精神财富,因而也不会享受到生活的乐趣"②。

在苏霍姆林斯基看来,体力劳动对学生而言是不可或缺的。体力劳动对幼小的儿童来说——不仅是一定的技能和技巧的获得,不仅是德育,而且还是无边无际和无比丰富的思想的世界。这一世界能激起道德方面的、智力方面的和审美方面的感情,没有这些感情,就不可能认识世界……正是体力劳动过程中形成了学生们的最为重要的智能方面的品质:好奇心、求知欲、思想的灵活性、鲜明的想象力。因此,他强调无论学生在何种智力活动和艺术活动中有着怎样的天赋和爱好,他都必须在青少年时期参加生产劳动。尽管这种体力劳动"不可能像游戏、娱乐和消遣那样有趣",并且往往是不吸引人的苦活,但是它是带有普遍性的,是所有学生都要参加的。比如像积肥,给田里施肥,消灭病虫害,为牲畜储备饲料,栽种护田林带以及建造饲养场等。

尽管学生的劳动主要并不是达到经济方面的目的,但是,苏霍姆林斯基还是坚持认为,孩子们的劳动与成人的劳动在社会意义及劳动过程的技术和工艺方面都存在着很多的共同因素。因此,他主张儿童劳动中要具有在成年人生产劳动的性质,儿童应当尽可能早些去使用成年人使用的,同时适合儿童年龄特点,符合卫生规则和安全技术条例的劳动工具。像操纵发动机和电动机这样的劳动最能使孩子的劳动接近成年人的劳动,这样才会让孩子们感觉到这才是真正的、严肃的工作。他认为,孩子们的劳动越接近成人的劳动,其教育作用也就越大。当然,这并不是说儿童也要像成年人那样进行力所不

---

① 孙孔懿:《苏霍姆林斯基教育学说》,教育科学出版社,2018年版,第268页。
② B. A. 苏霍姆林斯基:《帕夫雷什中学》,赵玮等译,教育科学出版社,1983年版,第374页。

及的繁重的体力劳动。他反对那种随便找点体力劳动给学生让他有事可做的做法，他认为这种做法对孩子的全面发展是有害的。他也不赞成那种让学生连续反复地"从事单调的、令人疲劳的体力劳动，而不需要任何技巧，他们的双手只不过是一种发出体力能量的器官，而远非一种创造的工具"①的做法。应当说，他所强调的是要让儿童从事一些类似于成人劳动的，亦即具有成人劳动意蕴的"典型化"的劳动。

苏霍姆林斯基重视劳动，尤其是体力劳动，旨在为了培养全面和谐发展的"真正的人"。他认为，鄙视体力劳动不可能造就真正的和谐，也就不可能培养出"真正的人"。在他看来，"人生育人，而劳动则把人造成真正的人。……我们每个人只有在劳动中才能显示自己是一个人、一个有个性的人"②。也正是基于此，他强调，"劳动，这是渗透一切、贯通一切的东西"，它是不能与学习、与道德的培养和发展相提并论的，他是紧密联系德育、智育、美育来看待劳动教育的。一个人只有通过汗水、有老茧、有疲乏的劳动，人才会以热忱的心对待周围的事物。在他看来，人终生珍视的东西，恰恰是他付出昂贵代价所获得的东西。只有用汗水、有老茧和有疲乏的劳动，人才具有用心灵去认识周围世界的能力。而"在童年和少年时期，手上就磨出厚厚的老茧，这是人的心灵最可贵的财富，是一把打开通往和谐的教育世界之门的金钥匙"③。

二、属意"脑力劳动"

苏霍姆林斯基在重视体力劳动的同时，更为重视的是脑力劳动。在他看来："重要的教育任务在于渐渐地养成儿童从事紧张的、创造性的脑力劳动的习惯。"④针对传统教育中人们往往把学校引导学生参加劳动看作是"为了克服过分追求发展智力的偏向"的情况，他感到惊诧莫名："这是多么的荒谬的逻辑：好像双手不做事，就有发生智力肥大症的危险！"⑤应当说，苏霍姆林斯基在强调劳动时，"注意的中心是学生的脑力劳动"。他批评那种觉得只有

---

① В. А. 苏霍姆林斯基：《给教师的建议》，杜殿坤编译，教育科学出版社，1984年版，第111页。
② 孙孔懿：《苏霍姆林斯基教育学说》，教育科学出版社，2018年版，第268页。
③ В. А. 苏霍姆林斯基：《给教师的建议》，杜殿坤编译，教育科学出版社，1984年版，第492页。
④ В. А. 苏霍姆林斯基：《给教师的建议》，杜殿坤编译，教育科学出版社，1984年版，第177页。
⑤ В. А. 苏霍姆林斯基：《给教师的建议》，杜殿坤编译，教育科学出版社，1984年版，第111页

第六章 苏霍姆林斯基的和谐学习观

"拿起铁锹或扫帚才算是劳动"的观点是对"劳动实质的错误理解"。他强调劳动是多种多样的。"劳动,这不光是使锹用犁,而且要动脑筋思索。十分重要的是,要使我们的学生通过切身经验理解这一点:思索,这不是轻松的劳动,恰恰是它的复杂性和艰难性给人带来愉快。"①

苏霍姆林斯基认识到,人类千百年来基本上都是靠肌肉的力量和勇敢、残酷、顽强这样一些具有粗野特征的神经系统在争取生存的斗争中获胜的。但最近两三百年来,人的生存能力却几乎完全取决于神经系统的各个最精细、最复杂的机构。确切地说,早前时期的人主要靠粗莽笨重的体力劳动谋生存,而现在则已更多向体力劳动中注入智慧或融体力劳动、脑力劳动于一体而谋取生存条件,提高生存福利,创造更美好的环境来提供物质的和精神的充分享受。因此,他认为,学校要营造一种智慧型体力劳动的环境,使之成为复杂的、饱含智力的劳动。也"正是在这种劳动中会产生灵感,使人精神焕发。在这种劳动中,两眼反映出人的思想和热爱劳动的情绪,双手变成智慧的工具"②。在他看来,"劳动,哪怕是最普通的劳动也会发生质的变化,变为充满智慧的体力劳动。这种劳动会将体力、耐力、毅力和精神的力量融合在一起,而全部精神力量又是由于思维而焕发出来的"③,亦即是由脑力劳动产生的。

应当说,苏霍姆林斯基对脑力劳动的重视很大程度上是与"脑力劳动与体力劳动相结合"的重视分不开的。苏霍姆林斯基认为,"劳动教育最重要的原则之一,就是脑力劳动和体力劳动的结合"④。只有脑力劳动和体力劳动的和谐结合,儿童和青少年才会被培养成聪明的人。而"所谓脑力劳动与体力劳动相结合,并不是要在脑力劳动负担之上机械地增加体力劳动的负担,而是要在体力劳动中不断地运用智慧的力量"⑤。事实上,"从事体力劳动需要越来越丰富的知识,绝大多数职业中的体力劳动与脑力劳动已密不可分,脑力劳动已成为达到劳动目的的必要手段"⑥。就像在物质生产中,脑力劳动正占有越来越重要的地位,而体力劳动也越来越依赖于劳动者的智慧努力。他深

---

① 瓦·阿·苏霍姆林斯基:《论智育》,王义高译,北京师范大学出版社,1985年版,第72页。
② 孙孔懿:《苏霍姆林斯基教育学说》,教育科学出版社,2018年版,第256页。
③ 孙孔懿:《苏霍姆林斯基教育学说》,教育科学出版社,2018年版,第217页。
④ B. A. 苏霍姆林斯基:《帕夫雷什中学》,赵玮等译,教育科学出版社,1983年版,第375页。
⑤ 孙孔懿:《苏霍姆林斯基评传》,人民教育出版社,2007年版,第396页。
⑥ 孙孔懿:《苏霍姆林斯基教育学说》,教育科学出版社,2018年版,第263页。

知,要进行智力性劳动很难,而进行体力性劳动却相当容易。"培养能满意地完成自己任务的拖拉机手或饲养员并不难,任务的全部难点在于:使这些拖拉机手和饲养员成为高度文明的人,使他们的体力劳动充满脑力劳动的良好特征。"① 因此,要想成功地培养学生,光吸引学生参加力所能及的体力劳动其实是不够的。他甚至认为,在学校里搞单纯的体力劳动是不行的,是徒劳的,这不能称作"劳动教育"。在他看来,更重要的是要吸引其从事脑力劳动。"学校要营造一种智慧型体力劳动的环境。要使体力劳动丰富多彩,充满精神活力。要使人觉得世世代代被认为是单调苦重的农业劳动并不简单,它是一种复杂的、饱含智力的劳动。"② 他主张要改造体力劳动,即把各种普遍的、日常的劳动活动(这些活动在过去一度只是体力劳动者的事情)变成为充满智力的活动。尽量不让学生去做那些只需要体力的、粗野单调的、容易造成疲乏的、使他们感觉迟钝的劳动,而强调要赋予普通生产劳动以科学试验的性质,并把这一点作为"在学生的体力和能力不允许他们把生产物质财富作为主要目的之前"劳动活动中的首要目的。

苏霍姆林斯基认为,"学生的脑力劳动就其实质来说,乃是一种儿童的思维和独立思考占主要地位的劳动"③。应当说,"紧张的体力劳动从来就不是最终目标,而只是实现既定意图的手段。思考是主要的"④。因而,劳动主要不是一种体力消耗的方式,而是一种重要的思考方式。苏霍姆林斯基带领学生所从事的劳动,无论是田间的劳作,还是校办工厂里对机械的操作,都是智力性与创造性的。劳动的智力性表现在,它虽然需要身体(尤其是双手)的参与,但远比此重要的是,它是在智力的指导下进行的,并且自始至终贯穿着智力活动,并且具有研究的性质。因此,在苏霍姆林斯基看来,任何体力劳动中都必然地渗透着脑力劳动的成分。他不相信,同时也反对那种所谓的"纯体力"劳动,而那种最单调的纯粹动手的体力劳动即使有,它也只能被看作是实现最终目的的、进行真正劳动的开始。他反对"为劳动而劳动",强调体力劳动越简单、越单调,就越要把它作为实现创造性意图的一种手段。他

---

① 孙孔懿:《苏霍姆林斯基评传》,人民教育出版社,2007年版,第388页。
② 孙孔懿:《苏霍姆林斯基教育学说》,教育科学出版社,2018年版,第256页。
③ 肖甦:《苏霍姆林斯基教育智慧格言》,人民出版社,2014年版,第211页。
④ B. A. 苏霍姆林斯基:《给教师的建议》,杜殿坤编译,教育科学出版社,1984年版,第251页。

第六章 苏霍姆林斯基的和谐学习观

主张,应当"使每个学生真正认识到所谓简单的体力劳动的实质,认识到它与思维、知识、科学和劳动技巧的关系。……体会到这种普通的劳动也需要清晰活跃的思维"①。他批评那种"以为农民或畜牧员的普通而平凡的劳动跟脑力劳动(尤其是跟科学)是毫不相干的"这种被"歪曲了"的"偏见"。他认为,不管农业劳动多么平凡、普通,总能伴随着深刻的智力活动。而年轻一代投身于劳动的心理准备的主要前提之一,就是不要让青年人感到农田或畜牧场的简单劳动只是花费体力而已。"如果忽视了脑力劳动的这个基础,就会把学生作为劳动者的作用贬低为消极地掌握知识,即变成死记硬背。"② 因此,他总是想方设法让学生在整个劳动过程中都能付出紧张的、不间断的脑力活动,让学生巩固和加深所学知识,增长创造性智慧。就像在帕夫雷什中学,凡有最粗笨的、单调的劳动的地方,如在畜牧场,学生就在那里进行抗生素对动物体内生命活动的影响作用等有趣的研究工作。

学习的过程是一种以脑力劳动为基本特征的劳动。苏霍姆林斯基认为,"一个人只有在积极的脑力活动并把动手的工作与创造性的思维结合在一起的条件下获取知识,这些知识才有可能对他未来的生活起到决定性的作用"③。他强调,只有当学习不是机械的记忆,而是具有鲜明道德色彩的脑力劳动时,它才具有教育作用。因此,要通过智育发展认识和创造能力、养成脑力劳动的技能、培养对脑力劳动的兴趣和要求等。在他看来,少年的智力积极性不仅要求从事独立的脑力劳动,更重要的是要求意识到这种劳动的智力目的,并且由此而体验到智力情感。因此,要使坐在书桌后面的人深信他是一个认真的劳动者。应当使儿童在学校生活的最初几步开始,就把劳动看成是需要智慧的、非常复杂的事情。他强调要设法使每一个学生都能全神贯注地迷恋于这一种艰巨而激动人心的脑力劳动。让学生通过积极地思考使人变成劳动的强有力的主宰者,否则,你就是用锁链也无法把他捆在书桌上,用任何计谋也无法强迫他真心实意地学习。他认为,完善的脑力劳动是思考和理解,而不是记诵。识记(记熟)应当建立在理解的基础上。不要让学生去记诵那些还不理解、没有完全弄懂的东西。而由弄懂事实、事物和现象,到深刻理

---

① 孙孔懿:《苏霍姆林斯基教育学说》,教育科学出版社,2018年版,第264页。
② 肖甦:《苏霍姆林斯基教育智慧格言》,人民出版社,2014年版,第212页。
③ 肖甦:《苏霍姆林斯基教育智慧格言》,人民出版社,2014年版,第201页。

解抽象真理（规则、公式、定理、结论）的道路，一定要经过实际作业，而完成实际作业正是掌握知识。这是因为，学习知识首先就意味着要善于运用知识。在深入思考的基础上的识记，这在实质上就是知识的运用。学生在掌握知识的时候运用它们，又在运用知识的时候掌握它们。

苏霍姆林斯基认为，在学生的脑力劳动中，摆在第一位的并不是背书，不是记住别人的思想，而是让学生本人进行思考，也就是进行生动地创造。"为了使孩子的头脑不变成知识的贮藏室和真理、规则、公式的堆集站，一定要教给他思考。"① "一个人勤于思考，能靠自己的努力去发现真理，他也就会以巨大的积极性和强烈的兴趣去感知和识记。" 学生的脑力劳动是一种积极的思维活动，积极的脑力劳动能够有效激发学生的兴趣、愿望，并累积成情感、信念、品质，成为习惯，进而又可转化为巨大的动力，使学生进入更积极的思维状态，实现学习过程的良性循环。为此，他强调要把学生学习活动的每一个环节，都和他们的积极的脑力劳动密切结合起来，让学生在积极的脑力劳动中获取知识和能力。他认为，掌握就意味着对事实进行积极的思考和研究，而积极的思考和研究，则意味着能准确地运用概念、判断和推理，学生思考得越多，在周围世界中见到的不懂的东西越多，他接受知识的能力就越强。因此，他强调使紧张的、愉快的脑力劳动在学校里占统治地位。他认为，无论什么都无法弥补在一个主要领域里荒废了的东西，这个主要领域就是思考，学生应当首先在思考领域里成为劳动者。没有经过自己的努力而获得的知识，是生吞活剥的，不巩固的，因而也是无用的知识。学生不学会思考，他们就不能学会利用已有的知识去获得新的知识，就谈不上智力发展。而只有通过自己积极的思考、独立的脑力劳动而获取的知识和能力，才是活的、有生命力的，有价值的。他在教育实践中创造性地开辟了思考之角、难事之角、幻想之角等，努力以思考来唤醒学生对所学学科的热爱；他还带着孩子们到自然界里去上思维课；他还让孩子们在"思考之室——阅览室"中读他们喜爱的书籍，并且还独创性地提出"研究性学习法"的思想，以期"让学生生活在思考的世界里"。

苏霍姆林斯基认为，"思索、思考，只有当它们的目的十分明确，也就是说，只有当思考的过程是解决问题的过程的时候，才能成为名副其实的脑力

---

① 肖甦：《苏霍姆林斯基教育智慧格言》，人民出版社，2014年版，第209页。

第六章 苏霍姆林斯基的和谐学习观

劳动"①。因此,"学生学习的一个突出特点,就是他们对学习的对象采取研究的态度。教师并不把现成的结论、对某一定理的正确性的证明告诉学生。教师让学生有可能提出好几种解释,然后在实际中去对所提出的每一种假说进行肯定或否定"②。也就是说,教师要考虑的是,怎样帮助学生成为"思考者和真理的发现者"。因为在这样的情况下,知识就不是消极地掌握的,而是积极主动地获取的。由于学习者对学习对象采取研究的态度,通过独立的脑力劳动,去研究、分析、发现,从而获得知识、能力,并形成习惯、品质、信念。为此,他大力倡导"研究性学习法"。"研究性学习法"是通过教师把新材料提供给学生,引导他们提出各种假设,并加以验证,独立地、积极地思考问题、解决问题、发现真理的一种教学法。研究性学习就是让学生进行独立的脑力劳动,是一种学生独立操作、独立思考、独立分析、独立判断的解决问题的过程,体现出学习活动的主体性、能动性和创造性。在苏霍姆林斯基看来,对自然现象、生产、人的实践采取恰当地带研究性的学习方法,能够促使学生在思维过程中尽量努力地从实践中去挖掘更多的事实和材料。在这种情况下,学生在分析的过程中,依靠自己的独立的智慧努力,而获得了一些能够概括大量事实、现象和事件的知识,这种知识对学生来说是极为宝贵的。他们就能养成一种宝贵的脑力劳动的品质——即不通过直接观察而且以间接方式去研究、认识和探索事实和现象的能力。这种能力在学习、生活实践中的意义是不可低估的,对学生后来的智力发展也有重要意义。在他看来,大多数学生之所以学习有困难,解决问题能力差,问题就在于不会运用概括性的知识去分析和观察问题,就是因为他们的概念、知识不是通过研究事实和现象的途径形成的,而是死记硬背得来的。他强调,不应当把学习仅仅归结为不断地积累知识、训练记忆和死记硬背。死记硬背会造成一种幼稚病,即会使成年人停留在幼稚阶段,使他们的智力迟钝,阻碍才能和爱好的形成。

苏霍姆林斯基认为,在研究性学习过程中,学生的脑力劳动并不以发现真理而宣告完成,脑力劳动不仅表现为一种形式或达到目的的一种手段,而真正的目的则在于让学生去研究和分析那些没有明确阐述的似乎是隐藏着的

---

① 肖甦:《苏霍姆林斯基教育智慧格言》,人民出版社,2014年版,第201页。
② B.A.苏霍姆林斯基:《给教师的建议》,杜殿坤编译,教育科学出版社,1984年版,第242页。

因果联系和规律。应当说,苏霍姆林斯基研究性学习的核心就在于脑力劳动,即以思维为核心的认识活动。无论是知识的感知、理解、掌握过程,还是巩固、应用过程,都是在思考活动中,在脑力作用下完成的。在他看来,掌握,意味着对事物进行积极的思考,对事物、事实、对象抱研究的态度。他曾经把学生掌握知识的过程比喻为建筑一幢大楼,教师应当提供给学生的只是建筑材料,真正的建筑师是学生自己。否则的话,就有可能会出现一种可怕的危险,那就是学生在课桌后面而无所事事。在教学过程中,"无论什么都无法弥补在一个主要领域里荒废了的东西,这个领域就是思考,学生应当首先在思考领域里成为劳动者"。毕竟,"一个人到学校里来上学,不仅是为了取得一份知识的行囊,而主要的还是要变得更聪明,因此,他的主要的智慧努力就不应当用到记忆上去,而应用到思考上去"[①]。

三、崇尚"创造性劳动"

苏霍姆林斯基在长期的教育实践中认识到,劳动在智育中起着特殊作用。帕夫雷什学校的教师所做的多年观察表明,热爱劳动的孩子形成了灵活好钻研的头脑。但同时需要指出的是,"重要的不是任何一种劳动,而首先是那种复杂的、创造性的、要求精巧技能和技艺的劳动,在那种劳动过程中深入分析事实、现象、因果关系、规律的才能可能获得表现"[②]。这就是说,苏霍姆林斯基所说的已不完全是一般意义上的劳动,它必须包含"创造性"的内涵,或必须建筑在"创造性"的基础之上,具有广泛、深刻的创造性质;另一方面更说明创造性劳动在苏霍姆林斯基创造教育体系中具有重要的地位和作用。可以说,创造性劳动的思想是苏霍姆林斯基劳动教育理论的核心,也是劳动教育理论的精髓所在。

苏霍姆林斯基认为,人类社会已进入创造性劳动时代。倡导、重视、推广创造性劳动,是完全适应和符合社会历史时代要求的明智之举。创造性劳动不仅有利于社会进步,有利于人民生活的改善,而且在提高人的首要素养为精神素养,促进人的个性发展和才能的发挥中都有重大的作用。所以,苏霍姆林斯基坚持要求把创造性劳动的思想和原则贯彻到整个学校教育实践中

---

① B. A. 苏霍姆林斯基:《给教师的建议》,杜殿坤编译,教育科学出版社,1984年版,第215页。
② 王义高等:《苏联教育70年成败》,北京师范大学出版社,1999年版,第14页。

第六章 苏霍姆林斯基的和谐学习观

去。他坚信,体力劳动在社会现阶段更加隶属于智力创造活动,倘若离开了创造、兴趣和需求,脱离了学生之间多方面的联系,劳动就成了学生们的负担。他坚信人对创造性劳动的永无止境的追求,坚信人能借助科学知识而越来越具创造性,坚信劳动能使人聪明,使人具有创造性。现今的劳动要求学生有发达的智力,在"劳动中的创造是发展少年智力的最强调的一种刺激因素"。而"通过创造性劳动激发起了崇高的精神;由于意识到我自己是这一行的能工巧匠,我有一双灵巧的手而感到自豪"①。而且,"酷爱创造性劳动的人永远不会去死记硬背"。因而,他在教育实践中,总是力求使劳动作为一个能使人发挥创造性才能的极其重要的领域。

苏霍姆林斯基从人的普遍本性出发,竭力破除只有少数精英才能创造的错误观念,强调所有人都拥有创造的权利和才能,只是方向有所不同。他认为,在适当的条件下,在恰当的教育下,任何人都会显露自己独特的天赋和才能。"发挥个人创造力的范围是多方面的。一个人的天赋和才能并非只是当他成为科学家、工程师或是一般称为脑力劳动者时才能得到发挥。在一个把人放在首位的社会里,任何劳动都可以上升到创造性的高度。对于每个孩子来说,凡能使他在其中表现为一个创造者,一个诗人、画家,使他为自己和自己集体的劳动成果而自豪的那种劳动,就可以变成一种精神创造。"② 他相信,尽管"每个人的素质、天赋、才能都有很大的区别,综合能力也各不相同,具有鲜明的个性特征。但是人们的才能有一个共同特点,就是能进行创造性的劳动,有能力创造某种新的东西,用一双手把自己的思想和自己的创意变为现实"③。这也表明,苏霍姆林斯基所倡导的创造性劳动即为那种使学生的天赋才能得以显露并使之产生自尊感的劳动,这种劳动在很大程度又是建立在体力劳动与脑力劳动的结合,亦即在手脑结合的基础上的。

苏霍姆林斯基认为,在任何人的劳动中都可能有创造性的因素,在任何劳动中的创造都有着共同的特点。在他看来,钳工和车工、电气装配工和建筑工、畜牧工和植物栽培工的创造性,与数学思想家或设计师、作曲家或画家的创造毫无二致。当然,他也注意到那些专家型的劳动者并非笼统地热爱

---

① 王天一:《苏霍姆林斯基教育理论体系》,人民教育出版社,1992年版,第236页。
② B. A. 苏霍姆林斯基:《帕夫雷什中学》,赵玮等译,教育科学出版社,1983年版,第405页。
③ 蔡汀:《走进教育家苏霍姆林斯基》,教育科学出版社,2007年版,第122页。

劳动，而是追求自己专业领域的脑体结合的劳动，从而在创造性劳动及其成果中获得精神上的满足。这也让他从中获得了启示，就是要通过劳动帮助每一个学生找到一条最能充分发挥个人才能和创造力的道路，"发现和找出能使他在为社会谋福利的劳动中给他带来创造的欢乐的那一条'含金的矿脉'"。而为了使个人的禀赋、天资、能力和爱好都充分地表现出来，一个极为重要的条件就是让学校里所有的学生都参加到各种各样的创造性劳动中去，形成一种创造性劳动的氛围。因此，在帕夫雷什中学，不管是学生个人劳动或学生集体劳动，都是建立在"创造性"基础上的。如学校科技活动小组创造的疏松土壤表层用的带有旋转型的"机械锄"、利用电能可以在果树上剪枝的"剪枝机"等很多小型机器等。再比如通过组织有良好才能的学生在同一种劳动里进行劳动的创造性、劳动技能等内容的比赛，如让每个学生都制作同一种仪器——按电子学原理工作的自动计数器等，藉以发展学生的创造才能。

苏霍姆林斯基认为，"劳动教育最重要的原则之一，就是脑力劳动和体力劳动的结合"①。苏霍姆林斯基认为，"学校生活的智力丰富性，在大多数情况下取决于能不能把智力活动和体力劳动密切结合起来"②。在他看来，"脑力劳动和体力劳动的结合"的劳动，是"物质财富的创造者将各创造精神价值的、在劳动中显示自己智力的思想家结合在一起"。这种体力和智力结合的劳动，是"从铁锹和叉子到显微镜，从化学试剂到腐殖沟——这就是培养既会用手又会用脑工作的农民研究者、思想家的途径"③。创造性劳动要求体力劳动时要多动脑、勤思考，善于运用才智，使体力劳动和思维构成统一体。这样的劳动不仅能出好的成果，而且还能产生新构思、新方案、新产品，更能练就高超的技艺。应当说，任何一项计划都或多或少地会有一些单调且往往比较艰苦的体力劳动，这些劳动都应由执行创造性计划的人自己去干，而不应由其他人代劳，因为只有当一个人执行的是自己构思的计划时，都会形成才能。他强调别把简单、单调的体力劳动作为最终目的，而是把它作为达到最终目的，即实现创造性意图的一种手段。在苏霍姆林斯基看来，劳动的最理想的目标，就是把握高超的技艺，就是创造。而创造和高超技艺都与新思想分不

---

① В. А. 苏霍姆林斯基：《帕夫雷什中学》，赵玮等译，教育科学出版社，1983年版，第375页。
② В. А. 苏霍姆林斯基：《给教师的建议》，杜殿坤编译，教育科学出版社，1984年版，第247页。
③ 王天一：《苏霍姆林斯基教育理论体系》，人民教育出版社，1992年版，第238页。

第六章 苏霍姆林斯基的和谐学习观

开,都与思维的发展、思维的灵活性和敏锐性分不开。没有构思,没有新意念,没有思维的活跃开展,就谈不上创造以及创造性劳动。所以,苏霍姆林斯基认为:"体力劳动和智力劳动的结合对才能的发展具有重大的意义。一个人只有当他对于所做的一切都要经过预先思考的时候,他才能成为有才能的、有才干的车工、机械师、植物栽培家、畜牧家。"①由思考者参与的体力劳动或思考中的体力劳动,才是苏霍姆林斯基所希望的创造性劳动。

苏霍姆林斯基特别强调要"使劳动具有创造性,而且手脑并用"②。他惊叹:思维和动手相结合对学生的智力发展是多么重要。在他看来,"手脑并用的教育,对于了解劳动的复杂过程、弄清种种情况和现象间相互关系的那种能力的培养特别重要"③。如果没有劳动和劳动教育,特别是如无创造性的劳动和创造性劳动的教育,手和脑都将很难得到发展,个人也不会成为真正具有创造性劳动的人。因为体力劳动和智力培养紧密相连。手的技艺是头脑的好钻研、聪颖、创造精神的物质体现。使每个孩子在童年就能用自己的双手实现自己的意图,是非常重要的。由于手脑结合的创造性劳动"形成着明显的好钻研的头脑",提高了学生的"观察力、钻研精神、洞察力、专注精神和钻研能力"。在劳动过程中,通过手的探索、眼睛的观察,人与周围世界发生着积极的相互作用,掌握了技巧,提高了认识,获得了知识,增强了智能。与此同时,必须靠思维的源泉(脑)的指导,即手的活动传入到脑,脑又提醒手应注意什么。如此反复作用,手的动作越来越准确,越来越灵巧,脑的创造性思维随之更鲜明、更敏锐、更灵活。"手越巧,(人)就越聪明。"而这是单靠用手的简单劳动或只凭大脑苦思冥想的人无论如何是难以达到的。

苏霍姆林斯基强调,要"使人把构思的创造性和实现构思的技艺结合起来。要尽量多地进行实验和试验,尽量多地让学生手和手指多做动作——这是在劳动过程中培养智慧的原则之一"④。他认为,在手脑结合的劳动中,手所掌握的和正在学习的技艺越高超,他对事实、现象、因果关系、规律性进行的深入思考和分析的能力就表现得越鲜明。复杂的、创造性的、有思想、

---

① B.A.苏霍姆林斯基:《帕夫雷什中学》,赵玮等译,教育科学出版社,1983年版,第416页。
② B.A.苏霍姆林斯基:《帕夫雷什中学》,赵玮等译,教育科学出版社,1983年版,第367页。
③ B.A.苏霍姆林斯基:《帕夫雷什中学》,赵玮等译,教育科学出版社,1983年版,第423页。
④ B.A.苏霍姆林斯基:《给教师的建议》,杜殿坤编译,教育科学出版社,1984年版,第112页。

手脑结合与人的学习

有巧妙的技能和技艺的劳动（并非随便什么样的劳动），它的各个步骤和操作之间都有依存性，而且它要求高度的注意力、精神专注和动脑筋思考。在劳动过程中，"思维会召唤着双手，使劳动成为大脑和双手和谐运动的游戏"①。在这一过程中，由于手的动作和思维之间进行着不断的传导：思维在检查、纠正、改善着劳动过程，而手似乎把各种细节详情报告给思维。于是劳动就发展了智慧，教给学生合乎逻辑地思考，深入到那些不能够直接观察到的某些事实和现象之间的依存关系中去。例如，少年学生们在教学工厂里搞些设计、构造活动，分析各种零件的相互关系，在头脑里构思零件或示意图，进行拼接和装配，就特别明显地表现出脑力活动和双手动作的相互结合：信息通过两条相向而行的途径传递着——由手传到大脑和由大脑传到手。手也在"思考"，而正是在这种时刻，大脑的创造性区域受到激发。苏霍姆林斯基还从人体生理解剖学的角度作了说明："在人的大脑里，有一些特殊的、最微妙的、最富创造性的区域，依靠把抽象思维跟双手的精细、灵巧的动作结合起来，就能激发这些区域积极活动起来。如果没有这种结合，那么大脑的这些区域就处于沉睡状态。在童年和少年时期，如果没有把这些区域的活力激发起来，那么它们就永远也不会觉醒了。"②

在苏霍姆林斯基看来，手脑的联系和结合也有一定过程。首先使双手和劳动工具融合成一体，成为动作灵活、轻巧、优美的工具，成为与大脑联系十分密切的工具。同时再使脑和思维（智力）融成一体，使思维成为脑的一部分，成为指挥全身活动、指挥手的活动的中心。手的活动和脑的思维的实际结合，就是手脑同时对劳动对象做精巧加工："信号在每一瞬间多次从手传到脑，又从脑传到手，脑教导手，手又发展和教导脑。人的构思在这时不仅付诸实现，而且不断地发展、加深和变化。思路在这时是不能中断的。"在这种手脑之间频繁的联系和作用过程中，思想不断地在检验、矫正和改善着劳动过程，手几乎是在不断地把详细情况报告给思想。劳动加工在继续进行中，思维活动（思路）也不能中途停顿。劳动技艺随之而愈益增进提高，劳动加工对象也在不断改善并日臻精巧。手与脑这样反复地作用与反作用，"就能够训练出各个系统优美、敏捷的协同动作：手—大脑，身体—大脑，劳动—大脑"。

---

① 肖甦：《苏霍姆林斯基教育智慧格言》，人民出版社，2014年版，第213页。
② Б.А.苏霍姆林斯基：《给教师的建议》，杜殿坤编译，教育科学出版社，1984年版，第81页。

第六章　苏霍姆林斯基的和谐学习观

可以看出，在手脑的这种密切联系配合及其相互促进、协调发展中，劳动起着巨大作用，即"手的细腻、敏捷的动作以及它与大脑的联系首先是在劳动中训练出来的"。因此，"要帮助学生动手去做某一件事，并且使双手成为他的智慧的教师"[1]。劳动不但在培养着手的熟悉技巧和劳动的习惯，而且还能培养好学不倦地进行创造性劳动的智慧。无论对身体的发展，对双手的训练或心智的发展，对大脑的磨炼来说，劳动都占有极重要地位，是绝对不可忽视的。正如苏霍姆林斯基所指出的："要培养出机敏的、富于创造性的智力，不能想象不学会用自己的手和思想。"此即是说，如果没有手脑结合的创造性劳动，手和脑都将很难得到发展，个人也不会成为真正具有创造性劳动的人。因此，苏霍姆林斯基强调，创造性劳动的重要特点就是手脑并用，手脑结合，在劳动中动手又动脑。因此，苏霍姆林斯基在帕夫雷什中学，致力于向所有学生提供多种多样的创造性劳动，制造一种创造性劳动的气氛，总是竭力把用手和用脑的工作结合起来，使体力劳动能作为一个精神上提高和日臻完美的领域来吸引青年男女。

---

[1]　B. A. 苏霍姆林斯基：《给教师的建议》，杜殿坤编译，教育科学出版社，1984年版，第248页。

第七章

赞科夫的发展性学习观

针对苏联教育中长期以来所存在的偏重于死记硬背,学生的思想缺乏灵活性和创造性,远远落后于时代要求,以及教学与发展相脱节等弊端,赞科夫把毕生的精力致力于教学与发展关系的实验研究,探讨教学结构与学生发展进程的因果关系,建立了其"着眼于学生的一般发展的教学论体系",从而在把教学推上一个新台阶的同时,有效地促进了学生的发展,实现了教学论中的一次根本性的变革。

第一节 强调以教学促发展

赞科夫的实验教学研究是针对苏联的传统的小学教学体系已经"严重地落后于生活的需要","只是修修补补,而不去触动小学教学的教学论和教学法的基础,已经不行了"的现实进行的,他建立实验教学论体系所依据的基本思想,是要以所能产生的尽可能大的教学效果来促进学生的一般发展。赞科夫注重学生整体发展的同时,亦重视学生非智力因素的发展,并强调以教学促进学生的发展。

一、注重整体发展

赞科夫的教学实验研究是建立在其重要的方法论——整体论的基础上的。赞科夫多次强调"整体具有重要意义",教育过程"首先要注意的是教育体系的完整性"。所谓整体性就是注重事物的整体联系,这种整体联系就是"各方面的联系处在不可分割的统一体中,互相渗透,互相排斥。由于对立面斗争的结果,旧事物就向新事物发生辩证的转化,否定原有的存在,引起发展"[①]。赞科夫还引用巴甫洛夫关于大脑两半球皮质活动的系统性来说明整体性作用

---

① 顾明远:《战后苏联教育研究》,江西教育出版社,1991年版,第473页。

第七章 赞科夫的发展性学习观

的科学依据。"由于系统的外部刺激的效应而产生一个协调的内部过程体系,换言之,内部过程体系是由一定的外部体系所决定的。而内部过程的'协调的体系'之存在,看来触到儿童心理发展的实质。"① 赞科夫清醒地认识到教育作用具有完整性,因此,他的教学实验研究"不只是个别的学科,不只是个别的方法和方式,而是一个包含整个小学教学的教学论体系"②。他认为,"教育作用的完整性是保证教育作用对发展有高效果的关键所在"③。在他看来,儿童的心理是一个整体,由于儿童的各种心理过程、特点错综复杂地交织在一起,单独的、孤立的发展智力也是难以想象的。教学必须带动学生个性心理的整体发展,进而实现"一加一大于二"的效果。因此,他的实验教学论体系也是建立在整体性的基础上,并且是着眼于学生的整体发展的。

赞科夫指出:"在研究学生的一般发展时,我们从发展的整体性这一观念出发。"因为"教学不是在个别的教学论原则方面,而是作为一个体系与学生的一般发展进程发生关系的,这个体系在学生的整体的一般发展上能带来一定的结果"。"体系的特点是:它的各个部分和它们之间的各种联系都具有相互的依从性。"④ 因此,赞科夫按观察、思维和实际操作来研究人的心理发展,注意了"每一要素的活动结构和机能作用",但更注重它们之间的联系。他同时也认识到,倘若教学仅仅从观察、思维、实际操作等外因去影响学生,显然是不够的,还要培养学生"对学习的内部诱因、好奇心、对智力活动的内部诱因,以及对论证所找到的答案的内部诱因等",通过内因和外因的相互作用来实现学生的一般发展。关于这一点,他曾引用他人的观点进行了进一步的阐释:"儿童的心理是一个整体,具有生物的机能,因而儿童心理发展的内部节律是与生物机能相联系的。外界影响的作用只局限于或者加速或者阻滞这种内部节律。"⑤

在赞科夫之前的一些教学发展理论,往往只强调那些与认知过程直接相关的心理因素,即观察、记忆、想象思维能力的发展及生理机制的成熟。赞科夫清醒地认识到:"我们所处的时代,不仅要求一个人具备广博而深刻的知

---

① 赞科夫:《教学与发展》,杜殿坤等译,文化教育出版社,1980年版,第24页。
② 赞科夫:《教学与发展》,杜殿坤等译,文化教育出版社,1980年版,第25页。
③ 赞科夫:《教学与发展》,杜殿坤等译,文化教育出版社,1980年版,第24页。
④ 赞科夫:《教学论与生活》,俞翔辉等译,教育科学出版社,1984年版,第88页。
⑤ 赞科夫:《教学与发展》,杜殿坤等译,文化教育出版社,1980年版,第5页。

识，而且要求发展他的智慧、意志、情感，发展他的才能和天资。"① 赞科夫从发展的整体性这一观念出发，提出了自己通过教学促进儿童一般发展的思想。其实，赞科夫所提出的"一般发展"，既不是抓某一种能力的特殊发展，也不是片面的智力发展，而是"儿童个性在智、情、意等所有方面的一般心理机能的整体发展"②。此即是说，一般发展"就是指心理活动的多方面的发展"③。赞科夫特别强调"要把一般发展和智力发展加以明确的区别"。他认为，对教学与发展问题的研究，不能只局限于"智力发展"的探讨，而应该着眼于学生的整体发展，"即整个身心的发展"，既包括智力因素的发展，也包括意志、情感领域的非智力因素的发展，同时还包括身体的发展，因此这种发展观是一种整体发展观。

赞科夫认识到，"片面的唯智主义和形式主义乃是传统教学法的典型特征"④，并对传统教学法中智力（如果说得更确切些是思维）取代儿童个性的做法给予了抨击。他认为，必须以完整的观点探讨传授知识、发展智力和形成良好个性品质这三者之间的有机的相互联系。体现在教学过程中，就是注意调动学生整个身心包括智力、体力、情感、意志、性格等各个方面，而不能孤立地去发展智力，要把发展学生的智力放在整个身心发展上去进行。我们知道，赞科夫的实验教学研究是从能具体体现人与外部世界发生联系的主要关系的观察、思维和实际操作三条线索进行的。赞科夫同时指出，不能孤立地去看待这三条线索，因为每一条线索都与整体的一般发展有紧密的联系。事实上，在观察、思维和实际操作活动中都会表现出一定的情绪、意志、性格的特点来（也就是内部精神的需要）。因此，他的实验学校的学生不仅在思维发展方面，而且在观察力、实验活动、情感和意志的发展方面，都显示出突出的进步，从而有效地实现了对当时教学论中所存在的唯理智倾向的突破。应当说，赞科夫的整体发展观，不仅拓宽了发展的范畴，更重要的是更新了发展的观念。

需要指出的是，尽管一般发展并不仅仅是智力的发展，但是，在他的一

---

① 赞科夫：《和教师的谈话》，杜殿坤译，教育科学出版社，1980年版，第202页。
② 顾明远：《战后苏联教育研究》，江西教育出版社，1991年版，第451页。
③ 赞科夫：《教学论与生活》，俞翔辉等译，教育科学出版社，1984年版，第24页。
④ 赞科夫：《教学与发展》，杜殿坤等译，文化教育出版社，1980年版，第106页。

般发展思想体系中,智力无疑占有核心的地位。事实上,赞科夫正是发展了维果茨基的思想,把"智力发展"扩大为"一般发展"。"'一般发展'是一个比全面发展的涵义要小一点、比智力发展的涵义要大一些,但又不同于特殊发展的概念,是指学生的多种心理素质的充分发展。"[①] 在赞科夫看来,教育科学应当回答这样一个问题:怎样安排学校的教学,才能使学生获得比现在更高的智力发展水平?在赞科夫看来,"一般发展指的是这样一些个性属性的形成和质变,这些个性属性是学生顺利地掌握任何一门学科的教材的基础,而在从学校毕业以后,又是在人类活动的任何一种领域里从事创造性劳动的基础"[②]。如果能够使一个人在观察力、思维、言语、记忆、意志品质方面取得重大进步,那么这些就会成为他不可被剥夺的财富。应当说,他是"这样来理解发展的:学生变得更聪明更机灵了,能够更好地识记材料,他的言语变得更丰富、更准确、更有表现力了"[③]。他在批评传统教育把智力发展局限于思维和语言方面的同时强调指出:"毫无疑问,思维和语言在学生的精神成长中占着重要地位。"[④] 当然,他又是从整体性的视角来考虑发展智力的问题的,认为智力的发展不仅需要知识,而且要有情感、意志、思想等作为依托。因为这些非智力方面的因素,"要么对智力活动给予强化的影响,要么给予压抑的影响"。赞科夫关于发展的整体观念,特别是他把情感、意志、性格、思想等引入认识过程,强调激发智力和情绪的关键的、本源的东西是学生的各种精神需要,其中主要是认知的需要,是认识过程本身引起的兴趣。

赞科夫把儿童的观察力、思维能力和实际操作能力看作是实现"一般发展"的三个主要方面,而这三个方面在很大程度就属于智力的范畴。因为"这三条发展线索中,每一条线索的构成要素都是相同的,即观察和思维过程"[⑤]。具体地说,"观察和思维更多地接近于心理分析的第一个方面,即智力活动的方面"。实际操作"不仅具有运动的技能和技巧本身的特点,其中也以

---

① 喻立森:《赞科夫的"实验教学论"》,毕淑芝等:《当代苏联教育家的新思想》,上海教育出版社,1990年版,第8页。
② 田慧生等:《活动教育引论》,教育科学出版社,2000年版,第53页。
③ 赞科夫:《和教师的谈话》,杜殿坤译,教育科学出版社,1980年版,第269页。
④ 赞科夫:《和教师的谈话》,杜殿坤译,教育科学出版社,1980年版,第148页。
⑤ 赞科夫:《教学与发展》,杜殿坤等译,文化教育出版社,1980年版,第30页。

一定方式反映出感觉、空间观念和思维活动"①。应当说,赞科夫对观察力、思维力和实际操作能力的重视在很大程度上也就意味着对智力发展的重视。当然,对赞科夫来说,这些活动其着眼点也不单是培养观察能力、思维能力和操作能力,而在于从不同途径促进学生的一般发展,即既包括智力发展,也包括情意领域及个性特征的发展。这也表明,赞科夫所主张的智力发展是要在教学过程中把发展学生的智力放在一般发展的土壤上进行的,抑或说是在学生的整体发展中发展他们的智力,在发展智力的同时注意个性心理等其他品质的发展,而不能孤立地去发展学生的智力。因为学生在进行观察、思维和实际操作的时候,各种心理因素如意志、情感等也都是参与活动的。而这些非智力方面的因素无疑也影响、制约着观察、思维以及实际操作等方面的智力因素的发展。就以观察力而言,它的确是儿童认识客观世界的一条重要途径,也是发展儿童智力的一个基本形式。如果儿童的观察力非常薄弱,对外部世界的一切都"视而不见",那他就不可能有什么求知的兴趣和要求的。当然,智力也谈不上能有什么大的发展。此即是说,发展他们的观察力是不能孤立进行的,观察力与情感、意志等方面的发展是密切联系的。如果离开了这些非智力因素的培养,也就难以发挥观察力在认识世界中的作用。观察力的情况是如此,思维能力以及实际操作能力的情况大抵也是这样。

赞科夫的整体观同时还体现在注重教学原则、教学内容及教学方法等因素的整体联动方面。他认为"最有利于促进学生一般发展的,是教学原则、教学内容和教学法原理。一般发展的集中统制与各种因素的协调配合,决定了教学过程的高质量,决定了学生掌握知识的高速度和一般发展的高水平"②。他非常强调教学原则的相互联系和整体性功能。尽管他的各条教学原则有各自不同的作用与效能,但不能以此为理由将这个完整的原则体系割裂开来,孤立实施,不能认为这一条原则适合于某些章节或场合的教学,另一条原则适合于另一些章节或场合的教学。其实,每一条原则都是根据它在教学论体系中的作用,根据它的职能,以及根据它与其他原则的联系的特点而具体地表现出来的。它们之间存在着不可分割的整体性特点,从而构成一个完整有

---

① 赞科夫:《教学与发展》,杜殿坤等译,文化教育出版社,1980年版,第192页。
② 喻立森:《赞科夫的"实验教学论"》,毕淑芝等:《当代苏联教育家的新思想》,上海教育出版社1990年版,第36页。

第七章 赞科夫的发展性学习观

序、相互依存的严密体系。赞科夫认为,完整的教学法体系,应该是一个拥有一定成分的统一体,也就是拥有典型的教育学特征的统一体。他的实验教学论体系的教学法正是朝着这个方向努力的。比如说,他强调教学方法的多面性,亦即要让教学方法具有多种功能。即"不仅用来掌握知识和技能,而且是促进学生发展,把学生多方面的具体的心理活动引导到学习中来的手段"①。赞科夫指出:"教学不是在个别的教学论原则方面,而是作为一个体系与学生的一般发展进程发生关系的,这个体系在学生的整体的一般发展上能带来一定的结果。"由于教学是一个系统,需要"以整体的观点来制定教学法"。教学活动的完整性和系统性,"是由一些相应的整体联系来保证的,这些联系的性质规定着作为一个整体的活动特点"。因而,在赞科夫的教学实验中,构成这一体系的基础的不是某些孤立的分散的规则,而是有机地相互联系的若干原则。而"在传统教学中,传授的知识大多是相互孤立的,没有形成一个广泛的体系。而在心理学上早已阐明了这样一条规律性:如果各个成分之间没有联系或者联系薄弱,它们就不能在记忆中长期保持,于是就不得不经常地进行多次的复习。可是,虽然对旧教材进行多次复习,它还是很容易遗忘"②。其实,并不是教得越多就越需要有更多的复习时间的,有些知识不是靠单纯复习就能记住的,而是靠知识的广度,靠与其他知识的有机联系而得以牢固掌握的。

二、凸显非智力发展

重视学生非智力因素的发展是赞科夫实验教学体系的一个鲜明特色。应当说,赞科夫的"一般发展区别于智力发展之处,就在于它的含义中不仅包括认识过程,而且包括意志和情感"③。这就决定了其教学法的最大特点不可能是唯智主义的,而是调动和发展智、情、意等全部心理因素。应当说,"赞科夫的实验教学法的最大特征,就是重视智、情、意等全部心理因素,克服了只重智、不重情、意等非智力因素的传统教学法的弊端"④。

---

① 喻立森:《赞科夫的"实验教学论"》,毕淑芝等:《当代苏联教育家的新思想》,上海教育出版社,1990年版,第116页。
② 赞科夫:《和教师的谈话》,杜殿坤译,教育科学出版社,1980年版,第92页。
③ 赞科夫:《教学论与生活》,俞翔辉等译,教育科学出版社,1984年版,第24页。
④ 王义高等:《苏联教育70年成败》,北京师范大学出版社,1999年版,第264页。

手脑结合与人的学习

赞科夫注意到，传统教学法中智力（如果说得更确切些是思维）取代了儿童的个性，以及至多不过偶尔提及意志和情绪的不正常做法。他批评"传统教学法的特征，不仅表现在完全没有注意发展学生的情绪生活，而且完全不提发展学生的意志品质"[①]。在他看来："决定学生的学习活动与情绪和意向有关，其深刻的根源在于学生的各种精神需要。"[②] 教学中只有全面地调动、引进智、情、意，才能发展学生的智、情、意。学生的一般发展也自然地蕴含着智力因素与非智力因素的协同发展。因为智力活动是在情绪高涨的气氛里进行的，情绪对儿童的学习具有动力意义，能形成动机的力量并能提高或降低生命活动力。具体地说，情绪"要么对智力活动给予强化的影响，要么给予压抑的影响。在学习中，积极的情绪会造成精神的高涨"[③]。意志同样影响并制约着智力的发展。赞科夫认为，意志品质表现为自觉的、目标明确的行为，意志行为与智力之间具有不可分割性。"意志和智力只有在科学抽象的意义上才能分开，而在具体活动中是不可分割的。"[④] 从实践经验来看，凡是在知识掌握上及学生发展上卓有成效的教学，无不是调动了学生整个精神力量的结果。尽管掌握知识的心理过程是较为复杂的，但无不依赖于认识和激发认识这两个基本的心理因素。其中，认识以外的心理因素如注意、情感、意志等虽不是直接去实现知识的掌握，但都在很大的程度上影响、制约着认识的效果。所以，赞科夫的"实验教学法着眼于培养学生的精神需要，以这些精神需要作为学习过程的内部激发力量"[⑤]。他特别赞成"既注意到学生的思维，又注意到学生的情绪体验的教学方式"，要求教师在教学中直接依靠学生的情绪体验，使学生有效地掌握知识、技能、技巧。而且，就是"在为了制作物质产品而进行的实际操作中，认识过程是不可能跟意志动作分离开来的"[⑥]。因此，在教学过程中，要注意调动学生整个身心包括智力、体力、情感、意志、性格等各个方面，而不能孤立地去发展智力，要把发展学生的智力放在整个身心发展上去进行。只有如此才会收到最好的教学效果。

---

① 赞科夫：《教学与发展》，杜殿坤等译，文化教育出版社，1980年版，第129页。
② 赞科夫：《教学与发展》，杜殿坤等译，文化教育出版社，1980年版，第372页。
③ 赞科夫：《教学与发展》，杜殿坤等译，文化教育出版社，1980年版，第372页。
④ 赞科夫：《教学与发展》，杜殿坤等译，文化教育出版社，1980年版，第129页。
⑤ 赞科夫：《和教师的谈话》，杜殿坤译，教育科学出版社，1980年版，第204页。
⑥ 赞科夫：《论小学教学》，俞翔辉译，教育科学出版社，1982年版，第20页。

第七章 赞科夫的发展性学习观

赞科夫认为:"儿童的智力、情感和意志也像肌肉一样,如果不加以锻炼和给以正常的负担,它们反而会衰退,不仅得不到应有的改进,有时还会变得迟钝起来。"① 在他看来:"凡是未经过紧张的脑力劳动而获得的东西,以及没有和兴趣结合起来的东西,是很容易从记忆中挥发掉的。"② 作为个性重要表征的儿童非智力因素的发展是不可能在孤独和隔绝中进行的,只有在儿童集体的内容丰富而形式多样的生活中才有可能。因此,赞科夫竭力把学生个性的各个方面引进到学习过程中来,具体地说,他尤为重视以下几个方面:

首先是重视激发学习的内部诱因,这也是他的实验教学论的基本特点。所谓学习的诱因,按照赞科夫的理解,就是"诱使人去活动的原因","能把人的精神力量发动起来"。在他看来,"为了在教学上取得预想的效果,单是指导学生的脑力活动是不够的,还必须在他身上树立起掌握知识的志向,即创造学习的诱因","形成学生的精神需要,特别是形成学生对学习的内部诱因"③。应当说,尽管赞科夫并不否认来自分数、赞扬以及感官刺激等"外部动因"在学习过程中的作用,但他更加重视发自内心需要的求知欲等"能把人的精神力量发动起来"学习的"内部诱因"。因为学习活动是一种艰苦的脑力劳动,需要非智力因素的参与,激发学生积极的情绪,才能获得高效率。他认为,"外部动因"只能在短时间内奏效,无法保持学生学习动机的持久性和稳定性。因而,单靠"用一点趣味性的材料来吸引学生"是不够的。富有情趣的感官刺激,在教学活动中有时是必要的,但常常只能在个别场合和较少运用的情况下奏效,运用多了,学生会产生一种意想不到的"惰性"。他认为在传统教学中,"儿童的好奇心得不到满足,主要负担放在记忆上而忽视了思考,儿童没有或者很少表现出对学习的内部诱因"④。他强调所有新教学论的原则都必须有助于充分发动学生内在的精神力量,为形成对学生学习的内部诱因服务。赞科夫通过实验证明,发展学生的道德品质、审美情趣和意志,形成学生的精神需要,特别是形成学生对学习的内部诱因是提高教学效果的最重要的条件之一。因而,需要不断地以新的知识丰富学生的智慧,让他们

---

① 喻立森:《赞科夫的"实验教学论"》,毕淑芝等:《当代苏联教育家的新思想》,上海教育出版社,1990年版,第41页。
② 赞科夫:《和教师的谈话》,杜殿坤译,教育科学出版社,1980年版,第48页。
③ 赞科夫:《教学与发展》,杜殿坤等译,文化教育出版社,1980年版,第106页。
④ 赞科夫:《教学与发展》,杜殿坤等译,文化教育出版社,1980年版,第21页。

思考,树立学生自己去探索真理的志向,让他们完成复杂的任务——这一切都会产生强烈的、稳定的内部诱因,即"精神力量"。

其次是重视学生生活,通过学生生活促进学生非智力因素的发展。对赞科夫的实验教学法以及整个实验教学论体系来说,"首要的一个观点就是学生生活的观点",而所谓学生的生活,指的是学生整体的心理、情绪、精神的生活,就是在"组织学生的学习活动时要把学生心理活动的各个方面都吸引到这一活动中来"①。赞科夫强调"教学与生活相联系",因为学生是一个活生生的人,他在家庭里、街道上,以及通过各种宣传工具,接触了许多人和事,头脑里产生了许多问题。解答儿童思想上产生的"活问题",扩大他们的知识面,同时也是教师及时满足儿童求知欲的有利时机。这不仅能给他们以正确的观念,而且有助于认识周围世界。赞科夫主张要让学生在赖以生存的世界中去发展,因为儿童的一般心理发展就是儿童与周围世界相互作用的一种前进运动,让学生在"与客观现实'面对面'地接触,认识现象的本质,直接作用于客体从而改变客体,创造新事物等中发展自己",切忌"一间教室,一套桌椅,一本书"式的教学。赞科夫认为,"给儿童提供独立活动的机会,是培养意志的必要条件"②。劳动、学习的过程及其成果所带来的迷恋与喜悦,会给人增添新的力量,赋予活动以高涨的精力,蕴含着极其丰富的非智力因素。他在谈到劳动教学时曾经指出:"劳动教学的实验教学法对于开阔学生的情绪生活所起的作用,是与这种教学法对形成学生的意志品质的影响分不开的。"③他主张通过诸如谈话、游戏、做家务或者跟同学会晤等生活中实实在在的活动去激发学生的精神生活。在"组织学生的学习活动时要把学生心理活动的各个方面都吸引到这一活动中来"④。譬如说,像学生的独立的、探索性的思想,就是同学生的活生生的情绪有机地联系着的。还有,"丰富的情绪——多方面的、各有特点的情绪,也可以在学生直接接触自然界、接触造型艺术和音乐领域的过程中产生和发展"⑤。因而,应该既将关在笼子里的"小鸟"放飞出去,又将学校紧闭着的"窗口"打开来。要经常组织学生到大

---

① 赞科夫:《教学与发展》,杜殿坤等译,文化教育出版社,1980年版,第127页。
② 赞科夫:《和教师的谈话》,杜殿坤译,教育科学出版社,1980年版,第25页。
③ 赞科夫:《教学与发展》,杜殿坤等译,文化教育出版社,1980年版,第132页。
④ 赞科夫:《教学与发展》,杜殿坤等译,文化教育出版社,1980年版,第127页。
⑤ 赞科夫:《教学与发展》,杜殿坤等译,文化教育出版社,1980年版,第111页。

自然中去旅行，到工厂、农村、建设工地参观，到博物馆看展览的同时，将沸腾的社会生活、奇异的自然现象不断地引进课堂。而且，课内外学生集体的朝气蓬勃、丰富多彩的生活，是促使每一个学生"开花结果的条件"。

另外是重视发挥"智力情绪"的价值。赞科夫认为，无论是掌握知识，还是发展智力，都是"靠学生的情绪状态达到的"。在他看来，智力的发展不仅需要知识，而且要有情感、意志、思想等作为依托。他针对传统教学条件下情绪的起源往往是分数，是教师的评价的不正常情况，提出激发智力和情绪的关键的、本源的东西是学生的各种精神需要，其中主要是认知的需要，即认识过程本身引起的兴趣。这种与认知需要相联系的智力情绪是人的主要情绪之一。学生一旦产生这样的情绪，就有可能产生对求知领域的追求意向，进而形成明确而坚定的学习动机。因为，"积极的精神生活并不是靠记忆力来工作，而是靠思考、推理、独立地探求问题的答案"[1]。他反对传统教学"反复咀嚼""原地踏步"的做法，这样思维"老是叮在一个细胞上"，长时间在"原地兜圈子"，他们的智力就可能"堕入半睡眠状态"。他针对现实中所存在的知识与智力发展之间所存在的"剪刀差"现象，认为其中的一个重要原因就在于其在掌握知识的时候，"智力情绪"没有充分调动起来。因此，他主张要"把开阔学生的情绪生活、意志过程以及智力活动有机地联系起来"[2]。他强调要展开儿童的精神力量，最根本的是要为学生提供越来越多、越来越新、越来越深的智力食粮，不断满足他们认知和精神的需要。因为这种"渴望认识未知事物"的强调愿望、在克服困难障碍中不断高涨着的"智力情绪"和随之产生的"炽热的创造性气氛"，才能使学生的精神力量充分展开，学习热情旺盛而持久。他强调教师要用知识本身来吸引学生，发展学生的求知欲，使他们感到认识新事物是一种乐趣，使他们体验到克服学习中的困难以后的精神上的满足和喜悦。

最后是重视改革教学法。赞科夫认为："教学法一旦触及学生的情绪和意志领域，触及学生的精神需要，这种教学法就能发挥高度有效的作用。"[3] 赞

---

[1] 喻立森：《赞科夫的"实验教学论"》，毕淑芝等：《当代苏联教育家的新思想》，上海教育出版社，1990年版，第99页。

[2] 喻立森：《赞科夫的"实验教学论"》，毕淑芝等：《当代苏联教育家的新思想》，上海教育出版社，1990年版，第110页。

[3] 赞科夫：《教学与发展》，杜殿坤等译，文化教育出版社，1980年版，第106页。

科夫的实验"教学法的要点,也像整个实验教学论体系一样,首先在于要使儿童在学习过程中有一种生气蓬勃的精神生活"①。为此,他强调在教学中要"尊重儿童的人格,不仅注意他们的活动成果,也注意他们的内心世界、在学习中的感受"。他尤其重视利用一切机会引导他们观察事物,在他看来,培养观察力,也就启发了儿童的求知欲。他们越是进行精细的观察,就越能提出更多的"为什么",就越想弄懂这些问题。而根据他对"后进生"的长期研究,发现这些学生的普遍特点就是观察能力薄弱,因而也就缺乏应有的求知欲。赞科夫还特别强调要重视动手动脑的劳动,培养学生的实际操作能力。由于劳动教学具有脑力活动和手的活动相结合的特点,在劳动过程中儿童接触的实物,更有利于既掌握知识技能,又发展思维和创造能力,养成必要的意志品质和集体主义精神。应当利用这种可能性,来发展他们的独立思考能力,以及意志品质。他还特别强调,要在劳动中培养学生的独立性与创造性。如果总是用一根背带牵着儿童走路,他们长大了就会成为意志薄弱、消极被动的人。赞科夫同时还强调师生的情感交流,因为"在上课过程中教师身上产生的那种高涨情绪,在很大程度上是取决于教师和学生间的精神交流"。他竭力主张改变教师单纯讲,学生单纯听的陈规旧习,应开展师生间、同学间的交流和讨论。如果班级里能创造一种推心置腹的交流思想的气氛,孩子们能够把自己各种印象和感受、怀疑和问题带到课堂上来,开展无拘无束的谈话,而教师以高度的机智引导并加入到谈话、争论、思考里面去,发表自己的意见,这样就可以达到预期的教学效果。他主张,要鼓励学生提问,把"各种印象和感受、怀疑和问题带到课堂上来",尽量创造条件让学生独立作出结论;给学生以成功感,让他们"体验到紧张的脑力劳动的满足",使"儿童对知识的渴望越来越强烈",乐意进行智力活动。赞科夫尤为反对"牵着儿童走"的传统教学老路,强调在教学中引导学生"个性自然的成长",而不能要求一律统一,否则就会压制个性,从而也就压制学生的精神力量,阻碍了学生发展可能性的发现与形成,也阻碍了学生的一般发展。

三、通过教学促进发展

应当说,教学有两个任务,一是发展,二是掌握知识获得技能。一方面,

---

① 赞科夫:《和教师的谈话》,杜殿坤译,教育科学出版社,1980年版,第202页。

这两者不是一回事，不应当等同起来；另一方面，学生只有在一般发展取得成绩的基础上，才能高质量地掌握知识和技能。赞科夫认为，"教学不仅要使学生掌握知识、技能，而且要达到学生的发展"①。而他"建立实验教学论体系所依据的基本思想，是要以这一体系所能产生的尽可能大的效果来促进学生的一般发展"②。

赞科夫清醒地认识到，当今的世界，科学技术迅猛发展，人类知识的总量飞速增长，我们所处的这个时代，如赞科夫指出的，"不仅要求一个人具备广博而深刻的知识，而且要求发展他的智慧、意志、情感，发展他的才能和天资"③。此即是说，时代的发展已经向现代学校提出新的要求，这就是我们的教学再也不能仅仅满足于给学生传授现成的知识，更重要的是要使学生得到一般发展，使他们能主动地独立地去获得知识，具有认识世界和改造世界的能力。传统教学论之所以远远落后于时代的要求，是因为无论今天学校教学大纲编得多么完善，如果仍然坚持课堂教学以传授知识为中心，学生毕业后就会遇到他们所不熟悉的科学新发现和新技术，遇到他们所无法解决的新问题。传统教学只重视教学的教养职能（知识、技能、技巧的传授和训练），却忽视教学的一般发展职能，由此导致了学生有增长而无发展。尽管传统教学论也提出要培养学生的能力，发展他们的智力，但这只不过是一种附加任务，是学生掌握知识、技能以后必然产生的结果。赞科夫反对把知识水平跟发展水平混为一谈，以及认为发展水平随知识水平自然地水涨船高的观点。应当说，虽然学生的发展不能在"真空"中进行，我们不能搞"无米之炊"，但那种把知识与智力、教学与发展的关系看作是凝固的、对应迁移的观点也是不正确的，它实际上就是以往的"知识即能力""教学即发展"的实质教育的翻版。它不仅违背了知识与能力、教学与发展之间相互作用、相互影响的对立统一规律，同时还忽略了在教学过程中对学生进行智力方面训练的重要意义，妨碍了儿童心理素质的顺利发展。尤其是在科学技术快速发展，人的知识结构不断更新的形势下，这种思想也就显得陈腐了。事实上，在掌握知识和一般发展之间往往存在着"剪刀差"，学习成绩属于优等的学生在发展上

---

① 赞科夫：《和教师的谈话》，杜殿坤译，教育科学出版社，1980年版，第147页。
② 赞科夫：《教学与发展》，杜殿坤等译，文化教育出版社，1980年版，第41页。
③ 赞科夫：《和教师的谈话》，杜殿坤译，教育科学出版社，1980年版，第202页。

可能处于中等甚至更低的水平，现实中存在的"高分低能"的情况就是如此。同样的，以前没有进过学校的一些学龄儿童，虽然未能学习书本知识，却也在一步一步地发展着。"没有文化的人中间也有许多聪明人。"① 当然，这些人只能依靠他们的亲身观察、和人们的交往以及在劳动中去获得知识，他们的发展过程是不能同在学校学习的儿童相比的。可见，在"知识"和"发展"之间往往有某种"剪刀差"。因此，不能把二者等同起来，不能认为学习成绩好就是发展水平高，不能认为只要掌握知识就会"自然而然地"变成发展水平高的人。但是，发展和掌握知识又是密切联系的。由于人的"头脑绝不是什么真空的东西！发展在真空里是不可能进行的"②。学生的发展还是要在掌握知识的过程中进行的。掌握知识应当促进学生的发展，而发展上的进步又应当促进学生更好地掌握知识。"这又一次证明：关于发展和掌握知识之间的联系的性质的问题，很需要加以切实的认真的研究。"这个问题虽然在传统的教育学著作里提到过，但是并没有得到真正的解决。在苏联传统教学体系下，主要是要求在掌握知识方面取得成功的结果，而在学生的发展上所取得的成效是微乎其微的。因此，赞科夫针对传统教学中存在的实际问题，在教学与发展的关系问题上，反复强调要"在学生的发展上下功夫"。他写道："教学的安排好比是'因'，而学生的发展进程好比是'果'。这种因果联系是重要的，这里面反映了学生发展过程的被决定性。"

应当说，赞科夫的"教学与发展"思想体系是建立在维果茨基的"最近发展区"的基础上的。维果茨基认为，学生的心理发展具有两种水平，一是现有的发展水平，由已完成的发展程序的结果而形成，表现为学生能够独立地解决智力任务。二是最近发展区，指那些尚处于形成状态，刚刚在成熟的过程正在进行。"教学与其说是依靠已经成熟的机能，不如说是依靠那些正在成熟中的机能，才能推动发展前进。教学创造最近发展区，然后最近发展区则转化到现有发展水平的范围中。"在这样的思想基础上，维果茨基提出，教学只有走在发展的前面才是好的教学。赞科夫同时也意识到，不是所有的教学都能够达到发展的目的，为此，赞科夫通过长期的"教学与发展"实验研究，不仅揭示了教学与发展的内因与外因的关系，而且也确定了教学与发展

---

① 赞科夫：《和教师的谈话》，杜殿坤译，教育科学出版社，1980年版，第266页。
② 赞科夫：《和教师的谈话》，杜殿坤译，教育科学出版社，1980年版，第213页。

的相互依存关系。这一理论的重要价值就在于，冲破了原来的旧框框，改变了着眼点，把功夫下在发展上，符合了教学与发展的规律，取得了事半功倍的效果。他的这个教学思想既有别于单纯追求知识的"实质教育"，亦不同于把知识当成思维"磨刀石"的"形式教育"，这不能不说是教育理论上的一个重大发展。

赞科夫指出，教学"一方面是在学生发展上下功夫，一方面是达到高质量地掌握知识和技巧，把它们对立起来是大错特错的。因为学生在发展上的重大进步，乃是真正自觉而深入地掌握知识的重要条件之一"。为此，在赞科夫的实验教学理论体系中，总是力图把知识的学习与一般发展紧密结合起来，以一般发展带动知识的学习，同时又以合理的知识结构促进学生的一般发展。在他看来，"教—学"程序虽然也能起到指导学生学、教会学生学的作用，但是，如果教学思想不明确，教学方法不对头，教学指导不得力，也存在着妨碍学生学，束缚学生学的消极作用。因此，教学的一个极其重要的任务，就是指导学生掌握学习的方法，学会怎样学习。因此，他特别强调外因要通过内因起作用，外部活动的影响要内化为学生的心理活动这一主张。教师的作用在于发动、组织、引导学生学。他还特别强调知识的整体性、联系性，强调以知识的内在连续性、逻辑性构造学科。这样，学生掌握前次知识就有可能主动探索后次知识；而学习后次知识不仅是知识范围的扩大，也是对前次知识的巩固和加深。同时，他还尤为注意知识的广度和深度，诸如加深了小学语文、数学学科理论知识的比重，提前开设自然、地理、历史课等课程。这样做他认为不是为了学习系统知识，而是以广泛的知识促进学生的一般发展。这样就把知识与发展挂上了钩——发展需要知识，知识为了发展。他认为学生掌握知识和技能有直接和间接两条途径。其中，"直接途径，就是学生根据各门课程的教学大纲的要求，积累和领会各种知识，做各种作业与练习"。间接途径就是"让学生在一般发展上有所前进"，即"思考，推理，独立地探求问题的答案"。由于传统教学没有从学生发展的角度来进行探讨，直接途径占决定性的主要地位，出现了只有知识量的增长而无实质发展的局面。而在他的实验教学体系中，起决定作用的则是间接途径。另外，赞科夫还把智力、情感、意志、性格、思想作为一个统一的整体来认识。他认为智力的发展不仅需要知识，而且要有情感、意志、思想等作为依托。他强调激发智力和情绪的关键的、本源的东西是学生的各种精神需要，其中主要是认知的

需要,是认识过程本身引起的兴趣。

赞科夫的"教学与发展"思想是一个完整的体系,而贯穿在整个体系中的一个主导思想是,必须以最好的教学效果促进学生的一般发展。在赞科夫看来,教学效果的好坏不仅看知识技能的掌握情况,更主要看是否促进了学生的一般发展。赞科夫所确立的教学原则体系也正是建立在这一基础上的。例如,高难度原则的提出就是为了使教学创造一个使儿童不断发展的最好情境,不断促使学生实现较明显的发展。高速度则是从教学进度上确保发展的实现。理论知识起指导作用的原则不仅突出了人类认识的有意性特点,而且能加快认识进程,有利于发展的实现,如此等等。总之,赞科夫提出的教学实验体系的特点在于确保儿童个性的多方面发展,而不是单纯的知识技能的掌握。也就是说,赞科夫的教学原则体系既不是孤立地反映教学上的要求,也不是离开教学片面反映儿童发展上的要求,而是把二者紧密联系起来,是一种相互联系、相互促进的为指导建立自己的教学原则体系的动态观点。

第二节　坚持理论与实践并重

赞科夫关于"教学与发展"的研究在思想上的突破,跟他的研究方法是分不开的。他的教育研究是建立在理论与实践相结合的基础上的。同样地,赞科夫的"教学与发展"思想体系,也深深地铭刻了理论与实践相结合的印记。赞科夫在强调坚持以理论为指导的同时,尤为重视实践能力的培养,强调学生的手脑并用。

一、主张以理论为主导

赞科夫的"理论知识起主导作用"是其实验教学体系的一条重要教学原则。在赞科夫看来,理论知识是针对具体的技能技巧而言的,它指的是一门学科的知识结构,对具体的技能技巧起统率作用。理论知识起主导作用,就是要让学生在尽可能深刻理解有关概念、关系、依存性的基础上,在充分的一般发展水平上掌握技能技巧。由于传统初等教育只注意语言和算术技能的掌握,轻视理论知识,影响并制约了儿童的发展水平。"在旧教学大纲里,理论知识非常贫乏，而且教得太迟。"① 理论知识比经验性知识和技能技巧在促进学生的发展上能起到更大的作用。因此，赞科夫要求发挥理论知识在学习中的重要作用，要求学生在一般发展的基础上，尽可能深入领会有关概念和规律性的认识，并引导学生在掌握了一些必要的定义和概念之后，促进知识的融会贯通及学生智力的发展。

赞科夫的"理论知识起主导作用"的原则是针对传统小学教学严重低估儿童抽象思维能力、教学内容中理论知识极其贫乏的缺点提出的。传统教学过分强调儿童认识的直观性和形象性，认为低年级儿童主要是具体的形象的思维。也就是说，似乎是因为囿于儿童生理发展水平的限制，而难以进行抽象逻辑思维。在赞科夫看来，儿童的发展有其一般规律，教学无疑应该受到儿童"年龄特征"的制约。但是，儿童的年龄特征并不是固定不变的"常数"。随着时代的发展，当下的儿童在知识储备等方面是几十年前同年龄的孩子所难以比拟的。赞科夫在实验的基础上认识到："一年级学生就能掌握许多抽象概念，理解事物之间的某些内在联系。"况且"人类科学技术的发展已使人的感官延伸到宏观世界和微观世界……借助现代化的教学手段，已经可以把过去认为极其复杂的现象变成儿童容易理解的东西"。因而，小学生思维的特点，亦呈现出抽象和概括方面的进步，表明学龄初期的儿童的心理发展水平已经有利于诱发理论思维。因此，他认为低年级学生就能够掌握许多定义和概念，理解事物之间的某些内在联系，已经具备"抽象和概括"的思维特点和潜质。赞科夫认为，传统教学论把感性认识绝对化，把感性认识和理性认识截然分开，把直观性作为一条在任何情况下都要遵从的普遍原则，这在理论和实践上都是缺乏根据的，也是不利于儿童的发展的。在人的一般认识过程中，直观即感性认识的确是认识的起点，由此经过复杂的途径，到达理性认识的阶段。但是，这绝不意味着在任何教学过程中，儿童的认识也都要经历如此相同的道路。即使在人的一般认识过程中，感性认识和理性认识只有交织在一起相互作用，才能认识客观事物的本质及其规律。何况小学教学新体系的实验充分证明，儿童并不只在直观基础上形成事物表象，而且能够循序地接受抽象的理论知识。那种只看到小学生思维的"具体性"，而完全忽视了直观形象与抽象概观相互作用、同时发展的事实，排斥用理论知识充实小

---

① 赞科夫：《和教师的谈话》，杜殿坤译，教育科学出版社，1980年版，第199页。

学教学内容的做法只能使教学落在儿童发展后面，难以满足学生日益增长的求知欲和其他心理素质发展的需要。既然学龄初期儿童已经具备"抽象和概括"的思维特点，就应该逐步加大教学的深度和难度，用占主导地位的理论知识去武装学生的头脑，促进他们的抽象思维和理论思维从"潜在"走向"现实"，从幼稚走向成熟，使学生的思维能力及早得到发展与提高。

赞科夫强调要引导儿童尽早掌握理论知识，以促进儿童的智力发展。在他看来，倘若过低估计学生抽象逻辑思维能力发展，单纯教给学生直接反映在技巧中的知识反而阻碍了学生的智力发展。因此，要及早教给学生规律性知识，相信儿童有掌握抽象概念、理解事物间关系的能力，强调用概念、词汇等理论型知识教学，促进学生思维能力，特别是抽象逻辑思维能力的发展。应当说，赞科夫所说的理论知识，是针对传统教学中的经验性知识和技能技巧而言的。在赞科夫看来，确定这一原则并不意味着贬低学龄初期儿童获得知识和技巧的意义。赞科夫的意思很清楚，就是不要只给学生教那些"直接反映在技巧中的知识"，而不教规律性的知识。因为这样，学生往往只会做题，只能应付考试。其实，对这些题中所包含的规律性知识（定义、概念、法则、公式等），在他们头脑中并没有一个简约而严整的体系。所以，学生备考时是拼时间、拼力气，考试后所有的东西都从脑子里挥发掉了。赞科夫认为，"理论知识是掌握自觉而牢固的技巧的基础。因此，掌握理论知识不仅不妨碍技巧的形成，而且恰恰相反，乃是形成技巧的重要条件"[1]。在赞科夫的实验教学体系中，从教学大纲到教科书，以及教学方法无不对学生的技能技巧给予了充分的重视。而且，由于理论知识对学生的认识过程具有指导作用，理论知识可以帮助学生"深入地、多方面地认识现实，使学生的头脑里形成的不是支离破碎的片断，而是事物之间的内部联系"[2]。所以，传授理论知识，学生的"思维就会从多方面进行活动，这就会促进他的发展，提高掌握知识的质量，并且在充分理解的基础上养成技巧"[3]。相反，如果单纯地教给学生直接反映在技巧中的知识，反而阻碍了学生的思维特别是抽象逻辑思维发展。当然，在形成技能、技巧的途径上，确实有着跟传统教学法不同的特点。具

---

[1] 赞科夫：《和教师的谈话》，杜殿坤译，教育科学出版社，1980年版，第200页。
[2] 赞科夫：《教学与发展》，杜殿坤等译，文化教育出版社，1980年版，第125页。
[3] 赞科夫：《和教师的谈话》，杜殿坤译，教育科学出版社，1980年版，第181页。

体地说："在实验教学中，技巧的形成是在一般发展的基础上，在尽可能深刻地理解有关的概念、关系和依存性的基础上实现的。"[1] 因此，强调理论知识的主导作用不仅不妨碍知识及技能、技巧的掌握，而且是掌握知识以及形成巩固的技能和熟练的技巧的前提和条件，是发展学生心智、提高教学质量的重要保证。就像学习加法运算，如果不是像传统教学中那样只满足于让学生掌握加法的运算技巧，而是在学习这一技巧的同时，把"加法结合律"也传授给学生，那么，他们就可以更自觉地进行加法运算，更迅速地形成运算技巧。而掌握了加法的运算规律后，他们的思维也就可以从多方面展开，能够解决书本上、课堂里未曾遇到过的此类新问题，这不仅极大地提高了掌握知识的质量，而且在充分理解的基础上形成了熟练的技巧。同样，就培养学生的实际操作能力而言，赞科夫反对那种"只要求学生学一点手工技巧，而且是老师指点一步，学生照做一步的，毫无创造性、独立性可言"的机械做法，他主张要"将制作的客体和考虑制作该客体的过程结构有机地结合起来"，既要求学生掌握基本的手工操作技巧，以要求学生说明有关的物理的、机械的原理。如此让学生既知其然，亦知其所以然的做法，对促进学生智力的发展无疑是大有裨益的。

理论知识为主导的原则，不但要求小学教学在教材内容上、在对时间安排上有主次、轻重之分，而且必须改变传统教学中那种以传授经验知识为主、以训练技巧为主的不合理现象，而将教学重心转移到掌握学科的思想体系、基本规律和原理法则上来。由于理论知识是那些从科学的体系中汲取出来的知识，不仅是关于现象本身的知识，而且是关于各种现象的本质的相互联系的知识，是关于自然界、社会生活、个别人的存在中起统治作用的规律性知识。传授理论知识不仅有利于学生的一般发展，而且可以帮助学生"深入地、多方面地认识现实，使学生头脑里形成的不是支离破碎的片断，而是事物之间的内部联系"。由于此原则可以帮助学生形成各门学科的整体结构，促进学生的思维从多方面展开，进而提高学生掌握知识的质量，在充分理解的基础上掌握技能，形成技巧。为此，首先必须加强理论知识教学，培养学生的抽象思维能力。现代科学的发展更具有抽象性和普遍性，科学理论需要不断地

---

[1] 喻立森：《赞科夫的"实验教学论"》，毕淑芝等：《当代苏联教育家的新思想》，上海教育出版社，1990年版，第51页。

精确化而形成严密体系，在科学研究中，强调人的认识要深入事物之间的内在联系，探求其本质和运动规律。在此情况下，理论知识在培养学生思维能力方面使命重大。因此，我们的教学重心应转移到加强理论知识教学，帮助学生掌握学科的知识结构上来，让学生闻一知十，举一反三，将知识融会贯通，促进知识的灵活迁移。贯彻此原则，还要在培养学生的抽象思维能力上下功夫。赞科夫认为，只有抽象思维才能更深刻、更接近地认识事物实质。同时，只有从抽象上升到具体，才能更完整地认识那个事物及其他与其他事物的有机联系。

为了体现"以理论为主导"的原则，赞科夫强调加强教学大纲的理论深度。尽管赞科夫并不拒绝把经验性的知识列入教学大纲，但他认为更主要的是一些能够"形成学生的理论思维"的抽象概念列入其中。例如，他在其所主持的小学教学实验中，用代数代替了普通小学的算术，并在一年级就引进了"代数符号""等式和不等式"的概念。结合四则运算的教学，让学生掌握加法的运算定律等。同时，他还十分注意"揭示那些作为学生认识对象的各种数量之间关系以及数量的运算之间的关系的内在逻辑"，使学生的思维不断由"低级形式过渡到高级形式"。而"正是学生思维的这种运动，才是他们得到进一步的积极发展的保障"[①]。赞科夫感到传统教学将学生的视野限制在一个非常狭小的范围内，学生需要有一个供其知识增长和身心发展的无限广阔的天地。这就需要在教学内容上予以彻底改革，由传统的以经验知识为主转变为以理论知识为主，将那些展示一门学科的思想体系、反映客观规律的科学概括、体现实际经验的原理法则等理论知识，及时地传授给学生，发展他们的求知兴趣，激发他们的探究心理，培养他们的逻辑思维，促进他们心智水平的不断提高。

赞科夫认为，传授理论知识有利于学生的一般发展。赞科夫的实验教学体系的每一原理、每一条原则，都旨在促进学生的一般发展。当然，理论知识在小学教学中起主导作用的原则也不例外。赞科夫认为，学校促进儿童发展方面所做的工作，完全是在丰富儿童的知识和培养他们的技巧的过程中进行的。由于理论知识所具有的在学习中的重要价值，因而，在促进学生发展上

[①] 喻立森：《赞科夫的"实验教学论"》，毕淑芝等：《当代苏联教育家的新思想》，上海教育出版社，1990年版，第81页。

第七章 赞科夫的发展性学习观

也就比经验性知识和技能技巧更有效用。譬如说，就自然教学而言，不是像传统的那样让学生去了解某些"个别现象"，而是引导学生掌握动物及植物生命中规律性变化的主要概念，思考物种是如何变异的，生命是怎样运动的。无疑，这样的教学对于学生的一般发展，对于形成他们的世界观，对于用有关周围世界的科学知识去丰富他们的头脑，都是传统的方法所难以比拟的。

二、重视实践能力的培养

赞科夫在重视理论之于学习重要价值的同时，亦特别注重学生实践能力的培养。在赞科夫看来，"理论"是区别于"实践"而言的，理论知识是相对那些直接反映在技巧中的知识而言的。对理论知识的重视，恰恰有利于技能、技巧的掌握。因为理论知识对学生的认识过程有指导作用，而且也是掌握技能和技巧的基础。他指出："理论知识是掌握自觉而牢固的技巧的基础。因此，掌握理论知识不仅不妨碍技巧的形成，而且恰恰相反，乃是形成技巧的重要条件。"① 他强调："我们决不赞成单纯形成学生的理论思维的道路。我们的实验教学论体系旨在达到学生的理想的一般发展，我们并不拒绝经验性的知识列入学校教学大纲。经验认识是出发点，由此经历一条复杂的道路而引导到抽象。"② 因此，"我们的教学大纲、教学法指示、教材和教科书都证明在实验教学中对技巧是十分重视的"③。赞科夫认识到，传统教学缺少观察、调查和实验操作，教学内容和社会生产、生活、发展的实际脱节，学生缺少一个扮演参与者角色的机会。事实上，感性经验、认识现象的本质和解决实际任务，是儿童知识技能的完整性的三个主要方面。因此在实验教学体系中，从教学大纲到教科书，以及教学方法无不对学生的技能技巧给予了充分的重视。

赞科夫致力于培养一般发展的人，而一般发展的人不仅要有知识，还要有能力，发展就是要使知识转化为能力。赞科夫指出，传统教学的一个显著缺点是单纯依靠口头教学，学生只是在教室里接触抽象的词句和数字，而很少进行实地观察，很少动手做事，以致他们的知识缺乏"能动性"和"随意

---

① 赞科夫：《和教师的谈话》，杜殿坤译，教育科学出版社，1980年版，第200页。
② 赞科夫：《教学与发展》，杜殿坤等译，文化教育出版社，1980年版，第54页。
③ 喻立森：《赞科夫的"实验教学论"》，毕淑芝等：《当代苏联教育家的新思想》，上海教育出版社，1990年版，第54页。

性"，不能灵活运用。赞科夫认为，课堂教学不是使学生获得知识，促进他们发展的"唯一形式"。同时，还应引导和放手让学生广泛地接触社会生活，认识周围环境。教学不能仅仅依赖于课堂教学，还应注意拓展学生的生活空间，培养学生的实践能力。因此，他强调要多搞一些散步、参观和旅行，充实儿童的感性认识。他们在实验伊始就成立了若干课外活动小组，经常组织学生到户外观察，到郊野旅行，到工厂参观，到博物馆看展览。还指导学生欣赏音乐、绘画，从事手工制作等。而且，赞科夫的实验教学大纲的一个显著特点就是规定了比较多的各门学科参观、实习时间，安排了大量的调查、观察、写生、测量和手工制作活动。他强调要通过户外观察、参观、动手实践等课外活动，使学生感性认识上的知识增加，从而激发他们对生活、艺术、科学等方面的广泛兴趣，使学生视野越来越广阔，发展速度越来越快。因为社会生活可以唤起学生生气蓬勃的精神风貌，发挥其在教与学中的主体作用。

为了培养学生的实践能力，赞科夫特别强调教学与生活的联系。在他看来，学生的知识之所以贫乏和死板，是因为教学脱离儿童的生活实际。他说，所谓"教学与生活相联系"，往往只理解为在教学中举一些学生生活中的事例来为讲解教材服务。然而，学生是一个活生生的人，他在家庭里、街道上，以及通过各种宣传工具，接触了许多人和事，头脑里产生了许多问题。然而，到了课堂上，教师要按大纲进行教学，不能回答学生想要弄懂的许多问题。这样，教师就失去了及时满足儿童求知欲的机会，失去了以多方面的知识丰富学生头脑的机会，也失去了以正确的思想教育学生的机会。赞科夫指出："如果教师以简短的、能为儿童所接受的形式进行一些解释，这就不仅能给他们以正确的观念，而且有助于认识周围世界。"解答儿童思想上产生的"活问题"，扩大他们的知识面，是对教学和教育工作都极为有利的。当然，教学还是要按大纲要求进行的，但是教师可以节约出几分钟时间，来跟儿童进行"倾心的、自由的交谈"。

在培养学生实践能力方面，赞科夫尤其强调发挥劳动课的作用。值得一提的是，在苏联的教育中，"劳动"是一个广义的概念，学生的动手操作也被纳入了劳动教学的范畴。赞科夫说，学生动手操作的劳动课有它独特的促进学生发展的可能性，不像语文、数学那样接触的是词句和数字，劳动课上儿童接触的是实物，既掌握操作技能，又发展思维和创造能力，养成必要的意志品质和集体主义思想。应当说，"劳动任务的这种新性质，对于发展学生的首创精神的技术机智,广泛运用他们所获得的知识、技能和技巧,能够创造更为有利的条件"[1]。但赞科夫同时也意识到,旧的小学劳动教学,在内容上太"原始":只让儿童做一点纸工、布工,参加一点自我服务劳动和农业劳动。这些已经大大落后于科技革命时代的要求。在教学方法上,以前只要求学生学一点手工技巧,而且是教师指点一步,学生照做一步,毫无创造性、独立性可言。正因为如此,劳动课在各门学科中的地位很低,对学生的发展起的作用很小。有鉴于此,赞科夫实验教学体系中的小学劳动教学大纲,内容已作了很大的更新。在安排实践性活动时,实验教学大纲在注意训练技能技巧的同时,注意充分发挥学生的主观能动性,让学生亲自筹划,亲自动手,培养他们的实际操作。在教学方法上,既要求掌握基本的手工操作技巧,又要说明有关的物理的、机械的原理,并且有意识地模拟实际生产中的技术革新的各个环节。在教学内容上,从一年级起,学生就用纸做"降落伞",用蛋和绒布做"听话的小鱼"(可以浮沉,包含着潜水艇的基本原理)。从二年级起,就做航模和各种机器模型。例如,做一个推土机模型,就让学生先看实物、看图纸、看各个部件及其装配方法,而后分工去做(学习组织劳动的能力)。实验教学大纲不但规定了一系列比较复杂的手工制作活动,而且要求学生在动手之前对即将进行的操作和工序做出规划,讨论出最合理的解决方案。学生到了三年级时,还要让他们直接依照样品,按照图纸或者根据自己的想象,装配技术难度较高的模型。在培养学生实际操作能力的过程中,还注意让学生随时提出合理化方案,如果有更省工省料的方案,不惜把旧方案完全推倒重来。

为了培养学生的实践能力,赞科夫还通过丰富的课外活动充实学生的学习生活,使他们广泛地接触社会,拓展学生的知识面。与传统的学生在教学时间内几乎完全待在室内的落后情况相比,赞科夫在课程教学的安排过程中,尤为重视户外活动与儿童游戏。他建议从一年级开始就进行大量参观,进行现场的实践活动,常以课外活动的方式进行野外游览,参观历史古迹、博物馆等,增加学生在户外度过的时间。他还建议教师在课外时间要尽可能与孩子们一起去散步。因为,散步既是保健的重要措施,同时通过散步也能促进教师与孩子

---

[1] 喻立森:《赞科夫的"实验教学论"》,毕淑芝等:《当代苏联教育家的新思想》,上海教育出版社,1990年版,第82页。

们接近，促进学生集体的团结。他还要求教师要有目的、有计划地设计一些结合学生实际生活的"社会生活观察"选题，组织学生参观、访问、实地考察，使书本知识运用于广泛的生活实际，不仅巩固学生课堂所学知识，还可以提高学生的观察力、创造性思维能力的水平，培养学生解决实际问题的动手能力。

赞科夫尤为重视动手操作能力的培养。他强调应重视实验课教学，培养学生的动手操作能力。实际操作的特征包含着手工操作，其结果是制作出所指定的物品。在赞科夫看来，让学生按照"样品"制作实物，这种有实际对象的活动，不仅以一定的方式反映出感觉、空间观念和思维活动，而且在实际操作过程中，儿童能克服一些困难，使自己的意志得到锻炼。比如，做东西前先设计，计划好操作步骤，能使用工具，计算和节约原材料，节省时间，注意准确和精密，有偏差及早纠正，弄懂作业中的物理、机械等方面的原理和坚持做完一件事等等。实际操作跟思考活动有机地结合起来，不仅提高劳动技能，而且促进一般发展。

三、强调学生的手脑并用

在赞科夫的发展性教学思想体系中，手脑并用是其一个显著的特点。赞科夫特别看重学生的实际操作能力，认为这有利于培养适应现代社会所需要的"手脑并用"的人。我们知道，赞科夫是通过观察、思维和实际操作三种教学活动来促进学生的一般发展的，亦即把观察能力、思维能力和实际操作能力的培养作为学生发展的三个方面。而且，促进学生的一般发展的三条切实可行的途径又是相互联系、相辅相成的。赞科夫认为，在心理活动的上述三条发展线索中，每一条线索都渗透着观察和思维过程。而且，在实际操作过程中，更需要对自己所要进行的操作活动作出预测（计划），并进行自我检查，自我检查实质上是对活动的结果作出分析。这就是说，赞科夫所强调的实现学生发展的三个方面是建立在学生手脑并用的基础上的。

赞科夫的"手脑并用"思想，是针对在苏联的教育中，"学生失去了学习的主动性"，教学过程"无法教给学生创造性地自己思考问题或提出富于想象力的、探讨性的问题"等不良现象提出来的。他强调学校不能培养那种"只会说，不会做"的人。因为在现代科技革命的条件下，新技术、新工艺迅速应用于生产，因此就要求未来的劳动者具有更高的智力发展水平和亲自动手

第七章 赞科夫的发展性学习观

解决实践中所遇到的问题的能力。在他看来,学校培养的人既要善于动脑,也要善于动手。脑力劳动者也需要实际操作。而一个人一旦具有"手脑并用"的能力,他也就具有了赞科夫所说的"一定的品质"和"较高发展水平",他也就更好地应付他们毕业后必然会遇到的他们所不熟悉的科学上的新发现和新技术。因此,致力于培养"手脑并用"的人,也是赞科夫教学与发展思想的一个重要闪光点,同时也为手脑结合理论的花丛增添了一枝瑰丽、绚烂的花朵。

赞科夫认为,现代社会需要"手脑并用"的人,脑力劳动者也需要实际操作。学校培养的人既要善于动脑,也要善于动手。赞科夫认为,在现代科技革命的条件下,新技术、新工艺迅速应用于生产,因此就要求未来的劳动者具有更高的智力发展水平和亲自动手解决实践中所遇到的问题的能力。因而,学校不能培养那种"只会说,不会做"的人,而应该是既能善于动脑,亦能善于动手的人。赞科夫认为:"在实际操作中有一种思维与操作之间的独特的关系,这是实际操作的一个突出的特点。"[①] 这就是说,实际操作就是用手用脑制作物质客体的活动,实际操作的特点就是脑力活动和手的活动相结合,亦即实际操作不仅是手的动作,而是把手与脑结合起来,它有助于养成一系列有关的智力和意志品质。像做东西前先设计,计划好操作步骤,能使用工具,计算和节约原材料,节省操作时间,注意准确和精密,误差及早纠正,采用或迅速改用更合理的方案,弄懂作业中的物理、机械等方面的原理,坚持做完一件事。

我们知道,赞科夫在重视理论知识之于学生学习的重要价值的同时,对学生掌握实践方面的技能技巧同样给予了充分的重视。赞科夫指出,"我们的教学大纲、教学法指示、教材和教科书都证明在实验教学中对技巧是十分重视的。至于形成技巧的途径,确实跟传统教学法不同。在实验教学中,技巧的形成是在一般发展的基础上,在尽可能深刻地理解有关的概念、关系和依存性的基础上实现的"[②]。这就是说,赞科夫所强调的技能技巧是建立在"深刻地理解有关的概念、关系和依存性的基础上"的。他实际上是告诉人们,

---

① 赞科夫:《教学与发展》,杜殿坤等译,文化教育出版社,1980年版,第194页。
② 喻立森:《赞科夫的"实验教学论"》,毕淑芝等:《当代苏联教育家的新思想》,上海教育出版社,1990年版,第54页。

手脑结合与人的学习

儿童的技能技巧的形成过程是一个理论与实践相结合的手脑并用的过程。

赞科夫认为,尽管传统教学论也很重视学生的手工操作,认为这对发展学生的创造能力有特别重要的意义,但在实际设计的操作课中,发展学生的创造力往往成为一句空话。其中的一个重要原因就在于,这种手工操作只不过是一些极其简单的手工制作,是教师按照教科书的基本要求,设计好式样,准备好用品,让学生按照规定的程序去动手做而已。它充其量也只能让学生练练技巧,熟悉一下工艺过程,根本起不到活跃学生思维、发展学生智力的作用。而在赞科夫看来,学生在手工操作时,如果只知道按教师的指点去做,而不知道为什么要这样做,那就意味着他的思维根本没有展开。倘若只知道照葫芦画瓢,而不能规划出操作过程和操作顺序,那么他的智力水平就没有得到任何提高。其实,手工制作课不但要训练学生的技巧,更要训练学生的思维。即"不仅应当研究手怎样完成劳动操作,而且应当研究操作是怎样规划的"[①]。因而,在他主持的实验班级的手工制作课程中,首先强调的是设计先行,手脑并用。因此,这一课程虽然名为手工制作,但实际上是智力操练课程,是以训练学生的思维能力、发展儿童的心智水平为根本目的的。赞科夫认为,只有这样的操作课程,才能使学生较快地掌握运用工具的技能和手工制作的技巧,才能有效地培养和发展学生的操作、设计能力、空间想象能力和自我监督能力,从而促进儿童创造性思维从多方面展开,加快他们一般发展的进程。

赞科夫很重视学生实际操作能力的培养。在他看来,实际操作就是用手用脑制作物质客体的活动,这种操作能力更有利于培养适应现代社会所需要的"手脑并用"的人。实际操作的特点就是脑力活动和手的活动相结合,亦即实际操作不仅是手的动作,而是把手与脑结合起来。他认为:"在实际操作中有一种思维与操作之间的独特的关系,这是实际操作的一个突出的特点。"[②]这就是说,实际操作就是用手用脑制作物质客体的活动,而培养实际操作能力实际上也就是培养"手脑并用"的人。应当说,培养实际操作能力就是要实现脑力活动和手的活动的结合,这样才"能够在其他学科的效力所达不到

[①] 喻立森:《赞科夫的"实验教学论"》,毕淑芝等:《当代苏联教育家的新思想》,上海教育出版社,1990年版,第196页。

[②] 赞科夫:《教学与发展》,杜殿坤等译,文化教育出版社,1980年版,第194页。

的地方做出巨大的成绩"①,当然对儿童的发展是具有极其重要的作用的。

赞科夫反对那种"只要求学生学一点手工技巧,而且是老师指点一步,学生照做一步的,毫无创造性、独立性可言"的机械做法,他主张要"将制作的客体和考虑制作该客体的过程结构有机地结合起来"。在具体教学方法上,他既要求学生掌握基本的手工操作技巧,以要求学生说明有关的物理的、机械的原理,并且有意识地模拟实际生产中的技术革新的各个环节。例如,做一个推土机模型,就让学生先看实物、看图纸、看各个部件及其装配方法,而后分工去做,在制作过程中,让学生随时提出合理化方案。如果有更省工省料的方案,则不惜把旧方案推倒重来。赞科夫主张,要把"实际操作跟思考活动有机地结合起来",而"把认识活动有机地渗入到劳动操作中去,这一点具有原则性的意义。从最开头起,就要给学生'定好调子':不仅要用手做,而且要思考制作某些物品时所观察到的现象"②。而由此可见,在赞科夫所强调的实际操作能力中,操作的"动作"是和大脑的"思维"密切联系着的,或者说,操作的过程始终是与主体的"动作思维"相联系的。动作思维是在思维过程中以具体、实际动作为支柱而进行的思维,这种思维所要解决的任务目标一般总是直观具体的,像推土机模型的制作,实验电路的连接及故障排除等。由于动作思维是从动作到动作,加之动作对象所具有的变化性、奇特性及非预期性等特点,因而动作思维也就呈现出快捷、突发、跳跃等特征,与此同时,这种依赖于动作的思维也就更多地与顿悟、灵感等创造性思维相联系。科学史上,很多重大的发现与发明也都是在"做"的实践中获得的,像诺贝尔发明的安全炸药,奥斯特发现的电流的磁效应等,其原因亦盖缘于此。

操作与思维是密不可分的,操作对思维的影响是不可小觑的。赞科夫认为,实际操作能力是学生发展的重要元素。所谓实际操作能力,在赞科夫看来,"实际操作的特征是包含着手工操作,其结果是制作出所指定的物品",并且养成一系列有关的智力和意志品质。而"在实际操作的研究中,起决定作用的是预测(要求对所提出的样品进行视觉分析)即将制作的客体和考虑

---

① 赞科夫:《和教师的谈话》,杜殿坤译,教育科学出版社,1980年版,第101页。
② 赞科夫:《和教师的谈话》,杜殿坤译,教育科学出版社,1980年版,第104页。

制作该客体的过程有机地结合起来"①。当然，这种实际操作的过程，"不仅是手的动作，而且应当像伊·彼·巴甫洛夫院士所说的那样，把手和脑结合起来"②。其实，做东西的过程总是伴随着思考的过程，动作进行的每一步，以及下一步可能产生的结果的预测，都离不开大脑的积极思维。而且，手的操作客观上也激励着脑的思维。我们也可能都有这样的体会，当我们在解一个物理题或几何题的时候，我们一边作图，一边思考，往往图作好了，思路也就出来了，其实就是这个道理。事实上，我们不仅在进行实际操作时需要有这种思维积极参加，同时在解决复杂问题、验证科学假设时也需要伴随这种思维。我们平常所说的手脑结合，实际上就是动作思维与抽象思维的结合。所以，赞科夫特别强调指出，实际操作的特征就是包含着手工操作，但这当中不仅是手的动作，而且应当"把手与脑结合起来。因此，不仅应当研究手怎样完成操作，而且应当研究操作是怎样规划的。学生在着手制作一样物品之前，是否能够计划一下，要完成哪些操作，按什么顺序进行操作，物品的实际制作过程跟学生预先的规划有没有出入，如果在制作中出现了错误，儿童是否能及时发现并加以改正"③。应当说，赞科夫所强调的发展学生实际操作能力的过程，包括了方案设计，操作步骤的计划，操作工具的使用，计算和节约原材料，节省操作时间，注意准确和精密，以及有偏差及早纠正，采用或迅速改用更合理的方案，并弄懂其中的物理、机械等方面的原理等环节。

在苏联的学校里，主要是通过劳动课来培养实际操作能力的。因此，"劳动教学在学校教育中占有特别重要的地位。劳动操作的特点就是脑力劳动和手的劳动相结合"④。赞科夫强调在劳动教学中让学生进行实际操作，要求学生"手脑并用"。当然，面对现实的劳动教学，赞科夫同亦不无遗憾地感到，"劳动课在培养学生的宝贵品质和掌握技能技巧方面，本来是能够取得很大成果的。但是我始终感到，劳动教学法里好像缺少一种什么东西，因为劳动教学正是由于它本身的特点（我是指脑力活动和手的活动的相结合），本来能够

---

① 赞科夫：《和教师的谈话》，杜殿坤译，教育科学出版社，1980年版，第170页。
② 赞科夫：《和教师的谈话》，杜殿坤译，教育科学出版社，1980年版，第170页。
③ 赞科夫：《和教师的谈话》，杜殿坤译，教育科学出版社，1980年版，第171页。
④ 赞科夫：《和教师的谈话》，杜殿坤译，教育科学出版社，1980年版，第94页。

在其他学科的效力所达不到的地方做出巨大成绩的"①。他主张,"应当利用这种可能性,来发展学生的独立思考,发展他的意志品质(制作一样东西要有计划,做得认真、精确,把工作做到底)"②。在他看来,传统的劳动课只要求学生学一点手工技巧,而且是教师指点一步,学生照做一步,毫无创造性、独立性可言。以至于劳动课在各门学科中的地位很低,对学生的发展起的作用很小。这表明,他重视劳动,并不是简单的机械操作,也不是单纯的动手去做,而是手脑并用的劳动。他强调,应当利用劳动教育的"这种可能性,来发展学生的独立思考,发展他的意志品质(制作一样东西要有计划,做得认真、精确,把工作做到底)"③。因此,"无论是对劳动教学本身来说,还是对学生的发展来说,很重要的是两件事:不仅要让学生独立分析样品和计划眼前的工作,而且要把实际操作跟认识某些物理现象结合起来"④。学校培养的人既要善于动脑,也要善于动手。学习过程中"不仅要动手做,而且要思考制作某种物品时所观察到的现象"⑤。在他看来,"劳动操作的特点就是脑力活动与手的活动相结合"。要让学生主要靠自己去找出正确的操作方法;当有的儿童操作不了时,教师才给予必要的指点。这样,"不仅能达到劳动技能有较高的质量,而且能促进学生的一般发展,因为实际操作跟思考活动有机地结合起来了"⑥。

第三节 突出三个方面的发展

赞科夫"实验教学的中心思想是,教育要在学生的一般发展方面达到尽可能比较高的效果"⑦。赞科夫把儿童的一般心理发展,看作是儿童与周围世界相互作用的一种前进运动。因此,对发展的研究,可以从人对外部世界、对客观现实的下列主要关系方面来进行:即与客观现实"面对面"地接触

---

① 赞科夫:《和教师的谈话》,杜殿坤译,教育科学出版社,1980年版,第101页。
② 赞科夫:《和教师的谈话》,杜殿坤译,教育科学出版社,1980年版,第101页。
③ 赞科夫:《和教师的谈话》,杜殿坤译,教育科学出版社,1980年版,第101页。
④ 赞科夫:《和教师的谈话》,杜殿坤译,教育科学出版社1980年版,第103页。
⑤ 赞科夫:《和教师的谈话》,杜殿坤译,教育科学出版社,1980年版,第104页。
⑥ 赞科夫:《和教师的谈话》,杜殿坤译,教育科学出版社,1980年版,第108页。
⑦ 赞科夫:《教学论与生活》,俞翔辉等译,教育科学出版社,1984年版,第30页。

（观察活动），认识现象的本质（思维活动），以及直接作用于客体从而改变客体、创造新事物（实际操作）。赞科夫的实验教学研究就是基于"上述三条线索——感性经验，认识现象的实质，解决对周围事物施以物质作用的实际任务"进行的，因为"这些都属于一般发展的最重要的内容"[①]。

一、观察能力的发展

赞科夫极为重视对学生观察能力的培养。他认为，观察能力作为人类智力发展的第一道门户，是构成人的创造力的始发因素。因此，观察力也是一个学者不可或缺的品质，特别是搞自然科学的学者。巴甫洛夫的座右铭就是"观察、观察、再观察"。达尔文亦曾深有体会地说："我既没有突出的理解力，也没有过人的机智。只是在觉察那些稍纵即逝的事物并对其进行精细观察的能力上，我可能在普通人之上。"[②] 其实，观察力对于许多其他专业的工作者都是极为重要的。对学生的学习亦是如此。在他看来，即使对以接触词、数而不是事物为特征的俄语、数学等学科的学习，敏锐的观察力也是不可或缺的。观察力是儿童认识客观世界的一条重要途径，它作为人类智力发展的第一道门户，是构成人的创造力的始发因素，客观上也就成为实现学生发展的"基石"。

赞科夫把观察力的培养作为实现学生一般发展的一个重要方面。由于观察在丰富感性认识、发展思维中的重要作用，因而在促进学生发展方面有着无可替代的重要价值。在观察过程中，儿童所看到的事物反映到他的意识里，他强调要使儿童在看到周围事物和现象时注意觉察它们独有的特征，从而发展其观察力。观察力可以说是获得知识过程中的感性认识阶段的智力，科学就发端于观察。儿童最初认识世界的主要途径是通过眼睛去看、去观察。在对周围的客观事物和现象的观察中，主要运用的是直觉，通过看到的事物反映到大脑里，形成意识。通过观察，不但能够积累关于自然界的表象，而且还能掌握仔细观察事物的技能，同时也能够激发学生的学习兴趣，促进学生主动学习的积极性，而且还能促进学生的思维以及智力的发展。发展学生智力，首先要注意发展他们的观察力。对那些观察能力很差的儿童而言，尽管他

---

① 赞科夫：《教学论与生活》，俞翔辉等译，教育科学出版社，1984年版，第51页。
② 杜殿坤：《赞科夫的教学论思想》，《教育学参考资料》，人民教育出版社，1980年版，第332页。

第七章 赞科夫的发展性学习观

"瞪大双眼"去看,所能看见的东西也很少,当然这样的儿童是不可能有什么求知的兴趣和要求的,其智力也谈不到有什么大的发展。相反,如果一个学生有比较强的观察力,他在参观时就会获得很多知识,就会从课堂上展示的直观教具上发觉事物的特征。因而,"进行观察是很可贵的:儿童能够积累关于自然界的表象,同时还能掌握仔细观察事物的技能。应当在认识自然界上占有重要的地位"①。他还特别强调要掌握"分析性观察",即能够在观察过程中区分出物体各部分及其特征。总的来,通过观察能力的培养,"不仅使儿童能看出更多的东西,而且使观察力发生了质变,使观察力得到了改造"②。

观察是基于眼睛等感官进行的。虽然"看"是观察的主要途径,但观察从来就不是简单地"瞪大双眼"去看,而是建立在对客体感知基础上的"眼"与"脑"的并用。赞科夫重视观察在认识自然界以及儿童发展方面的重要作用,是因为观察活动"可为思维愈来愈多地,而且愈来愈习惯地活动开辟广阔的前景"。由于在观察活动中,基本的和决定性的因素是知觉。而知觉又是与思维活动有机地联系着的,因而,观察与思维有着密切的联系。要使儿童从直接观察前进一步,就要能够去捉摸自然界里存在的因果依赖性,即现象的必然联系,一事物(因)对另一事物(果)的制约性。教学要引导学生去提出问题,找到答案,发现规律,进而培养儿童的思维能力。赞科夫认为,观察"是个复杂的活动。作为观察的组成成分的知觉在这里是与思维有机地联系着,在观察成分中有特殊的思维形式,这些思维过程直接地依赖于对现实的感性认识"③。

观察是一个极为复杂的知觉过程。观察的客体是直接被感知的对象,而认识这个对象就是把对象的各个部分、各个方面和各种属性的感性材料加以分类、对比和综合。"作为观察的组成部分的知觉在这里是与思维有机地联系着的,在观察成分中有特殊的思维形式,这些思维过程直接地依赖于对现实的感性认识。"④ 赞科夫认为,人有时候可能是视而不见的,虽然看了,觉察

---

① 赞科夫:《和教师的谈话》,杜殿坤译,教育科学出版社,1980年版,第54页。
② 赞科夫:《和教师的谈话》,杜殿坤译,教育科学出版社,1980年版,第162页。
③ 赞科夫:《教学与发展》,杜殿坤等译,文化教育出版社,1980年版,第149页。
④ 赞科夫:《教学与发展》,杜殿坤等译,文化教育出版社,1980年版,第149页。

到的东西却很少。如果他的亲身观察很有限,他的知识就是浮光掠影式的,他的认识就缺乏坚实的基础,就会流于空谈。这种人对许多事情都能谈论一通,但是他的认识缺乏观察的坚实基础。他们即使是对一些最平常的现象的"直观经验"也是非常肤浅的。

赞科夫十分重视激发、培养儿童的观察兴趣。在他看来,如果一个人对周围事物的视而不见,毫无兴趣,那么他的精神世界就如一片贫瘠的土地。赞科夫指出:"在教学过程中,在日常生活中引导儿童仔细地观察各种事物,启发他们从一件事物上看到更多的东西,培养学生的观察力,也就启发了儿童的求知欲。他们越是进行精细的观察,就越能提出更多的'为什么',就越想弄懂这些问题。"而培养观察力"最为重要的一点,是要向儿童解释清楚自然现象之间的联系"[①]。因为儿童天生就有探究自然的好奇心,观察的过程也是激发好奇心的过程。这种好奇心会使他们对事物观察得越仔细,就会有更多的疑问,有了疑问,也就会越想要弄明白这些问题,从而使学生越来越强烈地感到有跟大自然、跟劳动、跟科学和艺术领域打交道的需要,也使学生学到更多的知识,产生对知识的需要感。在他看来,那种不组织丰富多彩的观察活动,而迫使学生"天天跟词句打交道"的做法,会"把对周围世界的认识压缩成使学生吃不饱的一份'口粮',那么这正是学生对学习、对学校丧失兴趣的原因之一"[②]。赞科夫根据他对后进生的长期研究,认为后进生的普遍特点之一就是观察力薄弱。而如果观察力很差,虽然看了,却有许多东西没有觉察,尽管他可能是瞪大双眼去看,但所能学到的东西也很少,他们也就不能够发现事物之间的一些差别,当然也就难以把握事物的本质特征。我们经常看到,一些成年人(像家长、老师)总是责怪儿童思想不集中而在作业里弄出许多错误,其实根本原因倒常常是由于没有培养儿童的观察力的缘故。因而,应当在教学及日常生活中引导孩子仔细地观察各种事物,尤其要注意让儿童"从不同的角度观察同一个事物",启发他们从一件事物上看到更多的东西。

赞科夫特别强调精细而深入的观察,并且这种观察的能力是促进学生有

[①] 赞科夫:《和教师的谈话》,杜殿坤译,教育科学出版社,1980年版,第54页。
[②] 喻立森:《赞科夫的"实验教学论"》,毕淑芝等:《当代苏联教育家的新思想》,上海教育出版社,1990年版,第107页。

第七章 赞科夫的发展性学习观

效地掌握知识、技能的切实保证。观察活动在一般发展与知识、技能之间，起着相互沟通、相互转化的联接和媒介作用。观察活动的组织以及观察力的培养，一方面要以促进学生的一般发展为目的，另一方面又应该在教学活动中进行，以传授知识、技能为基础。而不能脱离教学去"专门地搞什么观察力的训练"。重要的是要将学习过程中提供的那些可能性加以充分利用。在参观旅行中、在劳动课上，以及在许多其他课上，通过实物、模型、标本及教具等，组织观察活动，提高学生的观察能力，促进他们对知识的理解与掌握。需要指出的是，发展儿童的观察力是不能孤立进行的，因为观察力与情感、意志的发展是密切联系的。如果离开了这些品质的培养，也不容易发展观察力在认识世界中的作用。

二、思维能力的发展

赞科夫极为重视思维能力的培养。思维能力乃是人的智力发展的核心，也是儿童一般发展的一个极其重要的方面。赞科夫在经过长期的教学实验的基础上强调指出，在学校各科教学中，要始终注意并利用一切可能来发展学生的逻辑思维能力，培养学生思维的灵活性和创造性。不仅要培养学生分析和综合、抽象和概括、统摄和系统化等能力，而且要使学生具备从多层次、多角度看问题的能力。只有培养思维能力，才能认识事物的本质及其规律，进而实现学生的一般发展，并为进一步掌握知识和技巧奠定坚实的基础。因此，赞科夫强调，"培养思维力是一项复杂的、多方面的任务，科技革命时代对人的智力才能的要求更高了，各科教学都要利用一切可能来发展学生的思维能力"[①]。因而，思维能力在人的发展中有着头等重要的意义。

赞科夫认为，思维能力对学生智能的发展起着关键性的作用。其实，在儿童学习活动中的观察、思维及实际操作三条发展线索中，每一条线索的构成要素都是相同的，即观察和思维过程。但是，每一要素的活动结构和机能作用，却各自有其突出的独特性。在思维活动中则要求进行一些概括，从客体中找出一些规律性的东西。在实际操作的过程中，要考虑对自己所要进行的操作活动作出预测（计划），并进行自我检查，自我检查实质上是对活动的

---

① 赞科夫：《和教师的谈话》，杜殿坤译，教育科学出版社，1980年版，第274页。

结果作出分析。他认为，要使儿童从直接观察前进一步，就是能够去捉摸自然界里存在的因果依赖性，即现象的必然联系，一事物（因）对另一事物（果）的制约性。教学要引导学生去提出问题，找到答案，发现规律。赞科夫指出，在学习教材时，学生会产生不少问题，这是非常好的。单纯听教师讲解，不可能使儿童积极地开动脑筋，只有他自己发觉，在理解教材时还有这样或那样的遗漏，留意到某些不衔接的地方，感到要使知识彼此贯通和形成一个严密的整体还欠缺某些东西时，他们才会真正去掌握知识。这时就会出现许多问题，学生通过共同的努力去寻找答案，或和教师一起找到这些答案。在赞科夫看来，让学生自己去寻求问题的正确解答，不仅对领会知识和掌握技巧，而且对他们的发展，都有重大意义。因此，赞科夫主张在课堂上让学生自己去议论、争辩，去论证自己的意见。另外还要特别重视培养学生从不同的角度观察同一事物的能力。应当说，赞科夫"以高难度进行教学的原则"的含义之一，就是要尽量利用学生所学新旧知识之间的冲突，唤起学生积极的思考，使学生在学习和发展上不断上升到更高的阶段。

赞科夫认为，思维形式的多样性、思维形式的主要的相互关系和思维形式运动的相互制约性的论点，是研究学生思维活动发展的基础。人类思维的发展是循着从直观动作思维到具体形象思维再到抽象逻辑思维的路径进行的。从人类认识的历史来看，思维的发展首先而且主要表现在思维具有从低级到高级的方向性的质的变化上，感性认识是人类认知的出发点，人类的认识是以此为起点而经历复杂过程所获得的抽象理论知识。但我们不能把整体人类的认识过程与学生个体认识过程简单地等同起来，不必让学生再去经历复杂和漫长的探索过程。如果不把感性认识上升到理性认识，那么人类永远只处于认识的初级阶段，同时也抹煞了学校教育的特性。教学应该与儿童的思维发展水平相适应。赞科夫在实验的基础上认识到："一年级学生就能掌握许多抽象概念，理解事物之间的某些内在联系。"亦即学龄初期儿童已经具备"抽象和概括"的思维特点。基于此，他认为，教学要着眼于学生的"最近发展区"，要走在发展的前面，注意创造学生发展的"动力差"，开发学生发展的潜力拉动学生的发展，使新的"最近发展区"不断转化为现有发展水平，有的放矢地发展儿童的思维能力。

赞科夫认识到传统教学论过分强调儿童认识的直观性和形象性，片面认为儿童思维只能是直观的形象的，而不具备进行抽象逻辑思维的能力。他引用维果茨基的研究指出，概念的形成是通过各种途径进行的，其中包括从抽象到特殊的途径。赞科夫同时认为，通过科学概念的习得、抽象思维的发展，就更能清楚地从本质上去把握具体事物的实质，发展智力。因而，现在对于自然界的认识，也还是完全没有超出外表现象的范围。这样过低估计了学生抽象逻辑思维能力发展，而单纯教给学生直接反映在技巧中的知识反而阻碍了学生的思维特别是抽象逻辑思维发展。而且，直观形象与抽象概括是相互作用、同时发展的，我们不能只顾及一面而忽视另一面。其实，在认识过程中，人们的感性认识和理性认识本来就是有机地交织在一起的，经验和理论处在不断地相互作用之中，因此，教学活动不应当让儿童的认识长期停留在感性认识层面，应当让他们加强自己的认识活动，循序地掌握理论知识，发展思维能力，进而实现儿童的一般发展。

赞科夫认为，传统教学将"主要负担放在记忆上面而忽视思考，以致很少引起内部诱因；教学活动单一化，学生只能跟着教师亦步亦趋，限制了儿童个性的充分表现……"[1]。在赞科夫看来，教师在教学过程不能一味地给学生灌输知识，而应该给予学生启发，让学生进行积极的思维，从而培养学生的思维能力。因为，无论是学生掌握基本概念、基本原理，还是技能技巧的掌握，离开思维都是不可能的。必须通过思维过程，发展思维能力才能真正领会和掌握概念和原理，形成技能与技巧。我们知道，赞科夫关于学生心理发展的实验研究，是通过观察、思维及实际操作活动三条发展线索进行的，而在"这三条发展线索中，每一条线索的构成要素都是相同的，即观察和思维过程"。而"作为观察的组成部分的知觉在这里是与思维有机地联系着的"。同样的，"在实际操作中有一种思维与操作之间的独特的关系，这是实际操作的一个突出的特点"[2]。这就是说，无论是观察还是实际操作，"最重要的条件之一，就是对有关材料进行紧张的脑力活动"[3]，亦即它们都是和思维紧密联系着的，都是围绕思维而展开的，都是因思维的深入而卓有成效的。

在发展儿童思维能力方面，赞科夫特别重视的是逻辑思维能力。他主张

---

[1]　顾明远：《战后苏联教育研究》，江西教育出版社，1991年版，第449页。
[2]　赞科夫：《教学与发展》，杜殿坤等译，文化教育出版社，1980年版，第194页。
[3]　赞科夫：《和教师的谈话》，杜殿坤译，教育科学出版社，1980年版，第81页。

在学校各科教学中，要利用一切可能来发展学生的逻辑思维能力。在他看来："因为正是通过抽象思维才能更接近，更深入地认识客观活动的诸现象的本质。"当然，赞科夫对发展儿童逻辑思维能力的高度重视又是建立在对儿童思维特点分析研究的基础上的。在他看来："在抽象和概括方面的进步，首先是小学生思维的特点。"[1] 他通过研究发现，一年级的儿童就已经完全能够理解自然现象的某些因果依赖性。当然，这里指的是相对简单的依赖性。比如说，街上有水潭，因为刚下过雨。这就是因（下过雨）果（街上的水潭）之间的依赖性。而且，一年级的孩子还能够自己发现这种依赖性。这也就意味着，儿童看到事物的"果"（水潭），而后根据自己以往的经验，把它和"因"（下雨）联系起来。这表明，"儿童能够去捉摸自然界里存在的因果依赖性，即现象的必然联系，一事物（因）对另一事物（果）的制约性"[2]。质言之，就是能够在观察所获得的感性认识的基础上，通过思维认识事物的本质特征。既然儿童已经具有"抽象和概括"的思维特点，就应该逐步加大教学的深度和难度，用占主导地位的理论知识去武装学生的头脑，及早教给学生以规律性的知识，相信儿童有掌握抽象概念、理解事物间关系的能力，强调用概念、词汇等理论型知识教学，促进学生思维能力，特别是抽象逻辑思维能力的发展。

赞科夫在重视学生逻辑思维能力发展的同时，也比较关注培养学生的创造性思维能力。应当说，创造性思维能力的培养是传统教学的一个薄弱环节。相比较而言，逻辑思维作为一种以分析、归纳、推理为特征的分析思维，毕竟在数学等学科中尚有所体现，尽管由于死记硬背也入侵到这一领域而使教学并未能达到应有的目的，但创造性思维似乎更是思维能力培养这块洼地中的洼地了。以至于连学生都感觉到："学校没有教给我们创造性、首创精神和独立性，甚至使我们缺乏大胆想象的勇气。"[3] 在一般教学中，对于以观察、猜测和判断为特征的直觉思维（创造思维）往往被忽视。但是，这种直觉思维不论在科学研究中，以及深入学习和日常生活中，却都是非常必要的。没

---

[1] 喻立森：《赞科夫的"实验教学论"》，毕淑芝等：《当代苏联教育家的新思想》，上海教育出版社，1990年版，第49页。

[2] 赞科夫：《和教师的谈话》，杜殿坤译，教育科学出版社，1980年版，第55页。

[3] 赞科夫：《和教师的谈话》，杜殿坤译，教育科学出版社，1980年版，第68页。

有直觉思维，在科学研究中不可能提出假说或设想。当教师向学生提出一个问题或学生在自学中遇到了难题，就可以用猜测、判断的方法找出对策，考虑按怎样的方法去解答，然后再去进行验证。

三、实际操作能力的发展

赞科夫十分重视学生操作能力的培养。实际操作能力作为实现学生发展的一个重要方面，是实现学生发展的必要"阶梯"。赞科夫认为，在现代科技革命的条件下，新技术、新工艺迅速应用于生产，因此就要求未来的劳动者具有更高的智力发展水平和亲自动手解决实践中所遇到的问题的能力。因而，学校不能培养那种"只会说，不会做"的人，而应该培养既能善于动脑，亦能善于动手的人。实际操作的特点就是脑力活动和手的活动相结合，亦即实际操作不仅是手的动作，而是把手与脑结合起来。应当说，培养实际操作能力就是要实现脑力活动和手的活动的结合。

赞科夫把儿童的发展看作是儿童与周围世界相互作用的一种前进运动，而实际操作则是直接作用于客体从而改变客体的一个创造新事物的过程。"实际操作的特征就是包含着手工操作，其结果是制作出所指定的物品。"[①] "在实际操作中可以追踪研究学生的一种特殊活动形式——创造某种物质客体的活动。与观察和思维不同，实际操作的特殊的和有决定性的因素是有手的操作。"[②] 在赞科夫看来，实际操作的过程包括方案设计、操作步骤的计划、操作工具的使用、计算和节约原材料、节省操作时间、注意准确和精密，以及有偏差及早纠正，采用或迅速改用更合理的方案，并弄懂其中的物理、机械等方面的原理等环节。赞科夫强调在实际操作过程中，不仅应当研究手怎样完成操作，而且应当研究操作是怎样规划的。具体地说，要看学生在着手制作一样物品之前，是否能够计划一下，要完成哪些操作，按什么顺序进行操作，物品的实际制作过程跟学生预先的规划有没有出入，如果在制作中出现了错误，儿童是否能及时发现并加以改正。就以让学生按照样品制作实物这种有实际对象的活动而言，它通常包括对完成作业的方法和手段进行周密的思考和选择的预备（准备）与按事先想好的计划行动的执行两个阶段。而

---

① 赞科夫：《和教师的谈话》，杜殿坤译，教育科学出版社，1980年版，第170页。
② 赞科夫：《教学论与生活》，俞翔辉等译，教育科学出版社，1984年版，第51页。

手脑结合与人的学习

"在实际操作的研究中,起决定作用的是预测(要求对所提出的样品进行视觉分析)即将制作的客体和考虑制作该客体的过程有机地结合起来"[①]。在具体教学过程中,赞科夫要求在学生动手制作物品之前,首先要对提供的样品进行观察分析,然后制订计划,做到"操作预测与目的预测合理的结合",这就是说,要先思考,要让学生理解自己的劳动操作,学会自我监督,计划即将进行的工作等,最后才是实际去做(执行)。

赞科夫认为,实际操作"不仅具有运动的技能和技巧本身的特点,其中也以一定方式反映出感觉、空间观念和思维活动。在进行实际操作时克服一些困难,又可发现某些情绪意志方面的心理活动"[②]。在他看来,将实际操作跟思考活动有机地结合起来,不仅提高劳动技能,而且促进一般发展。其实,实际操作离开了思维是难以想象的,而动作进行的每一步,以及下一步可能产生的结果的预测,都离不开大脑的积极思维。而且,手的操作客观上也激励着脑的思维。因而,实际操作作为一个用手用脑制作物质客体的活动,在培养儿童实际操作能力的过程中必须始终坚持"手脑并用"的根本原则。

在培养实际操作能力方面,赞科夫既要求掌握基本的手工操作技巧,又要说明有关的物理的、机械的原理,并且有意识地模拟实际生产中的技术革新的各个环节。他尤为重视将实际操作能力的培养与自己所学习的学科知识内容相结合。具体地说,不仅要让学生独立分析样品和计划眼前的工作相结合,而且要把实际操作跟认识某些物理现象结合起来,把认识活动有机地渗透到实际操作中去。在他看来,倘若在培养实际操作能力的过程中只有单纯的劳动操作而缺乏与学科知识的联系,就不利于学生对操作技能的掌握,也不利于学生的一般发展。而只有将实际操作与学科知识结合起来,将实际操作与思考活动结合起来,才能真正达到促进学生一般发展的目的,而学生的一般发展又有利于实际操作能力的形成。因此,赞科夫要求学生不仅要动手操作,而且要思考在制作某种物品时所观察到的现象,让学生主要靠自己去找出正确的操作方法。也就是说,他在强调学生掌握基本的手工操作技巧的同时,又注意要求学生说明有关的物理的、机械的原理,并且有意识地模拟

---

① 赞科夫:《和教师的谈话》,杜殿坤译,教育科学出版社,1980年版,第170页。
② 赞科夫:《教学与发展》,杜殿坤等译,文化教育出版社,1980年版,第192页。

第七章 赞科夫的发展性学习观

实际生产中的技术革新的各个环节。比如,在制作降落伞模型的课上,教师询问学生"降落伞顶部小孔的作用",本质就是引导学生对物理现象展开分析,从而将这种物理学科知识与制作物品的方法完美结合,真正做到让学生在操作过程中有所思考。

为了培养学生手脑并用的实际操作能力,赞科夫特别重视学生独立思考与教师指导相结合。他希望在学生的操作中"没有那种亦步亦趋的做法",不应出现"教师把现成的操作计划和完成工序的方法都交给学生,而学生只要照样执行别人交待的事情就算了"这种只动手而不动脑的单纯训练技能技巧的机械操作。他尤为反对传统的那种多年以来占统治地位的所谓分工序教学法,认为这种方法是一种死教硬练的做法。由于在这种做法中,教师全面干涉学生的实践操作活动,从而使得学生的独立性和创造性大大降低,违背了培养实际操作能力的初衷,而学生动手制作物品的过程也就无异于工人机械的生产活动,学生只是沦为了毫无创造力的"工具人"而已。为此,赞科夫感叹道,"难道就不能这样来做,就是让儿童完全独立地设计未来的产品,而不要使用别人塞给他的拐棍吗"①。赞科夫对教学中的教条主义深恶痛绝,他主张,在培养儿童实际操作能力过程中应减少教师的过度干预,要让学生学会自己独立制订计划、完成工作,如此,学生便能获得明显的进步与发展。这里的"计划"是指学生应预先分析并计划好工作的程序及实施顺序,如在制作纸质降落伞模型时,学生应学会分析它是由哪些部分组成的,各个部分之间又有怎样的联系等。让每个学生都真正用心参与操作活动,提出属于自己的思维模式,找出正确的操作方法并将其付诸实践。

在当时苏联的学校里,培养儿童的实际操作能力主要是通过劳动课来进行的。在赞科夫看来,"学生在劳动教学过程中所完成的操作就是实际操作。实际操作的特征就是包含着手工操作,其结果是制作出所指定的物品"②,并且养成一系列有关的智力和意志品质。学生动手操作的劳动课有它独特的促进学生发展的可能性。它不像语文、数学那样接触的是词句和数字,劳动课上儿童接触的是实物,更有利于既掌握操作技能,又发展思维和创造能力,养成必要的意志品质和集体主义思想。劳动课正是学生实际运用数学、语文

---

① 赞科夫:《和教师的谈话》,杜殿坤译,教育科学出版社,1980年版,第96页。
② 赞科夫:《和教师的谈话》,杜殿坤译,教育科学出版社,1980年版,第170页。

（设计、图纸、工序的语言描述）、自然等各门学科知识的最好的课堂。劳动课应该能够在其他学科的效力所达不到的地方做出巨大成绩的。但是，赞科夫感到旧的小学劳动教学，在内容上太"原始"，只让儿童做一点纸工、布工，参加一点自我服务劳动和农业劳动。这些已经大大落后于科技革命时代的要求。在教学方法上，以前只要求学生学一点手工技巧，而且是教师指点一步，学生照做一步，毫无创造性、独立性可言。相应的，应当在培养儿童实际操作能力方面发挥重要作用的劳动课在各门学科中的地位很低，对学生的发展起的作用很小。在他看来，劳动教育不仅要教会学生如何劳动，还要让他们在劳动过程中学会思考。他强调，应当利用劳动教育的"这种可能性，来发展学生的独立思考，发展他的意志品质（制作一样东西要有计划，做得认真、精确，把工作做到底）"[1]。因此，"无论是对劳动教学本身来说，还是对学生的发展来说，很重要的是两件事：不仅要让学生独立分析样品和计划眼前的工作，而且要把实际操作跟认识某些物理现象结合起来"[2]。"不仅要动手做，而且要思考制作某种物品时所观察到的现象。"[3] 要让学生主要靠自己去找出正确的操作方法；当有的儿童操作不了时，教师才给予必要的指点。这样，"不仅能达到劳动技能有较高的质量，而且能促进学生的一般发展，因为实际操作跟思考活动有机地结合起来了"[4]。为了培养学生的实际操作能力，赞科夫制订的小学劳动教学大纲，内容已大大更新。在赞科夫的教育实验中，从第一学年起，就成立了好几个课外小组，家长也对小组进行指导。在教学方法上，既要求掌握基本的手工操作技巧，又要说明有关的物理的、机械的原理，并且有意识地模拟实际生产中的技术革新的各个环节。

在赞科夫看来，儿童在实际操作过程中出现这样那样的错误是正常的。因此，赞科夫不赞成操作过程那种"千方百计地使儿童杜绝错误，预防错误"的做法。他认为，让技能和技巧的掌握放任自流，固然是不正确的。如果儿童懂得应当做什么和应当怎样做，但是在完成的过程中犯了某些错误，那倒没有什么可怕的。何况，这样的错误倒是有助于理解儿童做了些什么以及用

---

[1] 赞科夫：《和教师的谈话》，杜殿坤译，教育科学出版社，1980年版，第101页。
[2] 赞科夫：《和教师的谈话》，杜殿坤译，教育科学出版社，1980年版，第103页。
[3] 赞科夫：《和教师的谈话》，杜殿坤译，教育科学出版社，1980年版，第104页。
[4] 赞科夫：《和教师的谈话》，杜殿坤译，教育科学出版社，1980年版，第108页。

什么方法去完成作业才算正确。这样对儿童实际操作能力的发展其价值是不言而喻的。就像我们所熟知的格言所说的："要学会游泳，就得下水。"其实，这句格言不仅对于劳动教学，而且对于低年级全部教学工作方法来说，都是很有教益的。如果总是用一根背带牵着儿童走路，他们长大了就会成为意志薄弱、消极被动的人。当他们升入以后的各个年级而必须独立地掌握复杂的教材时，他们就会显得束手无策。因此，重要的是如果在制作中出现了错误，儿童是否能及时发现并加以改正。作为教师需要引导学生自主发现自己的错误并及时改正（如可以通过提问或者让学生做口头汇报的方式），这是学生拥有良好自控能力的体现。

后　记

记得一位作家说过，"生活不止是眼前的苟且，还有诗和远方"。毋庸讳言，我们都向往着那"诗意地栖居着"的生活。因此，即使是在自己进入暮年之后，亦仍试着让自己的"身体和心灵总有一个在路上"。

应当说，"让身体在路上"是我长期以来所养成的习惯。每天，或餐前，或饭后，我通常都会顺着盐河之阳，沿着方砖铺就的滨河健身步道东去西回，往返十里，无论秋去春至，寒来暑往，几无间断。遇有合适时机，我还会远足异域他乡，将自己的身体和心灵放飞到更为遥远的地方。可不是吗？仅仅告别工作岗位的第一个年头，我便先后三次走出国门，相继体验大西洋东岸的近代文明，领略欧亚交汇处的历史胜迹，欣赏东南亚沿海的旖旎风光……。当然，只是后来由于"封控"的羁绊，我不得不收拢了迈向远方的脚步……

在"让身体在路上"的同时，我亦不忘"让心灵在路上"。其实，自己好歹也算个读书人，毕生对书本的爱好自不必说。当年，出于"学好数理化"的良好愿望，上大学时我选择了对人类文明影响甚大的物理学专业。但在大学生涯中，我的闲暇时间更多的是徜徉在文学的海洋里。走上工作岗位之后，自己虽然是一名理科老师，但也没少干舞文弄墨一类的事。就像在自己前半程所供职的中等师范学校，我曾先后编过学校的小报，负责过学校的文秘工作，甚至还曾有过两年在教育行政部门专职从事编辑工作的履历。其实，无论是在中师，还是随着学校被并入高师，在工作之余我更多地皆是置身于书香墨韵之间。尤其是在进入高校工作后，我选择了以陶行知、苏霍姆林斯基等的"手脑结合"思想作为自己的研究方向，并相继申报了有关研究课题，撰写并发表了一些研究文章。不想，此举竟帮助我在较短的时间内进入了教授的行列。而后，我又开始着手撰写手脑结合研究系列丛书。在前期与殷建连教授共同完成《手脑结合与人的发展》等专著的基础上，又于临近退休之际撰写并出版了《手脑结合与人的教育》一书。

岁月匆匆。不经意间，人生已至暮年。其实，人生的路并不是很长。或

后记

许,正像一首俄罗斯小诗《短》中所说的那样:"一天很短,短得来不及拥抱清晨,就已经手握黄昏。一年很短,短得来不及细品初春殷红窦绿,就要打点素裹秋霜!一生很短,短得来不及享用美好年华,就已经身处迟暮。"作家梁晓声亦意识到:"人生总有太多的来不及,一眨眼就是一天,一回头就是一年,一转身就是一辈子。"此前,著名作家朱自清也不胜感叹:"燕子去了,有再来的时候;杨柳枯了,有再青的时候;桃花谢了,有再开的时候。"那"我们的日子为什么一去不复返呢"?是的,花有重开日,人无再少年。人生原本就是一个单程的旅行。可"过去的日子如轻烟,如薄雾,被初阳蒸融了;我们留着些什么痕迹呢"。应当说,作家当年所曾经思考的问题,同样地也引起了我的思考。有鉴于此,我还是想在落日的余晖里能留点"像游丝样的痕迹",抑或说,希望能像一位当代著名作家戏称的那样为来日留下个"枕头"。或许这样才不至于因"虚度年华而悔恨"吧。

如果说,自己此前的"笔耕不辍"更多的是为高校的科研任务所迫的话,那当自己船到码头车到站之后,还能续操旧业,则更多的是出于"让心灵在路上"的缘故了。抑或说,是出于对陶行知、苏霍姆林斯基等的手脑结合理论的热爱了。应当说,我与手脑结合的结缘已经有相当长的历史了。记得还是在 20 世纪下半叶那个风清气正、充满希望的年代,当我还是一名奋发上进的大学团学干部的时候,我曾有幸参加了校团委组织的参观处于草创阶段的晓庄师范陶行知纪念馆的活动,当时不禁为陶先生献身教育的精神及其生活教育的理念所折服。不想,此后不久,我便投身于陶先生所开创的江苏乡村师范教育事业,并对陶行知的手脑结合教育思想理论给予了应有的关注。尤其是在当年中师系统开展的有关论文评选活动的鞭策下,便试着撰写所谓的研究论文,而且收到了意料之外的成效。与此同时,也增添了自己的兴趣与信心,进而也就与"手脑结合"结下了不解之缘。以至于自己退休之后,我的"心"还能继续在此"路上"。当然其中也不乏以此充实自己的退休生活的因素。而今,伴随着《手脑结合与人的学习》一书的杀青并即将付梓,心中顿觉释然。

一代先哲亚里士多德曾经说过,"生命在于运动,因为运动能使人健康、聪明"。人作为身与心的统一体,让身体"在路上"是至关重要的。其实,健走在古希腊时期就曾被有西方"医学之父"之称的希波克拉底称为"人类最好的医药",进而成为身体健康的保护神,这在我的身上也得到了一定程度的体现。除了要让外在的身体在路上外，更需要让内在的心灵在"路上"。其实，为我们所熟知的"书山有路勤为径，学海无涯苦作舟"说的也就是这个道理。鲁迅先生也认为，路是人走出来的。或许人生就是在不断的"山穷水复"中迎来一个个"柳暗花明"的。应当说，人生来就是要走路的，自己的路是靠自己深一脚浅一脚、一步一个脚印走出来的。因而，我们也可以说，我们永远"在路上"。人生苦短，甜长，且行且珍惜，方能不负时光。而且，及至暮年，既然衣食无虞，也就无须多"为稻粱谋"，也就可以少些无谓的"作远忧"，舍弃物欲之束缚，追寻心地之自由。尽管青春不再，外在的运动需要适可而止，量力而行，但还可以让心灵继续"在路上"。总之，要努力让我们的身体和心灵总有一个在路上。或许，这就是唐朝大诗人刘禹锡所说的"莫道桑榆晚，为霞尚满天"的境界吧。

孙大君
2023 年冬至于淮阴